西峰年鉴

Xifeng Yearbook 2017

西峰区人民政府　主管
西峰区地方志办公室
西峰区档案局　编

方志出版社
Publishing House of Local Records

图书在版编目（CIP）数据

西峰年鉴. 2017/西峰区地方志办公室，西峰区档案局编. -- 北京：方志出版社，2017.9
ISBN 978-7-5144-2557-4

Ⅰ. ①西… Ⅱ. ①西… ②西…Ⅲ. ①区（城市）—庆阳—2017—年鉴 Ⅳ. ①Z524.24

中国版本图书馆CIP数据核字(2017)第244799号

西峰年鉴（2017）

编　　者：西峰区地方志办公室
西峰区档案局
责任编辑：刘方圆
出 版 人：冀祥德
出 版 者：方志出版社
地址　北京市朝阳区潘家园东里9号（国家方志馆4层）
邮编　100021
网址　http://www.fzph.org
发　　行：方志出版社图书经销中心
电话（010）67110500
经　　销：各地新华书店
印　　刷：庆阳市鹤原印务有限公司
开　　本：889×1194　　1/16
印　　张：21
字　　数：508 千字
版　　次：2017年9月第1版　　2017年9月第1次印刷
印　　数：001～500册
ISBN　978-7-5144-2557-4　　定价：280.00元

《西峰年鉴（2017）》编纂委员会

《西峰年鉴（2017）》编辑部

西 峰 名 片

周祖农耕文化的发祥地

最具艺术气质的西部名城

物产丰饶的陇东粮仓

迅速崛起的陇上明珠

商代“乍册吾”玉戈的出土地

国家AAAA级旅游景区——庆阳市天富亿生态民俗村景区

全国重点文物保护单位——北石窟寺，南佐遗址

亚洲黄土第一坝——巴家咀水库大坝

华夏公刘第一庙——温泉公刘庙

高原翡翠——南小河沟

陇东黄土高原的“天然标本园”——小崆峒

国家级非物质文化遗产——西峰唢呐艺术，窑洞营造艺术

中国陆上石油勘探四大发现之一——西峰油田

“蓓蕾牌”西北特级金针菜——西峰黄花菜

第二届中国农业博览会金奖——秋富1号苹果

科学技术工作先进县（市）

全国城市环境综合整治先进县级市

少先队基础建设县（市）

全国造林绿化百佳县（市）

全国绿化先进集体

全国团建先进县区

数字西峰

总面积	999平方公里
总人口	38.83万人
地区生产总值	171.9亿元
大口径财政收入	12.3亿元
小口径财政收入	6.0亿元
规模以上工业增加值	57.5亿元
地方规模以上工业增加值	10.9亿元
固定资产投资	294.16亿元
社会消费品零售总额	69.1亿元
金融机构人民币存款余额	314.7亿元
金融机构人民币贷款余额	315.2亿元
城镇居民人均可支配收入	25897.93 元
农村居民人均可支配收入	8461.4元

2016年11月13日，市委常委、区委书记章志兼在西峰区第八届人民代表大会第一次会议上

2016年11月12日，区人大常委会主任赵海东在西峰区第八届人民代表大会第一次会议上作人大常委会工作报告

2016年11月11日，区长王驰在西峰区第八届人民代表大会第一次会议上作政府工作报告

2016年11月10日，区政协主席罗亚林在政协西峰区八届一次会议上作常委会工作报告

编 辑 说 明

一、《西峰年鉴》以马克思列宁主义、毛泽东思想、邓小平理论、“三个代表”重要思想、科学发展观为指导，深入贯彻习近平总书记系列重要讲话精神和治国理政新理念新思想新战略，坚持辩证唯物主义和历史唯物主义的立场、观点和方法，旨在全面、系统、准确地记载西峰区年度政治、经济、社会等方面的基本情况和各行各业取得的成就，为各级领导科学决策提供依据，为社会各界人士了解西峰提供权威、翔实、丰富的区情资料。

二、《西峰年鉴（2017）》所记述资料上限始于2016年1月1日，下限止于2016年12月31日。

三、《西峰年鉴（2017）》记述西峰2016年的政治、经济、文化、社会等各方面取得的辉煌成就。内容由文字叙述、彩色插图组成，设特载、大事记、区情概况、政治、法治武装、经济、经济管理与监督、国土管理城乡建设与环境保护、社会事业、社会服务与管理、乡镇（街办）概况、项目建设、国民经济和社会发展统计公报、年度人物与先进单位、附录15个类目，部分文字内容配有彩色插图。

四、《西峰年鉴（2017）》所涉及的文字内容和数据，均来源于西峰区直属各单位所提供上报资料档案。选用时本着实事求是的原则，力求准确和真实，经编委会成员审定后选用，并交还原单位审核确认。所使用数据均以统计结果为准。

五、《西峰年鉴（2017）》农田土地面积沿用“亩”为计量单位。

六、《西峰年鉴》是在西峰区政府的指导下，是编委会及各单位编辑人员通力合作的结果。编写过程中得到了各单位的大力支持及协助，在此谨向为年鉴付出辛勤劳动的单位及个人深表谢意。由于编者水平有限，缺漏错讹之处在所难免，敬请广大读者指正。

目　录

Main contents

特　载

大事记

区情概况

政治

中国共产党西峰区委员会

民主党派和社会团体

法治 武装

法 治

武 装

国土管理 城乡建设与环境保护

国土管理

城乡建设

环境保护

社会事业

教 育

文化 卫生 人口与计划生育 体育

档案

社会服务与管理

民 政

人力资源管理与社会保障

乡镇(街办)概况

乡镇街办

村组社区选介

项目建设

重大项目

国民经济和社会发展统计公报

年度人物与先进单位

年度人物

先进单位

附 录

新闻特载

调研报告

西峰区单位变化情况汇总表

在区委三届十二次全委(扩大)会暨全区经济工作会议上的讲话

中共庆阳市委常委、西峰区委书记　章志兼

2016 年 2 月 27 日

同志们:

今年以来,我们各项工作开局早、动手快,春节刚过就全力以赴迎接了省上贫困县区退出验收;明天又要迎接贫困县区党政领导班子经济社会发展实绩考核,这是一次更加全面、系统、严格的大考,可以说各项工作紧锣密鼓、节奏很紧。今天,我们召开区委全委(扩大)会暨全区经济工作会议,主要任务是贯彻落实中央、省市经济工作暨扶贫开发工作会议精神,总结成绩,研判形势,安排部署今年工作,动员全区上下进一步统一思想,凝心聚力,正风肃纪,攻坚克难,奋力开创全面建设小康社会的新局面。下面,按照区委常委会讨论的意见,我讲四方面问题:

一、关于 2015 年工作

过去的一年,全区上下紧扣“两个率先”目标,深入推进“三双”战略,突出扶贫攻坚头号工程,以项目擎动经济,以服务改善民生,以党建强化保障,在克服困难中砥砺奋进、在改进作风中创新实干、在团结拼搏中逆势突破,奋力创建全市“三个生态”先行区,全区呈现出经济稳中有升、民生不断改善、社会和谐稳定的良好局面。

(一)突出精准抓扶贫。按照省委“1236”扶贫思路和“六个精准”要求,锁定在全市率先、高标准、整区脱贫三个核心要素,创新“5341”工作标杆,全力打好双联和精准扶贫组合拳,收到了农村大发展、群众得实惠、干部受教育的“叠加效应”。主要表现在四个方面:一是攻坚阵容大。在全国第一家以立军令状的方式、誓师出征的形式、全员大会战的态势、攻城拔寨的气势,统筹市区乡村 8 支帮扶力量,四大班子县级干部打先锋,226 个帮联单位和上万名干部齐上阵,全力奋战在扶贫一线,大数据精准管、大团队精准帮、大格局精准扶,3259 户 1.29 万人即将实现脱贫目标,打赢了精准扶贫攻坚战役。二是农村变化快。纵深推进交通建设大会战,硬化农村公路 171 公里,是全省第一个完成交通大会战任务的县区。以此为带动,同步推进水、电、路、房、田“五大建设”，实施危房改造1423户，在全市率先实现了通组道路硬化、农村安全饮水、村村通动力电、标准化卫生室、公立幼儿园、文化广场、资金互助协会、电子商务平台、便民服务和日间照料中心、宽带入户等“十二个全覆盖”。我们的基础设施建设整体上比省市验收标准高出了一个台阶。这一变化是历史性的，通过扶贫，15个贫困村的基础设施条件超过了非贫困村，真正做到了让贫困群众共享政策红利，对贫困村最生动准确的形容就是日新月异、天翻地覆。三是群众受益多。采取党建引、旅游带、金融促等九措并举，推行能人带动、产业组团等“十五法”帮扶新模式，村村都有主导产业，户户都有增收渠道，极大促进了农民“五变”进程，贫困户不仅仅在物质上得益处，更重要的是在思想和精神上树立了致富的信心。全区贫困群众人均可支配收入达到6180元，比全省2860元的脱贫标准值高出3320元，在17个插花型片区中强势领先。毛寺村通过旅游扶贫，昔日无人问津的荒山变金山、苦土成热土，由全区最穷的贫困村即将成为小康村。四是社会反响好。通过精准扶贫，进一步密切了党群干群关系，锤炼了干部作风，架起了干群连心桥，这里有四句话对各方面的反映具有代表性：第一句话是“要用干部的辛苦指数换来群众的幸福指数”。这是市上领导的期望嘱托。第二句话是“区委实行两个硬淘汰，我们没有办法创造办法也要上”。这是一名乡镇党委书记的动员号召。第三句话是“现在的干部作风大变了，整天帮群众干事”。这是一个贫困户的感言。第四句话是“给群众办了些实事好事，觉得自己更有价值了”。这是一位帮联干部的感悟。这四句话，充分体现了各级帮联干部舍我其谁的政治担当，体现了“5+2”“白+黑”的实干精神，体现了为民服务的宗旨意识，体现了共产党人的价值追求。我想，这就是对我们最大的肯定和褒奖，没有比这更高的荣誉。

（二）突出项目抓产业。紧盯打造全市首善之区目标不动摇，始终坚持把项目作为经济发展的主引擎和生命线，以十大重点项目为龙头，带动全区实施500万元以上各类项目310个，完成投资284亿元；农业持续抓增效，工业破题抓转型，服务业拓展抓提升，经济呈现出多业态并举、多元化发力、多极点增长的发展新态势。概括起来有“六个第一”：温什万亩苹果基地以设施现代化、耕作机械化、管理精细化为主攻方向，建成了全市第一个“畜、沼、果”循环链有机矮化密植果带。天富亿生态民俗村成功获批国家4A级旅游景区，新建10个旅游观光区，是西北地区第一个现代高效观光农业综合体，年可实现产值1.2亿元。瑞南天然气、永欣石化全面建成，打造了全市第一个千万级石化产业链地方工业龙头企业，增强了园区的“航母效应”，标志着西峰工业短腿的“过去时”已经变成了发力起跑的“进行时”。庆阳中庆农产品有限公司，采取“企业+基地+农户”的经营模式，出口创汇突破2000万美元大关，是2015年全市出口创汇企业的第一张名片。陇东汽车城一期投入运营，是陇东地区第一个开放式、综合性汽车产业销售集聚区。嘉鑫国际建材市场全面建成，东方丽晶、万辉国际等一批高端商务综合体即将竣工，必将成为全市吸引名企、名牌、名店入驻的第一大磁场。

（三）突出建管抓城市。致力完善功能、提升品位，论证实施了一批夯基础、破瓶颈、利长远的民生工程，老百姓普遍反响好、评价高。主要反映在解决了四方面问题：一是集固沟保塬、生态保护、农业灌溉、观光休闲、环湖经济等功能于一体的雨洪集蓄保塬生态工程全面竣工，初步形成了以东区、南区、北区等5个排洪口为骨架的抗洪减灾、雨洪集蓄、水资源综合利用体系，从源头上解决了城市防洪体系不健全的问题。二是东大街地下人防工程投入运营，成为我市第一个集商贸、人防、交通等功能于一体的地下综合体；群众翘首以盼的庆化大道中段全面建成通车，结束了老西环路多年来没有地下排水系统、脏乱差久治不愈的顽疾，构建起环城交通大循环，从布局上解决了城区骨干道路不畅通的问题。三是东湖公园提质改造已全面完成，打造了新的“城市绿肺”“天然氧吧”和红色廉政教育基地，填补了西峰城区没有大型综合休闲健身场所的空白。新区供热站扩容二期工程全面拉开，新建城区环保公厕42个，停车位建设等“5个100”便民工程快速推进，从功能上解决了设施配套不完善的问题。四是启动实施了占地922亩的8个棚户区改造项目，在旧城区掀起了城市改造建设的新高潮，从整体上解决了城市二元结构不同步的问题。通过这些事关全局的节点性工程的实施，结束了西峰集镇发展的历史，城市综合承载能力迈上了一个新台阶。特别是我们的地下综合管沟，全长达到97公里，在全省经济工作暨扶贫开发工作会议上，受到了省委主要领导的高度赞扬。

（四）突出治理抓生态。积极顺应群众对山清水秀自然生态的向往和期待，把生态文明作为实现可持续发展的关键，具体抓成了六件事：一是坚持以改善环境、保障健康、促进发展为目的，顺利通过省级卫生城市验收。二是努力创建全国文明城市，城市综合实力和社会文明水平不断提升。三是按照“再造一个子午岭”的生态发展战略，全区荒山造林7000多亩，发展苗林产业5万亩，实现了育苗增收与造林增绿、经济效益与生态效益双赢。四是在城区以“六乱”为重点，在农村以“十乱”为重点，集中火力除脏治乱纠差，常态化开展城乡环境卫生综合整治。五是采取依法治理与文明管理双管齐下，突出交通、市场、市容市貌、违章建筑“四项整顿”，城市蜘蛛网彻底取缔，“城市管理成果巩固年”活动成效显著。六是坚持集中治理与动态监控相结合，大气污染得到有效治理，城区空气指数由年初的全省末位跃升到年终考核时第五位。

（五）突出服务抓民生。秉持民生至上的理念，坚持发展社会事业与创新社会治理互促互进，着力保基本、兜底线、惠民生。一是抓共享。紧扣义务教育均衡发展，加快推进17个教育改薄改造项目，全区二本及以上进线率同比增长15.6%，教育质量实现历史性突破。深入推进医疗机构改革，狠抓医德、医风、医术建设，“名院、名科、名医”创建工作稳步推进。五大社会保险提标扩面，困难群众得到应保尽保。二是办实事。省列20件、市列9件为民办实事项目全面完成，群众出行难、如厕难、停车难等热点焦点问题逐步解决，受到了广大市民的共同点赞。三是促繁荣。着眼以文育人、以文化人，积极开展“和谐西峰大舞台”等大型文体活动，群众精神文化生活更加丰富多彩。成功举办了中国庆阳香包民俗文化节、农耕文化节、西峰区第一届运动会，我区的对外影响力和美誉度进一步提升。四是保稳定。持续开展“领导干部带案下访解民忧”和“重大矛盾纠纷排查化解”活动，群众的合法诉求得到妥善解决。扎实开展“五项安全一项维稳”，社会大局和谐稳定，平安西峰建设进程不断加快。

（六）突出严实抓党建。始终把抓好党建作为最大政绩，突出思想建党、组织建党、制度建党、作风建党多措并举，不断提升基层党建科学化水平。创新“党组织+”模式，把支部建在产业链、把党员聚在产业链，形成了以村党组织为核心，产业基地、龙头企业、合作组织为支撑的“一核多元”扶贫体系，走出了党建助推精准扶贫新路子。多方整合资金1.6亿元，全区15个社区全部达到了“521”建设标准，平均面积达到800平方米以上，结束了西峰建市设区以来“无一自主产权社区”的历史，为全省标准化社区建设树立了新样板。纵深开展“三严三实”专题教育，量身定制开展了乡镇机关整顿提升、招商引资环境治理和项目建设推进、矛盾纠纷排查调处、城乡环境卫生整治“四大行动”，明确“不上心就上课、不出力就被处理、不解决问题就被问题解决、不发光就曝光”的刚性要求，干部队伍焕发出新活力。以省委巡视意见整改为契机，严格落实“两个责任”，认真履行层级约谈制度，加大案件查办力度，督促各级干部把纪律和规矩挺在前，彰显了风清气正的新面貌。

总体上讲，2015年，是西峰发展历史上不平凡的一年，任务重，挑战多，压力大，干部累，成果好。面对全国经济下行的不利影响，我区经济社会发展呈现出“五大新常态”：一是主要经济指标继续保持高位增长势头，经济逆势上扬成为新常态；二是十大重点项目基本建成或投用，多个增长极带动多元领域提速发展成为新常态；三是整区脱贫目标即将实现，率先全面小康成为新常态；四是各级各部门都有得意之作、奋进之笔，比学赶超、竞相争先成为新常态；五是反腐倡廉深得民心，干部作风整顿剑指各类不正之风，焕发出蓬勃向上的精气神，人心思干、人心思进成为新常态。正是因为这“五个新常态”，我们各级干部的艰辛付出超乎寻常，全区的发展业绩超乎寻常，群众的受益也超乎寻常。（尤其在抓精准扶贫上，我们对一些干部批评不回避、不迁就。虽然出了力，也受了气，但还是任劳任怨，把工作和事业放在第一位，一心一意为了西峰的发展，体现了干部顾大局、识大体的道德品质和思想境界。）市委、市政府对我们的工作充分肯定、高度评价。在此，我代表区委对大家的辛勤努力表示衷心地感谢！

二、2016年经济形势和工作思路

2016年，是实施“十三五”规划的开局之年，深化改革的关键之年，也是全面建成小康社会的突破之年。在省市党政主要领导干部研讨班上，时任省委主要领导明确指出了今年的发展形势、发展方向、发展使命，我们只有明大势才能谋大事，通过理性思辨得出科学判断。

（一）站位全局观大势。经济复苏乏力，市场需求疲软，经济下行压力继续加大，这是全球经济发展总态势。我国经济继续呈现出速度变化、结构优化、动力转换三大特点。为此，中央积极倡导“五大发展理念”，明确去产能、去库存、去杠杆、降成本、补短板五大任务。作为后发展地区，去产能就是要科学合理有序地开发资源，去库存就是要积极盘活房地产市场，去杠杆就是要以改革扫清发展障碍，降成本就是要推进节能减排提效益，补短板就是要加快基础设施建设和城乡一体化步伐，缩小发展差距。

由此，可以得出第一个判断：全力稳增长是重中之重，必须积极应对，逆势而上。

（二）对接政策抓机遇。宏观上，国家除了明确支持西部地区、贫困地区、革命老区以及“一带一路”建设带来的政策机遇外，中央经济工作会议提出要在适度扩大总需求的同时，着力加强供给侧结构性改革，实施相互配合的五大政策支柱。具体从以下4组数字来看：一是适当放大地方政府发债规模，今年安排地方专项债券4000亿元；二是提高基础设施网络化水平支持力度，全国铁路投资8000亿元，全省新修通村道路2.8万公里，村组道路1万公里，确保县县通高速、乡乡通国道、村村通沥青水泥路；三是对于整区脱贫的县区留出缓冲期，在一定时间内实行摘帽不摘政策，“十三五”期间易地扶贫搬迁投资6000亿元，解决1亿农业转移人口落户城镇问题。四是国家开发银行未来5年安排扶贫开发资金1.5万亿元以上。这些都为我们解决融资难题、推进基础设施建设、加快扶贫开发奔小康带来了前所未有的政策利好，促使政策的含金量转化为经济发展的实物量。

由此，可以得出第二个判断：主动扩投资是当务之急，必须抢抓机遇，大干快上。

（三）立足区情看短板。一是发展不足的矛盾仍然存在。西峰虽为西部油城、陇上煤都核心区，但石油产业对经济总量贡献有功，对财政增长贡献不力，没有形成“靠油吃油、靠煤兴业”的局面。二是结构不优的困扰仍然存在。地方工业量小势弱的现状没有根本改变，工业反哺农业，带动农业产业化、城镇化发展能力不强。三是保障不力的瓶颈仍然存在。大发展需要大建设，大建设需要大投入，大投入必须要有大资金。但历史陈贷多使我们一直负重爬坡，财源不足使我们时常吃紧。四是作风不实的问题仍然存在。我们的一些工作没有抓好，核心在人，归根结底是干部作风的问题。个别干部的一小点不作为，就会造成落实上的大差距。

由此，可以得出第三个判断：积极促转型是主攻方向，必须克坚攻难，补齐短板。

(四)发挥优势担使命。在市人代会上，市委栾书记期望西峰要争做"三个生态"创建的典范，树立全市转型升级的旗帜，打造城市发展的新平台，给庆阳老区树标杆。这既是新时期市委、市政府对我们的明确要求，也是现阶段最大的政治。我们要把落点瞄准在"五区两中心"的发展定位上，以全市首善之区的应有之态发挥好先锋模范作用。

由此，可以得出第四个判断：聚力抓落实是关键所在，必须自我加压，争创一流。

综上所述，2016 年我区经济发展动力大于阻力，机遇大于挑战。整区脱贫目标实现后，站在建设全面小康社会的新起点上，区委确定今年全区工作的总体思路：全面贯彻党的十八届五中全会精神，牢牢把握小康建设主基调，紧盯"两个率先"目标，突出"两区五中心"发展定位，坚持以改革创新和项目建设为主抓手，倾心打造全市"三个生态"先行区，奋力推动"十三五"良好开局。

三、2016 年工作重点

具体来讲就是发起"一个总攻"，突出"八个重点"。

一个总攻：就是向全面建成小康社会发起总攻。实践中要抓好五个方面：一是以巩固和扩大扶贫成果为切入点，全面总结精准扶贫的好思路、好经验、好做法，科学移植嫁接到小康建设上来，以精准扶贫推动精准小康。二是对照 5 大类 39 项指标，及时建立小康大数据信息平台。三是尽快制定我区建设小康社会"三年计划"，挂图作战，压茬推进。四是全力加快政治、经济、社会、文化、生态"五位一体"建设，高质量加快小康建设步伐。五是紧盯 2018 实现小康这个目标，一步都不能迟；对照小康任务，一项都不能丢；共享发展红利，一个都不能少，确保不致富不撒手，不小康不脱钩。

八个重点：

(一)围绕稳定脱贫，着力巩固扩大成果。我们的整区脱贫目标即将实现，按照省委要求，对已脱贫的县区要留出两年的巩固期，而且每年都要进行验收，每年都要有新提升，确保精准扶贫的稳定性、长期性和巩固性。因此，今年我们要重点抓好三方面工作：一要明责任。中央以超常规的动员、超常规的问责、超常规的投入、超常规的激励、超常规的退出，吹响了全面扶贫的冲锋号；市委召开脱贫攻坚誓师大会，启动"一级响应"。反观我们的一些脱贫仍然是低水平的。各级干部一定要消除停下来、歇歇脚的思想，走出"实现整区脱贫就不抓精准扶贫"的认识误区，15 个贫困村的帮扶领导不变、责任不变，直至帮到小康。二要防返贫。脱贫不是一劳永逸，返贫不容丝毫懈怠。要大力实施"七个一批"工程，对因学、因病、因婚等因素返贫的群众，密切关注，超前防范，做到既要扶上马，又要送一程，确保贫困群众脱贫不返贫。通过近两年的扶贫攻坚，全区可以说出现了哑铃型发展格局，经济条件和区位优势明显的村继续保持领先之态；15 个贫困村借扶贫东风大步跨越，突飞猛进。这也对排名靠后的非贫困村带来更大的压力，要始终牢固树立忧患意识，一方面要防止返贫，另一方面要不遗余力地加速赶超，进一步补齐发展短板。三要巩成果。精准扶贫的成果是史无前例的，我们必须在巩固中扩大，在扩大中共享。要始终把产业作为助农增收的主渠道，既着眼稳定脱贫培育长效产业，又立足即期脱贫发展短平快项目，提高贫困群众抵御市场风险能力。要把基础设施建设作为农村发展的治本之策，在提高标准上下功夫，尤其对前多年修建的一些低标准、低等级、超服役期的基础设施项目要积极争取上级支持，及时进行改造提质。要把公共服务作为缩小城乡差距的重头戏，充分利用起来、放心使用起来，切实满足群众日常服务。特别是要抓好易地扶贫搬迁项目补欠工程，确保将所有需要搬迁且有搬迁意向的农民全部实施搬迁安置，从根本上解决“一方水土养不起一方人”的问题。

(二)围绕增强发展后劲，着力推动项目建设。项目既是发展的坚实载体，也是考量干部、体现实绩的有力平台。大发展必须有大项目，快发展必须有好项目。关于今年的项目工作，一个总的要求是：继续以十大重点项目为载体、为引领、为抓手，全力抓好世行项目、扶贫项目、产业项目、基础项目、为民办实事等各类项目建设。主要是基于三点考虑：一是十大重点项目是本届党委政府工作的主抓手，实践证明我们的思路是正确的，定位是准确的，成效是明显的，所以对正确的事情我们要坚持不懈，一抓到底，抓出成效。二是十大重点项目涵盖了城建、“三农”、工业商贸、民生、文化等方方面面，一个项目就是一个体系，一个项目覆盖了一个领域，一个项目代表了一个方面，不是一个项目建成了，我们的目标就实现了。随着项目的陆续建成投用，城市的品位大幅提升，城市建设实现了历史性跨越，城乡面貌发生了巨大变化。但项目工作永无止境，并非一蹴而就。一些项目需要持之以恒抓下去。比如，城市管理工作空间大，需要反复抓、抓反复；农业产业化项目要在提升规模和效益上持续下功夫。一些项目还没有全面完成，比如，十大专业市场离目标还有一定差距，陇东汽车城、民俗文化产业园还没有达到预期目标；南盘旋片区改造，西北角至今没有突破性进展。一些项目还要做好后续工作，比如，专业市场建成后，流通体系还需进一步健全，服务功能还需提升；工业园区基础框架形成后，还要抓好企业入园、产业培育；雨洪集蓄固沟保塬生态工程水质提升、绿化美化等设施配套工作还需快速推进。三是抓项目需要一个很长的周期，城市建设项目一般需要7年左右，从规划到论证、到设计、到手续办理、到征拆、到建设、到投用，一环扣一环不能停步。因此，我们要坚持既定的责任领导不变、推进措施不变、建设标准不变、完成时限不变，锲而不舍，一届跟着一届干，如果一年一个口号，就会贻误发展。各级领导要把抓项目作为履职尽责的主旋律，倒排工期、挂图作战，靠前指挥、压茬推进，以3月1日为节点，所有项目要全面拉开，确保日有进度、周有形象、月有突破。要以十大重点项目为带动，实施500万元以上项目260个以上，形成大项目顶天立地、小项目铺天盖地的发展局面。

(三)围绕加快城乡一体化，着力推动“三农”工作。城乡统筹发展，核心在解决“三农”问题。在全面建设小康社会的起跑阶段，如何更好地解决“三农”问题？我想主要有两大抓手：一是深入推进以户籍制度、农村土地、公墓等为主要内容的农村综合改革；二是全方位建设美丽乡村，把农村的美丽具体到农业大有作为、农村安居乐业、农民体面光荣上。一要组团式发展富民产业。抱团发展是现代农业发展的大势所趋，也是规模化、集约化发展的必由之路。要围绕“果、菜、畜”三大主导产业，打破乡镇村组界限、整合资源，大力实施“五个组团”，即东部优质苹果和特色高效农业组团，北部现代生态规模种植养殖业组团，城郊休闲观光和绿色农业组团，近郊现代物流服务业组团，蒲河流域生态旅游和设施农业组团发展，走出一条产业化、品牌化、规模化的现代农业发展之路。要积极探索“土地托管合作社”等土地流转新方式，通过科技示范、金融支持、管理提升、品牌引领多措并举，解决土地碎片化和产出能力低的问题。年内新栽果树2万亩，种植各类瓜菜16万亩，新建规模养殖小区7个，大力提升农业组织化、集约化和规模化水平，加快特色产业由点上示范向面上推广、由低质低效向提质增效转型发展。二要现代化建设乡村设施。坚持小康农宅集中建设、基础设施集中配套、农民集中居住“三个集中”原则，以什社李岭新农村建设示范村、董志周庄现代化农村社区为样板，全面完成2个省级、1个市级美丽乡村示范村建设任务，加快以交通为“骨架”、以水利为“血脉”、以生态为“元气”的农村基础设施建设。要持续开展环境卫生整治和“生态文明村”创建活动，下气力除脏治乱纠差，达到科学规划布局美、村容整洁环境美、创业增收生活美、乡风文明身心美的“四美”目标。三要专业化培育新型农民。要以培养生产型、经营型、技能带动型、技术创新型、社会服务型“五型农民”为方向，依托专业合作社、科技培训班、远程教育等多种平台，举办果业、养殖、种植、劳动技能等实用技术培训，全区农民持证上岗率达到40%以上，切实提高农民的职业化程度，实现“富脑袋”与“富口袋”双向提升。

（四）围绕提升形象品位，着力推动城市建管。城市是人类文明的重要标志，新型城镇化已成为促进经济社会发展的强大引擎。城镇化水平每提高1个百分点，就能拉动生产总值增长1.5到2个百分点，每增加一个城镇人口，可带动10万元左右的投资。西峰作为庆阳市党政机关所在地，要把城市建设作为当前和今后发展的重中之重，坚持空间规模产业并重、生产生活生态并举、规划建设管理齐抓，加快构建以城区为龙头引领，7个乡镇为骨架支撑、100个行政村为支点辐射的新型城镇化格局。一要高起点推进城市规划。按照事权划分的原则，各级各部门要在抓好市上第四版城市总规的同时，本着对西峰发展负责、对人民负责的大局意识，抓好“两违”监管工作，确保城市总体规划的权威性。对于监管不力、履职不到位的乡镇（街道）、社区党政主要负责人，要实行严格的问责。二要高质量推进基础建设。借鉴智慧城市、海绵城市建设的新经验，坚持地上地下同步实施，加大广场、绿地、水系建设和管廊敷设力度，不断提升城市综合承载能力。充分依托世行项目，加快城市道路建设，确保北京大道北段和庆化大道延伸段等10条道路年内通车，实现东西环路闭合交通大循环。积极配合做好热电联产项目落地，扩大城区集中供热面，推进小游园、停车场、垃圾处理等现代化便民服务设施建设，形成“骨架”支撑有力、功能配套到位的城市发展格局。三要高速度推进棚户区改造。这里有个政策需要向大家作以说明，从今年开始，国家原则上不再安排保障性住房，而是以棚户区改造代建。这对当前低迷的房地产市场来说，犹如注入了一针强心剂。我们要抢抓这一政策东风，加快对气象局、炮台巷等旧城片区整区块开发，南盘旋片区西南角东方丽晶和东北角中元世贸年内要建成投用，西北角商业综合体尽快开工建设，打造全省东部门户城市建设的新地标和商贸制高点。四要高标准推进城市管理。城市是各类要素资源和经济社会活动最集中的地方，城市的繁荣必须靠大家共治共管，这是近几年我们在加强城市管理中得出的基本经验。今年，要突出抓好四方面工作：一是常态化监管；二是全力开展除脏治乱纠差；三是深入推进“七化”工程；四是强化市民宣传教育，形成人人参与城市管理，人人争做文明市民，共同建设宜居宜业宜游美好西峰的浓厚氛围。

（五）围绕壮大地方工业，着力推动园区建设。工业是国民经济的命脉。要按照工业强市的要求，立足破解工业园区进展缓慢、招引企业落地困难、非公经济发展举步维艰的瓶颈，加快推进基础设施、配套功能、公共服务一体化，着力实现“四个提升”，走出工业发展困局。一要夯实基础，提升园区承载力。坚持把园区作为工业发展的重要载体，通过筑巢引资、股份合作、市场运作等多种方式，以彭原镇土地整理二期项目为依托，一期标准化厂房建成投用，完成B1、C2等4条道路建设，配套水、电、管网设施，搭起南部“四纵三横”、北部“三纵三横”的千亩园区框架。二要优化环境，提升产业集聚力。环境出效益。要全面落实“四最”服务机制，让园区真正成为集聚产业投资的“洼地”，着力引进一批科技含量高、市场前景好、提升潜力大的创新型项目。年内两大园区至少要招引500万元以上企业3户以上。特别是要积极跟进，主动服务，确保瑞南天然气、永欣石化早运营、早投产、早见效。三要多方扶持，提升企业生存力。要以解决地方企业经营压力大、成本上升、融资困难等问题为切入点，多管齐下，综合施策，加大银企对接力度，帮助地方企业融通资金、拓展市场、转型升级。全年新增非公企业300户以上，新增就业人员1.5万人。四要注重品牌，提升产品竞争力。产品是企业发展的核心，决定着企业的未来。要鼓励帮助企业进行核心技术提质改造和结构、产能、效益三项升级，创建自主品牌，提升产品附加值，增加市场占有份额，让“西峰制造”打入市场、走进千家万户。

（六）围绕繁荣商贸服务业，着力推动市场体系。商贸流通是现代经济的血脉和神经。要以银西铁路开工建设为契机，抢抓文化旅游不断升温的消费新热点，顺应供给侧改革的新趋势，依托区位和交通优势，把我区打造成为区域商贸流通中心。一要加快推进专业化市场建设。要立足“城”与“市”的深度融合，继续按照规划引领、市场运作、社会实施、多方参与的原则，年内嘉鑫国际建材城、东区放心食品城、东方丽景、万辉国际正式运营，家饰装饰、瓜果蔬菜、小商品市场开工建设，形成城郊大市场、城内大商场、城中专业街的市场格局，在优化城市布局的同时缓解城市交通压力。二要加快发展本地化电子商务。紧扣村级电子商务示范店项目建设和淘宝西峰特色馆建设，落实“陇货网上行”电子商务计划，搭建西峰名优产品电子交易平台，进一步健全电子商务的服务支撑体系，开拓电子商务应用领域，借助互联网信息“高速公路”，让“西峰牌”产品实现线上销售，促进营销模式脱胎换骨。以庆阳电子商务创业孵化园建设为契机，大力发展农产品电子商务平台，逐步形成“区有中心、乡有站所、村有网点”三级电子商务体系。三要加快打造特色化文化旅游业。文化旅游业被誉为“永不衰落”的朝阳产业。要通过高端化建点、精品化连线、一体化布局，大力提升“一村一园一寺一带一基地”（即天富亿生态民俗村、民俗文化产业园、北石窟寺、蒲河川美丽乡村旅游带、农耕文化非遗示范基地）五大旅游品牌，做精做优吃住行游娱购“六要素”，大力发展避暑纳凉、休闲养生、生态观光、果蔬采摘等新业态，真正把文化做成产业，把旅游做成产品，把服务做成效益，加快融入西安、延安、银川经济文化旅游圈，收到开发一处景点、繁荣一方经济、致富一方百姓的良好效果。

（七）围绕改善民计民生，着力推动社会治理。保障和改善民生是发展的最终目的。要牢固树立共享发展理念，在服务中创新管理，在管理中优化服务，实现群众幸福指数和经济发展水平双提升。一要加快资源均衡配置大力发展社会事业。要着眼办人民满意的教育和医疗，全面推进教育医疗卫生体制改革，一手抓好硬件建设，以“美丽园丁”教育基金会支持革命老区基础教育为契机，完成北师大附中项目用地征拆，加快西峰职专综合实训楼、区疾控中心综合检测楼等项目建设，不断改善服务条件。一手抓好队伍管理，加强教风、医风建设，培养高层次、骨干型的教育和医疗人才，大力提升服务水平。要注重提升城乡公共文化设施利用率，持续抓好“和谐西峰大舞台”等群众品牌文化活动，用优秀先进文化占领城乡文化阵地，构建以大型广场、东湖公园为龙头，城区小游园、农村文化广场为补充的全民健身网络，丰富群众精神文化生活。二要加快失地农民安置不断完善社会保障。截至目前，我区还有1200多户失地农民尚未妥善安置，有的甚至长达6年之久，严重影响到重点项目建设和城市发展。这既是民生问题，也是政治问题，今年如果没有实质性进展，我们就无法向群众交代。要严格落实“货币补偿、住房安置、支持就业、社会保障”措施，创新失地农民安置与现有闲置房销售统筹推进新机制，集中火力，加快实施，实现缩短安置周期和消化房地产库存双赢目标。年内17个失地农民安置小区建成入住，确保失地农民失地不失业、失地不失居。三要加快平安西峰建设全面强化社会治理。安全稳定是第一责任。要严格落实“党政同责、一岗双责、齐抓共管”的工作要求，重点抓好道路交通、校园、食品药品、企业生产、消防“五项安全”，确保不发生重特大安全生产事故，做到守土有责，守土尽责。全力推进社会治安防控体系建设，始终保持打击违法犯罪的高压态势。要继续落实领导包案责任制，扎实开展矛盾纠纷排查化解活动，切实维护群众的合法权益，为“十三五”实现“开门红”营造安全和谐的发展环境。

（八）围绕强化发展保障，着力推动从严治党。中央决定，今年在全党开展“学党章党规、学系列讲话，做合格党员”学习教育，这是继党的群众路线教育实践活动、“三严三实”专题教育之后，深化党内教育的又一次重要实践，也是我们今年党建工作的总抓手。各级党组织要按照党管全面、管全部的要求，认真落实党建第一责任，切实发挥党建引领作用，全力提升党建科学化水平。一要在思想政治建设上从严从新。思想政治建设事关理想信念塑造，直指思想认识领域。要充分认识到经济发展带来的外部环境变化，以学习贯彻党的十八届五中全会、习近平总书记系列重要讲话精神为重点，依托“智汇西峰大讲堂”等载体，推动学习教育从关键少数向全体党员拓展、从集体性活动向经常性教育延伸，凝聚全面建成小康社会的强大正能量。二要在基层组织建设上从严从优。抓党建是各级党委的最大政绩和主责，而抓好基层党建就是最大政绩中的最大、主责中的主责。要充分发挥基层党组织领导核心、政治引领作用，把工作重心从标准化建设转移到功能发挥上，大力实施“五大工程”(堡垒工程、头羊工程、民心工程、造血工程、阳光工程)，在优化服务新模式、打造服务新平台上下功夫，不断增强基层党组织创造力、凝聚力、战斗力。三要在干部队伍建设上从严从高。要结合“三严三实”专题教育，纵深推进“四大行动”，对症下药向个别干部混慵懒散问题叫板，着力以严的要求、实的作风推动各项工作创一流、争上游。要扎实做好区乡换届工作，继续坚持重基层、重实绩、重公论、重品行的选人用人导向，把干部选任与消化超职数和兼职干部相结合，加大交流使用力度，把重心向工作一线倾斜、向乡镇街道倾斜、向抓项目的干部倾斜。特别是要按照“近期使用、中期培养、长远储备”的要求，加强“三方面”干部的培养，为转型跨越发展提供坚强的人才支撑。四要在党风廉政建设上从严从实。这次中纪委六次全会，关于党风廉政建设提出了许多新规定和新要求，充分彰显了党中央抓好反腐倡廉的决心和信心。各级党组织要结合省委巡视和市委巡查意见整改工作，认真落实“两个责任”，严肃财经纪律、人事纪律、组织纪律和工作纪律，真正把责任传导到位、措施细化到位、督促检查到位。纪检部门要聚焦主责主业，严格落实倒逼追责机制，加大案件查办力度，切实做到用制度管人管事，大力营造风清气正的政治生态。

四、保障措施

落实“十三五”宏伟蓝图，实现全面小康目标，关键在于各级领导干部的认识、能力和行动。一个总的原则是“12345”保障机制坚持不变，具体做到“四个紧扣”：

一要紧扣新常态推动思想解放。思想解放的程度决定着经济社会发展的速度。做好新常态下的经济工作，重点是各级干部要有“心常态”。新常态之“新”，意味着不同以往，要遵循规律，创新驱动；新常态之“常”，意味着相对稳定，要深化改革，稳中有进；新常态之“态”，意味着注重质量，要优化结构，确保换挡不失速、调速不减速、量增质更优。我们必须克服“速度情结”“换挡焦虑”，坚持把解放思想置于万事之先，敢于冲破各种陈旧观念、思维定式、体制束缚、利益藩篱，善于向好的学、跟快的比，敢闯敢试，敢为人先；要坚持走出去、请进来，学会借梯登高、借力发展。要深入开展“两学一做”活动，以思想大解放积极应对新常态、引领新常态，推动各项工作大突破、全区经济大发展。

二要紧扣供给侧推动改革创新。面对经济下行压力，唯改革者进，唯创新者强，唯改革创新者胜。进入2016年，“供给侧改革”成为经济社会生活中最重要的热词。什么是供给侧改革？就是通过提高土地、资源、人力资本等全要素生产率，实现低水平供需平衡向高水平供需平衡的跃升。各级各部门要坚持问题导向，聚焦城市建设、工业短腿、农业产业化、城乡一体化发展等重点工作，下实手解决钱从哪里来、事情怎么干等一系列现实难题，通过创新思路走新路，突破一隅带全局。要认真落实中央、省市各项改革任务，锲而不舍攻难点，紧盯差距补短板，着力以改革改出发展动力、改出政策红利、改出干事作风，以改革革除僵化思维、革除陈旧机制、革除不良陋习，全面推动产业升级、结构转型、速度跨越。

三要紧扣讲规矩推动作风转变。小康社会亟待小康作风。不以规矩，不成方圆。所谓讲规矩，是一个党员干部政治修养的表现，就是要重程序、重原则、重约束。讲规矩，班子就团结向上、步调一致、抓促有力；反之，就会软弱涣散、矛盾百出、形如散沙。各级干部要坚持把规矩和纪律挺在前，该请示的请示、该汇报的汇报、该会商的会商，决不允许我行我素、自行其事，坚决做到贯彻上级决策部署不打折扣、不搞变通，确保思想上、行动上同党中央保持高度一致，形成心齐气顺、知行合一、精诚团结的强大合力。

四要紧扣抓领导推动任务落实。今年市委决定，要在全市开展市委书记走遍所有乡镇、县区委书记走遍所有行政村、乡镇书记（乡镇长）走遍所有贫困户、组织部长走遍所有软弱涣散党组织“四个走遍”活动，就是要求各级领导干部真正沉下去，带头察实情、听民声、解难题，以埋头实干树立标杆。各级党员领导干部要面对矛盾敢于迎难而上，面对危机敢于挺身而出，面对失误敢于承担责任，真正做到问题在一线发现、矛盾在一线解决、工作在一线落实、业绩在一线创造，在全区营造敢于担当、向我看齐、以上率下的干事环境。

同志们，小康目标催人奋进，奋进号角全面吹响。让我们抱定战则必胜的决心，砥砺拼搏进取的斗志，焕发干事创业的激情，开拓创新，锐意进取，举全区之力，汇全区之智，共同建设幸福美好的小康西峰！

人大常委会工作报告

——在庆阳市西峰区第八届人民代表大会第一次会议上

西峰区人大常委会主任　赵海东

2016 年 11 月 12 日

各位代表：

我受区七届人大常委会委托，向大会作工作报告，请予审议，并请与会同志们提出宝贵意见。

五年来主要工作回顾

过去的五年，是我区经济社会发展极不平凡的五年，面对国内外形势的深刻变化和经济发展新常态下的繁重任务，全区上下团结一心，全面小康社会建设取得显著成绩，依法治区进程加快推进。五年来，常委会坚持在区委的正确领导和市人大的精心指导下，自觉服务发展大局，依法履行各项职责，共召开常委会会议 34 次、主任会议 55 次，组织开展执法检查 18 次、专题调研 27 次、专项视察 8 次，对 4 个政府部门工作进行了专项审议，听取和审议"一府两院"专项工作报告 35 个，作出决议决定 56 项，下发审议监督意见书 30 份，依法任免国家机关工作人员 230 名，全面完成了区七届人大确定的各项工作任务，为全区经济社会发展和民主法治建设做出了积极努力。

一、围绕中心服务发展，着力推进区委决策部署落实

始终坚持和依靠党的领导，紧贴中心，服务大局，切实把落实区委重大决策、推进全区重点工作作为依法履职的着力点，做到思想同心、目标同向、工作同步。

一是围绕全区发展战略，认真谋划开展人大工作。按照区委"两个率先"目标，紧贴"三双"战略，不断强化大局意识，着眼服务和推动全区经济转型跨越发展来部署人大工作；以民本的理念进行谋划，反映和体现人民意愿和要求，让人大工作更加贴近民生；以法治的理念进行谋划，坚持依法规范行使各项职权，大力支持和促进"一府两院"的工作。

二是紧贴全区工作大局，依法讨论决定重大事项。紧紧抓住事关全区改革发展稳定大局和人民

群众切身利益的突出问题，依法行使重大事项决定权，适时将区委决策依法转变为全区人民的自觉行动。扎实做好“十三五”规划纲要草案的初审工作，为人代会依法审查批准奠定基础。高度关注宏观经济形势，对棚户区改造、新区供暖、暴洪灾害应急等重大项目融资事项作出决议、决定，促进了全区经济可持续发展。

三是着眼全区干部队伍，不断改进人事任免工作。按照党管干部与依法任免相结合的原则，完善了拟任干部法律知识考试、任前资格审查、履职承诺、投票表决、颁发任命书等程序，严格实行人大及其常委会任命工作人员向宪法宣誓就职制度，增强了被任命干部的法律意识和人大意识，汇聚了推动全区经济社会发展的正能量。

四是融入全区经济建设，积极参与各项中心工作。全力以赴参与“十大项目”建设，常委会领导先后牵头包抓了陇东汽车城、工业园区和“城市管理年”等重点项目，行动迅速，措施得力，顺利完成了区委交办的任务。每年组织人大代表集中视察全区重点项目进展情况，推动项目落实。扎实开展了“联村联户、为民富民”和扶贫攻坚行动。积极响应“党性锤炼日”号召，牵头组织了南苑路片区、古象路片区城市环境卫生整治活动。

五是维护全区政治稳定，有序推进人大换届选举。面对选举法修订后的新情况，把坚持党的领导、严格依法办事和充分发扬民主有机统一起来，克服时间紧、任务重、要求高、情况复杂等困难，科学谋划，加强沟通，规范操作，选举产生了 175 名区八届人大代表和 478 名新一届乡镇人大代表，代表结构进一步优化，素质进一步提高。

二、依法履行监督职责，着力推进民主法治建设

常委会把《宪法》和法律的实施作为监督工作根本出发点，不断改进监督方式，提高监督实效，为全面落实依法治国方略，加快依法治区进程发挥了重要作用。

一是高度重视法制宣传教育。听取了区政府《关于全区“五五”普法工作情况的报告》，审查批准了“六五”普法规划，作出《关于继续深入开展法制宣传教育的决议》。深入村组（社区）、机关单位和学校，对全区“六五”普法工作开展情况进行了专项检查，建议区政府、各乡镇（街办）及相关部门提高普法工作思想认识，强化普法教育工作措施，加强农村法制宣传教育，增强法制宣传教育实效。

二是不断强化计划预算监督。坚持听取和审议区政府计划和预算执行情况报告，积极探索开展部门预算审查工作，制定出台相关办法，进一步规范部门预算编制及执行，不断加大专项资金监管力度。坚持每年人代会上听取审计工作报告，重视审计意见的落实，切实发挥财政、税收、审计在促进经济社会发展中的监督和调控作用。组织对区政府贯彻实施《政府采购法》的情况进行了专项检查，建议区政府继续加大宣传力度，完善政府采购监管机制，规范政府采购行为，严格采购计划约束，不断提高政府采购资金的使用效益。

三是积极维护公正司法环境。先后组织对公安执法规范化建设、刑事审判、司法行政、反贪污贿赂、行政许可等工作开展执法检查，着力解决群众反映强烈的突出问题，坚持从严治警，提升法律监督水平，加强对司法人员理想信念、职业良知、法治精神的教育，严守党的政治纪律和政治规矩，确保审判机关、检察机关和公安机关能够始终做到公正司法和严格执法。

四是全力推进依法行政工作。围绕法治政府建设，对区政府卫生、交通、教体、住建等四个部门的工作进行了专项审议，广泛听取乡镇（街道）、村组（社区）和基层单位、人大代表、人民群众的意见、建议，分别对区政府专项工作报告和专题调研报告进行审议，下发审议监督意见书，并连续三年跟踪问效。先后向市人大常委会报备规范性文件 57 件，审查备案区政府及各乡镇人大规范性文件 123 件，有力促进了全区依法行政工作。

三、始终关注民生民计，着力推进转型跨越发展

常委会坚持把保障和改善民生作为人大工作的出发点和落脚点，紧盯群众关注的热点、难点问题，积极建言献策，切实将维护群众合法权益与促进社会和谐稳定统一起来。

一是着眼于解决发展中的突出问题。围绕我区新型城镇化建设，就农业转移人口、社区社会管理、失地农民安置、农民专业合作经济组织、文化产业发展、学前教育等进行了专题调研。就当前存在困扰我区农业转移人口市民化的五个方面困难，提出了六个方面18条针对性建议。针对社区社会管理体制不健全、缺乏综合协调、工作效能不高、社会管理效果不明显等问题，提出建议11条。建议区政府从组织领导、政策支持、规划建设、资金筹措、就业扶持等方面认真研究，统筹安排，积极化解失地农民在征地拆迁和生活安置中存在的突出矛盾问题。

二是着眼于保护弱势群体的合法权益。关心关注困难群众住房、残疾人权益保障、居民社会养老保险等问题，经过专项调研，建议区政府高度重视保障性住房建设，认真研究解决建设滞后问题，真正把民生工程办实办好，让群众期盼早日实现；建议进一步加大城乡居民社会养老保险政策宣传，尽快建立健全工作机构，确保试点工作稳妥推进；建议进一步提高法规政策宣传力度，健全相关工作机构，加大资金保障，加强协调配合，积极落实有关政策，有效保障残疾人合法权益。

三是着眼于维护稳定和谐的发展环境。先后三次组织市、区人大代表对全区贯彻落实《安全生产法》情况进行了全面检查，深入区公安分局禁毒大队、西峰区拘留所、看守所等部门对禁毒和监所管理工作进行了专项检查；配合省、市人大专题调研了法检两院推进司法公开工作情况，开展了《消防法》《水土保持法》《矿产资源法》《道路交通安全法》《农产品质量安全法》等法律法规贯彻落实情况检查。

四是着眼于建设山清水秀的生态环境。组织人大代表集中视察环境保护工作，密切关注石油化工企业、油田作业区、城市生活垃圾处理场、饮用水源保护区、污水处理厂等重点监管对象和群众关注的环境敏感点；上下联动开展了大气污染防治法、水污染防治法、义务植树造林、水资源利用和保护、石油勘探开发环境保护条例修订等执法检查和专项调研，推进相关法律法规在我区的贯彻实施。

四、不断完善机制体制，着力推进人大代表工作

常委会坚持发挥代表主体作用，丰富代表活动形式，充分发挥代表密切联系群众，广泛集聚民智的优势，切实为代表知情悉政提供服务保障。

一是坚持通过培训教育增强履职能力。把强化培训作为提高代表履职能力的重要手段，创新培训形式，下实手提升代表素质。先后组织80多名市、区人大代表分赴北京、深圳、北戴河参加全国人大培训；组织30多名代表参加市人大常委会组织的代表培训活动；邀请有关专家和学者，就如何围绕经济社会发展大局，履行好代表职责，集中培训区、乡人大代表1200多人(次)；邀请区委党校讲师，深入各乡镇、街办，分期分片对区、乡人大代表进行集中培训；指导各代表之家定期召开学习会议，总结、交流代表工作情况和经验，开展形式多样的培训活动。同时，坚持为代表订阅《中国人大》《人民之声报》等刊物，及时更新西峰人大网站内容，为代表创造学习条件。拍摄录制优秀人大代表风采专题片3组，广泛宣传人大代表先进事迹，为人大代表履职尽责树立了标杆。

二是坚持通过创建阵地激发人大活力。积极推行代表活动场所规范化建设，建立“人大代表之家”27个，开通“人大代表之家”手机服务短信平台。各代表小组依托“人大代表之家”组织开展了丰富多彩的代表活动，并逐步形成一整套完善的活动制度，先后开展“主任接待日”活动20多次，集中组织“双联系”活动12次，组织代表参与视察、调研、行风评议等活动400多人(次),实现了建成人大代表“培训基地”、“活动阵地”和“服务窗口”的目标。

三是坚持通过双联行动彰显代表情怀。始终坚持把参与中心、服务大局、促进发展作为代表活动的核心内容，特别是积极响应省、市人大开展“双联”人大代表在行动的号召,在精准扶贫工作上,充分发挥人大代表在各条战线上的模范带头、典型引领作用。先后协调落实贫困村组各类基础设施建设项目28个，发展规模种植11000多亩、规模养殖166户，带动群众自筹和社会资金投入2000多万元。区人大常委会先后被省、市人大评为双联“人大代表在行动”先进集体,3个乡镇人大被市人大评为双联“人大代表在行动”先进集体,6名基层人大代表获评先进个人。

四是坚持通过建议督办提升代表意识。严格将代表建议办理纳入全区重点工作目标管理考核,由区委和区人大常委会相关部门共同督办,重点建议由政府区长、副区长领办,区人大常委会主任、副主任牵头督办,明确承办责任和办理标准,确保代表建议及时高质量办理。区七届人大一次会议以来，先后向区政府集中交办会议期间的代表建议179件、意见88件,涉及社会管理、城市建设、道路交通、民生保障等30多个方面。区政府及政府各承办部门单位高度重视办理工作，力求解决实际问题,办结率逐年提高,校园周边环境综合治理、老城片区改造、城区防洪排险等一批重点建议件得到较好落实。

五、与时俱进改革创新,着力推进区乡人大自身建设

深入贯彻省、市、区委人大工作会议精神,扎实开展党的群众路线教育实践活动和“三严三实”专项教育、“两学一做”教育,切实增强做好新形势下人大工作的责任感和使命感,确保区、乡人大工作不断上水平、上台阶。

一是人大工作机制体制全面改进。全面落实区委《关于加强和改进人大工作的意见》,重新修订了常委会议事规则、主任会议议事规则,新建了人大代表约见政府部门负责人、财政预算监督、执法监督等8项制度,修改完善14项,进一步促进人大各项工作的制度化、程序化、规范化。人大常委会组成人员名额由19人增加到27人。对机关六个委室名称和职能进行了重新核定，解决了职责不清和职权重叠交叉的问题。核增机关事业编制7个,及时选调优秀干部5名,补充了人大机关工作力量。7个乡镇全部配备了人大主席、副主席。设立街道人大工作委员会3个,配备专职主任各1名。各乡镇、街道人大分别配备确定专职人大专干2-3名。区、乡两级人大代表人均活动经费三年翻了一番,分别达到800元、500元。乡镇、街道人大工作经费每年不少于5万元，并全部列入财政预算予以保障。首次对基层人大工作实行目标管理考核，对于进一步加强区人大常委会对乡镇人大工作的领导，全面提升乡镇人大工作整体水平起到了重要作用。

二是人大机关干部作风彻底转变。按照“为民、务实、清廉、高效”和“三严三实”的要求,进一步靠实党风廉政建设“两个责任”,全面落实“一岗双责”。认真学习党的《廉洁自律准则》和《纪律处分条例》,严格按照中央和省、市、区委相关规定,修订完善了会议、财务等管理制度,制定出台了常委会组成人员联系人大代表、人大代表联系选民等12项工作制度。常委会领导带头上党课、搞调研,机关党员干部深入村组、农户,察民情、听民意,走上街头参与环境卫生整治，广泛征求社会各界的意见建议,制定具体措施加以扎实整改,党性得到了锻炼，宗旨意识进一步强化。机关上下厉行节约,开短会、讲短话、发短文,调研、检查轻车简从,干部职工作风转变一路向好。

三是人大机关管理水平不断提高。进一步巩固市级文明单位创建成果，对机关办公楼进行了全面维修改造,更新了办公设施,加强了后勤服务

管理，机关面貌得到明显改善。与省内外7个市、县(区)人大常委会进行了相互学习交流。组织30多名机关干部先后参加了全国、省、市人大举办的业务培训班，17名乡镇(街办)人大专干到区人大机关进行了跟班培训。不断加强机关信息宣传工作，对"西峰人大"新闻网站进行了全面升级改版，编发《人大专讯》300多期，在各类报刊上发表理论文章和新闻稿件120多篇，连续荣获全市人大理论宣传工作先进集体奖。

四是人大机关干部活力竞相迸发。鼓励干部到基层一线进行锻炼提高，4名常委会领导和15名机关干部职工先后参与陇东汽车城、工业集中区项目建设、城市管理年活动、"两违"监管拆除等一线中心工作。积极推动干部内外交流使用，从党委机关、重要部门调入委室负责人5名，人大机关优秀年轻干部交流到党委、政府部门任职4名。倡导干部职工积极参与健身和演讲活动，先后有6名同志在市、区演讲比赛中名列前茅。组队参加全市"迎元旦"健康跑活动、全区职工篮球联赛等活动，均取得了较好名次。坚持举办职工运动会，组织职工健身操培训和晨练活动，获全区体质监测达标赛一等奖。

五是30年人大工作圆满载入史志。历时两年时间，成功编纂出版西峰第一部人大志。以史实为依据，以时间为顺序，采取图文并茂、分门别类的方法，综合运用记、述、传、表、访等多种表现手法，真实详细地记述了从建市之初到第七届人大第六次会议期间西峰民主政权产生、发展和不断完善的渐进过程和履职轨迹，彰显了人民代表大会及其常务委员会在全区政治、经济、文化、社会生活中的影响和作用。对于了解人民代表大会制度在我区的发展和完善进程，更好地做好新常态下人大工作，推动全区经济社会转型跨越发展，产生了积极而深远的影响。

各位代表，五年来常委会所取得的成绩和进步，是区委正确领导的结果，是常委会组成人员和全体代表共同努力的结果，是"一府两院"和各乡镇、街道积极配合的结果，也是全区人民和社会各界大力支持的结果。在此，我谨代表区七届人大常委会，向所有关心、支持人大工作的同志们，表示衷心的感谢！

回顾过去五年的工作，我们深深体会到：

第一，坚持党的领导，坚定政治方向，是做好人大工作的根本保证。五年来，区委高度重视人大工作，听取人大工作汇报，召开人大工作会议，不断健全和完善人大工作机制，研究解决人大工作中遇到的困难和问题，批转人大常委会的工作要点。区委主要领导多次对人大常委会的审议意见、调研报告作出重要批示，为人大工作开展营造了良好氛围。

第二，紧扣发展主题，增强履职实效，是做好人大工作的必然要求。五年来，常委会认真学习贯彻习近平总书记系列重要讲话精神，紧紧围绕事关西峰改革发展稳定的重大问题，围绕人民群众普遍关注的热点难点问题，找准工作结合点，选准选精议题，强化监督检查，持续跟踪问效，全力助推发展，使人大工作不断取得新进步。

第三，密切联系群众，发挥代表作用，是做好人大工作的重要基础。五年来，常委会坚持以人为本，充分发挥代表了解民情、反映民意、贴近民生的优势，不断丰富代表活动形式，拓宽代表参政议政渠道，努力为代表履职创造条件、提供服务，充分发挥了代表的主体作用，为全区发展凝聚了力量、集聚了智慧。

第四，顺应形势变化，不断开拓创新，是做好人大工作的动力源泉。五年来，常委会坚持解放思想，实事求是，主动适应新常态、新任务、新要求，努力实践，积极探索，研究和把握人大工作的内在规律，不断开拓工作思路，改进工作方法，创新工作机制，解决好人大工作中遇到的新情况、新问题，使人大工作保持了与时俱进、积极向上的勃勃生机。

在看到成绩的同时，我们也清醒地认识到，常委会工作与党和人民群众的期望、与新时期新形势的要求还存在着差距，监督工作实效有待进一步增强，代表履职渠道有待进一步拓宽，自身建设还有待进一步加强。在今后的工作中，我们需要高度重视，认真研究解决。

今后五年的主要任务和2017年工作

各位代表，今后五年，是我区全面实施"十三五"规划和扎实推进小康社会进程的重要阶段。常委会工作的指导思想是：坚持党的领导、人民当家做主、依法治国有机统一，深入贯彻党的十八大和十八届五中、六中全会精神，以习近平总书记系列重要讲话为指针，按照"四个全面"战略布局和"五大发展"理念，持续推进"三双"战略，全面落实区第四次党代会精神，不断加强和改进区、乡（镇）人大工作，依法履行宪法和法律赋予的职权，全面推动改革创新、小康社会建设和依法治区进程，更加注重保障和改善民生，为建设政治清廉、经济强劲、社会和谐、文化繁荣、生态美丽的小康新西峰做出新的贡献。

一、坚持党的领导，全面落实区委决策部署

认真贯彻中央、省、市、区委关于全面依法治国、加强和改进区乡（镇）人大工作的一系列重大决策部署，紧紧围绕区委的中心任务来开展工作，把党的领导贯穿于依法履职的全部过程，落实到工作的各个环节，把思想和行动统一到区委的决策部署上来。2017年，要围绕"十三五"规划的实施、推动供给侧改革、适应经济新常态等工作重点，全面部署和统筹安排监督、决定重大事项等各项工作，推动区委各项重大决策部署的落实。充分发挥区人大常委会党组的核心领导作用，积极承担区委确定的重点工作任务，深入一线调查研究，督促指导，协调解决有关问题，自觉服从服务于全区工作大局。依法决定人事任免，积极探索和加强对常委会任命人员的监督，确保权为民所用、利为民所谋。

二、围绕中心工作，全力推动经济社会发展

着眼落实事关当前与长远发展的带有全局性、战略性的重大决策，紧盯全面小康社会总目标，进一步完善讨论决定重大事项的程序和规则，适时作出推动全区经济社会发展的决议、决定，号召和引领各级人大代表主动参与全区中心工作，为区委、区政府决策提供参谋，凝聚各方力量，共同推动发展。2017年，重点要组织新一届人大代表广泛参与重大项目建设、精准扶贫、矛盾纠纷排查、安全维稳等中心工作，积极开展调研、视察等活动，努力推动"3341"发展战略贯彻落实到各级干部和广大群众的思想行动中，凝聚成全区人民最广泛的共识，增强发展的动力和活力，为实现更好更快发展奠定坚实基础。

三、拓宽监督渠道，切实增强监督工作实效

继续坚持和完善听取审议专项报告、开展视察检查调研、审议意见督办、专项工作评议等监督手段，综合运用询问、质询等多种监督形式，围绕事关民生最直接的问题、事关发展最紧迫的问题、事关社会稳定最敏感的问题切实加强监督。同时，坚持跟踪问效、责任追究，建立健全问责机制，不断树立人大权威，保证各项改革发展措施落到实处。2017年，重点要加强对政府全口径预算决算的审查和监督，支持政府深化经济体制改革，加快转变经济发展方式，推动我区经济持续健康发展；结合开展全区旅游产业发展、疾病防控工作调研和《城乡规划法》执法检查，积极推进我区供给侧改革，支持政府保障改善民生，推动我区社会和谐稳定；深入开展"七五"普法和法治宣传教育活动，加大执法检查力度，密切关注社区矫正工作，加强对审判执行和检察工作的监督，进一步严格规范性文件备案审查程序，推进"一府两院"依法行政、公正司法，为全区经济社会发展营造和谐稳定的良好环境。

四、创新工作机制，充分发挥代表主体作用

全面落实新修订的甘肃省实施《代表法》办法、实施《选举法》细则，以及新修订的《乡镇人大工作条例》，进一步突出人大代表的主体地位，畅通代表知情知政渠道，创新代表活动载体，丰富代表活动内容，支持和保障代表依法履职，使代表闭会期间履职活动常态化、规范化。坚持落实人大常委会组成人员联系代表、代表联系选民的“两联系”制度、“主任接待日”制度，巩固、提高“人大代表之家”建设，充分发挥“人大代表之家”的代表活动平台作用。加强代表教育培训力度，建立代表履职述职评议制度，常委会领导带头到选区向选民述职，带动和形成基层人大代表每年定期向选民述职的机制。继续把人大代表建议办理和乡镇(街办)人大工作纳入全区目标管理考核，明确工作目标，量化工作任务，建立考评机制，切实推动代表建议办理工作，全面提升基层人大工作水平。2017年，要组织对新一届省、市、区、乡人大代表对《代表法》及代表履职进行专题培训，适时外出考察学习发达地区先进代表工作经验。组织开展联合督办、跟踪督办，落实重点建议政府领导牵头办理、人大常委会领导牵头督办制度，切实做好人大代表建议办理工作。组织代表开展“五带头”活动，引导各级人大代表带头执行党的政策和人大常委会的决议决定，带头学法、守法、依法办事，带头参政议政；带头完成各项工作任务，带头艰苦奋斗、求实创新做贡献。

五、加强自身建设，不断夯实人大工作基础

始终把自身建设作为夯实人大工作基础，提高人大履职能力和水平的重要内容，为常委会依法履行职权提供有力保障。坚持“实用、实际、实效”的原则，修订完善人民代表大会议事规则、人大常委会、主任会议议事规则，以及监督工作、代表工作、人事任免、信访以及机关党建、学习、工作、管理等方面的制度，促进人大及其常委会工作向制度化、法制化、程序化的方向发展。着眼树立人大机关良好形象，争取党委对人大干部队伍建设的重视和支持，创造积极进步的政治环境和健康向上的干事环境。2017年，要开展能力作风建设年活动，切实不断提高干部整体素质和工作能力。充分利用人大机关中心组、机关支部组织生活会等平台，全面强化对宪法和法律以及人大业务知识的学习，切实抓好机关干部的教育管理。不断提高《西峰人大专讯》、西峰人大网站的刊载质量和水平，积极组织向《中国人大》《人民之声报》《人大研究》《陇东报》等报刊杂志投稿，广泛宣传我区人大工作的好做法、好经验。

各位代表，时代赋予的使命光荣神圣，人民寄托的期望殷切厚重。让我们在区委的坚强领导下，不忘初心，继续前进，紧紧依靠全区人民，依法履行人大职责，同心同德，锐意进取，不辱使命，不负厚望，为开创我区人大工作新局面，实现美丽文明、和谐幸福新西峰而努力奋斗！

政府工作报告

——在庆阳市西峰区第八届人民代表大会第一次会议上

西峰区人民政府区长　王　驰

2016 年 11 月 11 日

各位代表：

现在，我代表区人民政府向大会作工作报告，请予审议，并请各位政协委员和列席同志提出意见。

一、本届政府工作回顾

过去五年是极不平凡的五年，是我们聚力转型跨越、实现大发展的五年，是不断提升区域竞争力、实现大突破的五年，是致力改善民生、城乡居民生活水平实现大提高的五年。五年来，在区委的坚强领导下，在区人大、区政协的监督支持下，我们团结带领全区人民，紧盯“两个率先”目标，围绕“三双”战略，主动适应新常态，借力改革新机遇，突出“稳增长、促改革、调结构、惠民生、防风险”主基调，锐意进取，苦干实干，区七届人大一次会议以来确定的各项目标顺利实现。

——区域综合实力快速跃升。2015 年底，地区生产总值、全社会固定资产投资、公共财政收入分别达到 155 亿元、266 亿元和 13 亿元，与 2010 年相比均实现翻番目标，区域经济综合实力跻身全省十强县(区)之列。

——产业结构发生历史转变。三次产业结构由 2010 年的 9.7:50.1:40.2，优化为 2015 年的 6.6:41.6:51.8，服务业比重首次超过工业，新型产业结构基本形成。

——全面小康建设步伐坚定。全区 1.74 万户、6.92 万人稳定脱贫，贫困发生率由 12.4%下降到 1.34%，在全省第一批率先完成整区脱贫目标；全面建成小康指数达到 81.2%，高出省、市平均水平 8.8 个和 7.5 个百分点。

——门户城市形象显著提升。城市建成区面积由 2010 年的 12.5 平方公里扩展到现在的 35 平方公里；城镇化率达到 55.5%，比五年前提高了 7.5 个百分点；荣获省级文明城市、卫生城市称号，全国文明城市创建进入全力冲刺阶段。

——居民生活水平稳步提高。城镇和农村居民人均可支配收入分别达到 23847 元和 7878 元，比五年前净增 10147 元和 3228 元；人均生活消费支出达到14121元和6302元，高于省市平均水平。

——人居生态环境持续改善。森林覆盖率达到32.4%，治理水土流失面积131平方公里，城区空气优良天数年均达到300天以上；单位GDP能耗、主要污染物排放总量均在控制指标以内。

过去五年，是我区重大项目落地最多、破解瓶颈力度最大的时期，最难得的变化是投资增长逆势突围。深入实施“3341”项目工程，高起点规划实施的区级十大重点项目全面收效。历时三年完成了东湖公园改扩建，成为市民休闲娱乐的“天然氧吧”。集固沟保塬、生态保护、农业灌溉、防洪排涝等功能于一体的新区雨洪集蓄保塬生态工程建成投用，庆阳民俗文化产业园、城南森林绿地项目快速推进，塑造了城市南大门地标性景观。果汁厂等4个旧城片区改造率先完成，南盘旋片区东北角、西南角改造即将竣工，气象局片区等32个棚户区改造项目全面铺开，实现了旧城提质改造与打造现代商业黄金区同步推进。庆阳机场成功复航，开通直达北上广等6条国内大中型城市航线，“空中交通走廊”建设实现历史性跨越；青兰高速贯通全境，银西高铁、庆平高速公路开工建设，西合、西镇公路完成提质升级，区域交通网络加速形成。北师大庆阳附属学校、庆阳第二人民医院、市养老基地等一批市级重大民生项目落地我区，助推区域发展意义重大。五年来，累计实施500万元以上各类项目1547个，其中亿元以上项目167个，投资总量接近1200亿元，是“十一五”的3倍，拉动经济增长年均保持了两位数增速，为我区历史最好水平。

过去五年，是我区脱贫攻坚举措最强、各项投入力度最大的时期，最振奋的变化是实现整区脱贫目标。扎实开展“双联”和“1236”扶贫攻坚行动，深入实施“1+20”精准扶贫，整合各类资金8.5亿元，实施扶贫项目570个，加快了1.74万户贫困人口致富步伐，全区贫困群众人均收入达到6180元，高出全省脱贫标准3325元。率先在全市实施通村公路升级、自然组道路硬化工程，新修改造农村道路1065公里，建设里程是“十一五”的2.5倍；实施供水工程150处，解决了5.67万人饮水安全问题；新建改造农电线路350公里，动力电覆盖全区所有村组；改造农村危窑危房4300户，建成易地搬迁安置点9个，全区基本告别了危窑危房历史；贫困村在全市率先实现标准化卫生室、公办幼儿园、老年人日间照料中心全覆盖，农村基础条件发生了翻天覆地的变化。探索发展了招商引资、旅游开发与精准扶贫深度融合的“毛寺模式”，在全省独树一帜。培育打造“美丽乡村”12个、城乡一体化示范村10个，什社乡李岭村荣获“全省十大美丽乡村”称号，温泉镇被评为省级“最佳生态文明乡村”。

过去五年，是我区城市建设起点最高、功能配套力度最大的时期，最直观的变化是现代新城快速崛起。新建、扩建城市道路21条78公里，特别是完成了南北大街、长庆大道、西环路、九龙路、东大街5条城区主干道提质改造，配套建成了地下综合管网，同步实施了杆线入沟工程，老城区基础设施全面更新换代；治理街区巷道69条52公里，建成慢行交通走廊6条，打通了城市“大交通”和“微循环”。改造城市供水管道180公里，城区集中供热面积扩展到690万平方米，城市污水处理率达到75%；第二生活垃圾填埋场建成投用，新建垃圾中转站13处，城区公厕全部免费开放；新增绿地小游园14处，新建临时停车场61个、车位3280个、道路指示牌328面，城市服务功能显著优化。建成了东区、南区、北区等城市排洪工程，打造了以4个人工集雨湖为主的城市水系，“海绵城市”建设走在全省前列。深入开展“城市管理年”系列活动，大力推进小城镇综合改造和农村环境连片整治，城乡人居环境不断改善。

过去五年，是我区产业调整质量最优、转型升级力度最大的时期，最突出的变化是优势产业效应集聚。农业产业化发展实现规模、效益“双提升”，“陇清苹果”“中庆瓜籽”“什社小米”等地方农产品知名度不断提高，果、菜、畜三大农业产业优势更加明显，带动农民人均纯收入年均增长10个百分点。建成果树专业乡(镇)3个、专业村25个，全区果树面积达到25万亩，果品产量年达到12万吨。“一园两川”设施瓜菜经营效益稳步提升，占到全区销售市场的近五成，并实现由蔬菜单一化生产向花卉、水产、采摘等多元化经营模式转变。新建、改建养殖小区35个，带动规模养殖户1500户，探索形成了“畜—沼—菜”“畜—沼—果”循环农业生产模式。总占地1.7万亩的“两大园区”建设取得突破性进展，南部“四纵三横”、北部“三纵三横”道路框架基本形成，水、电、排污、标准化厂房等基础设施及时推进；园区入驻规模企业23户，工业总产值、增加值分别实现128亿元和65亿元，产业“高地”、工业“洼地”效应初步显现。建成了陇东地区规模最大、档次最高的汽车交易市场和建材家居城，集食品贸易、冷鲜储藏等为一体的放心食品城项目快速推进，以十大专业市场为主的“城中大市场、城郊大物流”现代商贸体系建设取得新突破；丽晶百货、昊鑫时代广场等一批高端商贸中心建成开业，餐饮住宿、交通运输等传统产业提质增效，现代物流、电子商务、金融保险等新兴产业发展势头迅猛，全区基本形成了多点支撑、多业并存的商贸发展新格局。

过去五年，是我区社会事业发展最快、民生保障力度最大的时期，最欣喜的变化是发展成果普惠共享。实施城乡校舍新建、改造项目350个，重点村公办幼儿园实现全覆盖，在有效保障城乡学生享受优质公平教育资源的基础上，解决了2万多名外来务工人员子女上学问题；为全区2100名农村教师发放了边远生活补贴，解决了430名教师住房困难；探索形成了示范校创办分校、城乡教师对口交流等机制，新课程改革、经典诵读等特色教育在省市树立了典型，义务教育均衡发展顺利通过国家验收。完成了7个乡镇卫生院、3个社区卫生服务中心、115个行政村（社区）卫生服务室(站)提质改造，全区新增医疗业务用房3.2万平方米，区、乡、村三级医疗信息实现互联互通，医疗服务水平不断提升。文化节会影响不断扩大，带动发展民俗文化产业基地12处。天富亿生态民俗村被评为国家AAA级旅游景区，在全省树立了城郊现代生态农业发展新样板。西峰电视台恢复开播，“西峰网”完成改版升级，广播电视实现“村村通”“户户通”目标；建成“乡村舞台”64个，全区第一届运动会、“和谐西峰大舞台”等群众文化活动纵深开展。城乡低保最高标准分别达到4272元和3300元，比2010年提高1.7倍和3倍；落实社会救助、保险补助等资金4.3亿元，惠及群众16.8万人(次)。以保障性住房、农村互助老人幸福院、失地农民安置小区等为主的住房保障体系加快完善，大众创业、万众创新行动深入推进，城乡人居、就业环境持续优化。

过去五年，是我区对外开放深度最广、改革突破力度最大的时期，最显著的变化是机制创新活力彰显。完成了温泉、彭原、后官寨“撤乡改镇”及工商、质监、食药监、卫生计生等行政管理机制改革，启动了国库集中支付、“营改增”等财税体制改革，开展了集体林权制度改革和农村土地确权登记工作。积极创新城市管理模式，全面建成数字城管平台，城市管理水平不断提升。开放合作持续加强，红星美凯龙、上海瑞南、陕西中盛等30多户知名企业来峰投资，累计吸引区外资金655亿元，是“十一五”的7倍；外向型经济发展持续向好，出口创汇同比增长54%。交通银行、甘肃银行、兰州银行在我区设立服务机构，农村产业发展资金合作社实现100个行政村全覆盖；2015年底全区各类金融机构存贷款余额分别达到304亿元和287亿元，金融支撑能力进一步增强。与国开行、农发行等金融机构合作成效全面显现，累计筹融资超过40亿元，有力推动了棚户区改造、扶贫攻坚、城市建设、工业园区等快速发展。

过去五年，是我区干部作风纠管最严、职能转变力度最大的时期，最崭新的变化是行政效能不断提升。自觉接受人大法律监督和政协民主监督，办理市、区人大代表建议、政协委员提案676件，做到了件件有结果，事事有回应。持续加大审计力度，审计各类项目 423 个，资金管理使用更加规范。公共服务流程不断优化，取消、承接、调整、合并各类行政审批事项 780 项，建成区、乡、村三级政务服务体系，开辟了覆盖全区的行政审批服务快速通道。主动接受社会各界监督，“三张清单一张网”上网公布，公开政府信息 5300 条，服务效能进一步提升。扎实开展政府系统党的群众路线教育实践活动、“三严三实”专题教育和“两学一做”学习教育，严格落实中央“八项规定”精神、省委“双十条”和市区委“实施细则”，持续聚焦“四风”问题整改，政府部门和干部作风不断转变。

安全生产、综治维稳、信访、档案、残疾人、外事侨务、防震减灾、民族宗教、拥军和关心下一代等工作都取得了新的成绩。

各位代表，2016 年是“十三五”启动启航之年，也是七届政府工作决战决胜之年。今年以来，我们严格按照区委的部署要求，紧紧围绕区七届六次人代会确定的各项目标，以巩固脱贫成效为最大任务，以重大项目建设为强力抓手，各项重点工作推进有序，落实有力，成效明显。一是经济增长呈现稳中向好。前三季度，积极克服宏观经济下行压力，地区生产总值完成 135.8 亿元、地方规模以上工业增加值完成 7.2 亿元，全社会固定资产投资完成 230 亿元，全社会消费品零售总额完成 51 亿元，公共财政收入实现 9.6 亿元，城镇和农村居民人均可支配收入分别达到 19597 元和 6019 元，主要指标年底均可实现预期目标。二是项目建设继续高位推进。全年以保障省市重大项目落地和十大区级重点项目建设为突破，带动实施 500 万元以上各类建设项目 191 个，投资总额达到 262 亿元，投资拉动增长成效明显；尤其是抢抓“一会一行”活动机遇，引进区外资金项目 87 个，完成投资 170 亿元，招商引资再创历史新高。三是产业龙头培育集中突破。总投资 13.9 亿元的瑞华天然气、永欣石化项目即将建成投产，成为承接全市“千亿级循环产业链”的头号工程；嘉鑫国际建材城建成运营，是全市乃至全省一流的建材家具市场；仅四个月时间，实现了中盛牧业种羊繁育基地项目从招引到建成投产，在全市树立了肉羊产业发展的“中盛模式”；“农业 +” 等主题乡村旅游全面兴起，初步形成了彭原青藤农业、温泉公刘庙、显胜黑老锅、什社李岭等一批特色乡村旅游景点，以龙头企业、拳头产业引领经济发展的效应逐步显现。四是“四城同创”实现全面提速。华为云计算庆阳数据中心项目落地我区，“智慧城市” 建设迈出实质性步伐；启动实施了一批“海绵城市”项目，为全市乃至全省“海绵城市”建设积累了经验，受到住建部的高度评价；庆化大道实现全线提质改造，北京大道北段开工建设，为打通“城市环线”大动脉奠定了坚实基础；投资 5.5 亿元，新建东区集中供热站，完成了新区、广场路、南苑、东仓巷 4 个集中供热站扩容改造，新建供热管网 24.5 公里，新增集中供热面积 280 万平方米。五是公共服务水平持续提升。秦霸岭幼儿园等一批谋划多年的重点民生工程年内集中开工建设，数字化预防接种工作为全省现场会提供了观摩点；投资 870 万元的首批 1000 辆公共便民自行车投放运行，推行绿色出行迈出实质性步伐；西峰区民间资本服务中心成立运营，是全省首家政府控股的民间资本服务机构；在全市率先建成政府 OA 办公系统，区级公务用车服务平台投入运行，区、乡、村三级政务服务体系更加完善，效能政府建设扎实推进。

各位代表，回顾过去五年工作，我们紧紧围绕改革发展稳定大局，积极顺应科学发展大势，谋划推动了一些关系西峰长远发展的“大事”，认真解决了一批涉及群众切身利益的“实事”，扎实破解了诸多制约改革发展的“难事”。这些成绩的取得，是市委、市政府和区委科学决策、正确领导的结果，是区人大、区政协有效监督、大力支持的结果，是全区干部群众齐心协力、苦干实干的结果。在此，我代表区人民政府，向所有参与、关心和支持西峰发展的同志们、朋友们表示衷心的感谢，并致以崇高的敬意！

五年的成就令人振奋，积累的经验弥足珍贵。做好政府工作，我们的深刻体会是：只要坚持“五大理念”指导改革发展全局，就能把握主动、抢占先机。五年来，我们把加快发展作为第一要务，始终把创新、协调、绿色、开放、共享的理念贯穿于各项工作之中，用改革的新思维、创新的新举措、发展的新办法破除体制机制上的障碍，推动全区经济社会取得了新业绩、迈上了新台阶。只要坚持科学谋划引领改革发展任务，就能聚焦目标、实现蓝图。五年来，我们把区第三次党代会和“十二五”规划确定的“两个率先”目标、“三双”战略和十大区级重点项目作为行动纲领，以“军令状”“责任书”的形式，团结和带领全区干部群众，一年接着一年干，一级带着一级干，抓促不减力、落实不松劲，取得的成绩振奋人心。只要坚持民本至上检验改革发展成果，就能赢得支持、凝聚民心。五年来，我们始终坚持民生优先，各项工作、具体决策都广泛尊重民意、听取民声，高度重视和全力解决群众关心的上学、行路、供暖等实际困难，让改革发展成果更多更公平地惠及全区人民，让群众的幸福感不断增强，是我们工作的出发点，更是我们的落脚点。只要坚持苦干实干激发改革发展决心，就能坚定笃行、走在前列。五年来，我们各级干部积极发扬艰苦奋斗、大干快上的优良作风，保持立说立行、说了就干、干就干好的坚定决心，以争当全市经济建设排头兵的强大动力，咬定目标、一抓到底，面对困难、敢于突破，同心同行、勇往直前，有力地推动了全区经济社会快速发展。

在总结回顾成绩的同时，我们也更加清醒地看到存在的问题：率先实现全面小康任务依然艰巨，贫困群众增收产业基础薄弱，增收渠道依然不宽，巩固脱贫成效难度较大。地方工业量小体弱、发展缓慢，“短腿”问题依然突出。财源税收基础薄弱，各类支出不断增长，政府债务包袱沉重，收支矛盾非常突出，资金调度十分艰难。城区“大班额”“停车难”和城乡医疗服务不均衡等问题还没有得到有效解决，失地农民安置需要继续加强，改善社会民生任重道远。个别部门办事效率还不高，一些工作人员懒政怠政的现象仍然存在，一些损害群众利益的问题还时有发生。对于这些问题，我们将在今后的工作中认真加以解决。

二、今后五年主要任务及 2017 年政府重点工作

各位代表，未来五年，是“十三五”规划全面实施的五年，也是新一届政府砥砺奋进、铿锵前行的五年。尽管我们仍面临诸多困难和挑战，但新的机遇和蓝图鼓舞人心，更加催人奋进。一是基于宏观政策扶持和改革红利释放的双重机遇，我们要乘势而上，抢占新的发展先机。今后一个时期，将是国家“一带一路”战略、建成全面小康、加大革命老区扶贫开发等政策扶持和发展机遇的叠加期；加之供给侧改革深入推进，将倒逼新一轮的创新驱动和产业变革，催生“互联网 +”、分享经济等一批新业态，只要我们因势而谋、乘势而动、顺势而为，必将取得更大作为。二是基于发展条件优越和战略区位优势的双重保障，我们要把握主动，勇立新的发展潮头。随着银西高铁、庆平高速、长庆铁路等重大交通项目的密集实施，我区区位优势将更加凸显，与东部地区的经济合作、物流互通、人才交流将更加密切；同时，作为联通陕甘宁三省的“旱塬码头”和全市政治、经济、商贸中心，得天独厚的条件必将助力我们实现新的跨越发展。三是基于发展要素积累和发展成果扩大的双重驱动，我们要坚定信念，创造新的发展成果。多年夯筑的发展基础、集聚的发展优势，为今后的开发建设提供了坚实支撑；随着我区在产业培育、民生改善、能源交通等领域实施的一批重大项目相继建成，引领带动发展的作用将全面释放。刚刚召开的区第四次党代会，绘制了未来西峰发展的宏伟蓝图，吹响了我们改革发展、建成小康的冲锋号。只要全区上下团结一心，鼓足干劲，拼搏进取，我们建成小康新西峰的目标就一定能够顺利实现！

今后五年政府工作的指导思想是：以党的十八届六中全会和习总书记系列重要讲话精神为指引，深入贯彻落实“五大发展”理念，按照区第四次

党代会确定的“11235”(以全面建成小康社会为总揽,以改革创新为主线,着力做好城市出形象、产业上水平“两篇大文章”,持续深化双轮驱动、双翼支撑、双向保障“三大战略”,建设政治清廉、经济强劲、社会和谐、文化繁荣、生态美丽新西峰)发展思路,突出项目引领,强化落实担当,奋力开创全区经济社会发展新局面。

经济社会发展的奋斗目标是:地区生产总值年均增长9%以上,全社会固定资产投资年均增长10%以上,地方规模以上工业增加值年均增长9%以上,社会消费品零售总额年均增长11%以上,大、小口径财政收入年均分别增长8%以上,城镇和农村居民人均可支配收入年均分别增长10%以上;城镇登记失业率控制在4%以内,单位GDP能耗、主要污染物排放总量、居民消费品价格涨幅均控制在省、市下达指标之内。

围绕区第四次党代会提出的建成全面小康新西峰的宏伟目标,今后五年政府工作的重点和主要努力方向是:

(一)持续加强“三农”工作,率先建成全面小康

立足建成全面小康,突出“美丽乡村”引领,深入推进农村基础、产业、服务全面提质升级,努力打造区强民富的小康新西峰。

提升农村基础设施条件。实施农村道路升级换代、村组道路硬化全覆盖工程,扩建通乡公路4条,改扩建村组道路1100公里,全区实现“村村通公交”目标。实施农村饮水安全巩固提升工程,有效解决下剩3.4万农村人口饮水安全问题。实施农田水利工程,新增灌溉面积10.5万亩,新修梯田2万亩。实施农村电网改造升级工程,新建、改造农电线路370公里,完成1.48万户农电改造,彻底解决农村电网“卡脖子、弱电压”等突出问题。实施人居环境提升工程,坚持易地搬迁、整村推进与插花安置、就近搬迁相结合,搬迁安置群众4700人;按照“散户集中、小组合并、拆旧建新、集中居住、建办社区”的模式,建成“美丽乡村”示范村20个,城乡一体化发展重点村10个。

筑牢富民增收产业基础。坚持“五个组团”发展,继续巩固壮大“果、菜、畜”三大主导产业,培育升级什社万亩优质小米种植基地,积极发展苗林培育、花卉种植等特色产业,扶持壮大中庆、中盛等龙头企业,努力构建多点支撑、多极迸发的现代农业产业体系。以3个整乡(镇)推进和10万亩苹果生产示范区为引领,建成万亩优质林果示范带7条,新增果园面积6万亩,提质改造老果园5万亩;做大做强“陇清、陇宝、苹之塬”三大苹果品牌,努力打造全国绿色林果生产示范区。持续扩大“一个万亩、三个千亩”设施瓜菜基地规模,不断加强农产品质量体系建设,确保群众“菜篮子”供应安全。以中盛种羊繁育、沃德利种猪养殖基地为辐射,建成标准化养殖场(小区)70个,发展规模养殖户1800户,全区肉类年产量达到1.6万吨。到2021年,力争农民家庭经营性收入达到7000元以上。

加快农村小康建设步伐。严格实行精准脱贫动态管理,防止因病、因学、因灾等因素返贫;有效衔接专项扶贫、行业扶贫、社会扶贫、扶贫开发与低保兜底制度,持续稳定增加农民收入,不断拓宽扩大脱贫成果。着眼城乡公共服务均等化、一体化、社区化,统筹项目、资金、资源优势,全力推进城市公共服务向农村延伸,加快农村公共服务条件提质达标,全面实现行政村公办幼儿园、标准化卫生室、乡村文化广场、有线数字电视、通讯网络、电子商务、村级便民服务中心、老年人日间照料中心等“十二个全覆盖”;农村新农合参合率、养老保险参保率达到100%,农村社会保障水平达到小康标准。严格对照小康建设五大类39项指标,大力实施全面小康三年计划,2016年建成周岭、李岭等30个小康村,2017年建成冯堡、火巷等33个小康村,2018年在全市率先实现全面小康。

(二)持续加快产业升级,努力建设经济强区

立足扩大资源优势,突出壮大实体经济,建立完善现代工业、服务业体系,积极发展旅游业,努力打造产业集群的小康新西峰。

壮大工业经济。继续把园区作为工业发展的

培育平台和孵化基地，按照基础先行的原则，加强园区与主城区基础设施配套互补，彻底完成道路、供排水、污水处理、电力通讯等设施建设。加快园区体制创新，构建管理、经营、融资、人才一体化服务平台，实现园区开发、建设、投资由政府主导向社会资本参与过渡，管理向"小政府、大服务"过渡，切实提高园区发展水平。围绕园区功能定位，大力发展精细化工、装备制造、生物制药、新型建材、农副产品加工等产业，延伸高端产品和精深加工产业链，新入园企业40户以上，园区产值达到300亿元。到2021年，全区工业产值实现400亿元，基本扭转工业"一油独大"的局面。

健全商贸体系。按照"搞活大流通、建设大市场、发展大贸易"的思路，全面建成建材、汽车、瓜菜、小商品等十大类专业市场，加快肖金、后官寨2个物流园建设，培育大型物流企业10户，形成"两带一轴"商贸物流发展格局(北京大道东侧、庆化大道西侧2条物流产业带，小什字、南盘旋、南区环湖经济圈为主的商贸黄金发展轴)，全力打造陕甘宁毗邻地区商贸中心城市。大力发展交通运输、批发零售、餐饮住宿、房屋租赁等传统服务业，积极发展电子商务、金融保险、教育培训、居家养老等新兴服务业。积极扶持非公经济发展，强化政策、资金、人才、信息支持，新增小微企业1000户，全面提高非公经济实力。

推进旅游开发。着眼打造区域性文化旅游中心和黄土高原知名旅游城市，以庆阳民俗文化产业园为龙头，突出民俗文化、生态遗址、乡村休闲三大旅游特色，坚持"大小规模并举、高低档次同步"，带动后官寨南佐遗址、温泉公刘庙、彭原宝塔寺等一批特色旅游景点开发；按照"一乡一品、一村一景"的思路，建成以南小河沟、巴家咀水库、北石窟寺、小河湾、黑老锅冰窟为节点的西环川旅游带，打造一批"农业、文化、旅游、美食、健康"等互补融合发展的乡村旅游景点，形成点面结合、多点开花的旅游开发新格局。加大对外宣传推介，强化旅游要素配置，扩大与西安、银川、兰州等旅游城市的整合对接，力争年接待游客突破100万人(次)，旅游收入实现1亿元以上。

扩大财税基础。持续扩大"营改增"成效，强化综合治税力度，确保主体税种收入稳步增长；准确把握国省财税改革新政策，积极跟进争取中央、省市各类转移支付和专项资金；围绕城市发展和产业开发，积极培育多元化、有后劲的财源群，持续壮大后续财源基础。全面加强预算管理，科学安排各项支出，全力保障民生投入，严控"三公经费"支出，切实提高资金使用效益。采取扩大财税增收、加大基金收入、开展政府债券置换存量债务等多种措施，全面化解政府债务，逐步减轻财政包袱。

(三)持续推进"四城同创"，全面打造门户城市

立足创建全国文明城市，突出搭建对外开放平台，坚持完善城市功能与旧城改造相结合，努力打造现代宜居的小康新西峰。

提高城市通畅水平。依托全省"6873"交通突破行动，积极配合做好庆阳机场4D级改造、银西高铁、长庆铁路、庆平高速公路建设，全面融入国家及区域快捷交通网，努力构建航空、铁路、高速公路"三位一体"交通体系。着眼打造高效畅通的城市交通网络，以建设联网路、打通断头路为重点，新建改建市政道路33条，完成西大街、解放路等5条老城区道路提质改造，基本形成"一环八纵十六横"的道路框架。积极完善城市公共交通体系，扩大城市便民公共自行车覆盖面，着力改善群众出行条件。

提高城市服务水平。推进"海绵城市"建设，围绕构建以"五湖"为主的城市循环水系，加快新区道路、绿地、广场"海绵体"建设，深入推进旧城区海绵化改造；建成城南森林绿地项目和地下人防广场，建设城市小游园6处，新增绿地820亩，城市绿化覆盖率达到37%以上。推进"管廊城市"建设，实施老城区供排水、雨污分流地下管网改造工程，加快董志塬水厂、北区集中供热站、东区污水处理厂等项目建设，力争城市自来水分表到户率达到100%，集中供热率和天然气普及率分别达到

80%和90%以上。开展“智慧城市”创建，积极推进华为云计算技术和大数据平台项目建设，力争浪潮等知名企业落户我区。用足用好国家棚户区改造政策，加快32个棚户区改造，打造一批有特色、有影响的城市新地标。

提高城市管理水平。巩固提升全国文明城市创建成果，健全完善常态化管理机制，不断优化城市管理职能，推进城市建设、城市管理、城市文明协调发展。积极实施老城区巷道治理、杆线入沟等工程，科学规划建设一批布局合理的公共停车场、垃圾中转站、免费公厕，加快老旧市场提质改造，加大重型机械出租、二手车交易、成品油销售等市场整治力度，着力解决城区脏、乱、差等突出问题。全面扩大“数字城管”应用，加大城市技防建设力度，深入推进文明教育“六进”活动，努力实现城市管理精细化。严格执行城市及村镇规划，积极创新征拆工作机制，探索多元化群众安置模式，严厉打击“两违”工程，全力营造良好的城市建设环境。

提高小城镇建设水平。坚持科学规划布局，完善功能定位，加快打造以董志能源化工、肖金物流集散、后官寨铁路运输、彭原空港服务、温泉城郊休闲、什社特色农业、显胜生态旅游为节点的7个小城镇发展板块，推动四门乡镇与主城区发展无缝对接，促进3个远郊乡镇一体化发展。全方位推进小城镇基础设施配套工程，积极落实小城镇就业、落户、金融等扶持政策，构建特色鲜明、功能清晰、优势互补的小城镇发展格局。到2021年，全区小城镇建成区面积达到18平方公里；力争肖金、董志、彭原、什社4个乡镇创建为省级示范小城镇。

（四）持续深化改革创新，不断增强发展活力

立足创新驱动发展，突出“六大领域”改革，扩大外向型经济合作力度，努力打造活力迸发的小康新西峰。

深化改革创新。持续推进“放管服”改革，不断优化政务服务体系，确保区级行政审批事项全部进驻大厅，实现向乡村延伸和网上办理目标。深化土地流转、集体林权、殡葬制度、供销社、不动产登记等改革，加快构建新型农业经营体系，培育新型职业农民，充分释放农村发展活力。加强公共服务领域改革，持续深化综合执法、城市管理、商事制度、户籍制度等行政管理体制改革，推进社会信用体系建设，切实提高公共服务水平。深入推进供给侧结构性改革，按照中央及省、市总体要求，聚集“三去一降一补”重点任务，围绕城市建设、棚户区改造、科技创新、产业升级、企业融资、民生改善、精准扶贫等方面，创新机制、破解难题，全面实现新突破。不断加强科技工作，力争全社会研发投入占到GDP的2%以上。

扩大对外开放。紧扣国家实施“丝绸之路经济带”和东部产业向中西部梯度转移的机遇，不断加强与东部沿海地区、“一带一路”沿线地区的经贸、产业、人文交流合作，积极融入关天经济区和西咸经济圈，吸附更多生产要素，承接更多产业转移，加快新一轮投资发展。依托资源优势，加大特色产业品牌建设，培育扶持一批出口创汇企业，加快发展外向型经济。继续实施“引强入峰”战略，全面扩大与国内外500强、民营100强企业合作，力争吸引区域外资金年均增长10%以上。积极借助兰洽会、文博会、广交会等重大节会活动，全方位加强对外宣传推介，开展深层次交流合作，不断提高区域影响力。

拓宽融资渠道。积极推广政府与社会资本合作（PPP）模式，有序开放金融、教育、文化、医疗等领域基础设施和公共服务项目，努力形成多元化、可持续的资金投入机制，激发民间投资活力，提升经济增长动力。全面搭建“政银企”合作绿色通道，继续加大与世界银行、商业银行、政策性银行合作力度，有效保障城市建设、产业开发、民生改善等领域的资金需求。持续优化农村金融服务体系，充分发挥农村产业资金合作社作用，着力破解农村产业发展资金难题。依托西峰区民间资本服务中心，规范民间借贷行为，拓宽中小微企业融资渠道，引导民间资本合法、合规流动运作，为实体经济提供有效金融支持。

(五)持续加大民生改善,扎实提高保障水平

立足提高群众获得感，突出民生保障普惠兜底,继续强化政策落实和增加财政投入,努力打造和谐幸福的小康新西峰。

推动教育均衡发展。按照“农村优质覆盖、城郊超前谋划、老城区按需扩容、新区高标准建设”的思路,新建、改造、扩建中小学校、幼儿园 120 所,有效缓解城区“大班额”“择校热”问题。依托“美丽园丁”工程,培养一批学科带头人和骨干教师;扩大城乡教师对口交流,强化名校示范引领,不断提高师资队伍水平。设立教育激励基金,加大优秀校长、优秀教师奖励力度,在全社会形成尊师重教的良好氛围。进一步强化职业教育,全面落实困难学生资助政策,逐步分类免除职中生学杂费。大力提高教学质量,创建省级示范高中 2 所、幼儿园 2 所,培育省级重点职业教育专业 1 个、特色专业 3 个,力争全区教育综合评估位列全市第一。

促进公共文化繁荣。不断健全公共文化服务体系，开办西峰广播电台，有效满足群众文化需求。持续做好“三馆一站一屋”免费开放,纵深推进群众文化活动和全民健身运动,推出一批“西峰原创”文艺精品,不断丰富群众精神文化生活。深入挖掘民间文化资源，积极培养民俗文化传承人和草根艺人,加快传统文化和现代艺术融合发展。继续扩大端午香包民俗文化节、农耕文化节等节会促进作用，加大产品研发创新和特色品牌推广力度,整体推进香包、刺绣、剪纸、泥塑等民俗文化产业发展。

健全卫生服务体系。以打造“健康西峰”为目标,加快医疗卫生基础建设,建成区医院内科综合楼,完成疾控中心综合检测楼、乡镇卫生院提质改造,筹建区中医院和新区社区卫生服务中心。围绕“名院、名科、名医”创建,力争区医院创建为三级甲等医院,妇幼计生服务中心和肖金、什社、彭原 3 所乡镇卫生院创建为二级甲等医院;继续巩固区医院口腔、妇产等专科优势,加快中医、骨科等学科建设;完善医师多点执业制度,培养一批专科名医。积极推广健康促进模式，扎实做好重大疾病防控、妇幼保健服务、计划生育、地方病防治和公共卫生应急保障等工作,不断提高医疗卫生服务水平。

提升社会保障水平。加快乡镇敬老院、老年大学、老年人活动中心建设，健全以居家养老为基础、社区为依托、机构为支撑的城乡养老服务体系,有效解决老年人养老问题。完善城乡最低生活保障、特困人员供养和医疗救助制度,全面实施城乡居民大病保险制度，不断提高社会保障和救助水平。积极鼓励大众创业,重点解决农民工、大学生、企业再就业人员等重点人群就业,强化劳动权益保障,切实优化劳动者就业环境。加快保障性住房、失地农民安置小区和残疾人康复中心建设,有效解决特困群众、残疾人等弱势群体的住房困难。推进殡仪馆、公益性公墓、集中安葬区建设,全面治理乱埋乱葬问题,树立文明节俭殡葬新风。

(六)持续加强生态安全,切实优化人居环境

立足可持续发展,突出资源科学利用,以更加严格的制度和措施保护生态环境，努力打造山青水秀的小康新西峰。

加强生态建设。深入实施“大地增绿”工程,完成人工造林和苗林结合培育 20 万亩，封山育林 1 万亩,中幼林抚育 1 万亩,全区森林覆盖率提升到 37%以上。以土地复垦、农田保护、沟道治理、生态修复为重点,大力实施 7 处水土保持综合治理,完成 39 座淤地坝维修加固、6 个渠段防洪排涝工程建设,水土流失治理率达到 65%以上。严守资源环境生态红线,实行分级划区、分类管理,加强耕地和饮用水源地保护,加大水源、土壤污染和地质灾害防治力度,切实维护和保障生态安全。

加强环境保护。纵深推进“蓝天行动”,加大扬尘污染控制力度,完成城区 10 吨以下燃煤小锅炉拆除改造任务，建立完善标准化煤炭交易配送网络，确保城区空气质量优良天数年均在 300 天以上。强化对烟花爆竹燃放、建筑工地、娱乐场所噪声污染的治理力度,努力营造宜居的生活环境。大力加强节能减排工作,严格落实污染物达标排放,

淘汰一批落后产能；大力推广清洁能源应用和资源循环利用，积极倡导绿色出行、无纸化办公和生活垃圾分类回收，不断提升群众绿色环保意识。

加强安全管理。全面深化社会治安综合治理，持续推进社会治安防控体系建设，全力保障社会公共安全。加大社会矛盾纠纷排查化解力度，依法处理涉法涉诉信访问题，积极解决群众合理诉求。严格落实安全生产责任制，重点加强“六大行业”安全监管（非煤矿山、危险化学品、道路交通、建筑施工、公共场所、烟花爆竹），坚决遏制重特大安全事故发生，确保人民群众生命财产安全。实施最严格的监管制度，强化食品药品生产、流通、销售等环节管理，切实保障群众饮食用药安全。完善信访、维稳、公安联动机制，健全区、乡、村三级应急管理体系，大力加强网络安全，不断提高突发事件应急处置能力。

各位代表，即将到来的2017年，是新一届政府工作的起步之年，也是我区全面建成小康社会的攻坚之年，我们将以更大的决心和信心，以项目建设为主线，高位谋划，重点突破，确保八届政府工作实现“开门红”。

全力以赴推进项目建设。继续把省市重大项目作为引领新一轮投资和发展的强大引擎，加大用地征迁和服务保障力度，积极配合做好银西高铁、庆平高速、岐伯医学院等30个省、市重大项目建设；以区级十大重点项目为引领，全力推进城南森林绿地、庆阳民俗文化产业园一期、西环川公路北段等75个重点项目建设进度，带动全年实施500万元以上项目320个，固定资产投资突破300亿元。依托资源优势，精准把握政策导向，论证储备项目140个以上；加大衔接争取力度，力争高标准农田建设、易地扶贫搬迁等88个项目进入国省计划盘子。进一步深化区域合作，围绕优势产业培育、城市建设、信息互联等领域，积极开展“五个招商”行动，力争区外资金项目投资增长10%以上。

全力以赴推进小康建设。把培育增收产业作为小康建设的核心和基础，加大政策扶持、资金投入力度，充分发挥龙头企业和产业基地示范带动作用，围绕“五个组团”，持续推动“东果、南菜、北畜、西游”四大富民产业发展。全年新栽植苹果1.2万亩，提质改造老果园2万亩；培育苗林5万亩，种植瓜菜5万亩；大力推广全产业链、全价值链、全循环链的“中盛模式”，全面启动肉羊产业“十百千万”工程（10个种植养殖专业村+100个规模养殖场+1000个养殖大户+60000亩优质饲草基地），带动发展养羊小区7个、大户260户，种植优质饲草1万亩。按照“农业+”乡村生态旅游发展思路，加快推进蒲河川旅游景观带、青藤农业文化产业园、温泉清水沟等旅游景点建设，引导周边群众发展采摘体验、住宿餐饮等多元化产业。持续加大基础建设力度，新建通村道路130公里，改造农电线路220公里，彻底解决1594户农村群众饮水安全问题。进一步加大农村环境卫生综合整治力度，积极实施机场沿线、肖显公路、西合二级公路等绿化景观带建设，建成米堡村、彭原村等“美丽乡村”示范村7个。

全力以赴推进工贸建设。以土地保障、创新筹融、优化机制为着力点，全面提高两大园区和十大专业市场建设水平。城南石化工业园完成A1、A3路及排水、污水处理等基础设施建设；加快延伸产业链条，确保瑞华天然气、永欣石化建成投产，力争陇运快客、北京立达重催等3个项目入园建设。城北工业集中区C6、C11、C13路和供排水、排污工程开工建设；力争益翔药业、庆宁粮油项目建成投用，西峰制药厂、鸿泰石油等入园项目开工建设；稳步推进标准化厂房建设，新入驻企业3户以上。加快十大专业市场建设，完成嘉鑫国际建材城二期主体工程，力争放心食品城建成运营，不断扩大陇东汽车城经营规模。大力发展农村电子商务，力争村级电子商务覆盖率达到90%以上。

全力以赴推进城市建设。开工建设陇东大道延伸段、古象西路、秦直东路等7条道路，建成北京大道北段、庆化大道南延伸段、秦霸岭东路等11条道路。围绕“海绵城市”和“管廊城市”建设，开工建设北区集中供热站、垃圾焚烧发电等3个项目，建成北区雨水收集利用、地下人防广场绿化景观项目；完成董志塬大道等6条道路绿化。全面加快棚户区改造，开工建设四中片区、安定东路北侧片区等8个棚改项目，建成区委片区国税局区块、西峰五中片区百货大楼区块等5个棚改项目主体工程。紧盯全国文明城市创建，加大户外广告监管力度，下茬整治城市"六乱"顽疾；治理巷道30条，硬化入城土质路口10处。新建大型垃圾中转站1处、便民公厕6座，建成大型公共停车场2处，增设公共便民自行车1000辆，加快公园广场、学校医院"警银亭"建设，全面提升城市服务水平。

全力以赴推进民生建设。完成秦霸岭幼儿园改扩建、西峰职专综合实训楼等10个校舍建设项目，建成行政村幼儿园28所，不断扩大优质教育资源覆盖面。完成疾控中心综合监测楼、区医院内科综合楼等建设，新建村级标准化卫生室30所；严格落实分级诊疗制度，积极开展乡村医生上门巡诊等延伸服务，切实提高医疗服务水平。建成"乡村舞台"36个、农民文化广场18个、社区综合文化服务中心15个，完成33个行政村有线电视信号覆盖工程，全区基本实现基层公共文化服务体系全覆盖。加快"五险合一"社保平台建设，完成失地农民等群体养老保险参保登记，实现全民参保；推行基本医保、医疗救助"一站式"即时结算制度，积极做好城乡低保、社会救助、大病救助、残疾人保障、留守儿童关爱、就业创业等工作，不断提高社会保障水平。切实加强社会治安综合治理、安全生产监管、矛盾纠纷调处等工作，确保全区社会大局稳定。

三、全面加强政府自身建设

各位代表，未来五年，我们将立足新起点、顺应新形势、践行新要求，全面履行政府职责，不断提高行政效能，更好地对人民负责、为人民服务、让人民满意。

强化依法行政。建立健全重大决策听证、重要事项公示、重点工作通报等制度，着力提升政府决策的民主化、法治化水平。自觉接受区人大法律监督、区政协民主监督，切实提高人大代表建议和政协委员提案办理质量。不断完善政府信息公开常态化机制，拓宽群众知晓和参与渠道，以政务诚信带动社会诚信，确保行政权力公开透明运行。

强化权力约束。严格落实党风廉政建设主体责任，强化源头监管，加大不正之风和腐败问题查处力度，始终保持反腐败高压态势。加大审计、财政监督力度，强化对财政资金使用、重大项目投资、工程招投标、政府采购、国有资产管理等重点领域和关键环节的监管。加强行政监察，加大对行政不作为、乱作为、慢作为的问责和惩处力度，切实维护群众合法权益。

强化作风建设。认真践行"三严三实"要求，深入贯彻中央"八项规定"精神，全面深化"两学一做"学习教育，持之以恒纠改"四风"问题，努力优化政府部门和干部作风。加快政务服务体系标准化改造，进一步完善"一口受理、并联审批、限时办结、网上办理"的体制机制，切实提高服务水平。坚持雷厉风行的工作作风，做到定了干、马上办，立说立行、一抓到底，确保各项工作高标准推进、高质量完成。

各位代表，人民赋予重托，奋斗创造未来。让我们在市委、市政府和区委的坚强领导下，紧紧团结和依靠全区人民，锐意进取，开拓创新，奋勇前行，为率先建成全面小康新西峰而努力奋斗！

政协西峰区第七届委员会常务委员会工作报告

——在政协西峰区第八届委员会第一次会议上

西峰区政协常委会主席　罗亚林

2016 年 11 月 10 日

各位委员、各位领导、同志们：

我受政协西峰区第七届委员会常务委员会的委托，向大会作工作报告，请予审议。

七届政协工作回顾

过去五年，中共西峰区委团结带领全区人民攻坚克难、砥砺奋进，我区综合实力大幅提升、发展活力竞相迸发、城乡面貌显著改善、群众获得感大大增强、社会大局和谐稳定，各项事业取得巨大成就。区政协在中共西峰区委的坚强领导下，在区人大、区政府的大力支持和社会各界的密切配合下，紧扣全区工作重心，发挥优势、主动作为，在服务大局中献计出力，在关注民生中促进和谐，在务实创新中积极履职，为推动全区经济社会发展发挥了应有作用。

五年来，区政协常委会坚持“尽职不越位、帮忙不添乱、切实不表面”，使政协工作既求真求实，又常做常新，整体工作有特点、有重点、有亮点。

责任意识增强，调研视察有深度。紧扣中心任务调研、紧贴重点工作视察，36 次调研视察围绕“文明城市创建”“文化强区建设”“生态环境保护”等中心议题，形成 36 份调研视察报告，发挥了资政建言作用。

民主意识增强，协商监督有宽度。紧跟重大部署议政、紧贴民生问题监督，60 次协商活动，提出 270 多条协商意见。105 人次特约监督员、检查员、行风评议员深入公、检、法等职能部门履职尽责，15 次选派委员 306 人次参与工作评议、干部考核测评、价格听证等工作，有效拓宽协商监督领域和委员参与面。围绕民生福祉、传递群众呼声，编发 313 期社情民意信息，60 期得到转发和落实，为党委政府掌握民意、研判形势、精准施策提供了参考。连续三年被市政协评为社情民意信息工作先进单位，12 人次被评为优秀社情民意信息员。

主体意识增强，委员活动有广度。紧盯管理

强化责任、深入实际开展活动。4个委员活动小组、186名委员,1097人次参与开展协商座谈、调研视察、学习培训、联谊交流等主题实践活动60次。委员活动形式多样、内容广泛。凝聚委员和社会各界力量,吸纳会员95名,创新成立连心桥帮扶协会和书画艺术研究会。认真谋划、精心组织,先后出资310万元扶智助学、扶持养殖产业、建设基础设施、开展困难慰问;开展41次书画联谊交流、4次书画创作巡展、8次书画进村进社区、组织书画作品义卖捐赠扶危济困。依托科技、文化、卫生界委员和专家学者,成立区政协双联行动科技、文化、卫生3个服务团,深入全区10个乡镇街办,开展"三下乡"和进村进社区活动121场次。

统战意识增强,宣传交流有高度。准确把握舆论导向和政协工作特点,传播西峰好声音、汇聚发展正能量,五年来,在各类报刊杂志上刊发新闻报道及理论文章588篇,《民主协商报》12次开设"西峰区政协工作系列报道"专版,并在头版头条以《用数字说话,西峰政协蛮拼的》为题点赞政协工作;办好政协网站,编发《西峰政协》210期;市、区电视台宣传报道281次。接待外地政协参观考察及省、市政协视察调研49次,举办联谊交流、慰问救助、政策宣讲等活动23次,为使人民政协更好发挥增进共识、凝聚人心、汇聚力量、促进和谐的统战优势起到了应有的积极作用。

五年来,区政协常委会坚持围绕中心、服务大局,统筹推进政治协商、民主监督、参政议政,认真履职尽责,各项工作尽心竭力。

一、围绕协商民主议要事,努力寻求助推发展的最大公约数

创新协商载体,做到商之有方。坚持重大事项请示汇报、联系沟通。邀请区委、区政府领导参加政协的重要会议、重大活动,与委员面对面协商,倾听委员呼声,共谋发展良策。采取常委会专题协商、主席会议重点协商、专委会对口协商、委员界别协商等方式,紧扣服务全区经济社会发展开展协商议政,做到了敢协商不缺位、善协商不任性、真协商不应付。5次全体会议、19次常委会议、60次协商议政、63人次委员大会发言,围绕改革难点、发展重点、民生焦点坦诚建言,推进了协商民主多领域、深层次发展。

增加协商密度,做到商之有力。搭建以4个专委会和4个委员活动小组为平台的重要协商渠道,采取党委出题、政府点题、政协选题、委员报题的方式,扩大协商范围,拓宽协商领域,做到月月有主题,季季有重点,每年12次协商活动把协商工作落在了实处。围绕重大项目建设、农业产业化发展、水资源保护等工作,730人次委员参加协商议政活动。配合省、市政协完成陇东民俗文化发展、城市管理体制运行和管理情况等调研视察、协商议政29次,尝试建立了市、区两级政协上下协同、联动协商议政新模式。

健全协商制度,做到商之有据。大力推进工作制度化建设,先后制定出台了《政协西峰区委员会常委会议事规则》《政协西峰区委员会专题调研视察工作规则》等制度15项,以会议座谈、调研视察、提案反映等协商议政形式,扩大委员的参与面,充分调动委员的积极性、主动性和创造性。全面落实主席、常委、专委会主任、机关工作人员多层次联系服务委员制度,与委员平等协商问题,准确传达信息,真诚听取意见,沟通化解分歧,为和谐西峰建设增动力、聚合力、提活力。

转化协商成果,做到商之有效。坚持把提案作为协商监督的重要手段,协调区委办、政府办制定出台了《关于进一步加强政协提案办理的实施意见》,印发了《关于做好市、区政协委员提案办理的通知》。五年来,委员们围绕住房、就业、食品药品安全等问题,共提出提案336件,提案办复率100%。许多涉及经济社会发展和人民群众切身利益的问题得到解决,发挥了提案在服务发展、改善民生、促进和谐中的积极作用。

二、围绕民生福祉办实事，全力形成助推发展的最大凝聚力

民主监督为民代言。积极探索富有政协特色和时代特点的监督载体，立足支持开展民主监督，通过专题议政、委员活动、委派评议员、参与全区重大事项考核等方式，多元、立体化开展民主监督，资政建言，为民解忧。组织专家学者及政协委员开展“建言易地搬迁、助力扶贫攻坚”“关注水源地保护、关爱市民用水安全”等专题协商议政会16次，先后提出意见建议90多条。许多建议被吸纳到区委、区政府相关决策和实际工作中，发挥了应有的参谋助手作用。

社情民意为民排忧。把反映社情民意信息列入委员年度履职考核内容，聘请36名委员担任社情民意信息员，召开社情民意信息工作会议，对信息员进行集中培训，对工作成绩突出的社情民意信息员进行表彰奖励，委员积极深入基层、深入群众，反映群众所忧所怨、所思所盼。《关于完善新型农村合作医疗制度的几点建议》被全国政协采用并专报中央有关领导参阅，《关于完善监管制度预防村官腐败的建议》《关于加强贫困村组干部队伍建设为扶贫攻坚提供组织保障的建议》等社情民意信息，得到省、市、区各级领导批示或转送相关部门落实。政协信息的决策咨询和助推发展作用得到进一步体现。

扶贫攻坚为民解困。坚持双联行动和精准扶贫深度融合，向全体委员发出《用行动助推双联、聚合力扶贫攻坚》倡议书，政协委员及机关干部帮扶贫困户253户，举办培训讲座182场次，投入帮扶资金1100多万元，为贫困村组和贫困户帮办实事576件。开展“政协委员走基层”系列活动，先后深入8个村组（社区）开展送医送药进村入户、书画进万家、拍摄全家福等活动68次。区政协连续两年被省政协评为“委员助推双联行动”先进政协组织，6名委员被评为先进个人。

三、围绕改革发展谋难事，致力增进助推发展的最大共识度

紧扣焦点集思广益。对非公有制经济发展等17项工作进行深入调研，对失地农民安置保障等19项工作开展重点视察，提出意见建议200多条。围绕编制全区“十三五”规划、“联村联户”和精准扶贫工作，组织召开座谈会、征求意见会，进行专题协商，提出协商意见建议40多条。按照区委统一部署，区政协领导班子成员和机关工作人员积极参与全区文明城市创建、重点项目建设、百名干部带案下访解民忧等工作，在参与中协商建言。实现了政协履职与党政工作同频共振。

聚焦难点广谋良策。充分发挥专委会联络、联系、联谊的作用，打破界别界限，每年12次主题活动让委员工作创新求实。先后开展了以“科技到田头、服务暖心头”、“走进秀美乡村、助推农村发展”等委员主题实践活动，提出意见建议150多条。一系列建设性的意见建议，在助推西峰经济社会转型跨越发展的路线图上，留下了鲜明印记。

把握重点协调关系。坚持定期走访各界代表人士，听取各方面意见建议；邀请他们参加政协的调研、视察、座谈、联谊等活动，支持他们对全区经济社会发展中的重大问题提出建议。举办“三八”妇女节联谊会、端午节民俗座谈会、中秋节各界人士茶话会、议政建言会等活动26次，开展民族村发展调研、民族宗教节日慰问等活动11次，举行“六一”儿童节慰问贫困儿童、“七一”建党节走访慰问老干部、老党员、“八一”建军节慰问驻军、纪念抗日战争暨世界反法西斯战争胜利70周年慰问老兵等活动43次。较好发挥了理顺情绪、化解矛盾、集智聚力的作用。

凸显特点传承文化。突破地方、行业、部门的界限，聘请40名专家、学者担任文史资料撰写员；成立文史资料审查委员会，与史志部门开展协作，深度挖掘西峰历史文化资源。编发《西峰文史》60期，出版文史专辑《足迹》《西峰政区史略》等11辑；向全国、省、市、县四级政协组织发出征集函，征集

文史资料10000多册，收集区内名家书画、文物300多件，制作文史工作专题片，建成集阅读、征集、收藏、展示、研究、交流于一体的西峰区政协文史馆，在全省县区级政协尚属首家。连续三年被市政协评为文史工作先进单位。

四、围绕政治生态抓大事，竭力汇聚助推发展的最大正能量

讲政治懂政协，着力强化思想建设。常委会坚持把思想政治建设摆在首位，精心组织委员及机关干部职工，深入学习十八大以来中央重大方针政策和习近平总书记系列重要讲话精神，认真学习《关于加强人民政协协商民主建设的实施意见》和省委政协工作会议等精神，全面学习中央和省、市、区委关于全面从严治党的新精神新要求。列席省政协常委会、参加全省政协双联行动互看互学现场会、提案工作经验交流会、委员助推双联行动推进会及全市政协社情民意信息工作会议、文史资料工作会议，交流履职经验；组织委员及机关干部赴外地交流学习、参加培训，参与党的十八大精神、政协成立65周年知识测试，举办政协工作研讨会，探索履职思路。115次专题学习活动有效转化为提升思想的动力、谋划创新的思路、改进工作的措施。

讲责任反四风，着力强化作风建设。精心组织开展效能风暴、“强素质、转作风、提效能”等机关作风整顿活动和创先争优、群众路线、“三严三实”及“两学一做”等学习教育活动，健全完善相关制度36项，使常委会及机关干部职工学风、工作作风等方面存在的突出问题得到有效解决。落实党风廉政建设“两个责任”，规范权力清单；开展“四项清理”，坚持重大事项申报，规范三公经费管理。建成省级标准化档案室，建办委员之家；持之以恒地开展好每周二下午的“党员主题活动日”、每周五下午的“党性锤炼日”，赴延安、南梁开展革命传统教育；连续举办四届运动会，组织参加义务植树、全区汉字书写听写大赛等活动，丰富机关生活。在机关形成了服务为本、务实为基、敬业为荣的良好氛围。

讲担当善议政，着力强化队伍建设。举办新任委员培训班，为常委订阅《民主协商报》；深入委员单位，谈心交友、寻策问计，帮助委员解决实际困难和问题。组织开展专题视察、座谈协商、咨询听证等活动，使委员开阔视野、增长见识、知情明政。制定出台、修订完善《西峰区政协委员管理办法》、常委联系委员及委员活动小组等制度，积极探索和推进委员联络常态化、委员组织网络化、委员管理数字化，建立委员服务管理系统和委员履职信息数据库，通过按行业、按界别、按专委会分组开展活动，创建了经常化的委员活动制度；通过开展普遍走访活动，走访委员1680人次，收集提案、社情民意210多条。坚持政协组织为委员、政协委员为社会的“双向”服务，广大委员不负重托，在本职岗位上发挥专长、建功立业，在政协工作中履职尽责、争做贡献。五年来，先后有435人次委员分别获得国家、省、市、区及有关部门的表彰奖励；委员在全区实施项目86个，完成投资54亿元。

回顾五年来的履职实践，我们深深体会到，做好新形势下的人民政协工作，必须始终坚持党的领导、维护核心不动摇，使政协工作保持坚定的政治方向；必须始终坚持围绕中心、服务大局，把助推科学发展作为履职第一要务；必须始终坚持有为有位、积极作为，在政协履职中干出实效、干出特色；必须始终坚持关注民生、履职为民，在促进社会和谐中发挥重要作用；必须始终坚持与时俱进、开拓创新，不断激发政协组织的活力。

各位委员、同志们，七届区政协工作所取得的成绩，是中共西峰区委正确领导的结果，是区人大、区政府大力支持的结果，是区直各部门、各单位、各乡镇（街办）和社会各方面积极配合帮助的结果，也是在历届政协奠定的良好工作基础上，七届区政协各参加单位、广大委员共同努力的结果。在此，我代表七届区政协常委会，向为政协工作付出智慧心血、作出无私贡献的全体委员，向所有关心、支持政协工作的各级领导、各界人士，致以崇高的敬意和衷心的感谢！

在总结成绩的同时，我们也清醒地认识到，工作中还存在一些薄弱环节。主要表现在政治协商运行机制还需进一步完善，民主监督方式方法还需进一步探索，提案办理的质量还需进一步提高，自身建设还需进一步加强。这些问题应在今后工作中认真研究，着力改进。

八届政协工作建议

今后五年，是我区率先建成小康社会的冲刺阶段，也是深化改革发展的关键时期。区政协常委会要深入学习、贯彻中共十八大，十八届三中、四中、五中、六中全会和习近平总书记系列重要讲话精神，紧紧围绕“五位一体”总体布局和“四个全面”战略布局，按照区第四次党代会提出的以全面建成小康社会为总揽、以改革创新为主线、着力做好两篇大文章、持续深化“三双”战略这一发展思路，牢牢把握团结和民主两大主题，认真履行政治协商、民主监督、参政议政三大职能，努力发挥好协调关系、汇聚力量、建言献策、服务大局四方面作用，为建设政治清廉、经济强劲、社会和谐、文化繁荣、生态美丽的新西峰贡献智慧和力量。

一、适应新常态，筑牢信念压舱石，坚持维护核心不动摇

坚持理想信念，准确把握正确政治方向。切实发挥政协党组在政协工作中的领导核心作用、政协党组成员的表率引领作用，严守政治纪律和政治规矩，坚持不忘初心、继续前进，坚持率先垂范、以上率下，团结和带领全体政协委员进一步坚定中国特色社会主义道路自信、理论自信、制度自信、文化自信，广泛凝聚改革共识、发展共识、法治共识、反腐败共识和价值观共识，不断夯实履行职能的思想政治基础，切实做到政治方向明确坚定，政治立场旗帜鲜明，理想信念坚定不移。

坚持党的领导，自觉融入全区工作大局。牢固树立大局意识、核心意识，自觉服从和维护区委的领导，坚持把政协工作放到全区改革发展的大局中来思考和谋划，坚持以区委决策定建言方向和献策重点，努力把区委的决策部署转化成为社会各界的广泛认同和自觉行动，确保政协工作始终与区委、区政府中心工作方向一致、目标一致、步调一致。

坚持理论学习，提高政协服务全局能力。坚持政协党组、常委会、主席会、委员界别小组学习制度，深入学习党的十八届六中全会和习近平总书记系列重要讲话精神，进一步增强政治意识、大局意识、核心意识、看齐意识，模范遵守党章党规，带头执行准则和条例，严肃党内政治生活，积极营造风清气正的政治生态。认真学习中共中央办公厅《关于加强人民政协协商民主建设的实施意见》、省委《关于进一步加强政协工作、推进人民政协协商民主建设的意见》等文件精神，领会新思想、把握新要求、适应新常态，推进政协理论创新、制度创新和工作创新。积极学习宪法法律，依据宪法法律和政协章程深入推进政治协商、民主监督、参政议政各项实践。使学习过程成为凝聚智慧、增进团结的过程，成为汇聚力量、共谋发展的过程。

二、落实新部署，选准助力突破口，坚持围绕中心不偏离

竭力助推改革发展。要把握新机遇，积极围绕全区“十三五”规划的实施和区第四次党代会绘就的经济社会发展蓝图，开展协商议政。要主动跟进党政工作中心，努力做到中心工作推进到哪里，政协工作就跟进到哪里，“好声音”就传播到哪里、“正能量”就汇聚到哪里。选择供给侧结构性改革、推进新型城镇化、发展现代农业、促进改革创新等问题进行视察调研、咨询论证，提出有针对性和可操作性的意见建议，助推经济社会持续健康发展。

合力推进协商民主。积极探索协商民主的新

途径新方法，调动积极性、激发创造性，推动"中国式商量"广泛多层制度化发展。建立月协商座谈会制度，制定协商计划、丰富协商内容、规范协商形式，对事关全区经济发展、社会稳定、民生改善中的重大事项和群众普遍关心的热点难点问题进行专题协商。在不断完善协商机制、提升协商能力、增强协商实效等方面开展多角度分析，做到协商内容与区委、区政府工作重心相对应、与经济社会发展需要相适应、与人民群众所思所盼相呼应。邀请有关部门积极进行协商，主动沟通情况，以协商凝聚共识、以协商助推落实、以协商促进发展。

努力改进民主监督。完善特约监督工作，加强监督工作统筹规划，增强民主监督实效。鼓励委员通过提案、大会发言、反映社情民意、视察考察等形式，多角度、多层面提出建设性意见建议，有效发挥民主监督作用。要对有关政策落实、重大项目推进、依法行政等工作开展民主监督活动，提出想法和建议，尽力使民主监督成为凝聚民心、改进作风、促进工作的有效措施。

三、开创新境界，找准履职着力点，坚持凝心聚力不放松

多搭平台扩大参与。坚持与各民主党派、工商联和无党派人士联系制度，定期沟通情况、交换意见、统一思想。支持他们以组织或委员名义在政协会议、调研视察、协商议政、提案信息等工作中，主动地发表意见、负责地开展批评、郑重地提出建议。

多交朋友加强合作。探索建立更加有效的载体和渠道，密切与少数民族、宗教界委员的联系，增进与党外知识分子、新阶层代表性人士、非公有制经济人士等各界人士的沟通，不断增进共同政治基础上的团结合作，促进形成合作共事的良好格局。

多做沟通凝聚共识。坚持深入基层密切联系群众，做好协调关系、理顺情绪、凝聚人心的工作，引导群众理解支持区委、区政府决策部署。通过实地走访、座谈交流，使群众积极正面的观点、思想、意见交流交融，形成共识。加大文史工作力度，广泛动员社会各界力量，挖掘深藏于群众中的最深入、最闪光、最具代表性的西峰文化元素，扩大文史征集范围，充分发挥文史工作存史、资政、团结、育人的作用。加强政协新闻宣传工作，携手新闻媒体加强报道策划，重视网络新媒体的作用，办好政协简报、网站和微信平台，提高宣传工作的及时性、生动性，进一步助力巩固发展全区安定团结的良好局面。

多聚人心促进和谐。发扬政协组织智力密集、人才荟萃的优势，壮大连心桥帮扶协会，做强书画艺术研究会，充实双联行动科技、文化、卫生服务团队伍，积极组织开展扶贫济困、书画"六进"、捐资助学等社会公益活动，为群众真心诚意做实事、尽心竭力办好事，以模范行动引领社会风尚，让守望相助的传统美德发扬光大，使政协组织的统战作用得到充分发挥。

四、顺应新期待，把握议政关键处，坚持反映民意不缺位

广察民情助解民忧。围绕人民群众普遍关注的热点、难点、焦点问题，深入开展调研视察。针对住房、就医、入学、就业、交通、食品药品安全等民生问题，开展专委会、民主党派、工商联和有关部门之间的联合调研，采取实地调研、座谈调研与文献调研、网络调研等相结合的方法，对一些群众持续关注的热点民生问题，坚持跟踪调研，用事实说话，用数据分析，助推民生问题得到解决。

广集民智善为民言。坚持用好政协话语权，充分发挥提案在为民代言、反映民意中的积极作用。提高提案质量，强化精品意识、多出精品提案，促进提案由数量型向质量型转变；提高办理质量，坚持领导领衔督办、联合督办机制，促进办理工作由答复型向落实型转变；提高服务质量，通过沟通协调、专题座谈、上门走访等方式，推进提案工作由交办型向服务型转变。委员要经常深入基层、深入群众，想群众之所虑、思群众之所忧、急群众之所难，积极反映群众的愿望和呼声，切实为民代言。

广纳民愿畅通民意。要发挥好社情民意信息作用，围绕更好的教育、更优的医疗、更满意的收入、更可靠的社会保障等，如实反映人民群众愿望诉求和重大关切，提高社情民意信息的针对性、时效性。坚持既深入体察群众心声、听取群众意见、汇集群众意愿，又传递好区委、区政府对群众的关切。继续开展委员走基层活动，及时反映群众的呼声要求，使政协工作更接地气、更有底气。

五、展现新形象，勤练服务基本功，坚持强基固本不懈怠

以教育管理为立足点，进一步激发履职活力。改进委员学习培训，加强委员服务管理，完善委员联络机制，健全委员履职考核，让委员议政有舞台、协商有平台、建言有渠道、监督有方法、履职有作为。组织委员深入学习政策法规、《政协章程》，促使委员提高政治素质，加强道德修养，拓宽知识结构，注重品德作风；引导和鼓励委员走基层接地气，在加强学习和丰富履职实践中增强履职能力。

以作风锤炼为切入点，进一步提升服务水平。以履职为民的理念、求真务实的精神、精益求精的标准和艰苦奋斗的作风，不断提升履职能力和工作效率，始终保持忠诚干净担当的良好形象。机关工作人员要深入开展学习教育活动，严格执行中央“八项规定”和省委“双十条规定”，以及市、区关于转变作风的相关规定。要磨砺扎实的调研功夫，提升合作共事的能力，增强组织协调的本领，努力提高服务工作水平，以为民务实清廉之举推动政协事业发展。

以制度建设为着力点，进一步夯实工作基础。坚持继承与创新结合、实用与实效结合的原则，完善主席、副主席联系常委、常委联系委员及委员活动小组等制度，建立专委会向常委会议报告工作、主席会议审议专委会工作计划等制度，使政协阶段性重点工作、经常性工作和自身建设的制度体系得到进一步完善。逐步形成以制度建设为核心、以规范运作为基础、以程序建设为抓手的工作机制，使政协工作有制可依、有规可守、有序可循。

各位委员、同志们，2017 年，是我区八届政协工作的开局之年，也是今后五年工作的奠基之年。要认真组织学习中央全会及市、区党代会精神，使广大委员深刻领会会议的精神实质，在“聚共识”上尽全力；围绕改革发展和民生民愿开展 6 项调研视察、12 次专题协商，广纳民智、广集民意，在“汇众智”上下功夫；发挥政协特色，广泛联谊，开展 10 项委员活动，汇聚最大正能量，在“增合力”上善作为；创新提案办理方式，积极反映社情民意，开展富有实效的履职活动，在“促落实”上谋突破；优化委员管理服务，发挥专委会和界别作用，持续加强机关建设，拓宽新闻宣传渠道，在“强基础”上求进步，大力提升政协整体工作水平，全面完成区委交给的各项工作任务。

各位委员、同志们，新常态、新阶段，再启新征程；新目标、新蓝图，再创新辉煌。让我们在中共西峰区委的坚强领导下，把智慧和才华付之于实践，把愿望和追求转化为行动，同心同德、群策群力，积极进取、务实创新，为开创政协事业新局面，为全区率先实现全面小康社会做出新的更大贡献！

彩虹桥　　(区网络中心提供)

一月

4日 西峰区国家税务局增值税电子普通发票推广工作正式启动，西峰区供热公司开出庆阳市首张增值税电子普通发票。

西峰区七届人民代表大会第六次会议在庆阳宾馆召开。赵海东、吴兰玮、肖广军、门杜娟以及区委、区政府、政协、人武部领导出席会议。会议听取和审议《西峰区人民政府工作报告》《西峰区人大常委会工作报告》《关于西峰区国民经济和社会发展第十三个五年规划纲要（草案）编制情况的报告》《西峰区人民法院工作报告》《西峰区人民检察院工作报告》《西峰区2015年国民经济和社会发展计划执行情况及2016年国民经济和社会发展计划（草案）的报告》《西峰区2015年财政预算执行情况及2016年财政预算（草案）的报告》《2015年审计工作情况报告》和《西峰区七届人大四次会议代表议案、建议办理情况的报告》。会议选举吕建军、王桂芳为西峰区第七届人民代表大会常务委员会委员，张发为区人民检察院检察长。

18—20日 政协庆阳市西峰区第七届委员会第五次会议在阳光天湖生态大酒店召开。会议听取并认真学习了中共庆阳市委常委、西峰区委书记章志兼同志的重要讲话。听取《政府工作报告》、区人民法院工作报告、区人民检察院工作报告及其他报告，进行了认真讨论，表示赞同。审议通过《政协西峰区第七届委员会常务委员会工作报告》和《政协西峰区第七届委员会常务委员会关于七届四次会议以来提案工作情况的报告》。会议选举田野同志为区政协第七届委员会秘书长，增选袁志军同志为区政协第七届委员会常委。

19日 西峰区食药监局向辖区内庆阳中庆农产品有限公司发放了首张新版食品经营许可证。

22日 西峰区不动产登记管理局、不动产登记事务中心正式揭牌成立。常务副区长马耀文出席挂牌仪式并揭牌。

26日 甘肃省委慰问团春节前“送温暖”慰问西峰区道德模范第小妮、董志镇周庄村梅白队困难残疾人刘志恒、困难企业庆阳中庆农产品有限公司及困难职工黄延峰。区长王驰、常务副区长马耀文陪同慰问。

二月

21日 甘肃省扶贫办党组成员、副主任李世英带领省第三验收工作组到西峰区检查验收脱贫退出工作。区上领导陪同验收。

22日 城管执法特勤中队正式成立。

29日 甘肃省人大常委会副主任马青林带领2015年度省贫困县党政领导班子和党政政治、经济社会发展实际考核组到西峰区调研天富亿、中庆公司。市委组织部长周普生、区长王驰陪同调研。

三月

3日　中央专项彩票公益金支持乡村学校少年宫项目器材发放仪式在彭原初中举行。

4日　区委书记章志兼会见来峰考察的正大集团西北区副总裁李琳兴，并对正大集团在峰进行商贸投资进行深入交流。区长王驰，常务副区长马耀文参加会见活动。

7日　固沟保塬工程启动仪式暨全市苗林结合培育工作现场会召开。区长王驰、副区长雷兼博参加活动。

8日　甘肃省人大常委会副主任马青林带领省第三考核组及第三方评估组分成三组分别深入到肖金镇杨咀村、后官寨镇孔塬村、彭原镇赵沟畎村，通过实地走访、查阅资料、交流座谈、民意调查等方式开展入村入户核查工作。市、区领导负建民、章志兼、周普生、赵海东、王驰、贾志升、李建新、马耀文、刘建莉、张鹏瑞、王超、雷兼博等陪同考核、评估。

11日　按照区委、区政府的决定，西峰新闻网络中心与西峰广播电视台机构分设。西峰新闻网络中心、西峰广播电视台为正科级财政全额拨款事业单位，隶属西峰区文化广播电影电视局。

22日　国家能源局、电力规划设计总院、省发改委、西北电力设计院等部门单位专家组成的评审组来我区就能源化工项目建设及发展情况进行调研。市、区领导黄继宗、王驰陪同调研。

23日　区长王驰带领区招商团队前往中盛集团西安总部与中盛集团董事长张华进行座谈交流，双方就进一步加强合作，加快推进肉羊养殖繁育基地、200万只肉羊屠宰生产加工项目达成合作共识。区委副书记贾志升、副区长雷兼博和区直相关部门主要负责人一同参加项目对接。

24日　区长王驰带领西峰区考察团队赴汉中市南郑县实地考察学习新型现代农业发展情况。区委副书记贾志升、副区长雷兼博和区直相关部门主要负责人一同参加考察。

26日　西峰区热力集团有限公司举行揭牌仪式。区长王驰出席仪式并揭牌。副区长王超出席仪式并讲话。

28日　甘肃省旅游局副局长、平凉市崆峒区委副书记何效祖带领考察团对西峰区文化旅游产业发展情况进行考察。副区长史建芳及市、区相关部门负责人陪同考察。

29日　庆阳市委政法委书记董建镇、区委书记章志兼与市区五大班子在家领导、驻庆武警官兵及区直部门干部职工1350人到西峰区显胜乡毛寺村马洼组开展春季义务植树活动。市、区领导雷沫里、赵海东、王驰、罗亚林、贾志升、张恢、马耀文、刘建莉、雷兼博等参加了当天义务植树活动。

四月

6日　甘肃省政协副主席、党组成员张景辉带领省政协调研组到西峰区对政协工作进行调研。市区领导李银、章志兼、黄占俊，罗亚林、雷兼博、姜晓琴等陪同调研。

7日　区人大常委会主任赵海东在阳光天湖会展中心主持召开《西峰人大志（1985—2015）》评审会议。《西峰人大志（1985—2015）》顺利通过评审并定稿。

9日　西峰区庆阳四中南侧片区棚户区改造项目、嘉鑫国际建材城二期建设项目、庆化大道（原西环路）南延伸段道路建设工程、西峰制药有限责任公司异地新建项目分别举行开工仪式。市委书记栾克军、市长负建民、市人大常委会主任付振伟、市政协主席李银，市委秘书长闫晓峰、市政府秘书长左自刚等领导出席开工仪式。区委书记章志兼主持开工仪式。区长王驰分别介绍四个开工项目概况。区上四大班子在家领导参加了开工仪式。

10日　西峰区举行渣土拉运专业化运行“蓝天行动”启动仪式。区长王驰出席启动仪式并宣布西峰区渣土拉运专业化运行“蓝天行动”正式启动。区城管执法局局长李廷位、区人大常委会副主任吴兰玮。市、区有关部门负责人各建筑企业代表参加此次活动。副区长王超主持启动仪式。

16日　甘肃省公安厅副巡视员李勤带领全省安全生产工作第二督查组对西峰区安全生产责任落实、乡镇安全监管、信息化建设、事故隐患排查治理等工作进行了全面督查。区长王驰在随后召开的督查反馈会上作表态发言。常务副区长马耀文汇报了全区安全生产工作。副区长史建芳先后陪同第一、第四督查小组开展督查。

△　由区委、区政府主办，区委宣传部承办的西峰区全民阅读文化周活动启动仪式暨“书香西峰 筑梦未来”主题演讲比赛决赛在区委六楼会议室举行。区人大常委会副主任门杜娟、区政府副区长史建芳、区政协副主席张建国出席仪式并颁奖。

19日　宁夏回族自治区银川市政协主席贺满明到西峰区新城南区雨洪集蓄保塬生态项目现场和天富亿生态民俗村进行了实地考察。市、区领导李银、章志兼、赵昌军、黄占俊、高仲林、王驰陪同。

22日　西峰区全民阅读文化周经典诵读晚会在市政府礼堂成功举办。区政府副区长罗宁、区城管执法局局长李廷位、区人大常委会副主任门杜鹃、副区长史建芳出席晚会并分别为获得《最美书香家庭》和获奖单位颁奖。

25日　庆阳市委书记栾克军深入庆阳城南体育休闲区绿化工程项目现场对休闲区绿化工作进程展开调研。区长王驰，政法委书记刘兴峰陪同调研。

26日　甘肃省委常委、常务副省长咸辉在庆阳市调研座谈时对西峰工业园区庆阳瑞华能源天然气综合利用及调峰建设项目、庆阳永欣石化9万吨／年干气芳构化和3万吨／年氢化石油树脂装备建设项目进行调研。省政府副秘书长张智军、省国税局局长韩月朝、省财政厅副厅长赵喜泉和省发改委能源局局长孟开一同调研。市委书记栾克军、市长贠建民、市委秘书长闫晓峰、副市长黄继宗、市政府秘书长左自刚参加调研。

27日　西峰区总工会在彭原卫生院为获得首批庆阳市劳模创新工作室的齐海刚劳模创新工作室授牌。

△　甘肃省委常委、常务副省长咸辉在甘肃省国税局党组书记、局长韩月朝及庆阳市委书记栾克军、市长贠建民等领导陪同下，调研西峰区国家税务局营改增工作。

五月

1日　西峰区国税局开出西峰区首张住宿业增值税发票，标志着西峰区全面推开“营改增”试点正式启动。副区长雷兼博宣布启动仪式。

5日　区委书记章志兼带领区发改、财政、住建、国土等部门主要负责人利用一天时间，集中对全区重点项目建设情况进行实地调研督查。区人大常委会主任赵海东、区长王驰、区政协主席罗亚林、常务副区长马耀文、统战部部长刘建莉、区人大常委会副主任肖广军一同参加督查。

7日　全国人大代表、三全集团董事长陈泽民到西峰区考察有关项目建设及企业发展情况。市、区领导钱建华、王驰及市区相关部门负责人陪同考察。

8日　甘肃省电视台《今日聚焦》栏目组深入西峰区显胜乡、肖金镇，对精准扶贫精准脱贫工作、农村和农民生产生活等情况进行了专访。区委宣传部、区扶贫办负责人一同参加访问。

12日　国务院安委会办公室调研组调研遏制重特大事故工作。国家安监总局监管二司副司长赵瑞华带队，甘肃省安监局局长郭鹤立参加调研。

市委书记栾克军、区委书记章志兼、市委秘书长闫晓峰、副市长白振海、副区长史建芳陪同调研。

16日 阿克塞县政协考察团到西峰区考察旅游文化产业，区政协副主席张建国陪同考察。

18日 区长王驰到温泉镇公刘庙和庆阳秀湖山庄风景旅游区，实地察看游产业开发情况，并徒步周边旅游资源进行实地考察。重点对西峰区旅游产业开发建设、旅游产品宣传推介、旅游文化深度挖掘、旅游产业发展规划等进行了深入调研。区委副书记贾志升，副区长史建芳、雷兼博一同调研。区财政、发改、林业、文广（旅游）、国土、部分乡镇及相关企业主要负责人参加调研。

20日 甘肃省安监局副局长周仲平带队检查西峰区安全生产工作。区长王驰陪同检查。

△ 甘肃省统计局党组成员、省城乡抽样调查队队长杨言勇带领省督查组督查庆阳民俗文化产业园建设项目。市政府副市长黄继宗、区政府常务副区长马耀文陪同督查。

21日 甘肃省副省长杨子兴在西峰区调研精准扶贫工作。市区领导栾克军、章志兼、王驰、贾志升、雷兼博陪同调研。市区相关部门主要负责人参加调研。

22日 国家民政部部长李立国带领调研组到西峰区调研留守儿童之家建设情况。甘肃副省长杨子兴、省民政厅厅长李志勋、市委书记栾克军、市长贠建民、区委书记章志兼、市委秘书长闫晓峰、市政府秘书长左自刚、区长王驰、常务副区长马耀文及省、市、区相关部门负责人陪同调研。

24日 内蒙古自治区鄂尔多斯市伊金霍洛旗政协考察团到西峰区考察旅游文化产业。区政协副主席贾兴义陪同考察。

28日 庆阳嘉鑫国际建材城举行开业庆典仪式。甘肃省政协副主席黄选平、市政府市长贠建民、省政协研究室主任张永贤、甘肃银行股份有限公司董事长李鑫、市政协主席李银、市委秘书长闫晓峰、市政协副主席黄占俊、市政协秘书长高仲林、甘肃银行庆阳分行行长全恒、区政协主席罗亚林等出席开业仪式。

△ 西峰区"乡村旅游特色采摘季"显胜活动区开园采摘仪式在三泉刘村玉玲珑大樱桃采摘园举行。市旅游局副局长白富旺、区委副书记贾志升、区城管执法局局长李廷位、区人大常委会副主任肖广军、区政协副主席张建国、贾兴义出席开园仪式。区政府副区长雷兼博出席并致辞。

31日 西部发展控股有限公司负责人到西峰区民俗文化产业园提升项目合作事项进行洽谈对接。区长王驰、市区相关部门负责人陪同。

△ 区长王驰走访慰问了联合幼儿园、回民小学和湫沟小学的少年儿童，为孩子们送去学习用品和节日祝福。

六月

1日 区委书记章志兼到区西峰区部分小学和幼儿园，看望慰问少年儿童，送去节日礼物和祝福，并向广大教育工作者表示良好的祝愿。副区长史建芳一同看望慰问。

△ 广东省政协考察团一行16人到西峰区科技文化产业发展进行专题考察学习。市政协副主席张怀仁、区政协副主席贾兴义陪同考察。

2日 高检院第四巡视组组长张金锁、张振海、甘肃省检察院路志强检察长一行到西峰区检察院视察工作。市委、市检察院、区委相关领导陪同。

4日 宁夏回族自治区党委常委、固原市委书记纪峥率领固原市党政考察团到西峰区参观天富亿生态民俗村。市区领导栾克军、付振伟、李银、李学宏、黄正军、章志兼、闫晓峰、周普生、李军、秦华、王驰陪同考察。

5日 住建部城建司副司长章林伟带领督查组到西峰区督察海绵城市试点建设前期准备工作情况。甘肃省住建厅副厅长蔡林峥、市区领导栾克军、贠建民、章志兼、闫晓峰、左自刚、王驰、王超陪同督查。

△ 庆阳西峰民俗文化产业园标志性建筑镇朔楼建成封顶。

6日 第十四届中国•庆阳端午香包民俗文化节在天富亿生态民俗村南广场隆重开幕。市委书记栾克军宣布第十四届中国•庆阳端午香包民俗文化节开幕。市长贠建民致辞。区委书记章志兼主持开幕式。付振伟、李银、黄正军、闫晓峰、左自刚、赵海东、王驰、罗亚林等市区领导出席开幕式。

△ 市委书记栾克军和市长贠建民在庆阳宾馆会见到庆阳市考察的香港CIMC集团董事贺德怀。区委书记章志兼、市政府秘书长左自刚、市发改、国土、工信、能源部门负责人及区长王驰、常务副区长马耀文、香港CIMC集团煤制油项目顾问陈则渊、景峰公司董事长孙超、AISCSOLTD公司董事夏璐、深圳汉雄实业副总经理朱艳参加会见。

12日 甘肃省政协主席冯健身率全省项目观摩团来庆阳西峰民俗文化产业园项目观摩指导。

17日 甘肃省公安厅副厅长李晓林、监管总队总队长郭庆祥、监管总队政委麻志忠、监管总队科长王汝锡等一行在市公安局长杨涛、副局长惠刚、武警庆阳支队支队长惠文岗等陪同下莅临西峰公安分局检查监管工作。

22日 甘肃省厅督察总队高平同志莅临西峰公安分局对打击打孔盗油违法犯罪专项行动暨减轻基层公安机关110接处警工作情况进行督导检查。市公安局副局长惠刚、涉油支队政委周晓军、督察支队副支队长马晔秋领导陪同。

24日 中国作家协会副主席白庚胜对西峰区锦绣坊文化产业一条街进行了考察。

七月

1日 常务副区长马耀文督查调研西峰北部工业集中区项目、银西高铁施工便道及隧道建设项目进展情况。

△ 庆阳市与中国农业发展银行甘肃省分行对接洽谈基础设施建设项目融资工作。市长贠建民、农发行甘肃省分行副行长张世祖出席座谈会并讲话。区长王驰参加。

4日 区总工会主席刘建莉、区政协副主席张建国前往西峰清真寺看望慰问穆斯林群众。

△ 周祖广场便民市场正式建成并投入试运行。

5日 全国人大代表、最高检察院、甘肃省检察院一行40多人到西峰区视察基层检察院建设情况。市区领导章志兼、王驰、刘兴峰、肖广军参加视察活动。

6日 全国最大的鸡蛋生产龙头企业韩伟集团董事长韩伟到西峰区肖金镇庆阳正旺良种鸡有限公司考察指导工作。区长王驰陪同考察。

7日 全国工商联扶贫与社会服务部副部长、中国光彩事业促进会副秘书长王力涛一行到西峰区调研"万企帮万村"精准扶贫工作。区政协副主席贾兴义陪同调研。

12日 浪潮集团副总裁、浪潮云服务信息科技有限公司总经理王方一行到西峰工业集中区进行考察调研。副市长卫达、区长王驰陪同调研。

17日 宁夏回族自治区固原市彭阳县城管执法局局长马文智一行到西峰区考察学习城市管理工作。区城管执法局局长李廷位及相关部门负责人陪同考察。

△ 庆阳机场举行广州—庆阳—兰州航线首航仪式。副区长王超参加。

21日 区长王驰督查世行项目建设和棚户区改造工作。副区长王超一同督查。

26日 水利部水利水电规划设计总院教授王治国到西峰区黄土高原沟壑区"固沟保塬"综合治理专项规划情况进行调研。区委副书记贾志升、副区长雷兼博陪同调研。

28日 全省预防接种工作现场会议在庆阳

召开，西峰区北街社区卫生服务中心和肖金卫生院为现场观摩点。区长王驰、副区长史建芳参加观摩。

29 日 区委书记章志兼、区长王驰、区人大常委会主任赵海东、区政协主席罗亚林等领导看望慰问区人武部、武警中队和消防大队等驻峰官兵。

△ 同济大学教授、博士生导师、中国全面深化改革第三方评估蓝皮书发布者、上海市委全面深化改革特邀专家郭强到西峰区调研全面深化改革工作。区委副书记贾志升及市区相关部门负责人陪同调研。

八月

1 日 甘肃省政协常委、社会和法制委员会副主任南明法带视察组到毛寺村陇东冰雪健身基地、毛寺村村级活动场所和“连心桥”建设现场等处，实地视察精准扶贫精准脱贫工作方案中发展社会事业方面的贯彻落实情况。市政协副主席杨献忠、区政协主席罗亚林、区委副书记贾志升陪同视察。

3 日 西峰区区民间资本服务中心挂牌成立。它是由政府控股的民间资本服务机构。市委书记栾克军、政法委书记董建镇出席仪式并为中心揭牌。区委书记章志兼主持仪式。副市长朱国庆出席仪式并讲话。市人大常委会原副主任陈广锦、市政府党组成员、市公安局局长杨涛出席仪式。区长王驰介绍了民间资本服务中心情况。赵海东、罗亚林、贾志升、罗宁、雷兼博等领导出席仪式。

3—4 日 文化部副部长项兆伦到西峰区对非物质文化遗产保护工作进行专题调研。文化部非物质文化遗产司巡视员马盛德、甘肃省政府副秘书长迟润林、省文化厅副厅长周奉真参加调研。市区领导付振伟、黄正军、章志兼、赵昌军、王驰、张鹏瑞、史建芳陪同调研。

4 日 中国进出口银行甘肃省分行筹建组组长李建梁到西峰区调研考察民俗文化产业园项目。副市长朱国庆、副区长罗宁陪同调研考察。

11 日 甘肃省交通运输厅厅长康军带领甘肃省政府第九督查组到西峰区督查国务院重大政策措施落实和省政府重点工作完成情况。

17 日 甘肃省人大常委会副主任、党组副书记孙效东，省人大常委会内务司法工作委员会副主任张清、程世强、省人大常委会内务司工委司法监督处处长陆燕宁及省检察院领导等一行莅临西峰公安分局调研执法规范化建设及立案和侦查活动监督工作。市区领导付振伟、董建镇、章志兼、刘洪涛、田金、王驰、赵海东、刘兴峰等陪同。

23 日 南梁至太白、打扮梁至庆城、庆阳至平凉等 3 条高速公路举行开工仪式。

24 日 中央网信办组织的全国“长征路上奔小康”网络媒体“走转改”大型主题采访团到西峰区采访民俗文化产业发展情况。

25 日 最高人民法院院长周强在西峰区人民法院调研，周强院长对法院所取得的工作成绩给予肯定。区委书记章志兼、区委政法委书记刘兴峰陪同。

30 日 甘肃省广播电视台阳光在线栏目，特邀西峰区环保局副局长姚小华、环境监察大队副大队长司伟参加环保在线节目，现场回答环保问题及解读相关法律法规。

九月

2 日 甘肃省国土资源厅、庆阳市政府联合召开银西铁路项目建设协调暨征地拆迁启动会议。常务副区长马耀文参加会议。

4 日 国家发改委西部司副司长童章舜带领调研组一行到西峰区对《退耕还林条例》修订工作进行专题调研。甘肃省发改委副主任、西部办主任刘剑参加调研，区长王驰、常务副区长马耀文陪同调研。

7日　在第32个教师节到来之际。区长王驰到黄官寨实验学校、湫沟小学、向阳小学，看望慰问一线教师。

8日　市长贠建民到庆阳二中、庆阳四中参加教师节慰问活动。区长王驰、区委宣传部长张鹏瑞陪同。

12日　区长王驰陪同甘肃省政协副主席李沛文调研天富亿生态民俗村。

△　国家中医药管理局党组成员、副局长闫树江带领调研组一行到西峰区彭原卫生院、北街社区卫生服务中心调研西峰区中医药工作情况。甘肃省卫计委党组成员、省中医药管理局局长甘培尚陪同。

13日　市长贠建民到西峰区南街街道调研"紫峰大厦"棚改项目进展情况。副市长黄继宗、区长王驰一同调研。

△　市长贠建民调研庆阳职业技术学院建设情况。区长王驰陪同调研。

18日　西峰区城管执法局局长李廷位带队冒雨对北师大附中建筑工地、热力集团管道工程改扩建工地等在建工程工地和城区垃圾填埋场的防汛工作落实情况进行实地督查。

20日　甘肃省发改委党组成员、能源局局长孟开率督查组到西峰区调研中央预算内投资项目建设情况。常务副区长马耀文陪同调研。

24日　区长王驰调研南区雨洪集蓄生态保塬项目、南湖提质改造项目和天富亿生态民俗村。

△　中央网信办组织的全国"长征路上奔小康"网络媒体"走转改"大型主题采访团到西峰区采访民俗文化产业发展情况。宣传部长张鹏瑞陪同。

25日　美国埃德蒙市市长查尔斯拉姆参观指导庆阳市电子商务孵化园西峰区电子商务服务中心建设运营情况。

26日　甘肃省党员教育中心主任马振亚到西峰区调研农村和街道社区党建工作。区长王驰、区委组织部长李建新陪同调研。

△　庆阳市海绵（管廊）城市建设项目集中开工仪式在西峰区举行。区长王驰、副区长王超参加。

27日　国务院第十四督查组督查西峰区工商行政管理局肖金工商所"放管服"工作。区长王驰、常务副区长马耀文、副区长王超陪同。

28日　国务院参事方宁视察西峰区商务局举办的第三期电商扶贫培训班开展情况。

十月

1日　甘肃省特种设备监督管理平台在西峰区正式运行。

3日　市长贠建民对西峰城区供热改造工程建设情况进行了专题调研。区委书记章志兼、区长王驰、副区长王超陪同调研。

7日　改版升级的"西峰网"正式上线运行，成为庆阳市首家实现政府网站集群化管理的网站。

8日　西峰区法院建成上联上级法院、下至派出法庭的专线通信、数据交换的法院专网，案件节点全程网络转批，实现全流程网上办案。通过建立网上办案系统与司法公开平台的有效对接机制，当事人可凭立案时获取的查询码在我院服务大厅触摸屏和互联网上查询案件办理进度等信息。

△　全市肉羊产业开发领导小组会议在西峰区彭原镇甘肃中盛华美羊产业发展有限公司召开。市委书记栾克军出席会议并讲话。市长贠建民主持会议。区长王驰参加会议并作交流发言。

△　敦煌研究院院长、党委书记王旭东一行5人调研西峰区北石窟寺文物保护工作。副区长雷兼博陪同调研。

9日　庆阳市"义渠村"揭牌仪式暨第二届"菊尚之约"文化旅游节开幕式在西峰区区肖金镇义渠戎国非遗传承保护示范园举行。

10日　西峰区召开央视《乡约·甘肃西峰》拍摄工作筹备会。区委副书记贾志升主持会议。区委宣传部长张晓龙、副区长雷兼博以及各相关单位负责人参加会议。

12 日　山西省乡宁县政协考察团一行 4 人来西峰区考察历史文化发展、美丽乡村建设、民俗艺术及生态旅游等。区政协副主席姜晓琴、秘书长田野陪同。

14 日　中央电视台农业频道副总编辑傅雪柳一行到西峰区采风。区委副书记贾志升、宣传部长张晓龙、副区长雷兼博、区政协副主席贾兴义陪同参加活动。

△　央视 7 套《乡约》栏目在西峰区和谐广场进行现场录制。市文广局局长吕文亮、区委副书记贾志升、宣传部长张晓龙、区人大常委会副主任吴兰玮、副区长雷兼博、区政协副主席贾兴义、区政协党组成员、文广局局长王新宁及近万名观众共同观看了节目。

15 日　西峰城区公共便民自行车骑行活动启动仪式在和谐广场举行，1000 辆公共便民自行车正式投入使用。市民代表发出“低碳环保·绿色出行”倡议书，倡导广大市民绿色出行、文明骑车，副区长王超主持启动仪式。市区领导黄正军、王驰、市直相关部门负责人及区上四大班子在家领导一同出席启动仪式。

18 日　甘肃省民政厅副巡视员、省双拥办副主任张自力带领全省双拥优抚安置工作督查调研组到西峰区调研。区委宣传部长张晓龙陪同调研。

20 日　西峰区召开宝塔寺旅游景区规划设计汇报会。区长王驰、区委副书记贾志升出席会议。区农村工作部、国土分局、文广（旅游）局、发改局、民宗局和彭原镇主要负责人参加会议。

△　庆阳市委宣传部长黄正军主持召开北京首创有限公司中铁 21 局集团有限公司赴庆阳考察对接基础设施项目合作座谈会。副区长罗宁参加会议。

23 日　第四届“中国法治政府奖”组委会到西峰区对法治政府建设情况进行专题调研。市法制办主任马文哲、区城管执法局局长李廷位、区政府副区长王超陪同调研。

△　中国政法大学法治政府研究院教授王青斌、兰州大学法学院副教授邓小兵应邀在西峰区城管执法局作依法行政专题讲座。甘肃省法制办依法行政宣传指导处处长马宝明、庆阳市法制办主任马文哲、市政和环卫部门负责人及一线城管执法人员 140 余人参加培训。区城管执法局局长李廷位主持会议。

24 日　甘肃省卫计委副厅级巡视员曹义武、省禁毒办调研员高文学带领省市考核组对西峰区 2016 年禁毒工作进行考核，并召开汇报会。市政府副市长赵昌军，市公安局局长杨涛及市公安、禁毒部门负责人参加考核。区长王驰、区委政法委书记张鹏瑞陪同考核。

27 日　区长王驰带领区发改、财政、环保、安监等相关部分负责人深入城区供热站点、热力集团有限公司，实地调研、现场检查城区冬季供热准备情况。

28 日　甘肃省人大环境资源保护工作委员会副主任祁永宏带领陇原环保世纪行记者团一行到西峰区产业发展和生态保护等情况进行实地采访。市区领导左江华、廖芳、王超陪同采访。

30 日　西峰区委、区政府主办，西峰区委老干部局和区文联承办的“缅怀革命先烈，弘扬长征精神”纪念红军长征胜利 80 周年离退休干部书画作品展暨老干部活动中心揭牌仪式在东湖公园举行。市委老干局副局长刘雍、区委组织部长李建新、区人大常委会副主任肖广军、区政府副区长候选人齐文潇、区政协副主席姜晓琴参加了开展仪式。

十一月

8 日　中国共产党庆阳市西峰区第四次代表大会在市政府礼堂隆重开幕。章志兼同志代表中国共产党庆阳市西峰区第三届委员会向大会作题为《统筹城乡发展　加快转型跨越　为率先全面建成小康新西峰而努力奋斗》的报告。刘建莉同志代表中共庆阳市西峰区第三届纪律检查委员会向大会作题为《聚焦全面从严治党 强化监督执纪问责 为率先全面建成小康新西峰提供坚强纪律保障》的报告。王驰同志主持并宣布大会开幕。

9日 中国共产党庆阳市西峰区第四届纪律检查委员会召开第一次全体会议。受中国共产党庆阳市西峰区第四次代表大会主席团的委托，刘建莉同志主持会议。

10-13日 西峰区第八届人民代表大会第一次会议在庆阳宾馆召开。赵海东、廖芳、吴兰玮、肖广军出席会议。会议听取和审议了《西峰区人民政府工作报告》《西峰区人大常委会工作报告》《西峰区人民法院工作报告》《西峰区人民检察院工作报告》《关于西峰区 2016 年国民经济和社会发展计划执行情况及 2017 年国民经济和社会发展计划（草案）的报告》和《关于西峰区 2016 年财政预算执行情况及 2017 年财政预算（草案）的报告》，听取了《关于西峰区七届人大代表议案、建议办理情况的报告》。会议选举产生了新一届区人大常委会、区人民政府领导班子、区法院院长、区检察院检察长和西峰区出席市四届人民代表大会代表。选举赵海东为区人大常委会主任，廖芳、吴兰玮、肖广军为区人大常委会副主任，王驰为区人民政府区长，马耀文、王超、雷建博、齐文潇为区人民政府副区长，刘文宪为区人民法院院长，张发为区人民检察院检察长。

10—12日 政协庆阳市西峰区第八届委员会第一次会议在阳光天湖生态大酒店召开。本次会议是在全区上下深入学习贯彻中共十八届六中全会精神，全面贯彻落实中共庆阳市西峰区第四次代表大会精神之际召开的一次重要会议。会议期间，委员们听取并认真学习讨论了中共庆阳市委常委、西峰区委书记章志兼的重要讲话；听取并讨论《政府工作报告》及其他报告，表示赞同。会议审议批准政协西峰区第七届委员会常务委员会工作报告及提案工作情况报告。选举罗亚林任政协庆阳市西峰区第八届委员会主席，姜晓琴、张建国、贾兴义、王新宁任副主席，田野任秘书长，马卫华、马志俊、王郁、王永峰、毛粉兰、左宏伟、白本帅、冯丽、任婕媛、刘百琳、李锐、李本荣、李述哲、李秋易、李海洋、杨彦军、张芳、张小春、房延庆、赵金堂、袁志军、栗国峰、贾伟忠、曹志龙、黄毅虎、释中正、窦晓利、魏海龙为常务委员。

14日 庆阳华为云计算大数据中心项目签约仪式在兰州宁卧庄宾馆举行。区委书记章志兼、区长王驰参加签约仪式。

20日 区委书记章志兼主持召开专题会议，研究并协调解决城区供暖、物业管理、劳动保障等问题。区长王驰、常务副区长马耀文、政法委书记张鹏瑞、副区长王超及市区相关部门主要负责人参加了会议。

21日 区委书记章志兼主持召开西峰城区棚户区改造八大重点片区安排工作会。王驰、张鹏瑞、张晓龙、张瀚、廖芳、吴兰玮、王超、姜晓琴、王新宁等区上领导出席会议。

22日 副区长王超带领区环保局、住建局、城管局、工商局、环卫局等大气污染综合防治工作各执法单位主要负责人对西峰区大气污染"冬防"工作进行督查。

23日 庄浪县城管执法局考察团来西峰区对城市管理工作进行了考察交流学习。区城管执法局局长李廷位陪同考察。

十二月

10—12日 甘肃省级第三方评估组对西峰区 2016 年度贫困人口退出工作进行验收评估。区委副书记贾志升，副区长雷兼博参加会议。

11日 榆中县委副书记、县长王林带领考察组对西峰区文化旅游工作进行考察。区长王驰陪同。

14日 甘肃省委宣传部副巡视员黄铭荟调研

庆阳西峰民俗文化产业园项目。市委书记贠建民、区委书记章志兼陪同。

15日 全国畜牧总站站长杨振海带领全国畜牧总站畜禽资源处负责人员到西峰区对肉羊产业发展情况进行了专题调研。市区领导贠建民、章志兼、王驰、贾志升、雷兼博陪同调研。

16—17日 甘肃省环保厅副厅长孙玉龙带领的省政府质量工作考核组到西峰区对质量工作目标责任完成情况进行考核并召开汇报会。副区长齐文潇对西峰区质量工作完成情况、主要措施、成效及特色亮点等进行汇报。

17日 甘肃省地矿局副局长蔡学森带领检查组到西峰区火巷沟滑坡、不稳定斜坡项目工程建设情况进行检查指导。市区领导黄正军、马耀文陪同检查。

25日 2017年西峰区“美丽董志塬”生态两项（自行车10公里+跑步5公里）大奖赛在庆阳体育场隆重开幕。区委宣传部部长张晓龙、区人大常委会副主任肖广军、区政府副区长齐文潇及区政协副主席及文广（旅游）局局长王新宁等区上领导出席开幕式。

26日 西峰城区2017年“元旦”“春节”文化活动和“迎新春”街景装点、氛围营造工作安排部署协调会议在区委南六楼会议室召开。市委宣传部副部长梁建伟、区委宣传部部长张晓龙出席会议并讲话。区人大常委会副主任廖芳、区文广（旅游）局局长王新宁出席会议。副区长雷兼博主持会议。

29日 庆阳市西峰区工商业联合会（民间商会）第七次会员代表大会在正阳国际酒店隆重召开。区委统战部部长张瀚、区人大常委会副主任廖芳、区政府副区长齐文潇、区政协副主席张建国出席会议。

30日 中国民主同盟西峰区第六次代表大会胜利召开。市政协副主席、民盟庆阳市委主委马启昕、区委常委、统战部长张瀚、区人大常委会副主任廖芳、副区长雷兼博、区文广（旅游）局局长王新宁出席会议。

△ 庆阳市人民政府主办，市体育局、西峰区人民政府承办的第四届迎新年庆阳市区全民健步行活动在和谐广场举行。周普生、郭光能、杨廷祯、王小庆、许尔忠、王驰、齐文潇等市区领导出席启动仪式。

历史人文

地理位置

西峰区地处甘肃省东部，泾河上游，位于董志塬腹地，处在北纬 35° 25′ 55″ —35° 5′ 11″ 和东经 107° 27′ 42″ —107° 52′ 48″ 之间，是庆阳市党政机关所在地。

早期文明

20 万年前，西峰就有人类繁衍生息，仰韶、齐家文化遗址遍布全区。公刘曾在此“教民稼穑”，开创了中国农耕文化和传统农业的先河，史称“周道之兴自此始”。

建置沿革

因是古长安北去宁夏萧关古道之要冲和定边食盐集散地，历经明清成为陇东重镇，开始有西峰之称，清同治年间在此设市筑城。1949 年 8 月，设立西峰市（县级），1950 年 6 月西峰市撤销，划归庆阳县管辖；1985 年 5 月，经国务院批准，与庆阳县分设建市；2002 年 6 月，撤市设区。

风物名胜

开凿于北魏永平年间的北石窟寺为甘肃四大石窟之一，温泉老公殿被中国民俗学会命名为“华夏公刘第一庙”，小崆峒景区被称为黄土高原的“天然标本园”。民俗文化绚丽多彩，皮影、剪纸、刺绣、陇东道情被誉为“陇东四绝”。香包民俗文化节、农耕文化节等节会活动盛况空前。

资源环境

自然资源

作为长庆油田的主产区，已探明西峰油田含油面积 800 平方公里，地质储量 4 亿吨以上，天然气储量 243.6 亿立方米，煤炭三级储量达 86 亿吨，庆阳石化年炼化能力近 500 万吨，瑞华天然气、永鑫石化等众多下游企业不断集聚。区内以砂石、粘土、石英砂为代表的优质矿种分布广泛，极易开发。马莲河、蒲河两条大河流总径流量达 8.43 亿立方米，河流长 50.50 公里，境内拥有丰富的潜层地下水，储量达 43.4 亿立方米，天然矿泉水年开采量在 1000 吨以上。

地形地貌

属黄土高原沟壑区，海拔1421，南北长约47.7公里，东西宽约34.8公里。总面积999平方公里，其中耕地面积57.87万亩。

气候

西峰气候温和宜人，四季分明，年日照2400一2600小时，年降水400一600毫米，年均气温9.9℃，无霜期175天，城区空气优良天数年均300天以上。

区划人口

行政区划

西峰区辖彭原镇、后官寨镇、温泉镇、董志镇、肖金镇、什社乡、显胜乡5镇2乡，西街街道办事处、北街街道办事处、南街街道办事处3个街道办事处，100个行政村，15个社区。

人口民族

人口38.83万人，其中城市人口约21.28万人，有汉族、回族、满族、藏族等12个民族。

国民经济

经济发展

西峰历史上就有“陇东粮仓”之美誉，盛产小麦、玉米、谷子、糜子、黄豆等，粮食产量年均稳定在12万吨以上。西峰是甘肃优质果品生产基地，全区果树面积达到23.84万亩，果品总产量达到13.33万吨。设施瓜菜稳步提升，蔬菜产量16.9万吨，瓜类产量2.8万吨。雨润、中盛、正大等畜牧龙头企业入驻建厂，肉牛、肉羊、生猪饲养量分别达到1.77万头、11.69万只、6万头。苹果、什社小米、黄花菜、杏子、寿桃、酥梨等农产品享誉国内外。“两大园区”道路框架基本形成，入驻规模企业23户，产业“高地”、工业“洼地”效应初步显现。西峰自古就是关中通往宁夏的官道和南北货物交易集散地，史载“控振萧关，襟带秦岭”。全区现有各类专业市场30多处，现代物流、电子商务、金融保险等新兴产业发展势头迅猛。

西峰交通顺畅，通讯发达，省道202线、西长凤高速与正在建设的银西铁路贯穿全境，城乡道路纵横交错，庆阳机场航班直达兰州、西安、北京、上海、广州，三大通讯网数字化无缝隙覆盖全境，五大国有银行和甘肃银行等地方性银行均设有服务机构。全区现有各类营运汽车1.3万辆，年客运量达3527万人(次)，货运量达到2297.61万吨。

年度经济

2016年，地区生产总值实现171.9亿元，固定资产投资完成294.16亿元，地方规模以上工业增加值完成10.9亿元，大小口径财政收入分别完成12.3亿元和6亿元，社会消费品零售总额实现69.1亿元，城镇居民人均可支配收入达到25897.9元，农民人均可支配收入达到8461.4元。

中国共产党西峰区委员会

重要决策

2016年，认真贯彻落实市委、市政府各项决策部署，紧盯率先实现全面小康目标，团结带领干部群众深入推进"三双战略"，务实苦干，加压奋进，较好地完成了各项目标任务，全区经济逆势突破，民生持续改善，社会和谐稳定。全年地区生产总值完成171.9亿元，同比增长9.0%；固定资产投资完成294.2亿元，同比增长10.4%；地方规模以上工业增加值完成10.9亿元，同比增长4.1%；大小口径财政收入分别完成12.3亿元和6亿元；社会消费品零售总额完成69.1亿元，同比增长8.9%；城镇居民人均可支配收入达到25898元，同比增长8.6%；农民人均可支配收入达到8461元，同比增长7.4%。

【科学决策】始终把谋思路、作决策、把方向作为第一职责，充分发挥区委总揽全局、协调各方的领导核心作用，严格执行常委会和全委会议事决策规则，积极支持人大、政协参政议政，广泛接受社会各界监督，做到依法决策、民主决策、科学决策。区第四次党代会上，集思广益，准确把握西峰经济社会发展阶段性特征，进一步确定"11235"（以全面建成小康社会为总揽，以改革创新为主线，着力做好城市出形象、产业上水平两篇大文章，持续深化"三双"战略，努力建设政治清廉、经济强劲、社会和谐、文化繁荣、生态美丽的新西峰）发展思路，找准贯彻中央、省市精神的落点，凝聚了思想共识，使各级干部抓有方向、干有目标。同时，按照市党代会提出的"十个方面重大突破"的战略部署，及负书记对西峰区提出的要做"五个方面表率"的要求，及时组织开展"一学五抓"学习实践活动，集中精力强化学习，全力以赴抓短板、抓谋划、抓扶贫、抓民生、抓作风，各项工作强势突破，全区上下形成了比学赶超、竞相发展的良好氛围，各级领导带头落实，各级干部奋勇争先，展现出新气象、新面貌。

【精准扶贫】2016年3月通过省市整区脱贫验收之后，西峰区把双联行动与扶贫攻坚深度融合，对照小康标准，持续加力，推动精准扶贫向全面小康加快转型。按照"缺什么、补什么"的原则，紧盯制约脱贫的关键因素，因户施策，精准发力，全区677户、2663名贫困群众实现了脱贫目标，贫困发生率由1.3%降至0.28%，顺利通过了省市复验和第三方评估。对已脱贫群众坚持帮联责任不变、扶持力度不减，盯对到人动态监管。同时，突出问题导向，扎实开展"大走访、回头看"活动，密切关注因学、因病、因婚等返贫人口，第一时间发现问题解决问题，确保脱贫人口不返贫、返贫人口快脱贫。从培育壮大致富产业入手，统筹推进"水电路田房”等基础建设，均衡发展“科教文卫体”等社会事业，建成供水工程 109 处，完成电网改造 71 公里，新修通组道路 173 公里，建设高标准农田 7000 亩、易地扶贫搬迁安置点 4 个，农民生产生活条件进一步改善。什社乡李岭村荣获“全省十大美丽乡村”称号，温泉镇被评为省级“最佳生态文明乡村”。积极把精准扶贫的经验和做法向全面小康嫁接移植，对照五大类 39 项小康指标，研究制定了《全面建成小康社会“1+28”意见方案》和分年度推进计划，将各项指标任务分解到部门、靠实到人头。目前，全区 17 项指标已经达标。

【项目建设】坚持以项目扩投资、保增长、强支撑，严格落实“三个一”包抓责任制，实行重大项目单项考核，完成土地征拆 5000 多亩，有效保障了北师大庆阳附属学校、传媒大厦、庆阳大剧院等 34 个市列重点项目顺利推进，以十大重点项目为带动，实施 500 万元以上各类项目 201 个。

着眼打造“甘肃东部门户城市”，以“四城同创”为契机，启动实施各类城建项目 66 个。不断完善城市功能，古象路东段等 5 条道路全面竣工，庆化大道南延伸段、北京大道北延伸段等 10 条道路加快建设，配套建成综合管廊 5.8 公里，环城 32 公里的交通大循环即将闭合。城南绿地项目顺利推进，天湖改造基本完成，与雨洪集蓄保塬生态工程共同构筑起了城市生态屏障。新建扩建集中供热站 5 个，敷设供热管网 24.5 公里，新增供热面积 280 万平方米，79 个换热站实现了远程数字化监管。加快棚户区改造，确定县级领导分头包抓、一线指挥，先后对 2 名乡镇街办负责人进行了问责，以问责倒逼进度。陇东能源基地西峰服务中心区块等 12 个片区全面完成协议签订，8 个开工建设。四中、市财政局等占地 2000 亩的 7 个重点片区，通过两个月集中攻坚，支付棚改资金 8 亿元。今年棚改工作初七上班当天已同步拉开，3 月底前，7 个重点片区将全部征拆到位。抓好城市管理，纵深推进“城市管理巩固年”活动，常态化开展城乡环境卫生整治、城区精准治污、小巷道综合治理，城市网格化、精细化管理水平不断提高，顺利通过了省级文明城市、卫生城市复审。新建垃圾中转站 10 座、公共自行车站点 36 处，投放自行车 1000 辆，城市便民服务设施日趋完善。

区委书记章志兼调研城南绿地项目

通过政策扶持、龙头带动、基地示范、科技引领，持续做大“东果、南菜、北畜、西游”四大主导产业。以温什万亩果带为主区域，新栽果树 1.22 万亩，建办省、市级标准园 4 处，17 个专业村实现了一半土地栽植果树、一半农民经营苹果、一半收入来自苹果的“三个过半”目标。以蒲河川、武家川、肖金设施蔬菜基地为辐射，种植瓜菜 17 万亩，实现产值 3 亿元，完成苗林结合培育 18.6 万亩。成功招引中盛集团落户西峰，带动畜牧业全产业链、全价值链、全循环链发展，新建养殖小区 8 处，形成养殖专业村 7 个、专业合作社 53 个，养殖户户均增收 4000 元以上。启动实施了毛寺、小河湾、清水沟等一系列旅游开发项目，组建了首家乡村旅游开发公司，带动 10 个村连片发展旅游产业。新建青藤农业文化产业园，建办休闲采摘园 87 个，创建观光示范点 50 处，探索走出了农业增效、农民增收的新路子。

两大工业园区基础设施建设快速推进，供排水、供电等设施同步配套，主干道全线贯通，标准化厂房建设进展顺利，招引入驻企业 23 户，益翔药业正在安装设备，庆宁粮油厂房主体竣工，瑞华天然气、永欣石化完成试投产，带动全区工业增加值增长 9 个百分点，地方工业产值实现了增量与增幅“双提升”。

全力推进十大专业市场建设，嘉鑫国际建材城、陇东汽车城规范运营，东方丽晶、中元世贸基本建成，民俗文化产业园核心区建设顺利推进，“城中大商场、城郊大市场、城中专业街、城郊大物流”的商贸物流体系基本成型。现代物流、电子商务等新兴产业快速兴起，新增区乡村网店 400 个，46 户企业入驻电子商务创业孵化园。深入开展“陇货网上行”活动，苹果、小米、香包刺绣等特色产品上线销售，营销额突破 15 亿元。三次产业结构实现了由“二三一”到“三二一”的历史性转变。

【社会治理】把各类资金优先向民生倾斜，全年财政支出的 70%以上用于民生，21 件省市列为民办实事项目全面完成，群众幸福指数不断攀升。

启动教育改薄项目 48 个，新建村级幼儿园 22 所，教育基础条件持续改善。纵深推进医疗体制改革，区医院内科综合楼等 5 个项目开工建设，数字化预防接种平台建成投用，医疗服务水平全面提升。新建“数字农家书屋”65 个、“乡村舞台”37 个、社区文化服务中心 15 个，构建了覆盖城乡、功能完善、全民参与的文化服务体系。铺设网络光缆 177 公里，实现了城乡互联网、有线电视全覆盖。成功承办了香包民俗文化节、全市第十三届运动会，群众文化生活日益丰富。央视《乡约》栏目宣传推介了西峰，西峰的对外影响力进一步提升。

新建、改扩建社区日间照料中心、老人幸福院 31 个。五项保险提标扩面，新型农村合作医疗参保率 99.5%、养老保险参保率达 98%以上，累计发放各类救助资金 9897 万元，惠及城乡群众 14.5 万。新增城镇就业 1.6 万人，劳务输转 6 万人，劳务创收 12.7 亿元，社会保障扎实有效。

全面推进依法治区进程，认真抓好“五项安全一项维稳”，严厉打击各类违法犯罪活动，刑事发案数五年来首次出现回落。深入开展“领导干部带案下访解民忧”和“重大矛盾纠纷排查化解”活动，调处各类矛盾纠纷 2533 件，调处成功率 99%。成立了西峰区民间资本服务中心，规范了民间借贷秩序。在所有乡镇建立了农村产权交易大厅，处理土地纠纷 27 起。

【基层党建】秉持“抓好党建就是最大政绩”的理念，强化主责主业，为全区经济社会发展提供坚强的组织保证。具体工作中，主要抓了“一项活动”“四项建设”：

“一项活动”：扎实开展了“两学一做”学习教育活动。坚持严实标准，深化拓展“四个走遍”“主题党日”和“党性锤炼日”三大主题活动，不断提高学习教育实效。以“党员身份回归本位、形象回归本色、作风回归本分”为主题，扎实开展党组织关系排查、党费集中清缴专项行动，组织各级党组织认真召开民主生活会，使党内政治生活回归正常化、规范化。区委班子征求各方面意见建议 6 类 11 条，研究制订了整改方案，做到了标准、任务、责任、时限、要求“五明确”，整改工作有序推进。

“四项建设”：一是加强思想政治建设。从制度、人员、内容、效果“四落实”入手，健全督学、促学、评学、考学机制，以各级中心组学习和“智汇西峰大讲堂”为抓手，举办前沿理论讲座 25 场(次)，班子成员带头讲党课 22 场(次)，各级党员干部政治意识、大局意识、核心意识和看齐意识不断增强。大力推进社会主义核心价值观教育和“德行西峰大家庭”全民修德行动，凝聚了崇德向善、创业实干的正能量。

二是加强基层组织建设。研究制定了“三级四岗”责任清单(区乡村三级，区委书记、组织部长、党委书记、党组织书记责任清单)，认真落实“三级联述联评联考”制度，构建了“书记抓、抓书记”的党建工作格局。在农村，扎实推进党建“五项工程”，推行“支部+”和“党员 1+N”模式，新建农民专业合作社、互助资金协会等党支部 46 个，打造了陇东滑雪场等示范党支部 14 个。在社区，探索建立全天候错时服务机制和“十分钟便民服务圈”，形成了以社区服务为基础、社会服务为支撑、志愿服务为补充的“三位一体”便民服务体系。康寿路社区“365”精准服务机制、东湖社区“1551”管理模式在全省创出了便民服务的好经验。在机关，结合双联行动，大力推行党群结对共建活动，在全国首家推出党建引领城管执法新模式，开创了党建与城市管理深度融合、互促共赢的新局面。在“两新”组织，新建党组织30个，实现了社会领域党建工作和优质服务全覆盖。

三是加强干部队伍建设。坚持“重品行、重实绩、重公论、重基层”的选人用人导向，健全完善“1541”选拔任用机制，不断提高干部选任规范性和公信度。圆满完成了区乡换届工作，乡镇街办换届中，我们把选优配强班子的关键锁定在抓前期上，组织开展了“四轮调研”，通过多次对接、多方印证，确保人尽其才、人岗相适，新任乡镇街办领导班子结构和功能明显优化。

四是加强党员作风建设。深入开展机关作风整顿活动，成立作风监督检查组，严肃查究“四风”隐形问题，持续巩固作风建设成果。组织开展“党员五带头”等主题活动，把“四个走遍”活动主体延伸到村党支部书记，把走访对象扩展到所有农户，使走向基层、走向群众、走向一线成为各级党员干部的新常态。

【从严治党】按照新时期全面从严治党新要求，坚持把党风廉政建设与经济社会发展同研究、同部署、同推进、同考核，强化执纪问责，着力构建风清气正的政治生态。

制定出台《关于强化压力传导靠实责任推动全面从严治党主体责任落实的通知》《西峰区党风廉政建设巡察工作实施意见》等9项制度，健全了横向到边、纵向到底的责任传导和责任追究链条，推动“两个责任”标准化建设向村级延伸。按照市委“1+2+5”工作模式，严格落实“四签制度”“三级约谈”“四式管理”“一案双查”等措施，确保“两个责任”落实到位。分两次组织19名乡镇街办、部门一把手进行述纪述廉述作风，开展各类约谈364人（次），倒逼追究领导干部主体责任43人、监督责任9人。

坚持关口前移、预防为先，召开十八届六中全会精神、《中国共产党廉洁自律准则》、《中国共产党纪律处分条例》等区委中心组专题学习会16次，班子成员分别到所联乡镇街办讲授了廉政党课。通过专家讲座、廉政知识竞赛、发送廉政短信、印发作风纪律提醒卡等多措并举，教育引导各级党员干部遵守党纪党规，切实筑牢廉政防线。

围绕“两个责任”和中央“八项规定”精神落实，基层党风廉政建设和发生在群众身边的腐败问题，组织开展巡察整治4次。教育系统专项检查，清理问题线索七大类，处理问责学校领导1人；“两查两保”专项行动，核实违反扶贫政策落实和扶贫资金使用问题7起，问责乡村组干部39人，撤职2人；“不作为、慢作为、乱作为”集中整治，举办作风培训班2期，纠改问题5个；清理公职人员违规经商办企业，核实107人，给予党政纪处分13人，组织处理70人。

始终把纪律规矩挺在前面，建立“来信、来访、电话、网络”四位一体举报平台，统筹调配全区纪检工作力量，实行跨乡镇、跨部门交叉办案。深入践行“四种形态”，以查处违反中央“八项规定”精神和损害群众利益典型问题为重点，零容忍快查快办违纪违法案件，全年初核案件105起，立案50起，结案50起，给予党政纪处分58人，达到了查处一个、警示一片、震慑一方的目的。

【重要文件】区委发〔2016〕11号：《关于乡镇领导班子换届工作的实施意见》

区委发〔2016〕13号：《关于落实发展新理念加快推进农业现代化实现全面小康目标的意见》

区委发〔2016〕24号：转发《中共庆阳市西峰区人大常委会党组关于做好我区区乡（镇）两级人民代表大会换届选举工作的安排意见》的通知

区委发〔2016〕31号：《关于政协西峰区第八届委员会委员建议人选的意见》

区委发〔2016〕47号：关于印发《西峰区党风廉政建设巡察工作实施意见（试行）》的通知

区委发〔2016〕48号：关于印发《西峰区深化党的纪律检查体制改革实施方案》的通知

区委发〔2016〕51号：《关于实施全面两孩政策改革完善计划生育服务管理的意见》

区委发〔2016〕52号：《关于西峰区供销合作社综合改革的实施意见》

区委发〔2016〕55号：《关于加强和改进新形势下群团工作的意见》

区委发〔2016〕56号：关于印发《西峰区现代肉羊产业发展规划》的通知

党务工作

【公文办理】实行"三由三让"（由秘书轮流讲课，让秘书当老师；由秘书点评材料，让秘书当裁判；由秘书主持讨论会，让秘书当领导），秘书、政务主任、主任层级审稿，集思广益、博采众长，力求起草的文稿符合上级精神、体现领导意图、指导推动工作，全年共撰写各类领导讲话、工作报告、汇报330多篇约180万字，起草印制各类通知、意见、方案、领导批示回复件等398份120多万字，编报党委信息1384条。制定出台《关于进一步加强和规范全区党政机关公文处理工作的意见》，提升公文处理的科学化、制度化、规范化水平，解决全区党委文件办理文体不明、标准不高、格式不清的问题。实行政务主任统筹协调，分管科级干部牵头负责的办会流程，做到会前周密安排，会中、会后搞好服务，全年承办党代会、区委全委（扩大）会等党委一类会议90多场次，协办组织、宣传、政法等专业会议150多场次。

【机要工作】制定《西峰区电子政务内网建设方案》，以专家评审，推动政务信息处理迈入科学化轨道。积极筹措资金，购置密码机柜1个，涉密通信终端1台，配合市上完成了密码通信设备更新，对区委机要室核心密码通信系统进行升级改造，有力保障密码通信工作顺利开展。今年，接收处理中央、省市三级文件2819份，明传电报967份，密传电报416份，省委批示件11份、市委批示件69份，确保了密码通信安全高效。

【保密工作】按照涉密计算机标识备案制度，为区委政法委、发改局等18个涉密成员单位，17台涉密、228台非涉密电脑粘贴了密级标识，做到"两机分离"办公。实行密级文件台账管理，完善文件资料、秘密载体管理等登记档案，确保文件处于可控范围。全年累计处理密码电报200多份，中央、省市文件300多份，销毁各类文件3.5吨，预防了纸质文件流失。

【后勤保障】从区委机关各部门分别选派1人，成立监督委员会，每日排出食谱，定期核算菜品价格、监督菜品质量，提出合理建议。严格收支两条线原则，采取记账式管理，职工日常用餐实行刷卡制。制定机关保洁制度，定期进行消毒。对机关院子的花草树木进行修剪，定期检修水、电、通讯设备等，清洗喷泉、假山。成立办公室公务用车制度改革领导工作组，确定专人负责，上缴公务用车7辆，申报符合参改条件的工勤人员，审定提前离岗3名，择优选用留岗1名。安装监控摄像头8个，实行门卫24小时值班制。

【脱贫攻坚】区委办把18名联户干部分为4个小组，集中对罗杭村胡同、沟畎等5个组311户进行了入户对接，分别制定脱贫方案，逐一落实。从建水塔1座，改造农电网94户，修水泥路2.1公里、柏油罩面组级道路1.7公里，建成罗杭村居民小区1处，安置群众68户。农户均栽植果树2亩以上、养羊4只以上。举办种植、养殖、劳务等技能培训班2次，组织贫困群众外出学习考察3次，培训群众1100人，发放互助资金32.5万元。

【"两学一做"学习教育】组织干部职工集中观

看苏联亡党亡国二十年祭、筑梦中国等电教片。每周五组织干部职工，到环境卫生区域，采取包领导、包责任、包路段的方式，清扫环境卫生。严守《廉政准则》《纪律处分条例》，用制度约束班子成员的思想和行为。对干部日常管理，实行每天签到制度，加强督促检查，凡脱岗溜岗、迟到早退的，严厉批评教育，督促整改到位。要求使用礼貌用语，待人接物面带微笑，展现良好形象。

中国共产党西峰区委员会及办公室领导班子成员名录

书　记　章志兼

副书记　王　驰　贾志升

常　委　张　恢(11月止)　刘建莉(女)

　　李建新　马耀文　罗　宁(挂职,11月止)

　　刘兴峰(9月止)　张鹏瑞　李廷位

　　张晓龙(11月任)　张　瀚(11月任)

办公室

主　任　黄一文(10月止)

副主任　刘亚文　袁文博(6月止)　耿立群

　　安继宏(5月任)

（供稿：区委办）

组织人事

【基层组织建设】创新实施党建助力脱贫攻坚

任岭村活动场所

“五大工程”，建立“支部+”党组织46个，选树“能人型、好人型”村党组织书记32名，评选表彰优秀大学生村官10名，为贫困村选派第一书记15名；建设村级活动场所14处；推行三包三联和党员“1+N”帮带模式，举办青藤文化节等旅游观光活动8(场)次，吸纳群众就业4865人，走出了党建助推乡村旅游、采摘体验等融合发展新路子。率先推行家政和养老等服务市场化运作模式，康寿路社区“365”(3条途径掌民情，6个步骤办民事，5种方式满民需)精准服务机制、东湖社区“1551”(1套三维数字管理系统、5项物业管理制度、5项党员管理制度、一个智慧养老服务平台，管理系统、管理制度和服务平台)管理模式为全市乃至全省创出了经验。在全省首家推出党建引领城管执法“12345”(1个体系引领，2个党日强身，3项机制聚力，4个走遍提效，5个带头立杆)新模式，开创了党建与城市管理互促共进的工作新格局。指导全区30户规模以上企业建立党组织，选派“两新”组织党建指导员127名，非公企业、社会组织党组织覆盖率分别达40.7%、46%。狠抓七项重点任务落实，整顿软弱涣散党组织14个，理顺党员组织关系1230人，联系失联党员421人，处理违法违纪党员19名，清理补交党费147.9万元；换届广泛征求纪委、检察、计生等12个部门的意见，调整市、区“两代表一委员”初步人选39名、28名，发放换届纪律提醒卡4000余份。

【干部队伍建设】干部选任机制。建立区管领导班子和科级干部分析研判制度、干部个体组织评价和领导班子定位归类制度，形成了全方位、常态化了解干部长效机制。健全完善了“1541”选拔任用机制，把干部选拔任用细化为18个环节，保证了选任工作规范化操作、程序化推进。干部队伍建设。全年提拔任用基层和部门一线干部90名，有效激发了各级干部的干事创业热情。结合干部“逢提必下”制度，提出了未来五年《西峰区优秀年轻干部和“三方面”干部培养选拔意见》，科学设置培养选拔标准和管理考核措施，建立了优秀年轻干部和“三方面”干部后备库，选拔17名35岁以下优秀干部进入乡镇领导班子，选派15名优秀年轻干部到村级党组织任“第一书记”，提拔使用党外干部5人、少数民族干部2人、女干部21人，年轻干部和“三方面”干部工作逐步走上正轨。严格落实领导干部交流、能上能下等规定，先后交流重点岗位领导干部35人，提拔到重要领导岗位12人，免职9人，改任非领导职务干部23人。严格按机构规格和核定职数配备干部，做到了超职数配备“0”增长，完成了历史超职数配备干部消化任务。干部教育培训。依托区委党校和大学生村官实训基地，牵头举办区级主体培训27期，培训干部1830多人(次)。配合中央、省、市完成干部调训95人。积极督促区属各单位通过以会代训、聘请专家辅导、外出观摩学习等形式，对区管干部实施了常规性普及培训。充分发挥远程教育平台作用，每个站点月均学习5次以上、学习时间20小时以上，播放率和点击率居全市前列。干部监督管理。建立干部工作全程纪实和倒查工作责任追究制度，完善了干部任前审核程序，干部提拔坚持做到“四个凡提必”，对收到的信访反映，及时成立联合工作组介入核查，暂缓提拔3人。健全了信访、电话、网络、短信“四位一体”举报受理平台，公示期间实行“12380”举报电话24小时值守。严格执行干部选任责任制及任中、离任经济责任审计制，对21名区直部门和乡镇主要负责人进行了经济责任审计。严格落实区管干部出入境证件审核管理、干部请休假等制度，干部日常管理规范有效。干部档案管理。严格落实入档、查阅、转递、保密等配套管理制度，牵头对人社、教体部门档案管理人员进行集中培训和业务指导，共抽调业务骨干30名，全面完成了10530卷干部人事档案专项审核，补充档案材料1.8万份。积极推进干部信息电子化管理，为干部档案数字化管理奠定了基础。

【人才队伍建设】人才引进。健全《西峰区急需紧缺高层次人才引进办法》，先后为瑞信村镇银行等5户企业引进高管和专技人才14人，为农村专业合作社引进设施蔬菜种植指导员及果树栽植管护专家12人，为大学生村官实训基地柔性引进副教授级授课人员9人，为区医院精准引进全科医生13人，为民俗文化产业园区管理局搭桥引进技术顾问3人。人才培育。采取“人才+项目”、“人才+基地”、“人才+产业”等形式，先后投入500多万元，培训各类人才1.8余人(次)。在区内建立了技能型人才培养培训等6个人才基地，在陕西杨凌建立了西峰区大学生村官培训实践基地，在陇南成县建立了电子商务人才培养实训基地，带动培养各方面实用人才1.1万人。对选派到兰石化、华亭煤业等市内外企业的13名挂职干部进行了走访，全面了解工作学习情况。结合精准扶贫行动，广泛开展“人才支农”工程，为每个行政村下派科技特派员1名，实行面对面、点对点帮扶，帮扶成效得到较大提升。人才挖掘。建立了乡土人才信息库。在全区范围内评选优秀专业技术人才、乡土人才20名，给予了重奖。

【自身建设】学习提升。结合“两学一做”学习教育，利用周一例会、周二主题党日，采取精神传达、原文通读、重点讨论等方式，组织干部职工认真学习党的方针政策、系列讲话精神、组织工作业务知识及换届工作相关法规，不断提高组工干部的理论素养和业务能力。深入开展“组工干部上讲台”活动，各组室负责人结合各自岗位特点和工作任务讲政策、讲业务、讲经验，强化了干部对组织工作的全面认识和把握。效能建设。健全完善了部机关《目标管理考核办法》《业务督办制度》等规章制度8项，推行首问负责制、服务承诺制、限时办结制、效能考评制和责任追究制，将全年工作任务进行细化量化，任务到岗、责任到人，定期督查通报工作进展，形成各组室比进度、比落实的良好局面，有效提升了工作效能。党群关系。组织干部职工深入乡镇、村组、社区、企业和社会组织调研40多次，与党员、干部、群众谈心谈话1020人(次)，解决突出问题27件，走访慰问困难党员群众1399名。定期深入董志镇庄子洼村开展结对帮扶，与村组干部和联系户进行座谈交流，确定设施农牧业、基础设施建设、劳务输出、基层组织建设4项年度重点工作。

区委组织部领导班子成员名录

部　长　李建新

副部长　田云宇　李文渊(5月任)

　　　　夏　成(5月止)

(供稿：郑飞飞)

宣传工作

【精神文明建设】年初，围绕2016年中央、省、市、区工作重点，制定印发《区委理论中心组2016年集中学习安排意见》，开展区委中心组学习6次，编印中心组学习资料《学习交流》6期，推荐重点理论文章12篇，书籍12本。指导全区县级事业单位和科级中心组学习140多场次。在各级各部门大力推行“五个一”学习制度(每天自学一小时、每周集中学习一次、每月读一本好书、每季度撰写一篇学习心得体会或理论文章、每年度至少参加一次学习培训)，组织开展了形式多样的知识竞赛、发展论坛、理论研讨等活动，构建了多层次、全方位、立体化学习网络；邀请中央财经大学财经研究院院长、博士生导师王雍君，省委政法委执法督导处处长冯之东等知名专家围绕推进依法行政、建设法治政府，“两学一做”等主题，举办“智汇西峰大讲堂”专题讲座4场次，参与干部群众4000多人；按照最大程度增加干部群众知晓率、参与率、支持率的原则和“分层分级分块”的思路，继续组建了区乡两级宣讲团。按照“五进一入”(进单位、进企业、进农村、进社区、进学校，入头脑)目标，先后围绕“两学一做”、“七一”讲话精神、十八届六中全会、市区党代会精神等主题，开展专题讲座、送教下乡等形式多样的理论宣讲80多场次。组织开展了“立足岗位、争创先锋”、党的十八届六中全会精神等理论文章征集活动，共征集各类理论文章160多篇，在全区上下营造积极开展理论研究的浓厚氛围。

【主题教育活动】精心策划开展“开文明车、行文明路、做文明人、创文明城”宣传教育暨承诺签名、“德润陇原·西峰好人”评选、“文明游园、爱护花草、勿乱穿行”宣传教育、“传家训、亮家风”等覆盖社会重点行业和领域，涉及所有重点人群的12项主题教育实践活动，参与或受益群众3.5万人，不断激励全社会形成修德共识。利用市民文明学校、各级文化服务中心等阵地开展各类文明礼仪培训普及活动20多场次；向市民免费发放《市民文明礼仪常识》《文明城市创建手册》《雷锋精神辅导读本》等书籍5.2万册，制作发放文明礼仪宣传册页、精神文明建设墙报1.4万余份；深入开展“文明餐桌”“文明祭祀”“文明旅游”“文明交通”“文明上网”和“孝老、敬老、长孝心”活动，积极创建“文明餐桌行动”示范店和示范一条街；推荐评选“孝老敬老”典型13个。开展“网上为道德模范点赞”、道德模范先进事迹巡讲等活动40多场次；培育推荐全国文明家庭1人，省级道德模范3人，市级道德模范3名、区级道德模范36名，评选推荐季度“庆阳好人”候选人27名；组织40个相关职能部门和窗口服务单位针对诚信缺失、道德失范等突出问题开展专项调研及整治活动10次；配合市上发布诚信“红黑榜”2期，在区属媒体发布诚信“黑榜”9期；培育树立“百城万店无假货”示范街2条、示范店23家。进一步深化“我的中国梦”“做一个有道德的人”主题教育实践活动，在重要时间节点，组织未成年人广泛开展“网上祭英烈”、学习和争做美德少年、“童心向党”等活动；积极开展“德育示范学校”创评和核心价值观优秀童谣征集传唱活动，表彰优秀童谣获奖作品10人，培育推荐美德少年、“庆阳好少年”等各类道德典型3个；持续推进4所中央专项彩票公益金支持乡村学校少年宫项目建设和管理运行工作，命名表彰优秀乡村少年宫1所，乡村少年宫优秀辅导员4人；深入推进社会文化环境净化工作，开展网吧、文化市场、校园周边环境清查和整治活动30多次，累计出动工作人员300多人(次)，查处各类违规经营行为23起。

【创建全国文明城市】对照《全国文明城市测评体系》，成立创建全国文明城市工作指挥部，下发《西峰区2016年创建全国文明城市工作推进意见》，并层层签订目标管理考核责任书，累计开展动员安排会、专项整治推进会9次，开展联合执法检查和随机抽查11次，下发市场专项整治工作通报2期，简报23期。启动实施城市基础设施建设项目20个，公用设施配置及维护工程共计100多项，落实文明城市创建公益岗位工作人员200名，投放公共自行车1000辆，城市服务功能日趋完善。结合全市城乡环境综合整治和全区“城市管理成果巩固年”活动，组织机关单位、干部群众每周星期五上街开展常态化、持续化卫生大扫除。严格落实文明单位动态管理制度，突出抓好“五个一”建设和诚信建设，培育推荐省级文明单位3个，省级精神文明建设工作先进个人1个，市级文明单位3个，区级文明单位2个；结合“双联”和扶贫攻坚行动，组织294个文明单位与115个村组（社区）持续开展结对帮扶共建活动，形成了城乡文明共建的强大合力。全面推进“美丽乡村、魅力家园”建设，深入开展文明户、文明村镇、文明集贸市场、农村文化广场“四个一批”创建，培育推荐省级文明村1个，市级文明村1个、文明乡镇1个，区级文明村1个。依托道德评议协会，联合工青妇陆续开展了“最美家庭”“好公婆”“好儿媳”“当代孝子”等群众性创评活动和主题活动，不断推动文明新风入乡村、进农家。以优化社区环境、提升社区服务功能为出发点，强化绿色社区、和谐社区、平安社区等外围创建，持续深化并开展科教、文体、法律、卫生“四进社区”活动60多场次。广泛开展公民道德教育实践活动，加大文明创建入户宣传力度，目前全区15个社区已全部创建为市级以上文明社区，其中省级文明社区3个，全国文明社区1个，居民生活环境明显改善，社区管理得到了切实加强。组织城区15个社区按照“八个具备”的要求分别建立了社区志愿服务工作站，广泛动员注册登记志愿服务组织49个、注册志愿者近4万人，组织开展志愿者服务技能培训4次，累计培训志愿者600多人。积极开展“2016传承雷锋精神、爱心奉献社会”学雷锋志愿服务系列活动，推荐全国学雷锋“四个100”评选候选人1人，“全省岗位学雷锋标兵”1人，“全市优秀志愿者”1人。围绕“三关爱”等内容累计开展“邻里守望•情暖陇原”志愿服务活动40多场次，出动志愿者2000多人，直接或间接服务群众1.6万人。指导辖区30多个市级以上文明单位建立网络文明传播志愿者队伍40多个，发表宣传信息、评论100多条，撰写转载优秀博文、微评论70多条，制作网络文明传播电视专题1期，有效拓展了网络文明传播志愿服务活动的层次和领域。

【群众文化建设】围绕村镇(社区)文化、城区文化、校园文化、节庆(节会)文化、机关文化等主题，制定印发《关于开展2016年“和谐西峰大舞台”群众文化活动的意见》。以元旦、春节、“五四”“六一”等重大节日和建党95周年、红军长征胜利80周年为契机，组织开展了全民健步行、戏曲歌舞和优秀文艺节目巡演、元宵节社火会演、灯谜灯展游园活动、元宵节焰火晚会、梨园迎春戏迷票友擂台赛暨折子戏公演、庆“六一”弘扬红色精神放飞童年梦想文艺会演、“党旗飞扬、欢乐社区”庆祝中国共产党成立95周年社区文艺晚会、纪念中国红军长征胜利80周年离退休老干部书画展等活动40多场次。按照政府引导、群众参与的思路和常态文化活动与专题专项文化活动相结合的原则，以各类小游园、广场为阵地，广泛开展经常性群众文化活动。什社乡农民歌手齐风远登上了中央电视台星光大道的舞台。区上集中策划组织了全民阅读文化周“书香西峰、筑梦未来”演讲赛、经典诵读晚会、汉字听写大会等系列活动，“保护非物质文化遗产、喜迎中秋国庆双节”群众文化展演周、民办艺术培训机构优秀节目展演等40多场活动，参与干部群众30万人次。按照全省要求，督促指导10个乡镇（街道）完成了综合文化站提升达标建设，15个社区完成了综合文化服务中心建设，并通过市上评估验收；全面加强“乡村舞台”建设，在历年建设基础上，指导剩余的37个行政村完成建设任务，实现了全区“乡村舞台”建设的全面覆盖；全力推进数字文化建设，在全省率先试点建设行政村“数字农家书屋”65个。大力实施文化遗产“历史再现”工程，建成了庆阳仁民香包博物馆、庆阳一片红邮票博物馆等民间自办博物馆6个。在显胜乡毛寺村、彭原镇五郎铺村、周寨村、西街办联合村等地举行科技文化卫生“三下乡”活动6场次，开展“千台大戏送农村”主题活动30多场次。组织全区文艺工作者开展了艺术家下基层采风、学习习近平在文艺工作座谈会上的讲话等活动。推荐参评第九届全市“李梦阳”文艺奖作品25部，推荐全市重点文艺创作资助项目2个，全省“文艺百粒种子”工程5部。有11位作者作品获庆阳市第八届李梦阳文艺奖；有5位作者出版了作品专著；我区作者创作的歌曲《中国梦》由中央电视台拍摄MV，并在央视15套音乐频道先后播出20多次，实现了我区原创音乐作品在央视的首次亮相。

【文化产业建设】围绕华夏文明传承创新区建设板块任务，按照“1653”工作思路（围绕一个目标：建设特色文化大区；突出六大重点：发展资源型、劳动密集型、复合型、非公有型、外向型、高科技型产业；力抓五项工作：文化产业项目、香包民俗产业、发展环境、教育培训、对外宣传；强化三项保障：加强组织领导、严格落实政策、完善统计制度），制定印发《关于开展“文兴西峰大产业”活动的意见》。庆阳民俗文化产业园北城墙主体工程基本完工，镇朔楼工程即将完工，东北角楼和西北角楼正在进行屋面施工；民俗博览馆项目已建至地上三层。董志塬城市森林公园项目已完成了道路及水坝等建设任务。庆阳市郁金香文化园建设项目已完成建设任务，正式对外运营。龙溪洞乡村体育运动与休闲度假产业集聚区项目完成了二期建设任务，新建设滑草、漂流、拓展训练和赛道改造延伸等项目。天富亿民俗古街项目全面建成，运营良好。积极参加深圳文博会、兰洽会、敦煌文博会等展会，先后招引青藤国际生态农业文化产业园、小河湾生态民俗旅游度假区、丝绸之路古道北石道坡遗址景区、庆阳民俗文化产业园、董志塬城市森林公园、西峰区梦幻谷主题乐园等11个项目落户西峰，总签约金额71.47亿元。全面落实了文化产业月报制度和统计工作联席会议制度，形成了宣传部门牵头抓总，统计部门具体负责，工商、文广、税务等部门通力协作的文化产业统计格局。培育5家个体户升级转型公司制企业，新增产业法人单位18个。区上举办了第十四届中国庆阳端午香包民俗文化节，彭原镇举办了青藤农业樱桃文化节、肖金镇举办了第二届“菊尚之约”文化旅游节暨“相约义渠、菊颂金秋”2016金秋赏菊品鉴活动、显胜乡举办了乡村旅游特色采摘季、什社乡举办了首届庆阳郁金香文化节，极大地活跃了全区文化产业市场，有力地推动了文化农业旅游的融合发展，为全区文化产业发展凝聚了人气，构筑了气候。重点培育扶持了凌云服饰集团、岐黄文化传播公司，指导凌云服饰集团在北京王府井建办的固定营销店面，岐黄文化公司在美国、埃及、日本等国家开展了庆阳民俗文化产品展销活动；通过积极申报争取，为银泰影像有限公司和大唐文化艺术发展有限公司争取全省文化产业改革发展专项资金共75万元。

【对外宣传】充分利用西峰广播电视台、《今日西峰》报、西峰网等区级主流媒体宣传主阵地的同时，相继开通了西峰广播电视台门户网站、西峰广播电视台微信公众号、“掌握西峰”微信公众号等新媒体平台；对“西峰网”进行了全面升级改版，实现了庆阳市首家政府网站集群化管理；及时更新“今日头条”“腾讯微博”等新闻发布平台，初步形成了多层次、立体化的大外宣格局；根据市上安排部署，起草下发了《关于加强全区户外公益广告宣传工作的实施意见》，在全区范围广泛开展了户外广告摸底清查和登记工作，按照公益占广告总量 50%的要求，指导区直有关部门利用城区各类围墙建设宣传阵地，制作宣传画面 7500 多平方米；按照文明城市创建要求，新建各类广告牌面 320 多块，督促城区建筑工地建成公益宣传围栏 18 处，督促城区各商城、广场、出租车 LED 显示屏严格落实了公益广告比例，户外公益广告宣传阵地得到全面加强。

围绕中共十八届五中全会、习近平总书记系列重要讲话精神、丝绸之路(敦煌)国际文化产业博览会、中共十八届六中全会、文明城市创建、市区党代会等内容，在青兰高速西峰段、庆西公路、城区主要交通要道和人群密集场所，制作各类大型跨桥宣传牌 26 面，大型立柱宣传牌 130 面，各类公益宣传牌 3400 余面，核心价值观三角立体宣传牌50 个 150 面，为各项活动开展营造了浓厚氛围。

全面开展脱贫攻坚、项目建设、城乡环境卫生整治、社会主义核心价值观、经济社会发展成就等一系列战役宣传，建立了新闻宣传周策划制度，重新选聘了 100 多名通讯员，全面夯实新闻宣传的基础支撑。先后挖掘报道了马平、刘兰芳、何成芳、李小科、左新郎等一批时代楷模、道德模范和先进典型。累计在中央、省市纸质媒体发稿 2000 多篇、电视媒体播出稿件 500 余条、网络媒体发布稿件上万条。在新华网、甘肃日报等中省媒体重点刊发了《庆阳西峰：脱贫“军令状”带来山村巨变》、《庆阳西峰区用“作风指数”换群众“幸福指数”》等稿件，传播西峰声音，树立西峰形象。

坚持“请进来”与“走出去”相结合的借力宣传思路，围绕“春看旅游扶贫”“夏看项目建设”“秋看农业产业”“冬看发展成果”四个主题，邀请新华社、甘肃日报、党的建设杂志社、陇东报等中央、省、市媒体来我区开展采访报道，其中在新华社、甘肃日报、《党的建设》等中央、省级媒体推出的《甘肃山村香包“吃香”海内外》《为了城市更文明—庆阳市西峰区加强城区管理工作纪实 》《吹响产业发展集结号—西峰区培育特色产业助推脱贫工作纪实 》等稿件广受热议。邀请央视 7 套农业频道在我区录制了“乡约”栏目，国庆节期间，携手央视走进西峰名胜古迹北石窟寺进行了为期三天的拍摄，在中央电视台新闻频道“我爱你中国”专题节目中播出。

面对新媒体崛起所带来的舆情管理新挑战，始终坚持主动出击、积极应对，加强区内突发事件新闻报道工作的组织协调和归口管理。安排专人对“天涯论坛”“猫扑论坛”“庆阳吧”等活跃度比较高的网站进行监控，及时了解、上报网络舆情，有效处置化解了“庆阳市民俗文化产业园手续问题”“彭原镇刘岭村村民‘被死亡’问题”“幼儿园国有资产流失的上访调查”等多起负面报道，把矛盾消除在萌芽中，确保了舆论导向的正确性。

【思想政治工作】年初，围绕全市思想政治工作考核评估细则，对全区的思想政治工作进行了全面安排部署。围绕全市思想政治工作考核评估细则，对全区工作进行了全面安排部署，严格落实了定期联席会议制度，进一步推动思想政治工作向新社会群体、新经济组织、进城务工人员、下岗职工、失地农民和城乡困难群体延伸。充分发挥思想政治工作研究会及 6 个分会的职能作用，结合开展“两学一做”、精准扶贫、城乡环境卫生整治活动，动员各级领导干部深入基层开展了帮扶谈心和大调研活动。在乡镇街道、机关单位、企业学校广泛组织开展社会主义核心价值观宣传教育，围绕“核心价值观引领青春中国梦”“核心价值观·诚信敬业”等主题，组织开展学习研讨、演讲比赛、书画大赛、志愿服务、岗位练兵、技能比赛等活动100多场次；充分利用电视、网络、新媒体、平面广告、LED屏等各类媒介，长期刊载核心价值观“24字”基本内容和“图说我们的价值观”等公益广告，在城区和四门乡镇制作、刷写墙体宣传9000多米，基本实现了全区核心价值观公益宣传的高密度、广领域、全方位覆盖。推荐《中国共产党历史(第二卷)》《厚德蒙学》等7项成果申报全市第三届社科奖评选，推荐上报的《国学经典—平民解读专辑》获全省第三届社科理论成果评选二等奖。指导各学校严格落实高中、初中新生国防教育和军事化训练，开展了党政领导干部“军事日”活动。配合市上广泛开展了“传承红色基因，赓续红色血脉”国防知识竞赛活动和“我最向往的党史纪念地”评选活动。积极推荐东湖公园申报市级爱国教育示范基地。

【自身建设】西峰区高度重视宣传思想工作，全市宣传思想工作会后，及时召开了全区工作会议，与各乡镇、街道、区直各部门层层签订了目标管理责任书，细化了工作任务，强化了工作措施，靠实了工作责任。区委常委会先后4次就文明城市创建、社会主义核心价值观宣传教育、文化产业发展、理论武装等工作进行了专题研究部署。区财政切实加大了宣传思想工作经费投入力度，按时核拨了业务经费、活动经费，有力地保障了各项工作的顺利开展。着眼提升全区宣传思想干部思想认识和工作水平，举办了宣传思想干部培训班，培训100多人。广泛组织开展了全区宣传思想文化工作调研，形成调研报告26篇，申报创新工作5项。进一步完善信息报送制度，共编发报送《宣传信息》134期，《舆情信息》108期。

区委宣传部领导班子成员名录

部　长　张鹏瑞(10月止)
　　　　张晓龙(10月任)
副部长　徐小明　秦望龙

(供稿：李小鹏)

统一战线

【民主政治建设】落实《中共庆阳市委关于县(区)领导班子换届工作的实施意见》，做好党外政协委员提名工作，按照“选优配强”的原则，统筹平衡人选结构，加强同民主党派、工商联及有关部门的协商，考察提名党外市政协委员24名、区政协委员108名，其中新提名64名。落实《中共西峰区委关于加强新形势下党外代表人士队伍建设的实施意见》，更新西峰区党外科级干部档案，新摸底建立新社会阶层人士数据库。2016年，全区共有党外干部4228人，其中副科以上84人，党外代表人士99人，新社会阶层及新媒体代表人士72人。召开党外干部工作联席会议，向区委推荐党外干部30名，有5名党外干部、2名少数民族干部被组织部提拔。向市委统战部推荐党外干部和党外知识分子，5名党外正科级干部被列入市委统战部党外干部后备干部库，5名党外知识分子加入庆阳市党外知识分子联谊会。邀请党外代表人士参加全区经济分析会、各类重要会议和茶话会，通报全区经济运行及社会发展等情况，征求到基础设施建设、企业人才培养、城市规划等5个方面的意见建议10多条，被区委、区政府采纳并付诸实施。支持民主党派、工商联和无党派人士围绕经济社会发展的重点难点问题开展专题调查研究4次，形成调研报告4篇，向省市区人大、政协提交议案、提案18件。

【民族宗教】落实《庆阳市人民政府关于继续实施“1+9”规划促进少数民族乡村加快发展的意见》，争取省民委少数民族发展资金15万元，实施回民墓地绿化、道路硬化项目，困扰多年的回民墓地界限不清的问题，得到妥善解决。督促后官寨赵咀村百亩樱桃园、登科养牛场扩建、西街办少数民族艺术馆等2015年度“1+9”项目的建设。持续开

开展"民族团结一家亲、惠农政策进社区"活动

展"第十三个民族团结进步宣传月活动",联合民主党 派和有关部门,在南苑百佳超市开展"民族团结一家亲、惠农政策进社区"活动,共发放宣传资料5000余份,义诊600多人次,赠送医疗用品价值6000余元,书写书画作品200余幅,受教育群众4000多人次。开展民族团结进步创建活动,建立村、社区、机关、学校、家庭等民族团结进步示范点166个。配合市民宗局选派7名少数民族青年参加少数民族劳务技能特色培训"出彩工程",赴宁夏银川和山东寿光为期3个月、8天不等的集中学习。"春节""尔德节""圣诞节"前夕,区委、区政府领导对全区30名统战成员、8处统战单位走访慰问,发放慰问金4.2万元。落实《甘肃省清真食品管理条例》和市政府《关于进一步加强清真食品管理工作的意见》,联合区食药监局在春节、尔德节等重大节日前夕,开展全区清真食品市场集中整治活动2次,清查门店58家,发出整改通知书23份,依法取缔6家;在百佳超市、家福乐等11家大型超市设立清真食品专区。不断加强城市民族工作,与卫计、公安等部门建立少数民族流动人口服务管理机制,密切配合,做好服务工作,并及时有效处理民族领域的矛盾纠纷。加强宗教场所建设,推动指导西峰基督教堂、彭原宝塔寺顺利完成换届工作。加强乱建、滥建寺观教堂的监管,依法治理"两乱"(乱建寺庙、乱设宗教点)和基督教私设聚会点问题。联合区公安局国保大队依法取缔当庄小区私设聚会点一处,没收非法出版物48本。全力推进宗教活动场所"七证一户"(房产证、土地证、规划许可证、消防安全合格证、建筑质量验收合格证、宗教场所登记证、信用代码证、银行专户)办理工作,依法批准开放的6个宗教场所,均办理了场所登记证、组织机构代码证,开设银行账户。在全区6个宗教活动场所,开展"宗教政策法规学习月""六进"活动、以"规范"为主题的和谐寺观教堂创建活动,加强宗教教职人员、宗教活动场所和宗教活动规范化管理。在西峰清真寺、西峰天主教堂、西峰基督教堂开展了"同心同行"爱国主义教育宣传活动3次,培训教职人员及信教群众1500多人。在小崆峒佛光寺组织信教群众开展了为期30天的"弘扬民俗文化、促进宗教和谐"佛学禅修交流培训活动,有80多名信教群众参与,社会反响良好。规范宗教活动场所安全管理,12月16日,组织各场所在天主教堂集中开展了消防演练,增强了各场所的防火和安全意识。落实西峰天主教堂用地征拆任务。同住建局、国土局、董志镇共同配合,多次深入一线协调,于9月底在董志镇周岭村落实天主教堂用地征拆、围墙扎设、场地平整、土地交付等工作,并争取落实天主教堂搬迁费97万元、活动经费30万元,彻底解决天主教堂搬迁问题。

【非公有制经济】联合区检察院出台《关于保障和促进非公有制经济健康发展的实施意见》。全年,提供法律咨询24次,查询行贿犯罪信息档案576次。举办以"四信"(信念、信任、信心、信誉)为主要内容的培训会、座谈会2次,培训非公经济人士100多人。协调西峰瑞信村镇银行、庆阳市众信投资担保有限公司为庆阳市鼎贸门业、庆阳市大自然美容美发公司等840户为小微企业发放(委放)贷款1.2亿元。大力引导非公有制经济人士弘扬光彩精神,打造光彩品牌,积极推进"三进"(商会进农村、会员进农户、农民进企业)活动。引导企业积极参与"百企帮百村"精准扶贫行动,区工商联、区扶贫办、区光彩会共同制定了《西峰区"百企帮百村"精准扶贫行动方案》，指导9个商会、19家企业对接帮扶全区7个乡镇21个村组，建成了农业产业化项目4个，带动周边100多个农户实现了就业增收。自2014年精准扶贫行动以来，全区17家企业积极参与，为全区15个精准扶贫村捐款30万元，为贫困村小学捐赠学习用品累计2万元，向全区79个精准扶贫户发放贷款670万元，组织培训3场次20多人，安置就业19人，发放工资53.6万元，累计带动精准扶贫户153个，有力地促进了精准扶贫向纵深开展。着力打造总部经济，西峰商会大厦建设稳步推进。按照"六有四化"标准抓好商会建设，指导组建了西峰区地下商业街商会，吸纳会员30户。完成了对全区10个乡镇(街道)商会的筹建工作，实现了基层商会组织覆盖率达到100%。深入开展"民企陇上行"活动，紧紧抓住"一会一行"的契机，由市委常委、区委章书记带队，赴河南、山东、江西等地开展上门招商活动2次，完成签约项目51个，签约金额605亿元。

【对台事务】协调区委党校、区教体局将对台知识纳入干部轮训培训计划和学校道德教育内容。2次在全区党外干部、党外代表人士培训班和各界人士"迎中秋、话团圆"座谈会上举办对台形势报告会，"民族团结进步宣传月"期间，在街道发放涉台知识宣传单1500多份。全力配合国台办海峡两岸出版交流中心及台湾中天电视台到西峰区拍摄推介宣传庆阳的专题片，向台湾人民宣传展示西峰区悠久的历史、博大精深的民俗文化、源远流长的饮食文化。该专题片已于5月在中国台湾及东南亚20多个国家和地区播放。配合省、市台办3次开展"台湾东部三县村里长代表人士羲皇故里行""台湾公教联合总会祭祀人文始祖伏羲"和"台湾新党主席郁慕明拜祭伏羲"庆阳参访活动，协助市台办组织200多名到访台湾同胞参观了西峰的香包、刺绣等民俗文化产业开发基地；选派1名干部参加了全国对台宣传培训活动；联合区旅游局组织民间8个团队238人开展了"魅力宝岛·台湾行"活动，积极为西台经贸及民众之间交流与合作搭建平台。配合市侨联完成了换届工作，推荐侨联委员3名。

【基层统战】出台中共西峰区委《关于进一步加强新形势下统一战线工作的意见》，成立西峰区统一战线工作领导小组，调整区委、区政府领导联系党外代表人士名单。区委将党外干部和党外代表人士的教育培训纳入全区干部教育培训计划之中。11月份在大学生村官实训基地举办为期5天的党外干部、党外代表人士培训班，培训人员64名，邀请市上领导及党校教授，重点围绕多党合作制度、民族宗教、精准扶贫、十八届六中全会等内容集中专题辅导。开展基层统战工作"五进"活动。新创建基层统战工作示范点8个，指导各乡镇(街道)健全统战工作机构，落实责任领导和工作人员，实现乡镇(街道)统战工作阵地全覆盖，完善目标责任、督促检查、激励奖惩等考核机制，将文化、教育、卫生、农牧、商务、旅游等24个与统战工作密切相关的部门纳入目标管理考核体系。制定下发《全区统战政策理论研究课题计划》和《全区统战调研及信息工作安排意见》，组织各民主党派、党外代表人士开展调研4次，完成调研报告8篇，其中《西峰区探索加强对清真食品市场的监管新模式》和《民主党派发挥民主监督作用中存在的主要问题》分别在《凝聚》和《国企》杂志上发表。全年组织撰写统战工作信息113条，在区级以上主流媒体及区级各大新闻媒体分别发表宣传稿件28篇，有力地宣传和促进了统战工作。

区委统战部领导班子成员名录

部　长　刘建莉(女,10月止)

　　　　张　瀚(10月任)

副部长　王晓莉(女)

副部长、民族宗教事务局局长　曹志龙

台湾工作办公室副主任　田勇鹏

(供稿:齐　娜)

农村工作

【农业农村工作】2016年，组织召开全区农业农村工作会议，安排年度农业农村各项工作，起草下发《2016年全区农业农村工作要点》。结合阶段工作重点，起草印发《关于落实发展新理念加快推进农业现代化实现全面小康目标的意见》《关于分解下达2016年全区农业农村经济计划指标的通知》等文件；针对“三农”工作中存在的瓶颈问题和群众关心的热点、难点问题，组织农口各部门开展调查研究，为区委、区政府建言献策，解决实际问题。开展调研6次，形成《全面加快高效现代农业推进城乡融合发展》《美丽乡村建设工作长效管理机制建设情况》《以城郊创意农业加快推进现代农业发展》等调研报告5篇；为准确掌握全区农业农村各项重点工作进展情况，协调区纪委监察局、督查考核局开展督查。开展各类督查9次，下发《西峰区农村环境综合整治行动督查通报》等各类通报6份；完善加快革命老区脱贫致富协调推进领导小组，建全主要领导亲自挂帅、分管领导具体推进、相关部门整体联动的领导机构，对年度工作统一安排部署。制定出台《西峰区贯彻落实省委省政府、市委市政府关于进一步支持革命老区脱贫致富奔小康的实施方案》，细化明确了7个方面24项重点任务。

【扶贫攻坚】区委常委会专题研究双联工作2次，起草下发《关于进一步推动双联行动精准扶贫与全面小康社会深度融合的实施意见》《西峰区2016年联村联户为民富民行动工作要点》等文件6份；健全完善驻村帮扶工作制度和轮流驻村制度，督促各帮扶单位、驻村帮扶工作队及早对2016年帮扶项目进行衔接立项，协调引导联村单位和联户干部围绕年度重点任务开展帮扶工作。各驻村帮扶工作队共为所驻村争取衔接帮扶项目78项。制定西峰区驻村帮扶、走访群众、接待群

米堡村蔬菜大棚

众、为民服务全程代理、监督管理“五项驻村工作制度”，两次开展驻村干部培训，1月22日，庆阳市委农村工作部考核组考核西峰区“双联”工作情况；精准扶贫项目实施，督促联村单位、驻村工作队加大项目衔接争取力度，抓好基础设施建设、富民产业培育、社会事业发展等项目落实，各级双联单位共对接落实各类项目398个，帮助群众解决急事难事823件，开展劳务培训2700人次，化解矛盾纠纷168件；结合“庆阳双联网”的建立，起草下发《关于加强市委双联网信息及双联工作简报报送工作的通知》，督促各单位推广工作中的亮点典型，收集整理优秀理论文章15篇，民情日记17篇，文艺作品29个，双联故事18个，培育先进典型38个；在配合省、市开展督查大调研时，对各乡镇、联村单位和驻村帮扶工作队开展工作督查3次，下发工作通报2份。2月17日甘肃省联合工作组验收西峰区精准扶贫工作。7月20日至7月21日，庆阳市委双联办督查组督察西峰区双联工作情况。

【美丽乡村建设】启动实施毛寺、齐楼、赵咀、孔塬、鄢旗坳、司官寨6个省、市、区级美丽乡村示范村及岳岭、董志、温泉、五郎铺等10个环境整洁村建设任务，美丽乡村建设完成投资4449万元，四大类50项建设任务完成42个。3月30日至3月31日，迎接宁县联合考察团一行16人到西峰区考察学习“美丽乡村”工作经验。4月10日至4

月17日，组织西峰区小康社会及美丽乡村建设外出考察学习，一行共25人，由区委副书记贾志升带队，地点为浙江省杭州市、湖州市，河南省新乡市、舞钢市，陕西省西安市蓝田县，甘肃省平凉市泾川县，农村工作部副部长郭肇坤、付永宁及副主任武龙3人参加。5月30日至5月31日，庆城县考察团到西峰区考察学习美丽乡村工作经验。12月28日，甘肃省委农办考核组考核西峰区"美丽乡村"和革命老区脱贫致富工作。

【环境卫生整治】按照规划先行的原则，在已编制完成的新农村村庄建设规划、小康示范村发展规划、村庄特色风貌规划的基础上，编制6个美丽乡村示范村的《美丽乡村示范村建设规划》，预计11月初完成初稿。环境整洁村完成投资722万元，占项目计划的86%。截至2016年底，对各示范村农户住宅门前进行杂草、垃圾及"三堆"清理9.8公里，压埋排污管线2450米，完成文化广场绿化2900平方米，新建、改造公厕4处，安装垃圾箱230个，新建垃圾回收点6处，安装太阳能路灯75盏，栽植风景树4900多株；召开西峰区农村环境综合整治工作会议，制定农村环境综合整治工作安排意见，通过全面安排部署，以治理农村"十乱"现象为重点内容，推行领导包片、队员包段的网格化管理机制，各乡镇制定下发《农村环境综合整治工作实施方案》，各村组也制定相应的实施方案和工作细则，实行"划段包干制"，组建清洁小组，累计完成公路沿线杂草清理253.7公里，垃圾清运3500吨，树畦树行整修105.8公里，垃圾坑点治理378处，门前三堆清理819处，农宅涂白美化141户，完成庆西路沿线两侧草坪种植12.7万平方米。各乡镇配齐配强了管理人员和保洁工作人员。按照"分片到人、责任到位"的原则，对乡镇政府所在地、小城镇、中心村、农村集中居住区等片区进行划分，雇佣专业保洁公司人员，每周定期安排专人负责打扫。

区农村工作部领导班子成员名录

部　长　安高奎

副部长　郭肇坤　付永宁

（供稿：孙于茜）

机构编制管理

【机构编制管理】向市编办申请新设立机构2个、撤销机构2个，保障卫生、教育等重点行业需求，核增编制35名，核减编制36名，调剂编制66名，修订区水利建设管理站等5个事业单位的"三定"规定，司法、审计、环保等领域体制改革根据省市安排正在逐步推进。

【行政审批制度改革】承接市级下放审批事项3项，公布取消审批事项42项。现保留行政许可项目136项、政府内部管理事项31项、备案事项71项。根据中央、省、市统一部署，对区政府各部门及其所属事业单位、区属企业、驻峰有关单位实施的公共服务事项全面清理，梳理汇总区级公共服务事项92项。按照省、市部署，我区下发通知，各部门对本行业中介服务事项进行集中梳理，审核汇总后，区政府印发《关于公布区政府部门行政审批中介服务事项（第一批）的通知》，对部门中介服务事项进行公布和规范，有效解决行政审批中介服务环节多、收费乱、垄断性强以及"红顶中介"等突出问题，着力优化企业和群众办事创业环境。制定《西峰区推广随机抽查规范事中事后监管实施方案》，印发了《庆阳市西峰区双随机一公开实施细则》，探索行政审批随机抽查制度，进一步强化行政监管、市场主体自律和社会监督，全面提升监管效能。由区编办牵头，相关部门配合，年内对区直涉及行政审批制度改革事项的单位和乡镇落实行政审批制度改革工作进行专项督查，通过督查发现有19个部门（单位）落实国务院关于调整取消、下放行政审批事项不力，下发整改通知限期整改，有效解决部门违规操作和工作不作为等问题。

【事业单位登记管理】新登记（备案）事业法

人10个，变更44个单位59项登记事项，注销事业单位法人2个，废止事业法人证书23个，开展年度报告公示工作单位258家；对不完全具备事业法人资格的93家教学点的法人证书暂予收缴；颁发标注统一社会信用代码事业单位法人证书143套。继续实行双联函制度，共审核刻制和颁发印章88枚，启用机关事业单位印章9枚，收缴封存印章48枚。为机关群团颁发统一社会信用代码证书20本。

【电子政务中心】重点办好西峰机构编制网，2016年底，注册党政机关、事业单位300家，注册域名304个。同时，对已注册的中文域名进行清理规范，审核认证挂标，自建网站认证挂标14个，“网络红页”审核挂标286个。

【扶贫攻坚】春节期间，组织干部职工深入孔塬村积极开展春节慰问活动，为贫困户送大米、棉衣等生活必需品，春播时节为帮扶户送化肥、种子等农需物资。完成涝坝工程、牌坊项目建设、新建成水塔1座等项目建设，孔塬村被评选为“市级美丽示范村”。2016年3月，孔塬村代表西峰区顺利通过省上的脱贫考核和验收。

区机构编制委员会领导班子成员名录

主　任　赵昌鹏

副主任、事业登记局局长　沈　焯

副主任　卢　凡(女,9月任)

(供稿:郭新源)

区直机关党建

西峰区直机关工委共辖30个党(总)支部，其中，党委1个，党总支10个，党支部51个(总支下属支部31个，直属党支部20个)，共有党员1013名。

【党建工作】班子建设。按照《中国共产党章程》和《中国共产党基层组织工作条例》的要求，及时补充健全党组织班子。2016年共改选、增补党总

西峰区地税局开展党员志愿者服务活动

支、支部成员27人，转正党员19名，接收发展党员22名。队伍建设。4月，工委举办“党建助推扶贫，推动科学发展”党支部书记专题培训班，培训采取短期集中培训。开展以学习习近平总书记关于扶贫开发系列重要讲话精神、金融扶贫、当前扶贫工作需关注的三个问题，以及村务公开、提升执行力等方面培训，培训党支部书记80名。为各党支部配发了党章、条例、准则和《习近平系列讲话精神》等学习读本共计300余本。6月，举办入党积极分子培训班，培训入党积极分子45名。交纳党费。区直机关已开展党费收缴工作的支部26个，正在开展党支部4个，补交党费103770元。全年上交党费439802.2元。机关党组织建设。完成区城管局、地税局、质监局3个党(总)支部标准化活动室的创建配备工作。区直机关全体党员桌前摆放“我是共产党员”工作牌，便于群众监督，城管局党总支建成了文化长廊；检察院党总支在党员干警中组织开展“先锋引领”“模范带头”“党员示范岗”等党性锤炼活动，各科室立起了标杆，激发干警比、学、赶、超，争先进位的劲头。

【党风廉政建设】4月，开展“廉政从小事做起”征文活动，收集征文26篇。开展向柴生芳、张树俭、黄继龙学习活动。为区直机关各党(总)支部购买《追梦书·楷模生芳》书籍100本。

【文化活动】区委组织部、区直机关工委于“七一”前在全区开展“知党章、学讲话、做表率暨庆祝

建党95周年”知识竞赛以及“颂党恩、展风采、励斗志，庆祝建党95周年”主题演讲比赛。全区24支代表队、23位选手参加比赛。7月，开展“双优一先”表彰活动，表彰先进基层党组织5个，表彰优秀共产党员12名，优秀党务工作者6名。下发最新理论方针政策书籍，组织观看廉政影片等，利用节庆、假日，组织党员干部参加“机关工委杯”篮球赛，“机关工委杯” 羽毛球赛，与体育局共同举办“陇东冰雪健身基地杯” 迎新年全民健步行活动。机关工委在区直机关党员干部中开展 “继承南梁精神，发挥党员先锋引领作用”征文活动，共上交征文52篇，获奖征文10篇。

【扶贫攻坚】深入米王村50次多方面征求意见，开展“大走访、回头看”活动，协助建立村级问题台账，落实销号管理制度，采取召开座谈会、入户宣讲，调查问卷等形式，发放惠民政策宣传单1000份，“1236”扶贫攻坚意见暨“1+20”精准扶贫政策宣传资料册10本，民情连心卡80张，征集结构调整、产业发展、基础建设、社会事业等10个方面的意见建议80多条，全面掌握了全村及各农户基本情况。全年宣讲政策3场次，化解矛盾纠纷8件，送教下乡活动4次。帮助周庄建成占地0.33公顷的供水厂1处，解决米王村及周边村的饮水问题；新建米王村幼儿园一处；为米王小学铺设了水泥操场；帮助兴旺养鸡场维修扩大生产车间100多平方米；为村上修建水泥路3公里、柏油路2.5公里。

区直机关工委领导班子成员名录

书　记　高小荣

副书记　李海锋

（供稿：刘　璐）

老干部工作

【老干部政治待遇】春节期间，老干部工作局对西峰区29名离休干部、115名县级退休干部和70名离休干部遗属逐户走访慰问，发放慰问金及慰问品15万元；6月28日，组织全区20名县级退休干部赴南梁开展以“重温入党誓词，坚定理想信念”为主题的实践活动。组织老干部考察学习。9月下旬组织20多名退休县级老干部赴湖南韶山等地开展“重温党的历史，传承红色文化，坚定理想信念，弘扬革命传统”主题教育实践活动。举办纪念红军长征胜利80周年活动。10月30日举办“缅怀革命先烈，弘扬长征精神”全区离退休干部纪念红军长征胜利80周年书画展。征集作品100余幅，经专业评委认真评选，精选90幅作品参加展出（书法作品57幅、美术作品24幅）。建成西峰区老干部工作网。根据甘肃省委老干部局《全省老干部工作网络信息化建设发展规划》要求，新建西峰区老干部工作网、开通西峰区委老干部工作局微信公众号、建立老干部之家微信群。建成老干部活动中心，在东湖公园听涛阁建成西峰区老干部活动中心，活动中心占地约300平方米，设有会议室、阅览室、棋牌室、书画活动室等供广大离退休干部日常活动使用。

【老干部生活待遇】按照中央、省、市文件精神，及时调整离休干部无固定收入遗属生活困难补助费标准和企事业单位离休干部病故一次性抚恤金，平衡企事业单位和机关单位离休干部待遇水平。妥善解决离休干部医药费报销周期问题。鉴于多名老干部反映离休干部医药费报销周期过长，给个人生活带来诸多不便的问题，积极主动与医保中心协调联系，将离休干部医药费报销周期从原来的每年报销一次调整为每半年报销一次，妥善解决离休干部实际困难。

【关心下一代工作】西峰区关工委联合教育局，在温泉初中、董志初学、黄官寨实验学校举办“两史三情”主题教育宣讲活动，参与学生1000多人。在向阳小学举办“凝聚弘扬爱国情、童心共筑中国梦‘两史三情’”主题教育中小学生演讲比赛，来自各乡镇学区和城区小学的16名学生。7月30日，西峰区关工委在庆阳市心怡咨询调解服务中心举行"青少年关爱教育示范基地"揭牌仪式,成立西峰区青少年关爱教育示范基地,并提供帮扶工作经费1万元。该中心现有成员60多人(其中退休"五老"、老教师22人),服务领域涉及青少年心理咨询、司法协调、医疗卫生、健康教育、扶贫帮困等多个方面。关爱贫困青少年健康成长。为庆祝第67个"六一"国际儿童节,进一步强化精准扶贫行动关爱帮扶成效,5月26日,西峰区关工委联合区教体局在黄官寨实验学校举行了"庆六一,捐书助学献爱心"活动仪式暨"两史三情"主题教育宣讲报告会,西峰区关工委向100名贫困学生每人发放助学金200元、图书1套。同时,帮扶救助家庭特殊困难贫困大学生2名,救助金额5000元。

区老干部工作局领导班子成员名录

局　长　赵建荣

副局长　贺　新

关心下一代工作委员会办公室副主任　齐云博

（供稿:蔡　薇）

党史研究

【党史研究】编写出版《西峰区党的群众路线教育实践活动资料汇编》一书,该书从领导讲话、文件汇编、组织领导、活动开展、整改落实、活动创新、成果展示、党员风采八个方面全面系统地反映了这一活动从组织动员、发起发展、走向深入、整改收尾的全部过程。为《西峰改革开放实录》编写《西峰区基础教育改革探索之路》和《西峰区烤烟产业发展纪实》两个专题资料。撰写《西峰党史知识100问》一书,联合教体局举行上门赠书活动,共向全区中小学生发放书籍2万多本。

【党史资料征集】印发《关于公开征集抢救党史资料和文物的通告》,利用《陇东报》《今日西峰》《庆阳电视台》和《印象庆阳》《庆阳通》等新闻媒体多渠道、多形式向社会公开征集抢救党史资料。征集文字资料200余本,实物资料20余件。

【党史宣传教育】深入区直部门,利用"党员学习日"举办地方党史宣讲活动七场(次),重点向全区中小学校师生宣讲《西峰党史知识100问》,向全区干部职工宣讲党史正本一卷、二卷及地方党史知识,受教育党员干部达千人(次)。

区委党史办领导班子成员名录

主　任　李　旭(9月止)

　　　　杨　辉(9月任)

副主任　秦彦泉

（供稿:张　苗）

党　校

【干部培训】2016年举办全区宣传思想干部培训班、全区教育系统党务干部及入党积极分子培训班、全区新提副科级干部培训班、全区入党积极分子培训班、全区纪检干部培训班、全区非公企业入党积极分子培训班、全区文秘干部培训班、全区信访干部培训班、全区团干部培训班、全区安监干部培训班、全区工商干部培训班等共13期,培训党员干部1300多人。采取"请进来、走出去"的办法,邀请庆阳市委党校教授吴登高、刘连芝,讲师徐振伟等为培训班学员做了题为"当代中国的多党合作制度""社会主义核心价值观""基层党建"等专题讲座。

【宣讲辅导】组建流动党校深入乡镇、街办、区直各部门开展宣讲辅导暨送教下乡活动3次62场次,直接受训人数达6900多人次。5月中旬,为进一步宣传习近平系列讲话精神,推动全区"两学一做"学习教育取得实效,组织5名教员赴各乡镇街办、区直部门开展宣讲辅导21场次,培训干部群众2100多人。8月上旬,为深入学习宣传习近平总书记"七一"讲话精神,抽调政治素质强、理论政策水平高的教师赴区直各部门、10个乡镇街办、村

十八届六中全会精神宣讲

组社区进行专题宣讲辅导21场次，受训2300多人次。11月下旬，结合冬季送教下乡活动，组建了由4名区委党校专职教师组成的宣讲组，赴各乡镇、街办、区直各部门宣传十八届六中全会精神及市区党代会精神21场次，受训2500多人次，统一了全区各级干部群的思想，增强了全区干部群众脱贫致富的信心和决心。

【理论研究】全年共发表理论文章8篇，其中，王晓璟老师的《促进西峰城区失地农民和流动人口的社会融合》，范瑞娟老师的《家风正则政风清民风淳》，万月红老师的《开启全面从严治党新征程》《迈好脱贫新步伐，走出循环经济新路子》，许红花老师的《不忘初心，做优秀共产党员》，缪文静老师的《注重学习教育加强党性修养》，李建新老师的《浅谈增强基层党校教学内容针对性的对策》等7篇文章在《陇东报》上发表，郑斌老师的《民主党派发挥民主监督作用中存在的问题》一文发表在《国企》杂志2016年第12期上。6月，举办“立足岗位、争创先锋”主题征文活动，共计征文63篇，20篇优秀论文获奖。征文覆盖了全区10个乡镇街办及区直各部门，有效促进了理论与实践的结合。

【作风建设】2016年，召开研究班子会议15次，形成了一级抓一级，层层抓落实的工作新格局。严格落实党总支每周两次的集中学习制、干部职工每周二下午集中政治学习制、个人学习笔记月调阅制、学习心得体会交流制。建立上下班签到簿制度，区委党校离岗告示登记簿、机关作风整顿个人承诺书、机关作风整顿个人对照检查表等。召开了区委党校党员民主生活会。设立了党务政务公开栏，坚持党务政务公开，对评优选先、职称评定和干部推荐等程序都实行透明化，公开接受职工群众的监督，增强办事透明度。12月3日，甘肃省委党校常务副校长范鹏来西峰区委党校作基层党校工作调研。12月29日，中共西峰区委出台《关于加强和改进新形势下党校工作的意见》。

【自身建设】依托“两学一做”学习教育、干部作风大整顿和“一学五抓”学习实践活动，组织职工坚持每周一到二次的集中学习，制定了学习计划安排表，建立了单位、个人学习笔记，确定了理论辅导员。先后组织教员学习了国家、省、市、区重要文件精神，领导讲话，重点学习讨论了中共十八届四中、五中、六中全会精神和习近平系列重要讲话精神、市区党代会精神，同时针对教学实际，组织开展了党章、党史、社会主义核心价值观、“两学一做”、习近平总书记“七一”讲话精神、中共十八届六中全会等专题调研和宣讲辅导。全体教职工人均撰写学习笔记3万余字，撰写廉政论文4篇，心得体会5篇。组织4名教员参加了人民大学的专题教育培训，1名教员参加省委党校为期30天的教育培训，1名教员参加了中央党校的培训。组织教师通过开展“听课、说课、评课”等活动，加强教学人员之间的交流互动，丰富了教员的知识，提高了教员的政策理论水平和实际教学能力。

【扶贫攻坚】干部职工40多次自带慰问品深入联系点对接，在详细了解村情民情基础上，协调米王村明确发展思路，制定发展规划。利用党校优势加强思想帮扶和政策宣传，开展送教下乡活动2次，为米王村“联村联户”、精准扶贫工作开展营造了氛围。帮助联系户改变单一的生产生活结构，着力发展养殖业，适度推进大棚技术和果树栽培。春节前对农村党员进行了冬训和慰问；春耕时节筹资

10000 元为 36 户“双联”户购买化肥 72 袋，并积极协调交通财政等部门水泥硬化村间道路 3.2 公里，柏油罩面道路 1.8 公里，密切了党群、干群关系。

区委党校领导班子成员名录

校　长　贾志升(兼)

常务副校长　李　勇

书　记　帅玉洁(女)

副校长　王慧荣(女)

（供稿：许红花）

信 访

【信访案件】2016 年受理各类来信来访 328 件次(其中：来信 176 件，来访 152 件；来访中，集体访 29 批 518 人次，个体访 123 批 305 人次)，办结 296 件。

【信访办理】2016 年与 37 个责任单位签订信访目标管理责任书的基础上，修订完善 2016 年信访工作考评办法，调整“领导重视信访工作”的权重比例。年内，区信访联席会议办公室依据《西峰区信访工作责任追究办法》。

【领导接访】每月与市上同步开展“区委书记、区长信访接待日”活动，邀请泰丰律师事务所律师参与接待，现场解答信访人提出的有关涉法涉诉问题。同步开展法院院长、检察院检察长、公安局局长“三长”大接访活动。各乡镇、街办也开展“党政一把手”大接访和带案下访活动，每个工作日保证一名科级干部坐班接访，做到有访必接，随来随接，敞开了群众信访渠道。2016 年，开展“区委书记、区长信访接待日”活动 10 场次，受理信访案件 76 件，办结 69 件。结合“双联”和精准扶贫活动，组织信访局全体干部组成 2 个调研小组，到全区 5 个乡 2 个镇 3 个街办 50 个村组(社区)，召开座谈会 9 场(次)，对接回访信访人 30 多人(次)，专题调研报告 6 篇。

【积案化解】采取领导办案、集体会商、调解仲裁、救助救济等措施，运用法律、政策、经济、行政等手段，整体推进，合力破解。一是包案督办，集中攻坚。经区委常委会议研究，对上级交办和区上梳理出的任世明等 55 件疑难信访案件，交由 31 个责任单位，确定 120 余名领导干部包案限期化解，办结 50 件。对重大突发信访案件，全部由区上县级领导牵头成立工作组，采取逐案会商、联合办案、一案一策的办法，全力推动案结事。二是真督实查，推动落实。区上采取集中督查和个案督查相结合的方式。年内，区上分管领导 4 次带领由综治、维稳、信访、公、检、法，司等部门工作人员组成的专项督查组，对问题突出的单位点名通报，提出整改要求。对省信访局交办的韩小平、范志红等 8 件积案，采取“一案一督”的办法，实地督查督办，8 件积案办结。

【信访联动】根据省信访联席会议下发的《关于进一步加强进京非正常上访人员劝返工作的通知》文件要求，区公安机关按照公安干警和上访人员数量 2:1 的比例，配备警力参与进京非正常上访人员的接领劝返。同时，加大对无理缠访闹访人员的处置力度。对无合理诉求又长期缠访闹访者，依法办理。

【网上信访】“阳光信访”信息系统建。2015 年，西峰区信访信息系统已与所有信访工作责任单位互联互通。2016 年，按照“来访必登、来信必录”的工作原则，把通过来信、来访、网上投诉等渠道受理的 190 件信访事项全部登记录入到信访信息系统中，做到应录尽录。并且，在办理区级网上交办案件的同时，乡镇、街办，区直部门受理的 31 件信访案件也全部在网上流转，实现网上流转顺畅，网下办理及时。

【资金管理】西峰区结合信访工作实际，对长期积累、久拖未决、难以划分责任主体的特殊疑难信访问题，特别是对事关民生的“无头案、钉子案、骨头案”等特殊疑难信访个案，按照“少用慎用”“限额发放”“单次救助”的原则，认真落实“四个签字、一个承诺”制度，严格管理审批，确保资金使用合理规范。2016年，中央、省、市下拨资金已全部使用到位，材料齐备，建立专门台账。

【业务建设】2016年，各乡镇、街办和区直各部门配备专职信访干部。派出11名干部分赴兰州、中国人民大学学习。8月下旬，举办为期3天的全区信访干部业务培训班，邀请省信访局信息中心、市信访局、区农经局、区法制办等部门负责人，围绕信访信息系统、农村土地承包经营、行政复议、信访工作程序等内容专题培训，对西街办事处信访业务实地观摩。开展“两学一做”和红色主题教育活动，赴革命圣地缅怀先烈。同时，散发宣传资料、走访宣讲、以会代训等多种形式，开展信访法规政策宣传。为区委、区政府和上级业务主管部门报送动态类、预警类、建议类民情信息35条，编发《西峰区信访手册》1万册，翻印《信访条例》3000多册，制作发放依法逐级走访宣传纸杯1万个。

区信访局领导班子成员名录

局　长　毛振平

党支部书记　李　伟

副局长、信访二室主任　刘银珠

督察专员　刘小凤

信访一室副主任　包治宗

信访二室副主任　刘小刚

副科级督察专员　彭娅婷

（供稿：何麟飞）

督查考核

【督查调研】对省上“3341”项目、市上“三个一”包抓项目、区上重点项目及全区“两违监管”、农业生产、城乡环境卫生整治、安全生产、大气污染环境整治等中心工作、领导讲话及会议精神贯彻落实情况开展督查100多次，全区实施的36个重点项目（其中，市列“三个一”包抓重点项目13个、区级重点项目10个、其他项目13个）及全区重点工作顺利推进。按照市区人大、政协要求，办理市区人大建议、政协提案100件，协调组织人大代表、政协委员进行现场督办。采取电话催办、现场督促检查等方式全力催办省市区31件实事完成目标任务。会同纪委、组织部、农村工作部、扶贫办等部门先后督查精准扶贫及双联行动“大走访、回头看”工作2次，会同相关部门对全区868户精准扶贫建档立卡贫困户进行了退出验收，形成书面督查汇报2期。落实督查情况汇报、专报制度，编写区级《督查通报》8期，区级《督查专报》30期，向省市督查考核室（局）报送《督查专报》10期；组织干部撰写《西峰区创新城市社区服务管理机制的调研报告》《董志镇周岭村小康建设调研报告》等调研文章5篇。

【绩效考评】通过自下而上和自上而下多次修订完善，确定87个单位2016年目标管理工作任务，分解下达市对区目标管理工作任务，制定出台2016年单项工作、综合目标管理、项目用地征拆工作等考核文件，编印《西峰区2016年重点工作资料汇编》。组织开展“一学五抓”暨2016年全区重点工作、重大项目督查观摩活动。组织20多个部门对乡镇（街道）单项工作任务完成情况进行全面考核，并对全区87个单位进行了“三位一体”综合考核。

【深化改革】制定《全面推进依法治区建设法制西峰的实施意见》《深入推进依法行政加快法治政府建设规划》等制度，成立西峰区人民政府法律专家咨询委员会委员，聘任了6名政府法律专家；全面推开“营改增”试点，在完成邮电、通讯、交通运输、部分现代服务业等行业“营改增”试点纳税人9300多户；全力深化“全面改薄”工程，着力推动全区教育事业均衡、科学发展；制定《关于简化户籍业务办理相关手续的方案》，严格落实一元化户籍政策，切实推动农民市民化工作进程。坚持问题导向，抓好自主改革创新。在城区全面推行了东湖社区“1551”(1套三维数字管理系统、5项物业管理制度、5项党员管理制度、1个智慧养老服务平台)管理服务新模式，实现了居民服务“零距离、零盲区、零延误”。失地农民安置采取村组自建、商家代建、零星安置、过渡安置四种模式，投资24.73亿元，建成安置项目37个、安置房5841套，安置农民4797户。充分发挥妇联、工会、交通等群团单位桥梁作用，组建交通运输平安志愿者队伍、心怡咨询调解服务中心等社会组织，引导群众就近解决矛盾纠纷，力求将问题化解在萌芽状态。

【扶贫攻坚】落实各项帮扶措施，制定村、组、户年度帮扶工作计划，落实驻村工作制度。在村组帮扶上，争取新修砂石道路2条5公里；协助村组新建居民安置点5处370户；协调市、区加快周岭村家饰装饰市场建设；开展种植、养殖、外出务工法律知识等培训2场(次)，受益群众达100多人(次)。通过帮扶，使12户帮联户家庭年人均纯收入由4500元增长到5300元以上。同时，扎实开展“大走访、回头看”活动，全局10名干部职工走访群众249户，对梳理出19户问题与镇村衔接，实行挂号解决。

区督查考核局领导班子成员名录

局　长　张　楠

副局长　祁龙瑞　邵海南

正科级督查专员　宋淑琴(女，6月任)

副科级督查员　胡小红(女)

改革办专职副主任　马建春

(供稿：文丽娜)

干部培训

【办公设施】利用闲置的温泉镇米堡小学旧校舍改造扩建而成的全省唯一一处集大学生村官、农村党员干部及新农村建设人才培训于一体的综合培训场所。实训基地占地2.73公顷，分村级活动场所、学员活动区、学员培训区、学员住宿区、学员餐饮区、拓展训练区6个功能区。

【培训工作】2006年，实训基地先后举办各类主体班次14期，培训学员700余人，其中举办全区农村党员干部培训班4期、区直各部门培训班6期、市级大学生村官培训班2期、市级党务干部培训班1期、省级大学生村官培训班1期。

【创新工作】对课程内容设置，采用“2+X”的课程编排模式，把习总书记系列重要讲话精神和“两学一做”相关内容列为必修课，根据不同培训对象，编排不同的课程。在全省建档立卡贫困村大学生村官示范培训班和全市2016年选聘大学生村官岗前培训班的课程设置，针对大学生村官的特点，重点突出理想信念教育、爱国教育、团队合作精神以及农村工作方法和经验的传授。组织工作人员赴陕西杨凌进行了考察，与陕西杨凌党校建立合作关系，在全区村党组织书记助力精准扶贫奔小康培训班中，采用本地培训与异地培训相结合的方式，组织全区100个村的村党组织书记赴陕西杨凌党校学习。为突出观摩点的示范引领作用，使筛选的观摩点更具代表性，赴陕西杨凌和周边市州多点对比学习考察，确定西安市户县东韩村、陕西杨凌霖科农庄、杨凌中来种植专业合作社、杨陵区五泉镇斜上村、大寨街道办梁氏窑村等观摩示

西峰区村党组织书记赴陕西杨凌合作社参观学习

范点。选取西峰区温泉看守所作为党员干部警示教育基地。

【管理服务】在设施管理中，对实训基地院内的大型户外健身器械进行了安全性维护，对机关院内所有花卉苗木进行了补植修剪，在基地院内安装太阳能院坪灯18盏；对地下排水系统安排相关专业人员进行了全面检修和疏通；对学员公寓进行重新刮白、粉刷，对老化电线、水管进行了维修更换，对屋顶进行修葺和防水处理；在多媒体教室安装屏蔽仪，保证了课堂教学的正常运行。在教学管理中，做到教学目的明确、培训对象明确、课程设置明确、课时安排明确、保障内容明确和教师通知到位、资料发放到位、课表分送到位、设备检修到位、教学服务到位等"五个明确、五个到位"的要求。在培训期间实行工作人员跟班听课制度，在每期培训班中，安排一名工作人员跟班，随时解决授课过程中出现的各种问题，确保课堂教学秩序良好；邀请温泉食品监督工作人员不定期对学员餐厅食物安全隐患进行排查，确保学员吃得放心；学员就餐时实行定桌定餐制度，既确保了用餐秩序，又避免了浪费；同时为学员医疗室增加了常用药品种类和数量，确保培训期间学员身体健康。在学员管理中，通过在车站设立学员接站点，确定专人负责学员接送，确保了学员按时、安全报到；通过在培训期间组建班委会，由班委会成员配合基地工作人员做好培训期间的各项工作，方便了学员管理；针对个别少数民族学员饮食习惯不同的问题，根据学员意愿，采取伙食补助或安排专人将学员接送到城区民族餐厅用餐的方式，每位学员培训期间都能吃得舒心；聘请温泉镇卫生院专业医护人员在培训期间随时为学员提供健康咨询和医疗服务；根据学员的个性特点和生活习惯搭配安排学员住宿。每节课点名，对需请假的学员履行请销假制度。

【党风廉政建设】制订全年学习计划，从时间、内容、方式等方面都做了明确要求，围绕学习形式的多样性，采取集中学习与自我学习相结合的方式，每周组织召开一次集体学习会议，坚持理论联系实际，组织党员干部有目的有计划的学习中共十八届四中、五中、六中全会精神和习近平总书记系列讲话及党员干部廉洁自律等方面理论知识，组织干部收看党风廉政建设电教片，组织召开职工座谈会和民主生活会，围绕解决突出问题、提升干部素质、提高业务能力等方面内容进行座谈交流。年内组织集体学习40次，收看电教片6部，召开职工座谈会3次，民主生活会1次，每周至少组织1次党员学习会议，发展新党员1名。

【扶贫攻坚】深入农户，摸底调查，了解贫困户最新情况，帮助贫困户理清发展思路，制定修改帮扶计划，找路子、定项目、送技术、帮资金，从各方面强化帮扶措施，助力其脱贫致富奔小康，驻村入户60余次。组织举办两期全区村党组织书记助力精准扶贫奔小康示范培训班，带领全区100名村党组织书记赴陕西杨凌党校参加培训学习，邀请省内外相关领导，优秀乡镇党委书记和优秀村党组织书记等为学员授课，培训学习。为双联户争取协调医疗补助资金6000元。

区大学生村官基地领导班子成员名录

主　任　胡凯文
副主任　杨　虎

（供稿：魏转平）

中国共产党西峰区纪律检查委员会

纪律检查

【党风廉政】由区委书记亲自动员部署，年初、年终专题召开全区廉政工作会议，做到周密部署、经常过问，推动各项工作高效落实。区委与68个部门单位签订《党风廉政建设和反腐败工作目标管理责任书》，与11个区委常委签订了《"一岗双责"责任书》，与区人大、政府、政协、法院、检察院五

西峰区第四届纪律检查委员会第二次全体会议

大党组签订《主体责任书》，同时区纪委与65个纪检组织签订《纪检监察工作目标管理责任书》，分2次组织19名乡镇、部门一把手进行了述纪述廉述作风，真正明确了各级党组织的主体责任，一把手的第一责任人责任、班子成员的"一岗双责"和纪检监察组织的监督责任。由区委书记对区委班子成员、部门主要负责人进行工作约谈；对重要岗位（包括公检法等单位）、服务窗口单位一把手进行提醒约谈；对群众有反应的领导干部、换届进行调整的人员进行告诫约谈，共计约谈118人次。纪委书记与10个乡镇（街道）、49个部门（单位）主要负责人，65个纪检监察组织负责人进行了压力传导约谈，共开展约谈142人次。纪委班子成员对新提拔和转任重要岗位的104名领导干部进行了任前廉政谈话，对新提拔的55名科级干部进行了任前廉政知识考试。全区各级党委、纪检监察组织切实履行管党治党政治责任，把责任追究作为推进党风廉政建设的"最后一道防线"，坚持督查与追究并进，落实"一案双查"制度，2016年已问责党政领导干部4起9人，倒逼追责落实两个责任不力的党员领导干部142起52人，其中落实主体责任不力的43人，落实监督责任不力的9人。

【八项规定】准确把握"四种形态"，加强对党员干部的日常监督管理，全年共函询4起，问题约谈55人，诫勉谈话44人，实现了抓早抓小经常化、制度化。2016年，全区外出考察学习备案4107人次，公务接待备案56530人次，婚丧喜庆事宜备案168人次，项目工程备案16次。同时，严格把好换届涉及人选的廉政关，对提名人选的廉政情况进行严格审核，防止干部"带病提拔"。紧盯元旦、春节、中秋、国庆等时间节点，全区各级纪检监察组织开展明察暗访42次，查处纪律作风问题155起203人，其中违反中央八项规定精神典型问题8起12人，查处发生在群众身边的不正之风和腐败问题16起34人，向全社会释放了"越往后执纪越严、处理越重"的强烈信号。

【宣传教育】结合学习十八届六中全会精神和市区党代会精神，区委中心组专题学习《中国共产党章程》《中国共产党廉洁自律准则》《中国共产党纪律处分条例》《中国共产党党内监督条例》和《关于新形势下党内政治生活的若干准则》，在全区纪检监察系统内组织开展了"两学一做"和"一学五抓"学习教育活动，邀请专家解读其精神内涵，在全区开展了知识竞赛、演讲比赛和测试活动，促使党员干部进一步尊崇党纪党规。同时，对"学思践悟"系列文章及时跟进学习，认真研判，用最新理论成果武装头脑，推动工作实践。利用手机信息平台，在每周一和重要节点，向全区所有副科级及以上干部，行政事业单位财务报账人员和100个行政村支书、村主任共1147名发送廉政提醒短信，今年累计发送6万余条。在换届期间印制下发作风纪律提醒卡1000余份，较好地发挥了廉政短信的"拉袖子""敲警钟"的警示作用。

【纪律审查】一是严查信访举报。全力畅通信访举报渠道，完善线索处置方式和标准，使其与监督执纪"四种形态"相适应，加强线索处置全过程监督，线索处置质量不断提高。全年共接待来访来电1663人次，受理各类信访举报184件（含重访件43件），其中上级转办125件（中纪委监察部转发9件，省纪委监察厅转办29件，市纪委转办87件），本级受理59件；属检举控告类172件，业务范围外的12件，无申诉、建议类。二是持续加大纪律审查工作力度。加强线索排查处置，把握执纪尺度标准，在监督对象上从盯住少数向监督全体党员和各级党组织转变，在监督内容上从盯违法向盯违纪转变，在监督手段上向问责、纪律处分和组织处理等多种措施结合转变。一方面积极配合市纪委，参与全市异地抽调办案工作；另一方面统筹调配全区纪律审查工作力量，采取全员办案方式，破解纪律审查难题。全区全年共初核案件105起，立案50起，结案50起，给予党政纪处分58人。三是严肃开展巡察工作。按照《西峰区党风廉政建设巡察工作实施意见（试行）》（区委发〔2016〕47号）文件精神，全区全年共开展两次专项巡察。3月，对城区8所学校，农村8所初中、96所小学、13所幼儿园的校务财务、教育收费、教辅资料征订情况进行了全面检查，共清理出问题线索七大类，发现违规发放津补贴1起，处理问责学校领导1人。9月，结合"两查两保"专项整治，对扶贫领域进行专项巡察，及时清理了2013年以来的惠农政策和扶贫类建设项目，共初查问题问题线索75个，进一步核实7起，问责乡村组干部39人，其中组织处理37人，撤职2人。四是认真查处公职人员经商办企业行为。对市纪委移交的232条公职人员涉嫌违规经商办企业问题线索，通过各单位自查、企业调查、相关部门重点核查，对核实的132条107人，给予党政纪处分13人，组织处理70人（其中诫勉谈话30人，告诫约谈38人，通报批评2人），免于处理24人。追究主体责任22人，监督责任9人。

【三转工作】一是注重干部的经常性教育、管理和监督。组织乡镇部门纪检监察干部轮训、以会代训、以案代训、协作办案，努力提高纪检监察干部业务能力和综合素质。选派5名纪检监察干部参加了中纪委举办的专题培训班；组织全区110名纪检监察干部，邀请9名专家、教授围绕从严治党、纪律审查、案件审理等内容，在区委党校进行了为期一周的专业培训；先后6次组织全体纪检监察干部参加了全省纪检监察干部讲坛视频会议。加大纪检监察干部交流力度，2016年新补充纪检监察干部6名，提拔交流到重要岗位任职6名。加强纪检监察干部日常管理，进一步完善内部监督制约机制，严防"灯下黑"。区纪委对65名纪检组织负责人进行集体约谈2次，并对5名纪检组长因履职不到位进行了提醒约谈和告诫约谈。二是深化纪检监察体制改革。按照中央省市关于纪检监察机构改革精神，把工作力量向监督检查和纪律审查倾斜。对现有机构进行调整优化，撤销了宣教室、执法和效能监督室，增设了第三、第四纪检监察室，目前正在调整落实工作人员。三是顺利完成纪委换届工作。选出新一届区纪委委员17名，其中新当选11名，选出区纪委常委6名，其中新当选2名，继续留任4名。同时，按照乡镇换届流程，成立工作组指导各乡镇纪委顺利完成换届，7个乡镇纪委书记中，新当选4名，继续留任3名。四是继续推进工作方式的转变。在统筹工作力量方面，实行统一调配、整合使用派驻部门纪检监察干部。在协作办案方面，建立了查办案件联席会议、领导包案、全员办案、一案三查、乡案区审等工作制度，制定出台了《关于切实加强纪检监察案件查办工作的意见》，全面推行了案件线索和办案情况零报告制度。

区纪律检查委员会领导班子成员名录

书　记　张　恢（11月止）
　　　　刘建莉（11月任）
副书记　赵升俊　郑俊伟

区监察局领导班子成员名录

局　长　赵升俊
副局长　郭永会（女）　房延庆

（供稿：李　瑾）

西峰区人民代表大会常务委员会

常委会工作

【计划预算监督】高度关注预算安排的合理性、预算内容的完整性、预算收支的平衡性、重点支出预算的保障性，以及本级人大关于批准预算的决议的执行情况，审查批准了2015年财政决算、2016年公共财政预算、政府性基金预算和社保基金预算，听取和审议区人民政府关于2016年上半年国民经济和社会发展计划执行情况、财政预算执行情况的报告。针对事关民生问题的各项事业发展提前进行调查研究，开展了《中华人民共和国预算法》执法检查，区人大常委会听取和审议区人民政府《中华人民共和国预算法》执行情况专项报告。根据审议情况，下发审议监督意见书3份，作出决议2项，批复3项。

【法律工作监督】采取汇报座谈、实地检查、查阅资料等方式，对区人民检察院2013年以来在立案、侦查、审判以及刑罚执行和监管活动等方面履行法律监督职责的情况进行了执法检查；对区人大常委会去年出台的全区禁毒工作、监所管理及公安队伍建设情况审议意见的整改落实进行了跟踪检查；组织全区7个乡镇，林业、农牧、水务等区直职能部门，以及区人大常委会有关工作委室负责人学习《庆阳市封山禁牧条例(草案审议稿)》，讨论提出修改意见7条，被市人大常委会采用3条；组织开展了“12·4”国家宪法日活动，加强了法制宣传教育；经常深入联系区人民法院、区人民检察院，进行工作检查指导，促使法检两院依法开展工作，为全区经济社会发展提供了坚强的法治保障。

【执法检查】组织部分代表组成调研组，深入全区空气环境治理重点区域、重点单位及部分监管部门，对西峰区《中华人民共和国大气污染防治法》贯彻落实情况进行了执法检查，并召开座谈

西峰区人大常委会副主任门杜娟带领调研组对西峰区大气污染防治贯彻落实情况进行执法检查

会，就检查过程中发现的相关问题听取了区政府有关部门的汇报，形成翔实的检查报告，提交区人大常委会进行专项审议，督促区人民政府和环保部门根据意见和建议，制定整改方案，采取有力措施，竭力打好大气污染防治攻坚战，促进了政府大气污染防治工作，消除了群众的“心肺之患”，全区大气环境质量持续改善。

组织部分代表组成执法检查组，深入全区各食品加工生产销售企业，针对社会各界和人民群众普遍关注的食品安全问题，进行了执法检查。重点就食品源头农产品质量安全、食品生产加工小作坊、重点区域防控(学校及周边、城乡接合部小食品店、工地、车站、农贸集市、餐饮企业)、安全隐患排查情况、执法力量和能力建设情况开展专项检查。就食品安全法律法规宣传及贯彻实施过程中存在的问题，提出意见和建议，督促政府相关部门认真落实整改，促进了食品安全保障水平得到有效提升。

【人大换届】根据中央、省委、市委和市人大常委会的统一部署要求，从5月开始，启动区、乡(镇)人大换届选举工作。组织区、乡(镇)两级换届工作人员进行集中学习培训，广泛宣传人大制度和换届选举工作。同时，紧扣区、乡(镇)人大换届选举工作的“三项基本原则”(坚持党的领导、坚持发扬民主、坚持严格依法办事)，成立了区乡(镇)人大换届选

举委员会、区乡(镇)人大换届选举工作联席会议,把重要的程序性工作进行了罗列,根据实际细化工作流程,画出线路图、制定时间表、落实责任人,做到人人懂程序、事事晰责任、层层压担子、处处抓落实,确保换届选举中的每一项工作都符合法律规定的程序。同时,由区人大常委会各副主任牵头,成立了3个换届选举工作指导小组,负责各乡镇、街道人大换届选举工作的指导督查。6月下旬,175名区八届人大代表、478名乡(镇)人大代表顺利选举产生。6月底,各乡镇新一届人民代表大会第一次会议圆满召开,选举产生新一届乡镇人大常委会组成人员、政府领导班子。11月13日,区八届人大一次会议胜利闭幕,选举产生了新一届人大、政府领导班子、法检两长及46名市四届人大代表,完成区、乡(镇)人大换届选举任务。

【三会服务】按照省、市、区人大换届精神,办公室早计划、早安排、早落实,对新一届人大一次会议的召开进行了精心筹划。成立大会秘书处,建立6个工作组,规范会议流程,明确责任分工,在积极动员人大机关全体干部职工的同时,抽调乡镇人大专干全程参与会务工作,提前预定和购置了大会所需的有关证件、笔记本、文件袋等物品,各项会议文件组织专门班子进行起草。在大会秘书处的统一指挥下,全体工作人员认真努力,会议各项工作有条不紊,确保了会议各项任务的圆满完成;按照《西峰区人大常委会会议议事规则》,对会议流程和组织形式进行了全面优化,确定专职秘书进行定岗服务。根据主任会议确定的会议日期及议程,提前准备会议会场,及时通知参会人员按时参加会议,督促有关单位提前上报会议材料并送达常委会组成人员和列席会议人员,认真做好会议记录,梳理审议意见,以决定、决议、审议监督意见书等形式,提出具体的整改意见并督促承办单位贯彻落实,使常委会会议审议的意见落到实处;全年共召开主任会议8次。为做好主任会议的各项服务工作,根据主要领导的意见,及时通知与会人员参会,会后能将会议意见和决定及时交由有关单位办理,使主任会议研究并要求解决的问题得到了较好的落实。

【代表建议】对区七届人大六次会议代表提出的涉及社会管理、城市建设、道路交通等12个方面的33件建议和42件意见向区政府进行了集中交办,确定区政府31个部门为具体承办单位和协办单位,常委会领导牵头亲自督办重点建议,并对代表建议办理工作进行了督查,有力推动了建议的办理工作。截至2016年底,已办结29件,正在办理4件。42条意见对代表全部予以书面答复,答复率100%,办结率88%,办结满意率100%。通过代表建议意见的办理,代表履职情况得到切实保障,人民群众关切的热点难点问题得到了及时解决。

【代表活动】采取定期检查、看阵地、听汇报、座谈了解等方式,指导、督促各乡(镇)人大、街道人大工委以"人大代表之家"为平台,开展学习交流、代表述职、代表联系接待选民、视察调研、"双联人大代表在行动"等活动,代表参与视察、调研、行风评议等活动120多人(次)。为增强新一届市区代表履职意识、提高代表履职能力、发挥代表作用,聘请省人大代工委副主任李世红及党校或其他高等院校专家学者,对中共十八届六中全会和市区党代会、"两会"精神进行专题辅导,并将代表法和代表如何依法履职作为重点纳入培训并开展连任代表履职经验交流,进一步明确代表的权力、职责和义务,为代表履职工作打好基础。

【来信来访】不断创新信访工作机制,继续坚持"双联系"和"主任接待日"制度,妥善处置群众诉求,认真做好信访件转办、交办、督办工作,畅通网上信访渠道,方便群众信访,接待代表和群众来信来访21人次,处理来信来访共计12件。

【自身建设】常委会议事规则、主任会议议事规则等制度14项,新建财政预算监督、执法监督等制度8项,进一步促进人大工作的制度化、程序化、规范化。人大常委会组成人员由19人增加到

27 人。对机关内设机构名称和职能重新核定，解决职责不清和职权重叠交叉的问题。核增机关事业编制 7 个，及时选调优秀干部 5 名，补充了人大机关工作力量。7 个乡镇全部配备了人大主席、副主席。设立街道人大工作委员会 3 个，配备专职主任各 1 名。各乡镇、街道人大分别配备人大专干 2~3 名。区、乡两级人大代表人均活动经费三年翻了一番，分别达到 1200 元、500 元。乡镇、街道人大工作经费每年不少于 5 万元，并全部列入财政预算予以保障。

【人事任免】严格人事任免程序，全年共任免人大常委会及“一府两院”工作人员 58 人次（其中：任职 37 人次，免职 21 人次）。同时，强调任后监督工作，按照党管干部与依法任免相结合的原则，完善了拟任干部法律知识考试、任前资格审查、履职承诺、投票表决、颁发任命书等程序，严格实行人大及其常委会任命工作人员向宪法宣誓就职制度。

经 2016 年 1 月 17 日庆阳市西峰区第七届人民代表大会常务委员会第三十一次会议通过，决定任命：

王永祥同志为区审计局局长，免去区商务局局长的职务。

免去：

吕建军区审计局局长的职务。

经 2016 年 1 月 17 日庆阳市西峰区第七届人民代表大会常务委员会第三十一次会议通过，决定任命：

吕建军为区人大常委会财经农业城建工作委员会主任。

免去：

郭俊龙区人大常委会财政经济工作委员会主任的职务。

经 2016 年 3 月 22 日庆阳市西峰区第七届人民代表大会常务委员会第三十二次会议通过，决定任命：

白洁为庆阳市西峰公安分局局长。

免去：

贾永宏庆阳市西峰公安分局局长的职务。

经 2016 年 5 月 31 日庆阳市西峰区第七届人民代表大会常务委员会第三十三次会议通过，决定任命：

马永学为西街街道人大工委主任；

张红林为南街街道人大工委主任；

王盛林为北街街道人大工委主任；

佟强为区人大财经农业城建工作委员会主任，免去区人大法制司法民侨内务工作委员会主任职务；

巩霞草为区人大法制司法民侨内务工作委员会主任，免去区人大规范性文件备案审查办公室主任职务；

罗建平为区人大法制司法民侨内务工作委员会副主任，免去区人大规范性文件备案审查办公室副主任职务；

司永智为区人大规范性文件备案审查办公室主任；

范永升为区人大教育科学文化卫生环保工作委员会主任。

免去：

米埕德南街街道人大联络员职务；

李保林区人大办公室主任职务；

吕建军区人大财经农业城建工作委员会主任职务；

路莉区人大教育科学文化卫生环保工作委员会主任职务。

经 2016 年 5 月 31 日庆阳市西峰区第七届人民代表大会常务委员会第三十三次会议通过，决定任命：

孙守谋为西峰区人民政府办公室主任；

赵贵为西峰区工信局局长，免去西峰区质量技术监督局局长职务；

李卉放为西峰区质量技术监督局局长，免去西峰区司法局局长职务；

米埕德为西峰区司法局局长；

朱生润为西峰区安监局局长；

李保林为西峰区商务局局长。

免去：

周忠宏西峰区人民政府办公室主任职务；

赵博学西峰区安监局局长职务；

吴志远西峰区工信局局长职务。

经2016年10月18日庆阳市西峰区第七届人民代表大会常务委员会第三十四次会议通过，决定免去：

胡雪涛西峰区住建局局长职务；

侯会斌西峰区环保局局长职务。

经2016年10月18日庆阳市西峰区第七届人民代表大会常务委员会第三十四次会议通过，决定任命：

高俊涛为西峰区人大常委会办公室主任；

徐志刚为西峰区人大常委会教育科学文化卫生环保工作委员会副主任。

免去：

宋淑琴西峰区人大常委会教育科学文化卫生环保工作委员会副主任职务。

经2016年10月18日庆阳市西峰区第七届人民代表大会常务委员会第三十四次会议通过，决定任命：

张晓丽为西峰区人民法院立案庭庭长；

王英杰为西峰区人民法院民事审判第二庭庭长，免去西峰区人民法院民事审判第三庭副庭长职务；

任舸为西峰区人民法院民事审判第二庭副庭长。

免去：

李勇西峰区人民法院民事审判第二庭庭长职务。

经2016年10月18日庆阳市西峰区第七届人民代表大会常务委员会第三十四次会议通过，决定任命：

李登洲、何晓军、赵彦峰、李忠杰、李浩武、张金娥、冯彦博、任生芬、张养沛、张剑、李晓鸣、李倩倩、杭丰承、李德峰、慕新玳等15名为区人民法院人民陪审员。

经2016年12月27日庆阳市西峰区第八届人民代表大会常务委员会第一次会议通过，决定任命：

徐莹为西峰区人民政府副区长。

经2016年12月27日庆阳市西峰区第八届人民代表大会常务委员会第一次会议通过，决定任命：

梁文瑞为西峰区人民法院审判委员会委员；

吴姿敏为西峰区人民法院审判委员会委员；

李晓华为西峰区人民法院审判委员会委员；

黄天娇为西峰区人民法院审判员。

免去：

黄耀斌西峰区人民法院审判委员会委员职务；

李秉奎西峰区人民法院审判委员会委员职务；

刘志福西峰区人民法院审判委员会委员职务。

经2016年12月27日庆阳市西峰区第八届人民代表大会常务委员会第一次会议通过，决定任命：

白维波、张晓萍、王友峰、李正武4名为西峰区人民法院人民陪审员。

【审查备案】按照《西峰区人大常委会规范性文件备案审查办法》的要求，始终坚持依法依规开展备案审查工作。今年以来，区人大常委会共向市人大常委会报备规范性文件8件；审查区政府及乡镇人大报备的规范性文件45件，其中依托相关工委审查1件，纠错4件，废止规范性文件3件。同时，通过建立和完善有关整改责任制度，对报备工作中反映出的问题及时督促，对个别规范性文件报备单位报备不及时、装档不规范的问题予以了纠正。

【宣传报道】通过各种形式大力宣传机关工作学习情况，区人大机关党支部举办了“书香西峰 筑梦未来”演讲赛一次，与区政协等机关举办了“快乐运动健康同行迎五一”运动会一次。机关四名同志在全区全民阅读文化周经典诵读晚会上获得团体二等奖。在《人民之声报》《陇东报》《今日西峰》等报刊发表宣传机关有关作品20篇，在西峰网、西峰人大网发布各类新闻信息80多条，编发《西峰人大专讯》27期。7月，编纂出版《西峰人大志》,真实详细地记述了从建市之初到七届人大六次会议期间西峰民主政权产生、发展和不断完善的渐进过程和履职轨迹,彰显人民代表大会及其常务委员会在全区政治、经济、文化、社会生活中的影响和作用。

【党员主题日】坚持每周一次的“党员主体日”活动,机关党员干部每周五到古象路清扫垃圾,净化环境,参加义务劳动,为创建文明卫生城市贡献力量。举办了主题演讲比赛、唱党歌跟党走文艺会演、党的知识有奖竞赛、迎“五一”运动会和素质拓展训练等活动,充分发扬了干部职工吃苦耐劳、团结协作的精神。

【党风廉政】把党风廉政建设作为机关工作的一项重要内容,建立落实主体责任链条式传导、倒逼式追责体系,制定“三图三表”,规范权力运行;认真组织党员干部学习中央“八项规定”和各项廉政法律法规,开展了对新修订《中国共产党廉洁自律准则》和《中国共产党纪律处分条例》的集中学习活动,班子成员为党员干部讲廉政党课3场次,组织机关全体干部职工观看警示教育片《镜鉴》,适时开展正面典型和反面警示教育;进一步完善了机关例会学习、考勤、财务管理、后勤接待等11项机关管理制度,严格贯彻落实公车改革政策,将车辆全部编入管理平台,统一配用。

【“两学一做”学习教育】召开西峰区人大机关“两学一做”学习教育工作推进会和“一学五抓”学习实践活动动员安排部署会议,对常委会及机关认真开展“两学一做”学习教育和“一学五抓”学习实践活动进行了全面动员部署,由办公室牵头,制定《“两学一做”学习教育实施方案》和《“一学五抓”学习实践活动实施方案》,确定了学习方式,明确了时间节点和目标要求,严格落实“三会一课”制度,组织集中学习25场次,开展理论交流6场次,讲党课4次。

【扶贫攻坚】对照年初制定的“双联”和扶贫攻坚行动工作计划,发挥双联牵头单位作用,积极组织彭原镇所有“双联”行动成员单位,进一步跟进措施,坚持驻村工作队一线工作法,机关党员深入帮联的彭原镇芦子渠村,对30多户精准扶贫户和“双联”户每户送玉米专用肥60多袋,帮助他们种植地膜玉米200多亩。扎实开展了双联行动“大走访、回头看”活动,对于已退出的贫困户稳定脱贫状况实行监测算账,严密防止返贫,机关干部深入55户群众家中,发放干部联系村、户《民情连心卡》55份,深入查找各项帮扶措施落实和各种矛盾纠纷化解等方面存在的问题,先后排查解决群众生产生活和矛盾纠纷5件,较好地完成了2016年的工作任务。

区人大常委会领导班子成员名录

主　任　赵海东

副主任　廖　芳(女,11月任)　吴兰玮　肖广军
　　　　门杜娟(女,11月止)

区人大常委会各工作部门领导成员名录

办公室

主　任　李保林(5月止)
　　　　高俊涛(10月任)

副主任　郑志立　许昌荣

代表人事工作委员会

主　任　贾丽蓉

法制司法民侨内务工作委员会

主　任　巩霞草

副主任　罗建平

财经农业城建工作委员会

主　任　佟　强

副主任　郭莉娟

教育科学文化卫生环保工作委员会

主　任　范永升

副主任　徐志刚

规范性文件备案审查办公室

主　任　司永智

(供稿:赵凌燕)

西峰区人民政府

重要工作

2016年西峰区生产总值实现171.9亿元，增长9%；固定资产投资294.2亿元，增长10.4%；地方规模以上工业增加值10.9亿元，增长4.1%；大小口径财政收入分别完成12.3亿元和6亿元，分别下降5.3%和21.9%；社会消费品零售总额实现69.1亿元，增长8.9%；城镇居民人均可支配收入25898元，增长8.6%；农民人均可支配收入8461元，增长7.4%。

【项目拉动】完成用地征拆3000多亩，推动银西高铁、庆平高速、北师大庆阳附属学校等34个省市重点项目建设；推进雨洪集蓄保塬生态项目二期、城南绿地等区级十大重点项目；引进华为云计算庆阳数据中心等项目98个，吸引投资188亿元。

【小康建设】2016年建成供水工程109处，完成电网改造347公里，新修村组道路173公里，建设高标准农田7000亩，实施易地扶贫搬迁安置工程4个。开展农村环境卫生综合整治行动，启动实施6个美丽乡村示范村及10个环境整洁村建设，农村居民生产生活条件不断改善。研究出台《全面建成小康社会1+28意见方案》和推进计划，17项小康指标顺利达标，西峰区677户2663名贫困群众实现稳定脱贫。

【优势产业】四大主导产业增效明显，新栽苹果1.2万亩，种植瓜菜17.1万亩；建成中盛30万只湖羊繁育基地。形成以北石窟寺、小河湾、黑老锅、陇东冰雪健身基地为节点的蒲河川区生态旅游带；华夏公刘第一庙、青藤农业示范园等旅游景点开发，实现旅游经济与农民增收融合发展。园区建设全面提速，南部“四纵三横”、北部“三纵三横”道路框架基本形成，供排水、供电等基础设施配套同步跟进；瑞华天然气、永欣石化项目建成即将投产，益翔药业等3户入园企业建设进展顺利，标准化厂房建设快速推进。嘉鑫国际建材城、陇东汽车城建成运营，东方丽晶、中元世贸等商贸中心建成主体，现代物流、电子商务蓬勃发展，西峰区服务业收入突破15亿元。

【城市建设】启动实施各类城市建设项目66个。建成通车庆化大道中段等5条城市道路，快速推进庆化大道南延伸段等10条道路建设。新建东区供热站及4个供热站改扩建，新增集中供热面积280万平方米。气象局片区等21个棚改项目全面拉开，四中片区等8个重点片区取得突破性进展。推进“城市管理巩固年”活动，开展常态化城区环境卫生整治、大气污染防治，推进全国文明城市创建。首批1000辆公共便民自行车投放运行。

【民生保障】建成行政村公办幼儿园22所，实施教育“全面改薄”、乡镇卫生院提质改造等民生项目53个，城乡教育卫生基础条件显著改善。建成“乡村舞台”37个、社区综合文化服务中心15个，新建、改建社区日间照料中心、老年人幸福院31个，覆盖城乡、全民参与的文体服务体系逐步形成。发放各类救助资金9897万元，惠及群众14.5万人(次)。新增城镇就业1.6万人，劳务收入突破12.7亿元。完成21件省市为民办实事，开展矛盾纠纷排查调处和信访积案化解活动，推进“五项安全一项维稳”。

【创新发展】推进“放管服”改革，深化“五证合一”等工商登记制度改革，新增企业2484户、个体工商户5106户、农民专业合作社219户。西峰区商标注册总数突破600件，“中真”商标被认证为甘肃省著名商标。成立全省首家政府控股的西峰区民间资本服务中心，规范民间资金借贷秩序。推进养老保险、户籍制度、不动产登记、公车改革，加强科技创新，外向型经济逐步好转。

【重要文件】区政府发〔2016〕20号：《关于印发西峰区防范和处置非法集资工作方案的通知》

区政府发〔2016〕40号：《关于印发庆阳市西

峰区国民经济和社会发展第十三个五年规划纲要的通知》

区政府发〔2016〕60号:《关于将张铁水保站划拨区林业局的通知》

区政府发〔2016〕88号:《关于庆阳嘉鑫国际建材城开业仪式筹备方案的报告》

区政府发〔2016〕115号:《关于成立庆阳天富亿4A级生态旅游景区管理委员会的通知》

区政府发〔2016〕201号:《关于“黑老锅”景区申报国家4A级旅游景区的批复》

区政府发〔2016〕202号:《关于东湖公园申报国家4A级旅游景区的批复》

区政府发〔2016〕255号:《关于西峰区荣获“中国法治政府奖”情况的报告》

政务工作

【文件起草与公文处理】2016年起草领导讲话、工作汇报等文字材料300多篇,接收处理省、市明传电报500多份,各级来文1100多件,制发各类文件600多份,建成OA自动化办公系统,涵盖42个政府组成部门和1个企事业单位,实现会议管理和公文制发电子化、规范化、高效化运行。认真执行保密制度,不断加强印章信函、文件档案管理,未发生文件遗失和泄密事件。

【统筹协调与调查研究】聚焦棚户区改造、美丽乡村建设等重点工作,开展调研活动,撰写调研报告和理论文章20余篇,及时反映工作措施和进展情况,为领导决策提供参考依据。对各项工作中出现的新做法、新亮点、新成效,以及群众关注的重点难点热点问题进行分析总结,2016年编写政务信息820条,省、市采用87条,各类报刊发表26条,位居庆阳市前列。

【督查办理与信访接待】坚持自查与抽查、报告与实地、经常与定期相结合的方式,突出重点项目建设、省市为民实事、市区目标责任书考核、领导批示等重点督查事项,组织开展专项督查20次,督办市级领导批示件120份,区级领导批示件300多份,确保重大决策部署和重点工作任务落到实处。落实议案提案办理任务,33件人大代表建议议案、49件政协委员提案全部高质量按时办结。认真落实信访登记制度,2016年接待信访群众550多人(次),处理信访事项100余件,213条网络留言均得到合理答复和妥善处理。

【会务服务与后勤保障】严格执行会议审批登记制度,做好会前材料准备、会议安排衔接、会中组织服务、会后纪要整理等工作,确保会议组织高效有序、服务周密细致。累计组织筹办政府常务会、区长办公会以及香包民俗文化节等各类会议活动200多场(次),2016年接待各级检查督导、考察调研团组60多次。严格落实财务支出会审制度,实行国库集中支付和收支定期公示;完成公务用车改革,将11辆公车移交机关事务管理局统一调度管理;加强机关管理,对后勤工作人员进行调整,辞退5名,择优聘用2名;对政府机关卫生间、暖气管道等进行更新维修,重新划定停车位,加强机关食堂和安全保卫管理,未发生安全事故。

【政务服务】承接市级下放行政审批事项46项、取消104项、前置改后置审批30项,公布36个部门政务服务事项412项,累计压减行政审批事项228项、公共管理服务事项259项,减少申报材料117份。依托政务服务“一张网”建设,推行“互联网+政务服务”,区政务服务中心微信公众平台上线运行。全面推进各级政务(便民)服务中心规范化管理,实现区、乡、村三级电子政务平台互联互通,2016年累计受理各类办件11.7万件,办结11.6万件,办结率达到99.3%。

【信息网络】做好视频会议保障工作,指派专人管理,提前调试,实现会议信号接收零失误,保障100多场(次)视频会议、现场会议的收听收看和正常召开。实行全天候网络舆情信息监测,共搜集涉及西峰区网络信息2万余条,形成舆情周报25

期。建成政府信息公开平台，及时发布和更新各类重点信息7100条，主动公开政府信息400余条。会同新闻网络中心完成西峰网升级改版，关闭部门网站38个，建立子站、子页30个；迁移和关闭52个部门网站数据，建成区级网站集群，实现政府网站资源共享、分级管理。

【应急管理】组织制订《西峰区公共卫生事件应急预案》等专项应急预案21个。组织开展大型综合应急演练1次、专项小型应急演练49次。处理各类应急信息109条，上报《值班信息》17期，报送应急、防震减灾信息11条。

【志鉴修编】围绕专家学者提出的意见、建议，逐条梳理，细校细改，推进修志工作，《西峰区志》已进入招标程序。《西峰年鉴(2015)》已印刷出版，2016卷进入出版程序。及时更新、维护西峰地方志网站，完善补充地情数据库资料，为政府及社会各界提供便捷的地情信息服务。

【外事侨务】与美国埃德蒙市建立友好城市，联合举办首届丝绸之路中小学生定格动画大赛。完成与意大利卡布罗拉市经济合作项目(什社乡贺源村榛子产业循环经济示范园区建设)年度任务，选派6名优秀华文教师赴菲律宾、泰国执行“文化留根”任务。实行因公出国(境)报备管理，开展在西峰非政府组织活动排查和归侨侨眷普查活动，新普查出侨眷8人，协助开展境外救助1人(次)。

【接待工作】接待大中型会议4场(次)，中型培训会议50场(次)，完成大型婚寿宴49场(次)，共计接待宾客4万余人次，2016年营业收入615.49万元。

【理论学习】坚持完善周学习制度，深入学习中共十八届五中、六中全会精神和习近平总书记系列重要讲话，全员传达学习市、区党代会和“两会”精神。2016年，组织集体学习40次，举办专题讲座8次，开展交流研讨4次、廉政建设专题警示教育3次、红色革命教育2次，观看警示教育片3部，人均记学习笔记2万字以上、撰写心得体会2篇以上。

【文明创建】组织干部职工定期对机关院落和街道负责区域进行无缝隙、全覆盖清扫保洁。举办区政府机关运动会，组织干部职工参加义务献血、植树造林等活动；组织参加“全民阅读文化周”经典诵读晚会和汉字书写(听写)大赛，分获第二名和三等奖。加强职工权益保障，成立区政府机关工会，建立干部职工生日福利制度，全员建立健康档案、进行年度体检，增强干部职工的集体荣誉感和归属感。

【工作作风】开展机关作风大整顿活动，实行“早到晚退”、首问负责、24小时值班、全天候政令畅通、报送值班信息等规定要求；修订完善管理制度21项，严格执行干部职工婚丧嫁娶备案、重大事项报告等规定，落实政府系统会议审批、财政资金预决算制度，2016年精简各类会议20场(次)，合并套开会议12场(次)，“三公”经费支出较往年下降5%以上。

【队伍建设】坚持“集体领导、民主集中、个别酝酿、会议决定”原则，落实民主集中制，每月召开一次办公室工作会，听取干部职工对办公室工作及领导班子的意见，经常性开展谈心谈话，广泛沟通、充分信任、求同存异、消除隔阂，班子成员分工协作、互相支持，凝聚力和战斗力不断提升。注重干部的素质提升和进步，报请区委对办公室班子成员进行了调整充实，向组织部门推荐提拔科级干部3名，择优选拔补充工作人员4名，干部队伍结构不断优化，综合素质不断提升。

【党风廉政】围绕省委“3783”主体责任体系、“866”衡量检验标尺、市委“1+2+5”工作模式及区委“3468”工作思路，以明责问责追责为抓手，持续完善“两个责任”分解表，找准班子及班子成员核心权力的风险点及防控措施，列出了17项重点工作清单，建立了“一把手”第一责任、3名班子成员和7名科级干部直接责任的主体责任体系，做到分工负责、逐级传导。全年召开廉政建设工作会议8次，主要负责人讲授廉政党课2次，与全体干部开展谈心谈话、集体约谈、个人约谈42次，对发现的违反工作纪律问题及时进行批评教育、限期整改，编报纪检信息26条。

【“双联”及精准扶贫】结合西峰区开展的“双联行动大走访、回头看”活动，对齐楼村543户群众逐户进行走访，梳理汇总急需解决问题83个，实行挂牌销号；排查调处矛盾纠纷9件(次)；协助村上对街道两侧185间门面房进行翻修，更换门牌120面，安装路灯23盏；帮助修缮日间照料中心，新建村级卫生所，配备垃圾箱20个，栽植国槐4200余棵；协调新修西头组水泥道路1.5公里，实现6户扶贫户脱贫。

【“两学一做”学习教育】组织开展“两学一做”学习教育活动，落实“三会一课”、组织生活会、民主评议、“党性锻炼日”、“主题党日”等活动。组织召开党委会议4次、党支部会议16次，选举补充党委委员3人，审核接收预备党员5名，转正党员2名；组织观看《人民英雄刘志丹》等历史文献纪录片10场(次)，参加知识竞赛600人(次)，举行“庆七一”表彰奖励活动和“重温入党誓词、缅怀革命先烈”党性教育活动。

西峰区人民政府及办公室领导班子成员名录

区　长　王　驰

副区长　马耀文　罗　宁(11月止)

　　　　史建芳(女，11月止)　王　超　雷建博

　　　　齐文潇(女，11月任)

　　　　徐　莹(女，12月挂职)

办公室

主　任　周忠宏(5月止)

　　　　孙守谋(5月任)

副主任　朱生润(5月止)　卢胜利

　　　　赵仁学(5月任)

副主任、应急办主任　苏广明

副主任、法制办主任　余飞鸿

副主任、政府招待所所长　上官宏(9月止)

纪检组长　赵仁学(5月止)

应急管理办公室

主　任　苏广明

地方志办公室

主　任　刘　强

副主任　徐　杰

信息化工作办公室

主　任　郭昌兴(5月止)

　　　　杨鸿涛(5月任)

副主任　谭粉玲(女，5月任)

政府招待所

所　长　上官宏(9月止)

副所长　左虎鹏

政务中心

副主任　李淑琴(女)　杭建华(5月止)

外事侨务办公室

主　任　黄玉芳(女，1月止)

　　　　杨　亮(女，5月任)

(供稿：周飞虎　任　诚)

中国人民政治协商会议西峰区委员会

专门委员会工作

【政治协商】修订完善《政协西峰区委员会常委会议议事规则》等制度5项，以会议座谈、调研视察、提案反映等协商议政形式，扩大委员的参与面。2次全委会议、3次常委会议、12次协商议政会议、15人次委员大会发言，紧紧围绕改革难点、发展重点、民生焦点坦诚建言，推进了协商民主多领域、深层次发展。搭建以4个专委会和4个委员活动小组为平台的协商渠道，全年12次协商活动使协商工作内容丰富、成效显著。围绕重大项目建设、贫困人口社会保障、农业产业化发展等工作，173人次委员参加协商议政活动。配合省、市政协完成全省加强和改进政协工作、民营企业发展、全市现代物流业发展情况等调研视察、协商议政9次。

【民主监督】立足支持开展民主监督，通过专题议政、委员活动、委派评议员、参与全区重大事项考核等方式，多元、立体化开展民主监督，资政建言，为民解忧。组织专家学者及政协委员开展全区电子商务发展、失地农民安置、小城镇卫生状况等专题协商议政会4次，先后提出意见建议90多条。许多建议被吸纳到区委、区政府相关决策和实际工作中，发挥了应有的参谋助手作用。

【视察调研】对全区农业产业化发展、贫困人口社会保障工作进行深入调研，对失地农民安置、电商发展状况开展重点视察，提出意见建议20多条。围绕编制全区"十三五"规划、"联村联户"和精准扶贫工作，组织召开座谈会、征求意见会，进行专题协商，提出协商意见建议140多条。

【提案工作】协调区委办、政府办制定出台了《关于进一步加强政协提案办理的实施意见》，召开提案办理面商会。一年来，委员们围绕住房、就业、食品药品安全等问题，共提出提案172件，其中七届五次会议的58件提案已经全部办复。许多涉及经济社会发展和人民群众切身利益的问题得到解决，发挥了提案在服务发展、改善民生、促进和谐中的积极作用。

【社情民意】聘请36名委员担任社情民意信息员，召开社情民意信息工作会议，对信息员进行集中培训，对工作成绩突出的23名社情民意信息员进行表彰奖励。一年来，委员积极深入基层、深入群众，反映群众所忧所怨、所思所盼。《关于完善新型农村合作医疗制度的几点建议》被全国政协采用并专报中央有关领导参阅，《关于推进我市供暖问题的几点建议》《关于解决离婚导致农村因婚致贫问题的建议》等13期社情民意信息，得到省、市、区各级领导批示或转送相关部门落实。政协信息的决策咨询和助推发展作用得到进一步体现。

【文史工作】突破地方、行业、部门的界限，聘请40名专家、学者担任文史资料撰写员；成立文史资料审查委员会，与史志部门开展协作，深度挖掘西峰历史文化资源。编发《西峰文史》12期，出版文史专辑《西峰政区史略》；向全国、省、市、县四级政协组织发出征集函，征集文史资料10000多册，收集区内名家书画、文物300多件，制作文史工作专题片，建成集阅读、征集、收藏、展示、研究、交流于一体的西峰区政协文史馆，在全省县区级政协尚属首家。

【参政议政】区政协领导班子成员和机关工作人员积极参与全区文明城市创建、重点项目建设、棚户区改造、银西铁路建设征拆等工作，在参与中协商建言，实现了政协履职与党政工作同频共振。广大委员不负重托，在本职岗位上发挥专长、建功立业，在政协工作中履职尽责、争做贡献，先后有135名委员分别获得国家、省、市、区及有关部门的表彰奖励；委员在全区实施项目16个，完成投资14亿元。

【联谊活动】举办"三八"妇女节联谊会、端午节民俗座谈会、中秋节各界人士茶话会、议政建言会等活动6次，开展民族村发展调研、民族宗教节日慰问等活动3次，举行"六一"儿童节慰问贫困儿童、"七一"建党节走访慰问老干部、老党员、"八一"建军节慰问驻军、老兵等活动3次。较好发挥了理顺情绪、化解矛盾、集智聚力的作用。

慰问宗教人士

【扶贫攻坚】坚持双联行动和精准扶贫深度融合，向全体委员发出《用行动助推双联、聚合力扶贫攻坚》倡议书，政协委员及机关干部帮扶贫困户253户，举办培训讲座12场次，投入帮扶资金350

多万元，为贫困村组和贫困户帮办实事176件。开展“政协委员走基层”系列活动，先后深入8个村组(社区)开展送医送药进村入户、书画进万家、拍摄全家福等活动8次；深入黄官寨村开展大走访回头看活动，排查矛盾纠纷51起，解决群众实际困难。连续两年被省政协评为“委员助推双联行动”先进政协组织，6名委员被评为先进个人。

【宣传报道】充分发挥新闻媒体、报刊杂志及政协自办刊物作用，并热情接待上级及外地政协来峰参观考察11次。一年来，编发《西峰政协》48期，在各类报刊杂志上刊发新闻报道及理论文章118篇，在省政协主办的《民主协商报》开设专版专题报道西峰政协工作；市、区电视台宣传报道59次，积极宣传西峰、推介西峰、提升西峰形象。

【自身建设】健全完善《政协西峰区委员会委员履职规则》等13项制度，使常委会及机关干部职工学风、工作作风等方面存在的突出问题得到有效解决。落实党风廉政建设“两个责任”，建立链条式传导、倒逼式追责体系，规范权力清单；开展“四项清理”，坚持重大事项申报，规范三公经费管理。调整各专委会组成人员，建立主席、副主席联系常委、常委联系委员及委员活动小组制度。通过按行业、按界别、按专委会分组开展活动，创建了经常化的委员活动制度；通过加强制度建设，狠抓制度落实，使各项工作逐步走上了制度化、规范化轨道。持之以恒地开展每周二下午的“党员主题活动日”、每周五下午的“党性锤炼日”，赴南梁开展革命传统教育；组织举办迎“五一”运动会、迎国庆机关党员干部户外素质拓展、迎元旦干部职工读书月活动，建成省一级标准化档案室，组织参加义务植树、全区汉字书写听写大赛等活动，丰富机关干部职工生活。在机关形成了服务为本、务实为基、敬业为荣的良好氛围。

政协西峰区委员会领导班子成员名录

主　席　罗亚林

副主席　姜晓琴(女)　张建国　贾兴义

王新宁(11月任)

秘书长　田　野

区政协工作部门及专门委员会领导成员名录

办公室

主　任　魏海龙

副主任　赵向杰

提案社会法制委员会

主　任　袁志军

副主任　王飞南(女)

经济环境资源委员会

主　任　赵全堂

副主任　岳娅婷(女)

教科文卫体民族宗教委员会

主　任　左宏伟

副主任　马　琳(女)

文史资料和学习宣传委员会

主　任　杨　辉(9月止)　李秋易(女，11月任)

副主任　刘家禄

(供稿：赵向杰)

民主党派和社会团体

中国民主同盟西峰区委员会

【学习培训】1月，中国民主同盟西峰区委员会召开委员扩大会，认真学习中共十八届五中全会精神、民盟十一届中常会第十一次会议精神及民盟省委、市委有关会议精神；4月，参加“全省文秘人员综合能力提升培训班”；推荐盟员参加由民盟甘肃省委和甘肃省社会主义学院联合举办的“民盟基层组织骨干盟员培训班”。10月，举办以“用阅读唤醒荒芜的精神田园”为主题的第一期读书沙龙活动。11月，参加“全区党外干部、党外代表人士和基层统战干部培训班”及民盟甘肃省委在江西社会主义学院举办的“全省专职干部培训班”。

【参政议政】区政协八届一次会议上提交提案14件，立案13件。盟员共参加各种民主协商会、情况通报会、座谈会100多人(次)。组织80多人(次)参加各种民主协商会、座谈会、情况通报会、意见征求会和各种视察、调研等活动。全年向省、市、区各级民盟组织和政协及统战部门报送宣传报道、社情民意信息100多条，撰写理论调研文章5篇，盟员向盟区委报送各类工作动态、民情信息50多条。

【社会服务】在后官寨镇赵咀村开展"迎新春、送春联"活动，共向村民送出年画、春联1000多幅、民族宗教宣传资料200份。在第十三个民族团结进步宣传月来临之际，组织盟内医疗专家在南街街道南苑路社区开展"送健康 进社区"义诊活动。此次活动接诊病人220人(次)，散发各种宣传资料1000多份。民盟六中支部2名盟员赴陇东中学开展"同课异构"教学交流活动；二中支部4名盟员在显胜初中开展"送教到校及同课异构"交流研讨活动；盟员赴和盛中学支教1年，期间为乡村骨干教师做专题培训；中考前夕，盟员向北街实验学校初中部女

南苑路社区"送健康 进社区"义诊活动

生讲授生理保健知识并作心理辅导。

【代表大会】12月30日，民盟西峰区第六次代表大会召开，会议选举李相宏、王晓琴、罗国庆、王维、杨丕敏、荀书社、左胜利、刘正平、王婧婧为民盟西峰区第六届委员会委员。李相宏当选民盟西峰区第六届委员会主任委员，王晓琴、罗国庆、王维、杨丕敏当选副主任委员，任命王婧婧为秘书长。

【组织建设】审查批准18名优秀中青年人士加入盟组织。年终对老盟员走访慰问，向他们送去慰问品。"七一"前，举行"高天厚土看庆阳 绿色环保陇原行"徒步拉练活动。教师节，举办庆祝第32个教师节座谈会。组织职专支部盟员开展组织生活，学习十八届六中全会精神及西峰区"两会"精神。召开民盟西峰区第六次代表大会，会议选举李相宏等9人为民盟西峰区第六届委员会委员。

【"双联"及扶贫攻坚】对精准扶贫户进行春节慰问，春耕之际送去化肥、地膜及科技宣传资料。开展"大走访、回头看"活动，走访后官寨镇郭咀组农户24户。

中国民主同盟西峰区委员会领导班子成员名录

主任委员　齐生有(12月止)
　　　　　李相宏(12月任)
副主任委员　王晓琴(女)　罗国庆
　　　　　　王　维(12月任)　杨丕敏(12月任)
秘书长　李相宏(12月止)　王婧婧(女，12月任)

(供稿：王婧婧)

西峰区工商业联合会

【宣传教育】组织非公经济人士学习习近平总书记重要讲话精神和十八届五中、六中全会精神。5月，在西峰区企业家协会召开座谈会，组织30多名企业家代表学习习近平总书记重要讲话精神。7月，联合西峰区检察院，组织全区17家商会、30多名企业家代表在检察院会议室举办依法保障和促进非公有制经济健康发展座谈会。11月，在陇东建材商会举办培训活动，组织40名优秀企业家学习中共十八届五中、六中全会精神。

【招商引资】区委书记章志兼亲自带队，赴河南、山东、江西、安徽等地开展招商引资活动，参观考察河南亿星实业集团、太平洋建设集团、浦东路

桥建设集团、江西中阳建设集团、洪大集团、吉安万通实业和安徽静安投资集团、南翔集团等企业。签约项目 51 个，签约资金 605.55 亿元，其中：合同项目 24 个，签约资金 242.95 亿元；协议项目 27 个，协议资金 362.6 亿元。（第三组完成签约项目 14 个，签约资金 225.85 亿元，其中：合同项目 7 个，签约资金 57.65 亿元；协议项目 7 个，协议资金 168.2 亿元。）

【会员队伍】工制定《关于加强基层商会规范化建设的意见》，举办全区基层商会负责人暨青年企业家培训班，新建行业商会 1 家（西峰区地下商业街商会），发展庆阳荣强生态娱乐有限公司、庆阳市林颖种植专业合作社等企业会员 30 户。

【服务企业】通过全国工商联数据库系统，完成西峰区工商联执常委数据库（执委 51 名）、商会数据库（商会 24 家）、上规模民营企业数据库（企业 4 户）、光彩数据库（9 户企业帮扶精准扶贫村 8 个，精准扶贫户 92 人）。6 月，协调西峰瑞信村镇银行在市委统办楼举办“助保贷”启动仪式，开辟了一条以政府担保为企业贷款的融资新模式，帮助企业解决资金困难。年内，各金融机构为全区 840 户中小企业发放贷款 1 亿多元。12 月，组织陇东建材商会 56 名会员赴新加坡、马来西亚、泰国三国考察学习，探访正大集团。与检察院联合制定《关于促进和保障非公有制经济健康发展的实施意见》，设立全区首个专门为民营企业家提供法律咨询、法律维权、信息查询的检察服务室，建立联席会议制度、信息交流通报制度、调研制度、行贿档案查询制度等四项基本制度。

【参政议政】开展专题调研，形成《非公有制企业转型升级调研报告》《西峰区非公企业融资难问题亟须研究破解》《浅谈在企业开展民族团结进步宣传教育活动的措施办法、存在问题及对策建议》《对新一代非公有制经济人士培养问题的研究》等调研报告四篇。发挥工商联组织中的人大代表、政协委员的作用，建立参政议政工作机制。全年非公经济人大代表、政协委员提出提案 9 件，采纳 5 件。

【光彩事业】按照《庆阳市“百企帮百村”精准扶贫行动方案》的要求。3 月，工商联、扶贫办、光彩会共同制定《西峰区“百企帮百村”精准扶贫行动方案》，组织 9 家企业结对帮扶全区 8 个精准扶贫村，实施产业帮扶项目 1 个、公益捐助活动 1 场次、金融扶贫活动 1 场次、捐资助学活动 1 场次、举办培训 3 场次。2014 年实施精准扶贫行动以来，全区 17 家企业积极参与，为全区 15 个精准扶贫村捐款 30 万元，为贫困村小学捐赠学习用品累计 2 万元，向全区 79 个精准扶贫户发放贷款 670 万元，组织培训 3 场次 20 多人，安置就业 19 人发放工资 53.6 万元，累计带动精准扶贫户 153 个。

【自身建设】以“一学两做”为契机，努力建设学习型的领导班子，全面提高班子综合素质。领导班子共有成员 10 名，其中：中共党员 8 名、市区政协委员 8 名；西峰区工商联共有会员 1337 个，其中：个体会员 1025 个，企业会员 288 个，商会组织 24 个；在全区组建商会 24 个，其中：乡镇、街道商会 10 个，直属行业商会 9 个，异地商会 2 个，市场商会 2 个，其他商会 1 个；区委出台《关于加强新形势下工商联工作的实施意见》，建立由区政府领导牵头、政府有关部门与工商联参加的联系会议制度，与区人社局、检察院、工商局、扶贫办等部门建立工作联系机制。建立健全党风廉政建设领导机制和工作机制，签订责任书，把党风廉政建设做到与业务工作同部署、同检查、同落实。制定和完善主席职责、常务副主席职责、秘书长职责。

【信息调研】2016 年，编报各类信息 38 条，撰写调研 4 篇。其中：西峰网发布 15 条，《陇东报》刊登 1 条。

西峰区工商业联合会领导班子成员名录

主　席　史建芳（兼，女，12 月止）
　　　　李海洋（12 月任）
副主席　李海洋（12 月止）　秦树昭　刘百琳

李旭秀　刘万年(12月止)
刘颖阁(12月止)　李治稼(12月止)
李广博(12月止)　韩玉璀(12月止)
郭骁慷(12月任)　黄毅虎(12月任)
马维贤(12月任)　张小春(12月任)
嫣志龙(12月任)
秘书长　秦树昭
党组书记　刘建莉(女,12月止)
　　王晓莉(女,12月任)

（供稿:朱　枭）

西峰区总工会

西峰区现有基层工会588个，基层工会涵盖单位1269个,工会会员47366人,农民工会员19025人。其中:国有、集体及控股企业19个,非公企业418个,机关单位36个,事业单位94个,其他21个。

【工会建设】新建工会组织3个，发展会员2063人（其中农民工会员1020人）。创建示范乡镇、街道工会2个,示范社区工会4个,示范村工会2个,评选命名模范职工之家5个。工会配合园林局举办西峰区第四届园林劳动技能大赛；与卫计局联合举办庆祝“5·12”护士节暨全区护理技能大赛活动；指导食药监局组织开展食品质量安全快速检测技能比赛。推荐上报“陇东工匠”2人(庆阳岐黄文化传播有限公司刘兰芳、彭原卫生院杨丕清)。推荐申报职工优秀技术创新成果3项(庆阳中庆农产品有限公司—白瓜籽自动控制生产线与加工技术集成创新；庆阳中庆农产品有限公司—包装盒、礼品盒;甘肃北地红调味食品集团有限公司—庆阳豆豉发酵微生物群及条件优选技术集成示范)。

【维护职工权益】开展工资集体协商“要约季”活动。签订工资集体合同(协议)456份,覆盖企业489家,覆盖职工21926人,全区非公企业工资集体协商建制率达到了86%,制定《西峰区总工会“和谐劳动关系创建活动”实施方案》,建立劳动关系和谐企业联席会议，指导6家基层工会主席改选活动。创建民主管理、厂务公开示范点2个(庆阳陇东建材公司、庆阳嘉鑫建材公司)。与人社局联合申报甘肃省劳动关系和谐园区1个（西峰工业园区)、和谐企业1个(甘肃东方百佳商贸有限公司)、和谐乡镇1个(西峰区董志镇人民政府)。在西峰区70多户企业中开展“安康杯”竞赛活动,11户优胜企业报名参加市总工会组织的“安康杯”竞赛活动。与安监局联合开展安全生产大检查3次,参与安全事故调查处理2起。

【财务经审工作】加强与区财政局的沟通与协调,区财政在2016年财政预算中专项列支的1000万元的工会经费已全部到位，按照有关分配方案和使用计划，区总工会及时划拨到基层工会。同时，不断加大工会经费审查检查力度，年内对16家乡镇、街道,机关、企事业单位2015—2016年工会经费收支管理情况进行了审计，确保工会经费使用规范,支出合理。

【“两学一做”学习教育】举办西峰区工会干部“两学一做”暨业务能力提升培训班,组织各乡镇(街道)分管领导、业务专干,区直各系统、企业工会主席主办共60多人全面系统地学习了习近平总书记系列重要讲话及十八届五中全会精神、南梁精神的深刻内涵及现实意义等，邀请市总工会负责同志宣讲了中央、省、市委党的群团工作会议和省工会十二大会议精神，通过集中培训提升了基层工会干部的综合能力和业务本领。此外,在日常工作中,通过以会代训、网上培训、下派业务人员到基层指导等方式,对乡镇、村组(社区)及企业的业务人员在建立工会组织、开展工会业务、工会经费管理使用等方面分类培训、加强指导,工作效果较为明显。

【劳模引领】工会在“五一”国际劳动节和甘肃省工会十二大期间,与《陇东报》、电视台、西峰网、《今日西峰》等新闻媒体合作,联合录制“劳模风采”

“劳动光荣、创造伟大”等专题节目，集中宣传一批模范人物的先进事迹，做到尊重劳动、争当先进的良好社会氛围。申报庆阳市总工会挂牌命名“齐海刚劳模创新工作室”“刘颖阁劳模创新工作室”，更好地发挥劳模在倡导企业创新、激发职工创造中的示范引领作用。11月初，筹资2万元，组织赵杰等17名劳模体检。

【困难职工帮扶】工会在“春送岗位”活动中，

西峰区总工会“金秋助学”资助金发放活动

与庆阳市总工会联合举办“就业创业援助月”专场招聘会，甘肃东方百佳商贸有限公司等160多家用人单位提供就业岗位3000多个，解决就业389人。在“夏送清凉”活动中，筹措资金近5万元，为全区360名市政建设工人、一线农民工送去茶叶、冰糖、毛巾、肥皂等防暑用品。在“金秋助学”活动中，筹资22万元，救助了110名下岗职工及农民工大学生子女。在“冬送温暖”活动中，慰问下岗职工及困难劳模803人，发放慰问金69.44万元。申报困难企业3户，争取慰问2户。累计受理大病、生活困难救助87人，发放救助金10.2万元。并筹资2.6万元为103名困难女职工及女农民工体检筛查“两癌”。

【扶贫攻坚】在春节、春耕、“六一”等节日期间，为5户帮联户送去生活用品及紧缺农资。为喻宏、刘小芳2户双联户送去价值3000元的儿童奶粉。筹资1800元，慰问救助彭原小学贫困儿童6名。扎实开展双联“大走访、回头看”活动，对彭原村雷庄组、南庄西组的100户农户进行了全面走访和摸底调查。先后3次组织干部职工及双联群众参与彭原村乡村环境卫生集中整治活动，共参与铲除1.3公里道路沿线杂草，清理生活垃圾1.5吨。在产业培育上，按照全区“东果、南菜、北畜、西游”的总体发展部署，积极协调农牧、畜牧、水利、交通等单位，在彭原村建成樱桃采摘园一处，配合举办第一届青藤农业采摘节；配合引进甘肃中盛牧业公司投资9.8亿元在南庄组建成占地223.5亩，已存栏湖羊300万只的肉羊繁育基地一处。

区总工会领导班子成员名录

主　席　刘建莉(女)
常务副主席　程水银(女)
副主席　张　娜(女)
经费审查委员会主任　齐宇霄(女，1月任)

（供稿：郑岚丹）

共青团西峰区委员会

2016年，全区共有各级团组织586个，其中团委35个、团总支（支部）551个。共有青年42032名，其中团员11057名；有专职团干部39名；少先队组织131个（其中少先大队122个，少工委9个），少先队员19733名；总辅导员12名，大队辅导员104名。

【党建工作】组织全体党员学习《中国共产党党章》《中国共产党廉洁自律若干准则》，中共十八届三中、四中、五中全会精神、《共青团工作改革方案》及省市区委会议精神、党风廉政建设系列内容等，组织党员干部观看《焦裕禄》《杨善洲》《柴生芳》等优秀共产党员先进事迹教育片。开展“三个摸清楚”工作，安排专人对全体党员干部2008年以来的工资及党费缴纳数额进行全面清查，对党员组织关系发生变化的，主动与其原单位进行核查。经核查，支部10名党员，需补缴党费党员7名，补缴党费 1176 元。

【基层组织建设】在甘肃成虎商贸有限责任公司、甘肃天佑三和餐饮文化传播股份有限公司、庆阳女子职校等两新组织新建基层团组织 4 个，吸纳流动团员 360 名。

【青少年社会活动】“五四”青年节期间，组织基层团委开展“感恩母亲节说出你的爱”、“五四”宣誓活动等主题活动 8 场(次)，参与团员青少年 1230 人(次)。其中：南街办团委举办了“阅读塑品格，共筑青春梦”诗歌朗诵比赛，来自 8 个社区团支部和机关 7 个部门的 15 支代表队参加比赛，街道社区全体青年干部职工到场聆听；显胜乡团委组织青年干部职工参加无偿献血活动，以特殊的方式庆祝“五四”青年节；向阳小学举行庆“六一”少先队新队员入队仪式暨“同在蓝天下 携手共成长”第六届校园艺术节活动，全校 3000 余名师生和部分家长一同见证了一年级 600 多名新生光荣地加入了中国少年先锋队组织。特别是 4 月份，按照区委、区政府《“4·23”世界读书日西峰区全民阅读活动周实施方案》的要求，团区委承办了全区“弘扬汉字文化 感悟经典魅力”汉字听写书写大赛。10 月，由团区委牵头，北街办团委承办，在西峰区春林酒店举办“北街辖区居民厨艺大赛”。

【优秀青年】全区在各级团组织中推荐全国青年致富带头人 1 名，产生市级优秀共青团团员 4 个，优秀团干部 2 名，五四红旗团委 1 个，联合区委组织部推荐 10 名政治觉悟高、业务能力强的大学生村官作为庆阳市大学生村官青年工作委员会委员候选人。

【青年就业创业】根据各乡镇(街办)主导产业和青年创业需求，组织基层团委带领科技人员或乡土人才、青年种养殖能手、香包刺绣能手、创业致富带头人，深入乡镇、村组开展培训 9 场(次)，培训青年 900 多人(次)。按照“自主创业、市场导向、社会支持、政府促进”的原则，普及电子商务应用，先后在甘肃成虎商贸有限责任公司成立西峰区大学生电子商务创业示范点，将什社乡文安村淘示范点确定为西峰区青年电子商务创业示范点，帮助 18 名大学生、乡村青年就业创业。完成 5 名大学生志愿者的报到注册工作，协调人社、财政对 2014 年服务期满的 6 名大学生志愿者进行了考核，现已全部安置。为 2014 年以来服务的 15 名志愿者建立了社保账户，为 9 名志愿者购买人生意外伤害险，有效地保障了在岗服务志愿者的权益。

【爱心助学】9 月，联合区检察院，在温泉(齐家楼)初中举行“手拉手传爱心、心连心促成长”心理培辅及爱心捐赠仪式。活动中，分别就青少年心理健康、青少年如何依法维权等方面做了专题讲座，并为 70 名留守儿童赠送图书 16 套，篮球 16 个。同时，我委继续开展“微心愿”活动，建立“微爱满城”微信公众平台，号召社会各界爱心人士奉献爱心。6 月，组织专人为已结对小朋友送去心愿礼物，实现了小小心愿 25 个。在北街实验学校完成了七彩小屋的建设，启动了“关爱留守儿童温暖工程”，为“留守儿童”开设了学习辅导兼读书写作区、休闲娱乐区、谈心角、亲情沟通区、规章制度区，配备了电话 1 部、电脑 1 台、DVD1 台、电子琴 1 个、图书 500 多册，报刊 20 余种。在“七彩小屋”，孩子们可以上网，与在外打工的父母视频通话，在青年志愿者辅导下做功课、学弹电子琴，还可与心理辅导

图书捐赠活动

志愿者聊天、谈心、做游戏。

【志愿服务活动】3 月，组织庆阳二中团委组织教师、青年志愿者打扫校园周边卫生，用实际行动践行着雷锋精神；组织北街办团委与北街心连心志愿者服务站联合西峰区人民医院的青年医疗志愿者，走进合水大山门林场，向广大林业工人提供相关免费诊疗服务，对行动不便的人员提供上门义诊服务，让广大林业工人享受专家诊疗体检服务，将“奉献、友爱、互助、进步”的志愿服务精神送进大山深处；组织西峰区人民医院志愿者服务队 21 名志愿者，利用周末休息时间，赴西峰区显胜乡毛寺村开展以“守护家乡绿水青山”为主题的环保公益活动，志愿者们徒步进入“黑老锅”景区，用双手捡出饮料瓶、食品包装袋等生活垃圾共 40 余袋，重量超过 200 公斤。在 6·26 国际禁毒日、12·4 法制宣传日期间，组织机关干部职工、青年志愿者在东湖公园门前参加了以“无悔青春，健康生活”禁毒文艺宣传、宪法宣传日等活动，发放法律法规、禁毒宣传页、未成年保护法、预青维权等资料 5800 余份，引导广大群众了解禁毒知识、认清毒品危害，自觉维护社会法治公平、维护青少年合法权益，促进社会和谐稳定。

【青少年法制教育】9 月，针对涉及未成年人违法重点领域，组织专人进入庆阳二中、彭原初中等学校为广大师生放映青春防线法制节目(包括：班长的威信、班长的义气、迟来的悔恨、丢失的面子、校园里的大哥大等专题)，通过具体案例具体分析，办案警官讲述案发经历，对案件相关当事人进行采访等一系列的报道，走进校园，了解校园暴力所发生的原因，以及事件升级之后所带来的恶劣后果。让观看的学生充分认识到：遇到校园暴力时，千万不能忍气吞声、逆来顺受，应及时告知老师、父母及其他监护人，有必要时还要寻求法律的保护。同时，也不能不计后果、以牙还牙，恶意报复只会导致雪上加霜。

【自身建设】8 月，组织 3 名团干部赴团中央井冈山教育基地，参加全市第十三期团青少队干部培训班。10 月，联合区委组织部、区委党校，组织全区基层团委书记、少工委主任、少先队辅导员等 65 人参加了全区团干部培训班。5 天培训中，重点学习习总书记系列重要讲话精神和中央党的群团工作会议精神等内容。通过共青团 QQ 群、微博、公众号等新媒体平台传播党团组织前沿信息，组织基层网络宣传员利用手机、互联网等传播媒介开展信息互动交流。利用已建立的省、市、区网络信息平台，传递基层工作、团员青年精神风貌、学习生活状况等信息。

【扶贫攻坚】按照区委区政府扶贫攻坚工作总体要求，组织全体干部职工深入后官寨村开展扶贫帮困工作，春节期间为双联户送去了米、面、油等生活物资，制订 2016 年帮扶计划，使帮联户脱贫措施具体化。在后官寨村建立了希望书屋 1 个，捐助图书 8000 余册，价值 4 万余元。4 月，组织 20 余名团员青年在西峰区彭原镇草滩村参加“精准扶贫·青年志愿者在行动——2016 年度保护母亲河”植树活动，共栽植 1.5 米高油松苗 200 余株。9 月，组织全体党员干部深入后官寨村农户家中开展政策宣传、民意征集工作，为每户农户放置了联心卡，人均入户 90 户。

共青团西峰区委员会领导班子成员名录

书　记　徐子君(9 月止)
　　　　郭庆宁(9 月任)
副书记　徐晓玲(女)

(供稿：王锡湖)

西峰区妇女联合会

【基层组织建设】新建西峰区食品药品监督管理局、新闻网络中心等妇女小组 2 个；在显胜毛寺村、温泉镇黄官寨村沟畎组等创建了全市升级版“妇女之家”3 处，为每个妇女之家配备价值 8000 元的电脑、照相机等硬件设施。在后官寨镇司官寨村等 10 个村新建区级“妇女之家”10处。创建刘喜娥、袁水仙等“女人坊”22处；在全区创建村级家庭教育指导服务点94处，社区家长学校21处。组织开展家庭教育巡讲活动120场次。

【妇女活动】西峰区命名表彰18户“巾帼建功标兵”12名，“巾帼创业致富女能手”3个，“巾帼志愿者服务队”先进集体。各乡镇（街办）、区直各部门共举办各类表彰活动20余场次，命名表彰“巾帼致富女能手”“巾帼建功标兵”“妇女工作先进集体”“优秀妇女工作者”等各类优秀典型妇女203人；邀请专家教授重点以种养殖技术对妇女进行扶贫奔小康专题培训，培训妇女1000人。各级

西峰区庆“三八”命名表彰大会

妇联组织围绕“三八”主题，开展广场舞大赛、趣味运动会 、“庆三八、展厨艺、构和谐”厨艺大比拼等活动15场次。开展“庆三八，话发展、座谈会”。区直各部门妇委会（妇女小组），重点围绕“助发展、促和谐”开展座谈会12场次。开展“三八”维权周宣传活动。“三八”前夕，市妇联、区妇联与市区综治办、司法局等15个区直单位，组织巾帼志愿者，在东湖公园门前开展以“建设法治庆阳·巾帼在行动”——维权服务进社区、进家庭为主题的“三八”妇女维权宣传活动。活动共发放宣传资料2万余份。同时，组织各乡镇（街办）妇联，利用城乡接合部、农贸市场等人流密集 的地方，通过制作宣传牌、刷写固定标语、悬挂横幅等形式，大力宣传《中华人民共和国反家庭暴力法》等法律法规。

【最美家庭活动】立足城乡社区“妇女之家”和各种网上妇女之家阵地，在社区文化广场或宣传栏中常年设立“最美家庭”光荣榜，建立家风、家训文化长廊，设立家庭幸福照片展示栏，并适时更新，组织动员家庭开展好“晒、议、讲、展、秀”5个环节活动。西峰区评选上报“最美家庭”102户，区妇联联合《今日西峰》记者，进村入户，深入各“最美家庭”户中开展评选走访，并在《今日西峰》报核心价值观栏目进行专题报道。全年，上报市级“最美家庭”21户，15户“最美家庭”受到中共庆阳市委宣传部、庆阳市妇联等六部门的联合表彰奖励，20户受到区上表彰奖励。各乡镇（街办）命名表彰“十佳好婆婆”“十佳好媳妇”“十佳热心人”“十佳文明户”等“最美家庭”45户；在全区组织开展以“寻找最美家庭·留住幸福瞬间”为主题的“最美家庭随手拍”活动，上报各类图片资料50余份，家庭故事15篇；在“4·23”第21个世界读书日来临之际，在全区范围内开展“最美书香家庭”评选表彰活动。对评选的10户“最美书香家庭”，在西峰区举办的全民阅读文化周经典诵读晚会上进行了表彰奖励。

【志愿服务活动】西峰区建立10个服务总队，100多个服务分队，有巾帼志愿者1600多名。各社区举办环境卫生清扫、居家养老、法律法规知识宣传、义诊等特色志愿者服务活动共100多场次，参加人数3000余人（次）。

【巾帼心向党活动】纪念中国共产党成立95周年为契机，组织动员各级妇联开展“巾帼心向党”主题演讲赛、“知党章、学讲话、做表率”知识竞赛、重温入党誓词、赴南梁接受爱国主义及革命传统教育，开展《党在我心中》征文等活动18场次，上报市妇联优秀征文16篇。

【扶贫攻坚】制定《区妇联2016年度帮联彭原村帮扶计划》，为每户帮联户制定帮扶计划。配合村上完成“一事一议”财政奖补项目建设任务。配合村上对雷庄—任咀—北庄及南庄西咀养殖小区共4.6公里的路面进行硬化。配合村上在南庄西

建立华美羊养殖厂1处，建羊社45栋。新增规模养殖户10户、在雷庄种植樱桃园280亩，东头队种植樱桃园200亩，栽植柳树、槐树100亩；对“春蕾女童班”20名贫困女童每人发放救助金200元及价值200元的新华成语大辞典一本。技术帮扶。举办“陇原巧手”培训班1期，培训妇女120人，组织开展留守妇女谈心谈话活动3场次；动员组织13名妇女外出务工；春节前夕，对彭原村9名贫困、单亲特困母亲及6户双联户进行了慰问救助，每人发放救助金500元；春耕期间，为每户双联户及精准扶贫户送去化肥12袋。结合双联行动“大走访”活动，深入彭原村前头咀组、南庄组的91户农户家中，为何建业、刘军等12户发放价值11232元的澳优能力多奶粉。

【“两学一做”学习教育】以全区“两学一做”学习教育为契机，以建设“学习型”、“服务型”、“创新型”“务实型”妇联组织和打造优秀妇联干部队伍为目标，始终坚持把强化理论学习作为加强班子思想建设、队伍建设、提高执政能力的重要举措，进一步健全了学习制度，立足妇女工作实际，结合全区“两学一做”学习教育制定了翔实可行、内容丰富、形式多样的学习计划，采取“四学模式”（科级干部带头学、交流讨论集中学、打造平台多样学、创新载体实践学）有计划、分层次地组织党员领导干部，突出“五个带头”（带头学习提高、带头服务群众、带头争创佳绩、带头转变作风、带头抓促落实）通过深入学习习总书记的一系列重要讲话精神和党的最新理论、方针、政策，强化了理论基础，加强了党性修养，树立了正确的价值观和政绩观，在思想上、行动上始终与上级党委保持高度一致。一是坚持利用“主题党日”开展集体学习。利用每周二下午组织班子成员开展集体学习，重点学习了《中国共产党党章》《中国共产党廉洁自律若干准则》，中共十八届三中、四中、五中、六中全会精神及省市区委会议精神、习总书记在建党95周年大会上的讲话精神、党风廉政建设等内容，让党员接受思想洗礼，切实提高增强班子成员的党性修养，进一步增强政治意识、大局意识、核心意识和看齐意识。二是培训学习。积极组织班子成员参加全省妇联干部岗位能力提升培训班、区委中心组学习及“智汇西峰大讲堂”等专题讲座，通过培训学习，着力提升了班子成员的改革创新能力和履职能力能力。三是专题讨论交流学。重点围绕“严守党章党规，规范党员日常言行”、践行“四讲四有”做合格党员、“立足本职岗位，发挥先锋引领作用”等主题开展学习讨论。在全区妇联系统举办了学习十八届六中全会精神及市区党代会及“两会”精神座谈会。通过座谈交流学习，使班子成员对中共十八届六中全会、市区党代会、党章党规等内容有了较为全面系统的掌握，对系列讲话的基本内容有了比较全面的了解，参加组织生活、履行党员义务更加自觉，党性观念和党员意识得到显著增强。年内，班子成员集中学习40多场次，人均记政治、业务学习笔记2万多字，撰写心得体会6篇，形成调研报告3篇。

西峰区妇女联合会领导班子成员名录

主　席　王桂芳（女）

副主席　马卫华（女）

（供稿：刘文慧）

西峰区残疾人联合会

【康复服务】建成1个区级10个乡级115个村级康复室，配备专（兼）职康复指导员。联合开展残疾预防和宣传活动32场（次），发放宣传品4.5万份，免费药物1.4万盒，开展优生健康检查2130例；组织实施“七彩梦行动”、彩票公益金助残、蓝天行动、百千万工程等一系列助残康复项目。为120人实施白内障复明手术，为23名残疾人配发助视（听）器，转介42名残疾人到省市进行功能训练和治疗，为310名残疾人免费配发轮椅、助行器等辅助器具，为230名精神病患者提供康复服务，

“全国助残日”轮椅捐赠现场

投入23万元为温泉镇和广场路社区残疾人康复室更新康复器材42件/套，落实康复救助资金19.3万元为残疾人购买康复服务33人/次；建立残疾人康复人才库，收录康复人才190名，在甘肃省第一届残疾人辅助器具服务技能大赛中西峰区选手荣获三等奖。2016年，3600多名残疾人残障功能得到不同程度的补偿。

【特殊教育】经协调73名残疾儿童在普通学校随班就读，9名残疾儿童在北街幼儿园特教班接受学前教育，24名残疾儿童到市特教学校接受特殊教育，使西峰区适龄残疾幼儿入园率达到95%，残疾学生入学率达到98%；为114名贫困残疾学生、150名贫困残疾人子女，发放500—5000元的助学金；在区、乡残联看望、慰问残疾学生的基础上，村（社区）残协专职委员开展定期走访活动，每月至少走访残疾学生家庭一次，协调解决残疾学生生活中和家庭中的实际困难问题300件/次。

【就业培训】结合《西峰区集中和分散安置残疾人就业基地建设办法》及区情，修订《西峰区集中和分散安置残疾人就业基地评估认定标准》。2016年，在什社乡任岭村和董志镇八年村建设整村推进残疾人养殖就业基地2处，对单户残疾人家庭实行一次性肉羊养殖产业扶持，将63户残疾人家庭纳入建设范围，由政府给予1.5万元的补贴，统一建设标准羊舍，每户发放种羊13只，使残疾人居家实现就业；在城区改建和新建的公厕中为残疾人预留看护岗位，按照“建成一处、安置一人”的方式进行实名制安置就业，并将从事公厕看护的23名残疾人全部纳入政府公益性岗位，享受每月1500元的岗位补贴。设置电子商务、鞋类维修和养殖、种植等5个培训科目，2016年区乡共举办残疾人专项培训班12期，培训残疾人740人/次，通过培训，70%的残疾人稳定就业。

【文体维权】成功举办区级“爱耳日”“全国助残日”“特奥日”等主题文体活动5场，开展乡级残疾人群众性文体活动29场/次；建立残疾人文化艺术和体育特长人才库，收录残疾人230名；设区级盲人阅览专柜2个，配备盲文图书、有声读物和阅听设备120本/套；成立区级残疾人法律援助站1个，聘请爱心律师3名，成立乡级残疾人法律援助分站10个，各聘请爱心律师2名，通过区乡联动，受理残疾人来信来访、法律救助55人（次），通过协调、转介等方式，挽回残疾人经济损失42万元。

【兜底保障】西峰区1432名残疾人纳入低保范围，为一、二级重度残疾人代缴100元的养老保险金，解决1922名残疾人的养老后顾之忧；将7335名残疾人纳入医保范围；对570户特困残疾人家庭进行临时救助，发放救助金25万元。将符合条件的残疾人全部纳入特困残疾人生活补贴、重度残疾人护理补贴和机动轮椅车燃油补贴等三大助残项目。落实资金210万元，为1500名重度残疾人发放护理补贴；落实资金132万元，为1200名特困残疾人发放生活补贴；落实资金12万元，为462名残疾人发放机动轮椅车燃油补贴。2016年协调、帮助残疾户落实发展资金120多万元，栽植核桃树苗230亩、苹果树340亩，养殖肉羊800只，转介输出家庭剩余劳动力132名，新建住房21户、修缮住房15户。

【“双联”及精准扶贫】组织干部职工开展问卷调查、民意调查、走访谈心等活动，了解群众的生产生活需要和致贫原因。赴肖金镇老山村入户走访群众80余人次，征求群众意见建议34条，解决疑难问题6件。结成帮扶对子10个，免费捐赠轮椅7

辆，为10户特困和重度残疾人家庭申请了惠民补贴。组织农户参加实用技术培训42人/次，转介输出劳动力19名，使帮联家庭增收21万元。

【"两学一做"学习教育】组织党员干部到革命圣地接受再教育，重温入党誓词，制作党员警示牌，佩戴党徽，采取个人自学和集中学习方式学习党纪党规，组织观看廉政警示片5部、党史教育片3部，落实领导干部"一岗双责"，每位职工撰写心得体会3篇、摘抄笔记5万字，开展街道卫生清扫等党性锤炼60余次。

西峰区残疾人联合会领导班子成员名录

理事长　孙晓霞(女)

副理事长　窦永青

（供稿：杨永宁）

西峰区科学技术协会

【科普培训】以"三下乡""科普之春(冬)""全国科普日"和"科技活动周"等活动，组织农业、林果、文化、科技、卫生、环保等行业的专业技术人员开展科普宣传活动16场(次)，散发科普资料、图书5000余份。区科协出资10万元印制5000份《安全健康篇》《生态环境篇》和科普资料袋。组织各协会聘请专业技术人员对周边群众进行科学养殖、种植培训。如什社谷子协会、西峰区畜牧协会、富源林果协会，组织培训20场次，培训人数0.8万人次，为西峰区畜牧养殖协会拨付资金3万元，用于该协会购置科技进户宣传车，增加协会的号召力和知名度。投资1万元，为西汇蜜蜂养殖协会购置培训设施。区科协出资，派富源林果协会负责人赴山东等地考察学习，引进新品种。配合市科协在庆阳天富亿市民农园农民专业科普协会悬挂、张贴各类科普宣传牌100余面，提升了该景区的科普品味，今年，该景区顺利通过了全省科普示范基地第三方评估验收。各乡镇组织开展实用技术培训1.5万人次；区总工会筹资5万元，培训农民工500人次；团区委开展农村青年就业创业培训7场次，培训500人次；区妇联实施农村妇女"提素工程"，培训妇女2000人次；农牧局围绕产业开发和新型职业农民培育，培训农民3万人次；人社局完成农村劳动力培训2000人次；卫计局加大对农民群众计生知识政策及健康养生知识培训教育，培训宣传农村群众1.5万人次；区科协组织开展"百会带万户"活动，培训农民20多场次0.8万人次，咨询、指导、服务群众1800人次。

【科普宣传】开展"科普进校园"活动8场(次)、青少年科技创新作品制作辅导5场(次)，1.5万名中小学生受到教育。组织举办西峰区第十一届青少年科技创新大赛，全区15所中小学校参加，首次将参赛范围扩大到幼儿园、作品扩大到科幻画，共征集创新作品100多件，经现场演示评奖，评选出40件创新作品和科学幻想画参加了庆阳市第六届青少年科技创新大赛。选派选手参加了在上海举办的全国青少年科技创新大赛，我区一作品获全国二等奖。区财政投资15万元，分别建成了肖金中学、庆阳三中2个青少年科技创新示范基地，建成了科技创新作品展室，购置了必要的科学实验仪器设备。庆阳二中、三中、四中、肖中、北街实验学校等都开展了各具特色的科技教育活动；团区委和教体局组织开展了科技小制作、小发明竞赛活动，全区共有1500名中小学生参加，评选出优秀作品予以表彰奖励并推荐参加市级竞赛。以"体验科学"为主题的中国流动科技馆西峰巡展活动，从2015年12月3日开始，至2016年2月初结束，吸引了全区近3万人次观展。

【科普活动】区科协发挥科普宣传主力军作用，大力做好科技活动周、全国科普日、科普进社区等主题宣传活动。3个街道办事处组织各社区开展"共筑和谐社区，共建美好家园"主题群众文化活动24场次。全区所有的社区都依照全国科普示范社区——南办育才路社区、南苑路社区的模式，建起了科普阅览室、文体活动室、科普宣传长廊等设施，建立了科普宣传员、科普志愿者队伍，开展道德大讲堂、健康知识、禁毒、反邪教、消防安全和食药品安全知识讲座。有条件的社区还建立了社区科普网站，利用互联网技术推广宣传科普知识。南苑路社区发挥科普资源共建共享机制作用，建起了科普学校，举办科普讲座，宣传科普知识。北街办事处组织协调举办香包等产业培训班5期，培训城镇劳动者300人次，研发民俗文化新产品8种，还举办辖区居民科技小制作、小发明竞赛活动，共有500多名居民参加，并依托北大街社区文化活动中心，成立了心怡咨询调解服务中心，组建专家、科普志愿者团队，为居民提供心理、司法、就业、家庭教育等咨询服务。南街办事处进一步规范了8个社区科普志愿者服务工作站，全年共开展志愿服务活动4次，参与志愿者200多人次。区政协组织科技界政协委员成立了科技服务团，开展送科技进社区活动4场次。团区委开展青年就业创业培训3场次，培训城镇待业青年300人次。妇联实施城镇妇女提素工程，培训妇女1000人次。残联举办残疾人职业技能培训班5期，培训城镇残疾人150名。人社局完成创业培训400人次。

【干部培训】区委组织开展“智慧西峰大讲堂”活动4场次，邀请国内知名专家教授开展包括科学知识在内的各种培训讲座，受训领导干部和公务员近1000人次。区委组织部依托实训基地举办大学生村官、新提拔干部、农村党员干部教育培训主体班次12期，培训1000多人次。团委开展团干部培训班1期，培训干部60人次。党校充分发挥干部培训的主体作用，全年举办主体班7期，培训干部600人次。区政府办举办文秘人员培训班2次，培训100人次。安监局举办全区安全生产执法业务专题培训班1期，培训60人次。此外，全年全区共选派干部1000多人次到外省外地参加各类培训及考察学习。

【科普项目】全年申报“科普惠农(益民)”项目1项。经多方协调，有1项获得国家科协支助，什社谷子生产技术协会获中国科协、财政部“基层科普行动计划”科普惠农奖补资金各20万元。对项目实施单位，严格按照上级的要求，督促建立和完善了“站、栏、员”建设，并要求在醒目位置设置了大型科普惠农益民项目标志牌，全面实行规范化管理。同时强化项目资金管理，杜绝截留、挪用，提高项目实施质量，扩大辐射带动效应。同时，按照培育先行、超前储备、择优扶持的原则，积极培育新的项目源，入选科普惠农项目库，为申报下一轮项目打下坚实基础。2016年，重点创建命名了一个区级科普示范社区。

【科普示范】按照市科协“十百千”活动方案，制定下发《西峰区科普示范乡镇、村、社区、户创建实施方案》，提出了具体可行的创建标准，要求各乡镇、街办对照创建标准，认真组织实施。在对原有科普示范乡、村、户巩固提高、大力宣传、发挥作用的基础上，新建科普示范乡1个，示范村10个，示范户100个，并进行验收、命名、挂牌。狠抓农村农技协、科普示范基地、科普教育基地、科普示范社区规范化建设工作，以果菜畜三大产业为重点，培育科普示范基地、科普教育基地、科普示范社区示范点各1个。1个协会被评为全国科普惠农兴村计划先进单位。新建2个青少年科技创新示范基地学校。继续加强科普服务站管理，经常检查指导，完善工作制度，创新工作载体，定期考核评估，切实发挥作用。

【基层组织建设】2016年，新成立“西峰区陇清果业技术推广协会”“西峰区改玲果业协会”等3个“合作社+协会+基地+公司+农户”模式的农业专业合作经济组织，新发展会员2200多人。在市科协的帮助指导下，新成立2个专业技术联合会，新发展会员846人。这些协会成立后，积极开展科普宣传培训、技术引进、试验示范等活动，发挥辐射带动作用。老科协基层组织快速发展。7个乡镇老科协分会全部成立，9个区直部门成立了专业分会，各分会都能找准自己与党委、政府中心工作的契合点，定期召开理事会议，结合各自专业特点，开展好各自工作。老科协今年发挥人脉资源优势，为6个帮扶联系点协调落实各类资金、物资价值125万元，并且做到年初有安排，半年有督查，年终有总结。

【示范市建设】采取实地考察与重点调研、技术会诊与深入挖掘相结合的方法，深入全区15户企业，摸清全区重点产业、工矿企业、科技园区、农合组织在转型升级等方面的关键技术难题、合作需求及人才需求，填写了需求表格，掌握了相关情况，征集企业技术需求17条，及时上报市科协。与10户企业签订了专利技术共享协议，并组织上述企业负责人参加了省市科协举办的创新驱动助力工程培训班。在市科协的帮助指导下，西峰制药厂与中国中医学会、西庆乳胶漆厂与中国化学工业学会分别达成了合作意向，签订合作协议，建成上述两个学会工作站，全国化工学会、中医药学会3名专家莅临西峰指导企业技术创新，解决企业关键技术难题。

区科学技术协会领导班子成员名录

主　席　葛晓宏

副主席　李　晛

副科级干部　刘学君

（供稿：陈志华）

西峰区文学艺术家联合会

【文化活动】春节期间，组织区书协、美协、民协文艺工作者40多人（次），深入部分村组、社区、双联及精准扶贫户、离退休老干部家中开展了送春联、送书画、剪纸、送全家福照和慰问活动，即“三送一慰问”活动，为农民群众、城市居民、干部职工送书画、送春联、送剪纸作品2000多幅，为双联及精准扶贫户摄制赠送全家福照15幅，为离退休老干部送去了慰问品和新春祝福；7月27日，组织部分文艺工作者参加了肖金文化商贸交流会开幕式，并

肖金文化商贸交流会“墨香肖金”农民书画展艺术交流活动

在“墨香肖金”农民书画展活动中进行了书画艺术交流。2月19日至24日，与区委宣传部联合在庆阳市博物馆举办了“情系扶贫·圆梦小康”全区干部群众书画作品展，展出作品200多幅，并进行了评奖。6月28日，与区委组织部联合举办了“弘扬党风、书写华章、绘出精彩”全区党员干部群众书画作品展，展出作品180多幅，并进行了评奖。10月30日，与区委老干局联合举办了“缅怀革命先烈·弘扬长征精神”全区离退休老干部书画作品展，并进行了评奖。同时，积极参与并参加市文联、市文艺家协会安排的各项工作和开展的各类文艺活动，增长了见识，陶冶了情操。5月18日，组织区部分书画家到庆城县参加《凤城墨韵》首发式暨“红心向党、魅力庆城”书画作品展，并开展了学习交流采风活动。6月21日，组织区内书画家参加了庆祝建党95周年“红心向党、魅力庆阳”庆阳市书法美术摄影精品展暨《庆阳书法作品全集》首发式，并进行了现场笔会交流。10月18日，组织区上部分艺术工作者参加了庆阳书法小品展，进行了参观学习交流。10月26日，组织书协、美协、作协会员20多名赴显胜乡蒲河川开展了“相约蒲河川，丹青逐梦飞”采风写生交流活动。区书协、美协、音协、舞协、民协等协会通过举办集体培训班和个体培训班的形式，共培训学员200多名。制定一个干部联系一个协会制度，克服坐守机关、等待观望的不良作风，发挥“联络、协调、服务、维权”职能，与各协会、广大文艺工作者和帮联

村、帮联户及基层群众加强联系。

【文艺创作】2016年共编辑出版文学刊物《董志塬》4期4600册、《陇东书画》4期4800册。组织会员积极创作，在国家、省、市三级创作、出版、发表、展演、播出作品取得新突破。文学方面，作家杨永康、王天宁、侯永刚3人的文学作品在国家级刊物上发表6篇；李致博、谷凌云、杨潇、高自刚等10多人在省、市级刊物发表各类文学作品60余篇（首）。完成《楷模生芳》等11部庆阳市重点文艺资助项目作品的创作出版，部分作品被出版社网络平台多次重点推出和宣传。有5人次申报参加省、市文艺评奖和资助活动。书画方面，组织会员创作书画作品500多件，在甘肃省第四届“张芝奖”书法大展和“人和文化”甘肃省第五届信任书法作品展等国家、省、市书画作品展中有20多人30多件作品获奖。在甘肃省第五届妇女书法展览中，刘娟娟等8人作品入展获奖。音乐、影视创作方面，配合区委宣传部、显胜乡政府完成宣传西峰区生态旅游MTV《相约蒲河川》的拍摄工作。杨潇创作的歌曲《相约蒲河川》《幸福的阳光洒满神州》等4首歌曲被国家级刊物发表，其中《幸福的阳光洒满神州》《小康路上春风浩荡》被庆阳市农村工作部选用制作。郭崇勇、王圣晅等音乐艺术家创作的歌曲在国家、省、市报刊上发表20多首，参加国家、省、市、区各类比赛和展演活动中获奖多项。戏剧舞蹈创作上，戏剧家协会和舞蹈家协会组织编排了戏曲、舞蹈、歌曲、小品、器乐等一些群众喜闻乐见的文艺节目80多个，在区内外演出100余场次。摄影创作方面，区摄影家协会在孙杰的组织带领下，积极参加各类艺术拍摄活动，赴平凉、天水、镇原、陇南、银川、西宁等地开展摄影艺术交流、开展专题讲座、举办摄影展览和赛事活动，参与《中国摄影》故乡年味儿微影赛，有100多幅作品被组委会选编刊发，孙杰、温春燕等人作品入编《故乡年味儿》作品集。组织8名会员参加天水国际摄影双年展，孙杰作品《老有所依》获全球摄影网第二届夕阳红摄影大赛优秀作品奖，《手工草帽》（组照）、《庆典来临》在2016第十届大河上下黄河流域九省区摄影艺术展中获奖。徐凌云作品《忍俊不禁》在“益康杯身边的笑脸”摄影大赛中荣获金奖。在10月14日中央电视台《乡约·甘肃西峰》拍摄工作中，4名专业摄影人员在文联统一组织下，参加10月14日中央电视台《乡约·甘肃西峰》拍摄工作，共拍摄现场照片300多幅，通过网络发表宣传庆阳，宣传西峰。民间艺术创作方面，召开了非物质文化遗产研讨交流暨荷花舞传承培训会，组织举办城区青少年“‘2016’中国梦放飞理想”风筝大赛、西峰城区民办学校少儿庆“六一”才艺大奖赛和校园剪纸大赛；组织民协会员参加2016年中国非物质文化遗产传承人研修培训班、全国刺绣艺术杰出传承人培训班、首届丝绸之路（敦煌）国际文化博览会和第二届中国拼布创意设计大赛，赴埃及开罗参加甘肃文化周宣传交流活动；组织承办“喜迎中秋国庆双节”群众文化展演周活动，开展“民俗文化进校园”活动，举办各类培训班126期，培训10000多人（次），组织民间艺术大师创作民俗文化产品130件，参加国际国内展览和艺术大赛20余场次，获奖35项。

【扶贫攻坚】文联联系后官寨镇帅堡村及其13个双联户、5个精准扶贫户的帮扶工作。春节期间，组织开展“三送一慰问”活动，组织艺术家为双联户及精准扶贫户赠送了书画、对联、剪纸，挨家挨户慰问，送去食用油和大米。春耕期间，为双联户及精准扶贫户送去化肥2吨、捐赠家庭用品20多件、捐赠书籍资料及书画作品20多幅（本），2016年区文联帮联的13个双联户人均年纯收入均在4000元以上，5个贫困户已实现脱贫。12月份，积极响应红十字会的爱心行动，为3个精准扶贫户送去棉被、被套、食用油等生活慰问品。

区文学艺术界联合会领导班子成员名录

主　席　吴立华

副主席　王天宁　杨　潇

（供稿：梁仲鑫）

法 治

政法综治

【防控体系建设】西峰区拨付 80 万，更新升级农村技防监控设施，重新打造整合平台，交由辖区派出所管理。投资 239 万元，对西峰区拘留所视频监控进行升级改造，安装高清数字监控探头 14 个，星光级红外监控探头 146 个，建成智能监管平台系统、报警系统等十大系统。加强人防建设，组建 1 支 30 人的综治巡逻队伍，全天候专职巡逻，有效加强社会面防控。城区派出所和 5 个乡镇派出所按照“两队一室”，2 个农村派出所按照“一队一室”模式进行机构设置，人员分流，成立综合办公室 9 个，配置人员 33 人；成立社区民警队 7 个，配置人员 112 名；成立案件侦办队 7 个，配置人员 122 人；成立业务队 2 个，配置民警 23 人，推进社区民警专职化。巡警实行全天候巡防以车巡和步巡相结合，动态和蹲点相结合，有警接警、无警巡逻盘查。城区 1—3 平方公里建立一个巡逻责任区，形成全面覆盖城市中心区域的“网格化”巡逻防控机制。

【综治信息平台建设】全区网格化管理基础建设工作已全部完成，区、乡、村形成条块化管理模式。11 个综治视频会议室和 10 个办事大厅视频会议系统建成运行，重新为网格信息员配备手机一部，升级综治信息平台，全网贯通，自 8 月开通以来，采集、传送、处置各类综治信息 1884 条，实现了排查全覆盖，管理无缝隙，服务全方位，有问题及时发现，有矛盾及时化解，有需求及时服务的网格化信息管理体系。

【重点整治工作】对全区治安复杂区域进行全面摸排，共受理各类刑事案件 3405 起，破获 1476 起，其中破获现案 898 起，同比上升 29.21%。现行命案发 3 起，破 4 起，破案率为 100%。区运管局牵头对拉客、宰客、黑营运车辆进行专项整治，采取平时监管与集中整治相结合、静态管理与动态管理相结合的方法，交叉执法，对道路运输市场进行全面监管，取缔了汽车北站及南站附近的“黑车”聚集点，规范了客运市场；卫计局组织全面排查全区易肇事肇祸精神障碍患者，对排查出的 593 名患者全部建档立案，成立监管小组，各监管小组每月报告监管情况，卫计局定期进行回访，并组织专业人员开展卫生服务。南、北街办对辖区内的“三不管”楼院进行重点治理，组织党员志愿者在小区内开展了矛盾纠纷调解、安全防火检查等活动。区教体局通过校园安全知识宣讲，上下学交通疏导等方式，使学校周边打架斗殴现象杜绝，交通拥堵得到有效治理。

【油区治安管控】全区确定 7 个责任乡镇、6 个责任部门和 130 名管护责任人员，健全完善基层巡防队伍建设。推行有偿举报制度，实现专业管护与群防群治有机结合。区综治办全面开展油区治安专项整治工作，查扣涉案车辆 8 台，收缴原油 15 吨，清理占压输油管道的违法建 23 处，取缔非法石油窝点 2 处，调处重大涉油矛盾纠纷 15 起，有效遏制了部分乡镇涉油案件高发的势头。彭原镇对地坑集贸市场进行了重点整治，排查消防、交通等安全隐患，通过整治，各种安全隐患及周边环境得到明显改善。

【信访工作】制定《全区重大矛盾纠纷集中排查化解活动实施方案》，深入开展纠纷集中排查化解，逐案落实“五包”责任制。2016 年，全区共调处各类矛盾纠纷 2533 起，调解成功 2508 起，调解率 100%，成功率 99%。区上县级领导包案的 18 件积案全部化解，区直部门主要负责领导包案的 37 件化解 28 件。进京上访共 8 批 8 人次，其中 1 人 7 批 7 人次。积极探索援调结合新模式，将法律援助纳入矛盾纠纷排查调处工作中。成功调处具有重大影响的矛盾纠纷 3 件，代书 20 多件，提供法律咨询 150 多人(次)。首创西峰区道路交通事故损害赔偿人民调解委员会“八位一体”联运联调机制，调解道路交通事故损害赔偿纠纷案件 146 起，占全区道路交通事故案件的 32%，涉案金额 530 多万元，调解成功率 99%。重点矛盾纠纷实行清单化管理，责权明晰，全部化解到位。

【社会稳定风险评估】以争创全市社会稳定风险评估示范县(区)为目标，制定《西峰区争创全市社会稳定风险评估示范县(区)活动实施方案》、《西峰区重大事项社会稳定风险评估工作目录(试行)》，凡是“五个重大”事项启动，都严格执行了社会稳定风险评估“前置程序”，共组织评估了 52 个重大事项，制定了相应的风险化解预案，切实从源头上预防和减少了社会矛盾的发生。同时，为了发挥行业专家的技术支撑作用，提高重大事项社会稳组建 50 人的稳评工作专家库，充分发挥稳评工作的社会实效。

【防范和处理邪教】建立完善邪教人员电子数据库，全区共排摸邪教人员 691 人。切实做好“两会”“4•25”“5•13”“7•22”“G20 杭州峰会”“敦煌文博会”等重要时期的防范控制工作，制定完善《西峰区反邪教工作应急预案》，共组织开展 3 次大规模的集中排查清理清缴行动。对 2015—2016 年转化的 55 名邪教人员按季进行了回访帮教。在“门徒会”百日严打整治中，查处邪教“门徒会”非法聚会案件 1 起，行政拘留 6 人。破获 邪教“法轮功”非法活动案件 2 起，行政拘留 1 人，刑事拘留 2 人。邪教“全能神”非法聚集案件 3 起，非法活动案件 1 起，行政拘留 11 人，收缴非法印刷品、书刊 168 册，光碟 27 张，学习笔记 7 本，笔记本电脑 2 台，平板电脑 1 台，便携式 VCD1 台，MP56 部，内存卡 7 个。大张旗鼓的宣传反邪教工作，制作反邪教宣传展板 66 面，展出 60 余次，发放各类反邪教宣传单 20 万余份、反邪教宣传小礼品 20000 余件，解答群众咨询 10000 余人次，受教育群众达 20 万人次，举办主题文艺演出 10 余场次，悬挂大型条幅 120 面，制作反邪教文化墙百余米，利用出租车车载 LED 屏全天候不间断播放宣传标语，区电视台、新闻网络中心、今日西峰等媒体开展专题报道 10 余次。组建了以乡镇(街道)综治员为主的 260 人反邪教志愿者队伍，举办了全区党政领导干部反邪教知识竞赛和反邪教漫画征集大，在学校、社区、企业、机关等场合开展反邪教宣传活动，开展专题讲座 20 场次，发放社会调查问卷 1000 余份。积极引导广大群众扫描全区关注“飞天阳光”和“中国反邪教”微信公众平台达万人以上，省级媒体(飞天阳光网、甘肃平安网)发稿 2 篇(条)；市、区级媒体(庆阳平安网、西峰平安网)发稿 20 篇(条)，编写信息简报 30 期；“今日西峰”“走街串巷”等新闻媒体栏目开展专题报道 5 次。全区成立专门反邪教公安民警 24 名，专职信息联络员 115 名和了村级(社区)反邪教工作站，聘请专业师资人员开展集中培训两次。按“红、黄、蓝、绿”四种情形对邪教人员进行风险评估，使全区 77 名重点人员全部纳入了管控工作视线。

【禁毒工作】强化公安技侦、网侦、缉毒联合作战模式和全警参战机制，利用“大情报”平台和 DIAS（禁毒情报信息研判系统），严厉打击毒品违法犯罪活动。禁毒委以“破大案、打团伙、挖毒枭、查网络”为指针开展了“百城禁毒会战”“禁毒百日攻坚”行动，共破获毒品案件 88 起，公诉犯罪嫌疑人 80 人，缴获毒品海洛因 1014 克，合成毒品 448 克；查处吸毒人员 652 人，新发现吸毒人员 127 人，强制隔离戒毒 312 名，责令社区戒毒 151 名。

【执法质量建设】制定下发《关于做好 2016 年案件评查工作的通知》，要求全区政法各部门一定要高度重视案件评查工作，统一研究部署，精心组织实施，要切实负起案件评查的主体责任，及时成立案件评查领导小组和案件评查小组，抽调业务能力强，工作认真负责的同志负责案件评查工作，通过评查，发现问题，提高办案效率质量。重点评查案件 100 件，一类案件 75 件，二类案件 25 件，无三类案件。认真开展减刑、假释、暂予监外执行专项清查活动，对 6 名假释罪犯，逐人调阅了管理档案，走访了人员所在村组。对摸排出的暂予监外执行人员，通过和基层司法所工作人员谈话的形式，对 8 名暂予监外执行人员已全部核查结束。扎实推进“轻刑快办”，严格办案责任，加强法律监督，切实防止冤假错案，确保案件质量与诉讼效率。适用快办机制办理各类轻微刑事案件 4 起，其中盗窃案 1 起，危险驾驶 2 起，故意伤害案 1 起。

【政法综治队伍建设】结合习总书记对政法机关的一系列指示要求和省市政法委部署的“三警”教育，把队伍建设放在更加突出的位置常抓不懈。一是不断加强思想建设。借助“主题党日”学习，采取专题讲座、研究讨论、交流座谈、集中学习、个人自学、撰写心得体会等各种学习方式，分层次、分专题组织开展学习中共十八大和十八届三中、四中、五中全会精神，习近平总书记系列重要讲话精神及中央、省、市政法工作会议精神。通过学习，全面强化干警纪律意识、规矩意识，宗旨意识、担当意识，营造讲政治、守规矩、比作风、比成绩的良好氛围。二是全面落实从严治警。结合党员“两学一做”学习教育活动，区委政法委部署在全区政法系统开展了“警德、警纪、警风”专项教育，着力解决政法队伍在作风建设、制度落实、执法办案、职业道德、内部管理等方面存在的问题。在教育整顿活动中，紧紧抓住制度建设这个关键环节，注重在学习、工作、生活 3 个层面上建立健全具有规范性、约束性、问责性、惩戒性和操作性的规章制度。把“整当前”与“管长远”结合起来，采取暗访、曝光、查处、追责“四管齐下”的措施，追究违纪民警 115 人 180 次，扣发各类津贴 7310 元，其中警戒 2 人次，停止执行职务 3 人次，清调 3 人。进一步增强了政法队伍的政治意识、大局意识、核心意识、看齐意识，有效提升了西峰区政法干警执法为民、公正司法的能力和水平。5 月，政法部门开展了以政治理论、党性修养、法治理念、业务能力、实战技能为主要内容的专项教育培训工作，以公安为主，分别抽调武警、特警、刑警、巡警、民警、消防、卫生等组成若干应急处突队，开展实战演练 3 次；8 月，组织召开西峰区“百名法学家百场报告会”，区上各单位、部门党政负责人、政法各部门班子成员及科室负责人，共计 280 人参加了报告会；10 月中旬，组织 300 名政法综治维稳干部在区委党校举办了全区政法综治维稳干部培训班。通过教育培训，切实提高了政法综治队伍的综合素质，为政法综治工作的开展夯实了基础。

【扶贫攻坚】制订司官寨村 2016 年帮扶计划，按照帮扶项目、完成时限和责任主体，实行挂图作战，压茬推进。注重加强与各成员单位的衔接联系，年内主持召开联村工作组会议 5 次，多深入帮联村检查、督查，及时了解工作进展，协调解决突出问题，推进了各项任务的落实。严格执行《西峰区驻村帮扶工作队管理考核办法》和驻村帮扶工作队职责，全面推行了干部驻村精准施策、帮扶信息动态管理、扶贫任务量化分解和综合考评追责问效工作机制，实行全员轮流驻村帮扶。2016年，拨付专项资金5万元，指导帮扶村党组织加强自身建设，健全组织体系，完善工作制度，落实党建工作责任制，提升基层党建工作科学化水平；协调新修通村油路1.9公里，柏油路罩面0.5公里；为25户双联户和15户精准扶贫户每户赠送化肥2袋，地膜1卷；春节前后，先后对15户贫困户慰问2次，每户送去慰问金500元，价值200元礼品一份，鼓励他们继续以奋发向上的精神，争取早日走上致富之路。通过全力抓促帮扶，司官寨村年初确定的脱贫任务如期完成，没有新增返贫农户。

区政法委领导班子成员名录

书　记　刘兴峰(9月止)
　　　　张鹏瑞(9月任)
副书记　杨彦军　白世海

(供稿：安　洁)

法治政府建设

【宣传培训】2016年组织区政府常务会议集体学法6次，邀请专家教授举行综合法律知识2场，指导执法单位开展专业法律知识培训135场次，组织行政复议人员、行政执法监督工作人员参加《庆阳市政府法制工作业务培训会议》，派专人赴兰州参加《档案专业技术人员继续教育培训会》和《行政复议(应诉)疑难案件审理培训会》。在西峰区公安分局七楼会议室举办"百名法学专家百场报告会"西峰区报告会，在陇东学院大学生活动中心举办全区行政执法人员综合法律知识培训会，编制发放《行政执法工作实务》1000本，《庆阳市西峰区行政执法人员综合法律知识培训教材》1650本，指导执法单位开展专业法律知识培训135场次。创办西峰区法制信息网，报送各类法制信息483篇，被甘肃省法制办采录130篇，西峰网采录2篇，西峰区法制信息网采录143篇，向《甘肃日报》"建设法治政府专栏"投稿4篇。

【制度建设】在2015年制定出台《西峰区行政执法人员资格及证件管理制度》《西峰区行政执法主体资格管理制度》《西峰区法律顾问选聘办法》《西峰区行政复议工作规则》《行政应诉工作规则》《西峰区行政执法案件评查办法》等18项制度的基础上，2016年调研论证，起草《西峰区人民政府行政执法公示制度》《西峰区行政机关负责人出庭应诉规定》《西峰区重大行政决策风险评估办法（试行)》《西峰区重大行政执法决定法制审核制度（试行)》《西峰区行政执法投诉举报登记和处理制度(试行)》等9项制度草案，已经西峰区政府主要领导批准，西峰区政府常务会讨论通过，全部印发。

【规范性文件】落实《西峰区人民政府重大行政决策合法性审查规定》，对政府签字的法律性文书或由政府出台的涉及法律事务的文件，事前进行合法性审查。2016年受理重大行政决策合法性审查57件(其中公告45，合同5件，其他7件)，出具审查意见书34份，审查通过的规范性文件4件，分别是《西峰区林地保护管理办法》《西峰区城市生活垃圾处理费征收管理办法》《西峰区活畜禽调运监督管理办法》《西峰区财政资金管理办法》；完成区委、区政府领导临时交办的法制审查、法律咨询及征迁程序咨询10次；为区政府聘请法律顾问5名，选聘区政府法律专家咨询委员会委员6名、特邀行政执法社会监督员6名。

【依法行政】制定《西峰区2016年度依法行政工作要点》，签订《2016年依法行政工作目标管理责任书》。4月，对行政执法主体和行政执法人员进行全面清理，建立《西峰区区直行政执法人员名录库》《西峰区区直行政执法主体名录库》，通过区政府法制信息网向社会公开公示。为申请办证的362

行政执法考试

名（补考 213 人，新办 149 人）行政执法人员补录信息，并上报市法制办，在庆阳市第二中学安排全省统一考试，确保行政执法人员能“持证上岗、亮证执法”。7 月，邀请西峰区依法行政领导小组成员单位、西峰区特邀社会监督员、法律顾问分成 2 组，对西峰区 45 个行政执法单位进行一次中期督查，抽查审计局、安监局、城管局等 16 个行政执法主体单位 5472 本行政执法案卷（其中行政许可类案卷 2728 本，行政处罚类案卷 2744 本），抽查率达到 20%以上，评选优秀案卷 777 本（其中优秀许可案卷 134 本，优秀处罚案卷 643 本），优秀率占 14%；对西峰区行政执法单位的行政处罚项目、依据和数量进行清查，已有 21 个行政执法单位制定行政处罚自由裁量权细化量化标准，且全部通过部门网站向社会进行公示，并及时将督查情况向全区予以通报。12 月，从司法局、食药监局、质监局、安监局等单位抽调工作人员，分 4 组对西峰区 45 个行政执法单位开展为期 5 天的年终考核。并对 2015 年依法行政工作中表现较好的 13 个先进单位和 20 名先进个人予以表彰奖励；开展依法行政示范单位创建活动，确定西峰区董志镇人民政府、西峰区工商行政管理局为 2016 年依法行政示范单位，有效期 2 年（2018 年底终止）。安排对西峰区 47 个行政执法主体单位的行政执法人员，按照申办甘肃省行政执法证件人员进行人事、编制、法制“三关”的严格审查。

【行政复议应诉】严格依法审理行政复议案件，落实行政复议登记制度，行政行为没有被法院或复议机关纠正，未因行政行为接到行政复议意见书，2016 年收到行政复议申请案件 1 件，已办结；行政应诉案件 25 件，其中 16 件办结，办结案件胜诉率 100%，9 件正在办理；参与调处行政争议及信访案件 3 起。起草《西峰区行政机关负责人出庭应诉规定（试行）》草案，增强领导干部法治意识，规范西峰区行政机关负责人出庭应诉工作，重大行政诉讼案件区政府负责人出庭应诉 2 次，分别是彭原镇营畔 71 户村民诉西峰区违法征地案件和行政赔偿案件，区政府常务副区长马耀文出庭应诉。市民周兴平诉区政府不履行行政职责案件，区政府副区长雷兼博出庭应诉。

【“双联”及精准扶贫】入户 1200 余次，完善双联资料 224 份、精准扶贫资料 208 份，从“双联”及精准扶贫户中评选出 8 户生活相对比较困难的贫困户，送去价值 1200 元的大米、油等生活必需品。2016 年底，精准扶贫户（26 户 108 人）已实现全部脱贫。

【“两学一做”学习教育】2016 年初下发《西峰区法制办“两学一做”活动实施方案》，制定《西峰区法制办“两学一做”学习计划》，印发学习资料 3 册，分别是《中国共产党章程》《习近平总书记系列讲话》《习总书记关于法治的论述》，充分运用电视等主流媒体和网站、微博、微信等新媒体，引导党员干部利用多种方式开展自主学习和互动交流，扩大学习教育覆盖面，建设“两学一做”学习园地，发表“两学一做”工作动态及信息 10 篇，每个领导干部都能认真抄写学习笔记，累计抄写学习笔记 5 万余字，撰写学习笔记 20 多篇，观看网络教育警示片 50 多部，召开民主生活会 4 次。

区人民政府法制办公室领导班子成员名录

主　任　余飞鸿

纪检组长　刘一桥

副主任　胡晓刚

（供稿：王子瞻）

公　安

【维护稳定】强化情报信息工作，狠抓专案侦查，及时处置群体性上访事件，收集上报国保信息39条，反邪教信息19条，涉恐情报信息19条，上报互联网舆情监控信息50条，编报《西峰公安信息快报》173期。破获“法轮功”邪教组织刑事案件1起，刑事拘留2人，查处邪教行政案件6起，行政拘留违法行为人17人。依法妥善处置各类群体性事件132起，其中到市委、市政府群体性上访事件50起。采取先期预警，有效处置化解了穆东元非法吸收公众存款案400名债权人相互串联大规模群体性上访事件。年内，全区社会政治稳定，未发生暴恐案件，西峰公安分局被评为全省维护稳定工作先进集体。

群众向公安机关赠送锦旗

【打击犯罪】坚持严打高压态势不动摇，组织开展打击“盗抢骗”犯罪、经济犯罪、毒品犯罪等专项行动，集中整治了人民群众反响强烈的“黄赌毒”“黑拐枪”等治安突出问题。破获各类刑事案件1806起，其中现案1199起，公诉犯罪嫌疑人833名，同比分别上升47%、29%、10 %。命案发4起，破获4起。判决恶势力犯罪团伙1个，打掉恶势力犯罪团伙2个。破获“盗抢骗”刑事案件1116起，公诉犯罪嫌疑人208名。破获经济案件72起，其中非法吸收公众存款案件4起。破获贩毒案件83起，公诉犯罪嫌疑人78名，缴获毒品海洛因803克，合成毒品448克，查处吸毒人员652名，强制隔离戒毒吸毒人员212名，责令社区戒毒153名。通过全面落实打防管控各项措施，年内全区刑事发案首次出现回落，发案同比下降7%，其中八类严重暴力案件、盗窃案件、抢劫案件同比分别下降29%、12%、40%。年初，打击“盗抢骗”犯罪专项行动受到省、市公安机关表彰；千人县区禁毒工作考核由去年倒数第四上升到第四，受到省禁毒委表彰。

【治安管理】加强寄递物流业的管控，对107家寄递物流业420名从业人员进行培训，定期进行安全检查，从严督促“3个100%”制度的落实。加大对黄、赌、毒等社会丑恶现象的查处力度，破获涉黄涉赌刑事案件5起，采取刑事措施43人；查处涉黄涉毒治安案件79起，治安处罚204人。组织开展严厉打击整治打孔盗油违法犯罪专项行动，捣毁非法收购原油窝点1处，收缴原油10吨，追回涉油逃犯15名，其中部督逃犯2名。深入开展治爆缉枪专项行动，共收缴枪支29支，子弹270发，仿真枪30把，管制刀具50把，弩2个，立案查处非法携带管制刀具、枪支弹药案件31起，打击处理违法犯罪人员31人。参与大气环境污染整治工作，淘汰老旧机车和“黄标车”1776辆；配合拆除污染大的常压锅炉88座，查封责令改造

收缴的违禁物品

50 座；第一时间办结环保投诉信访案件 10 起。年内共计受理查处各类治安案件 5423 起，查处违法人员 3026 人。

【安全监管】牢固树立安全发展理念，始终坚持安全第一，依法履行安全管理职责。组织开展交通违法"清零"和"珍惜生命、拒绝交通违法"严查严惩严重道路交通违法行为，查处各类交通违法行为 231770 起，其中查处 11 种严重道路交通违法行为 77087 起；处理 3 月之前交通违法车辆 15797 辆，"清零"率 92%，受到省公安厅表彰。集中开展了"清剿火患"战役，督促整改火灾隐患 2808 处，临时查封火患单位 18 家，责令"三停"8 家。对 116 家重点单位、4000 余名从业人员进行消防培训。在 15 个社区、3 个街道办事处建立微型消防站。年内全区公共安全平稳有序，未发生较大以上交通事故和人员伤亡火灾事故。

【项目建设】争取有关部门大力支持，公安基础设施建设总投资达一亿五千万元以上。总投资一亿元的分局业务技术用房建设项目完成可研、设计、选址、用地、规划、环评等工作，11 月 9 日开工建设；区农牧局董志蚕桑站 4.7 亩办公用地划拨为董志派出所建设用地，年内完成土地证、环评、可研、初设及"一书两证"等前期手续；看守所、拘留所建设项目纳入甘肃省"十三五"公安事业发展规划已完成选址；占地 2397 平方米、建筑面积 1769 平方米的原市公安局戒毒所暂借北街派出所使用；位于后官寨镇中心村的区电灌局 20 余亩土地，建筑面积 4500 平方米 5 层办公 楼房借予后官寨派出所办公用房和警犬训练基地，目前警犬训练基地基本建成，业务用房正在办理相关划转手续。启动了广场派出所，区政府租用业务用房 3000 平方米作为广场派出所办公场所；完成了 7 个乡镇视频监控建设升级改造工作，新安装高清数字监控探头 80 路。完成了看守所、拘留所智能化高清监控建设，新安装星光级红外监控探头 160 个。完成了 DNA 实验室、综合侦查大队技侦平台建设、城区公共无线网 wifi 管控系统建设。

【队伍管理】坚持每月一次的党委中心组、每周星期二的党员学习日、每周五的党性锤炼日制度。落实党风廉政建设"两个责任"约谈制度。采取暗访、曝光、查处、追责"四管齐下"，开展各类现场督察 200 余次，追究民警 115 人 180 次，扣发各类津

应急处突演练

贴 7310 元，其中警戒 2 人次，停止执行职务 3 人次，给予纪律处分 1 人，对不适宜做公安工作的 3 名文职予以清调。开展公职人员违规经商办企业专项核查整治、强制隔离戒毒人员涉刑案件专项清查和公安专项审计工作，督促整改审计问题 51 个。年内有 27 个集体，71 名个人分别受到省、市、区表彰奖励，综合侦查大队大队长贺新礼获全省第四届我最喜爱的十大人民警察提名奖。分局获区委、区政府目标管理责任制综合考核一等奖，另外还获得 8 个单项奖。

【"两学一做" 学习教育】成立以局长为组长，政委为副组长，其他领导班子成员为成员的"两学一做"学习教育活动领导小组。召开机关党员"两学一做"学习教育动员会、推进会，开展"深入学习党章，争做合格党员"党课讲座，每周二"党员学习日"活动 350 余次，教育党员民警、职工 460 余人次。制作宣传专栏，营造学习教育氛围。先后在每日甘肃网、庆阳市委网、西峰网及西峰党建网等各类新闻、网络媒体刊发 10 余篇有关宣传稿件。在

腾讯、新浪网开通西峰公安微博，建立活动专栏，全方位宣传报道西峰公安开展“两学一做”学习教育成效。

【“双联”及扶贫攻坚】年初，通过与乡村两级组织召开专题工作会议，对后官寨路堡村双联行动及精准扶贫行动进行了全面的安排部署。落实驻村工作制度，建立完善了驻村工作计划、工作台账及工作日志记录等工作任务，确保每名帮扶干部驻村时间不少于30天以上。争取资金，硬化专业合作社基地道路14.6公里。通过土地流转，在后官寨路堡村建成110亩果园1处，总栽植3年生果树苗6050株，并向百亩苹果种植园赠送40袋化肥尿素。为77户帮扶户协调办理了5万元小额贷款，共计385万元用于房屋改造、牲畜养殖和果树栽植等。先后通过后官寨镇政府向路堡村两次拨付扶贫专项资金10万元，用于村委会及村文化广场建设。

庆阳市公安局西峰分局领导班子成员名录

党委书记、局长　贾永宏(1月止)
　　　　　　　　白　洁(1月任)
党委副书记、政委　范永田(1月止)
　　　　　　　　　赵迎民(1月任)
党委委员、纪委书记　徐庆恒
党委委员、副政委　袁永华
党委委员、副局长　景槐刚(1月止)　豆　叙
　　　　　　　　　原卫东　曹怀玉　刘红军
　　　　　　　　　张紫刚
副局长　刘晨宇(兼交警大队大队长)

（供稿：王　佐）

检　察

【检察业务】公诉、侦监、未检工作：年内受理提请批捕案件319件391人，批捕267人，受理审查起诉案件744件1023人，起诉578件779人，报

高检院第四巡视组巡视西峰区检察院工作

送市院审查起诉14件24人，有力地打击了各类犯罪，维护了社会安定。开展释法说理、检调对接、刑事和解等工作，最大限度地减少社会对抗、促进社会和谐。年内不批捕131人，不起诉161人。控申工作：年内接待群众信访70件，其中涉检涉诉信访26件，均按涉法涉诉信访导入、纠错、终结有关规定及时分流、办理和答复。自侦工作：年内受理职务犯罪案件线索30件，立案侦查14人，其中大要案9人，侦查终结并移送起诉4人，法院作出有罪判处15人。职务犯罪预防工作：开展行贿档案查询2502宗、预防咨询和调查72次、预防职务犯罪警示教育47场次。向有关单位和部门发预防检察建议3份。执检工作：通过开展捕后羁押必要性审查，对不需要继续羁押的11名犯罪嫌疑人建议办案部门变更了强制措施。监督纠正法院刑期计算错误3人，开展社区矫正专项检查2次。民性工作：年内办理不服法院民事行政裁判监督案件2件，经审查向市检察院提请抗诉2件。办理民事执行监督案件10件，办理行政机关履职不当案件3件，发出检察建议2份，有关单位均予以采纳和整改。摸排公益诉讼线索5件，层报上级院2件，已获批准1件，履行诉前程序2件。法律监督工作：共监督公安机关立案2人，追加犯罪事实39起，追加起诉7人，纠正滥用强制措施、违法取证、超期办案等违法情形12件，办理提前介入侦查案件30件，退回侦查机关补充侦查316件，督促行政执法机关向公安

机关移送涉嫌犯罪案件 22 件。共纠正漏诉 7 人，审查一审判决裁定 469 件，对法律适用错误、量刑不当案件依法提起抗诉 4 件 4 人，其中法院改判 2 件 2 人，发回重审 1 件 1 人。提出量刑建议 398 件，法院采纳 353 件。案件管理工作：年内受理流转各类案件 1132 件，制作电子卷宗 601 件 1357 卷。会同政工科积极推行阳光检务，通过“两微”发布检务信息 237 条，利用人民检察院案件信息公开网公开案件程序性信息 2290 条，发布重要案件信息 6 条，公开法律文书 580 份，接待律师 104 人次。纪检工作：认真落实监督责任，严格执行《最高人民检察院检务督察工作暂行规定》《人民检察院执法办案内部监督暂行规定》和“一案三卡”制度，共开展检务督察 4 次，整改执法不规范等问题 5 项。

【检察改革】分别在董志、彭原、后官寨、西街办、肖金、什社等 6 个乡镇街办挂牌设立检察室，检察（联络）室的辐射带动作用更加突出。同时，健全检察官巡回工作制度，为每个检察联络室配备 1 名检察干部和 2 名乡镇街办事业干部，由检察干部负责检察联络室周边乡镇全盘工作，事业干部负责检察服务室日常事务，真正打通了检察机关与基层农村联系的最后一公里。

西峰区人民检察院设立董志镇检察室

【“保民生、促三农”专项行动】开展“保民生、促三农”专项行动预防宣传 120 次，行贿犯罪档案查询 1500 件，提供法律咨询和司法帮助 126 件，督促各涉农部门、乡（镇）、村社组织对各项惠农政策、各类资金总量、资金分配情况依法、如实、逐级、全面公开。开展法制培训和涉农知识讲座 40 余场次，发放检群连心卡和法律监督卡 1000 余张。组织各涉农部门、乡（镇）、村社制作“惠民政策公示宣传栏”200 余个。

【“两好、两促”专项行动】结合“重大项目建设服务年”和全省检察机关“进机关、进企业、进乡村、进学校、进社区”专题预防职务犯罪活动，召开“联系企业、联系项目，促进廉洁、促进发展”专项行动推进会 1 次，实地调研企业项目 15 次，召开检企共建联席会议 4 次，为全区 6 家重点企业提供各类法律咨询 75 次，依法监督有关部门为企业办理手续 28 件，协助 2 家企业起草管理制度 3 件。在全区 7 家重点企业项目建设单位挂牌成立检察服务室，同 7 家企业单位签订了“两联系、两促进”专项行动协议书。开展法制宣传活动 85 场次，巡回警示教育 60 次，协调解决矛盾纠纷 36 件，利用行贿犯罪档案联网查询系统向有关单位提供查询 40 件，开展行贿犯罪档案查询 316 件。

甘肃省人大常委会副主任孙效东（右三）调研案件管理工作

【党风廉政建设】贯彻落实“两个责任”要求，遵守各项廉政制度，促进公正廉洁执法。检察长与分管领导、部门负责人签订《党风廉政建设目标管理责任书》《办案安全责任书》，明确党风廉政责任人和责任范围。严格执行廉洁从检承诺、“一岗双责”、“一案双查”、重大事项报告等廉政制度，对中层干部和新进人员开展诫勉谈话 20 余人次。开展党风廉政教育，举办警示教育讲座2次，组织干警观看廉政电影2场次，通过检察微博、微信向全院干警发送廉政文章50余篇，召开全院干警大会通报检察人员违纪违法典型案件2次，有效预防了违法违纪案件发生。制定《党组主体责任分解表》，细化党组班子、党组第一责任人以及党组成员在党风廉政建设的职责。党组书记和班子成员，纪检组长和班子成员，班子成员与部门负责人，部门负责人与一般干警逐级进行集体约谈4次，确保压力传导到位、责任落实到位。制定《纪检组监督责任分解表》，强化纪检组监督责任，提高纪检组对党风廉政建设责任制履行情况的监督。推行定期财务公开、干警婚丧嫁娶备案等制度，提高纪检组监督能力，全力协助党组开展党风廉政建设和反腐败工作。

【队伍建设】以专业化、职业化为方向，努力建设政治过硬、业务过硬、责任过硬、纪律过硬、作风过硬的检察队伍。深入学习贯彻习近平总书记系列重要讲话精神，积极组织干警赴南梁接受革命传统教育，参加主题党日、党性锤炼日等活动，开展“两学一做”“警容、警风、警德”等专题教育，增强干警的党员意识、宗旨意识、党纪观念和职业良知。组织干警在省、市级刊物上发表宣传报道和调研文章60余篇。21人成为首批入额检察官，3人取得国家司法考试A证。举办职工运动会、健步走、书法大赛等文体活动，增强检察队伍凝聚力，展现良好精神风貌。

【“两学一做”学习教育】成立了以党组书记、检察长为组长，各党组成员、科室负责人为领导小组成员的“两学一做”学习教育工作领导小组，召开学习教育动员会、推进会。制定了《西峰区人民检察院深入开展“两学一做”学习教育实施方案》，按照“三会一课”“主题党日”“党性锤炼日”制度，促进党的组织生活回归正常。坚持每周组织一次中心组学习、一次全体干警集中学习。党总支每季度召开一次全体党员会议，进行集中学习辅导和学习经验交流。开展了全院“大学习、大讨论”活动，促进“两学一做”学习教育成果向实践转化，实现“知行合一”。共举办中心组学习经验交流活动4次，全院集中学习交流10次，干警共撰写学习心得体会文章80余篇，人均记录学习笔记2万字以上。通过召开座谈会、设置意见箱、发放征求意见函、开设信箱、上门走访调研等多种形式，认真听取社会各界对我们工作的意见建议，共查摆出六个方面20条司法不规范问题、13条“四风”方面存在的突出问题，并进行了整改。

【扶贫攻坚】完善苹果产业专业合作社、矮化密植果业示范园、180吨气调果库的水、电、路基础配套设施建设，配合有关部门完成互联网接入53户、危房改造25户、异地搬迁10户，组织干警捐赠化肥200余袋、地膜3吨，解决了群众发展种植、养殖业基础薄弱、信息不畅等问题。通过全院及帮扶干警的努力，联系的70户扶贫精准户年底全部摘帽脱贫。

区人民检察院领导班子成员名录

党组书记、检察长　鄂廷印(1月止)
　　　　　　　　　张　发(1月任)
纪检组长　王闯利
副检察长　张　佚(1月止)　张慧慧(女)　李登峰
公诉科科长　王　芳(女)
政工科科长　姚爱武(女)
反贪局长　薛存福

（供稿：张宇星）

法　院

【案件审理】全年各类旧存案件1262件、新收7626件，总数8888件，是2014年案件的2.87倍，占全市案件总数的$\frac{1}{3}$，结案绝对数位居全市法院第一。案件数量同比增加超过50%，发改率下降

2.48%，实现了发改率下降的良好局面。受理刑事案件712件，审结578件。依法严惩严重危害社会秩序的故意伤害、抢劫等暴力犯罪，维护社会稳定；加大对职务犯罪惩处力度，审结贪污受贿、渎职等犯罪案件5件16人。深化轻刑快审工作，对未成年人犯罪、轻微刑事犯罪以及具有自首、立功情节的被告人依法从宽处理，运用“轻刑快审”办理机制审结案件4件4人，平均审理天数7天，节约了司法成本，使诉讼资源得到合理配置。民商审判定分止争，化解社会矛盾。全年受理民商事案件6021件，同期增加1785件，已审结4888件。为了保障利害关系人合法权益，实施诉前、诉中财产保全措施。尤其是在面对民间借贷纠纷案件持续增加情况下，开展专题调研，维护金融秩序，把矛盾化解在基层。审查行政非诉执行案件27件。积极应对《中华人民共和国行政诉讼法》的修改及司法解释的施行，推动法治政府建设。成立司法赔偿委员会，妥善审理国家赔偿案件1件，注重保障赔偿请求人合法权益，确保受害人依法获得赔偿。

【案件执行】实行立案登记制起，严格执行登记立案范围和程序。年内受理执行案件2088件，执结1200件。先后开展“执行能力提升年”“执行风暴专项行动”等系列活动，强化威慑机制，先后司法拘留139案139人，移送公安机关立案侦查18案18人、协助拘留14案14人，公布失信被执行人489人，有力震慑了一批逃避、抗拒执行的不法分子，使一批“骨头案”“钉子案”得到有效化解。

【审判管理】年内建成上联上级法院、下至派出法庭的专线通信、数据交换的法院专网，案件节点全程网络转批，实现全流程网上办案。通过建立网上办案系统与司法公开平台的对接机制，当事人可凭立案时获取的查询码在法院服务大厅触摸屏和互联网上查询案件办理进度等信息。积极推动审判权运行机制改革，权力下放，让主审法官自主签发裁判文书，谁裁判，谁负责，保障法官依法独立办案，推进司法改革。全面推行院、庭长办案责任制，把院、庭长办案纳入考核，院领导分解审判任务，带头办理疑难复杂案件，发挥示范作用，促进审判质效提升。

【法律服务】立案庭全年审查立案8892件，诉前保全案件5件，立案前调解2件，切实做到“有案必立、有诉必理”。落实司法人文关怀，健全法律援助机制，依法为50余名符合法律援助条件的刑事被告人指派辩护律师；完善司法救助机制，为612案的当事人缓、减、免交诉讼费，缓减免金额85.8万元，依法保障困难群众合法权益。推行涉诉信访改革，落实“诉访分离”工作机制，有效解决“入口不顺”“程序空转”“出口不畅”等问题。因案施策、因访施治，成功化解了庆阳市鹏派公司拖欠37名农民工工资以及刘某等76人与兴盈物资公司借款纠纷等有社会影响、多年难以解决的信访案件。5年来收到上级部门转、交办信访案件156件，已办结或书面上报结果156件，息诉化解154件，接待群众来访、咨询5980人（次），并先后3次和省高院、最高院通过远程视频接访系统“点对点”接访7人，方便了信访群众，降低了信访成本，使缠、闹访情况大幅度减少。

【队伍建设】开展党的群众路线教育实践、“三严三实”和“廉洁司法”专题活动，结合“两学一做”教育把贯彻学习中共十八大和十八届三中、四中、五中全会精神及习近平总书记系列重要讲话精神作为首要政治任务，引导法官干警正确理解党的领导和依法治国的关系。主动接受党的领导，自觉

全体法官重温入党誓词

遵守党的政治纪律、组织纪律、政治规矩和党内法规，把思想和行动统一到党对政法工作的各项要求上，落实到依法治国的目标任务上来，用社会主义法制理论武装头脑、指导工作。对在教育实践活动中征集到的对法院工作尤其是“四风”和“不严不实”方面的问题及时进行整改，不能及时整改的则安排分管领导主持制定相应的整改计划。强化“一岗双责”制度、完善了《机关工作人员考勤办法》《错案责任追究办法》等规章制度，依靠制度管人、管事、管权、管案。开展“机关作风大整顿”和“工作落实年”“三警”教育和“公正行动”活动，从严整顿院风院纪，建立明察暗访长效机制。坚持从严治院方针，加强司法廉洁建设。加大执纪律问责力度，切实解决“六难三案”问题。

【“两学一做”学习教育】 开展“两学一做”活动，严格落实“三会一课”制度，民主生活会、组织生活会、民主评议党员工作制度和谈心谈话制度，使学习教育常态化、制度化，开展“党组成员五个带头”“党性锤炼日”等活动，增强法院班子和党员干部的党性意识和责任意识。

区人民法院领导班子成员名录

党组书记、院长　刘文宪

党组成员、副院长　郭　岩　高克军

张玺乾(11月去世)

党组成员、纪检组长　王晓军

党组成员、政工科长　秦彦庚

（供稿：芮　慧）

司法行政

【法治宣传】 开展“学党章党规、学系列讲话，做合格党员”学习教育活动。开展大型法治宣传活动8场(次)，出动宣传车8台(次)。印刷发放各类宣传资料1万多本，开展法律培训15场(次)。开展“法律八进”活动，宣讲与群众生产生活密切相关的法律法规，开展法律培训15场(次)。继续实施“法治文化一地一品”工程，新建具有一定规模的法治文化长廊12处，累计79处。开展“互联网+法治宣传”行动，加强网站、微博、微信、客户端等载体运用，搭建“电视说法、电台问法、报纸释法、网上学法、短信送法”等媒体普法平台，与西峰电视台联合开办《老徐说法》栏目，播出32期，重播224期。开通《西峰司法》微信公众平台，首创“律师答疑”栏目，解答法律咨询10多期。

普法宣传

【人民调解】 探索援调结合新模式，将法律援助纳入矛盾纠纷排查调处中。年内调处各类矛盾纠纷2962起，调解成功2932起，调解率100%，成功率99%。成功调处在全区具有重大影响的矛盾纠纷3件，代书20多件，提供法律咨询150多人(次)。成功调处董志镇小康家园长达11年、涉案金额千万元的重大疑难纠纷。平息了显胜乡涉

矛盾纠纷调解

案人员20多人、涉案金额30万元的群体上访的恶性事件，及时为政府防范风险提供了保障。首创西峰区道路交通事故损害赔偿人民调解委员会“八位一体”的联动联调机制，调解道路交通事故损害赔偿纠纷案件146起，占全区道路交通事故案件的32%，涉案金额530多万元，调解成功率99%。

【特殊人群管理】按照属地管理原则，与各责任人签订帮教目标责任书，年内应接回刑满释放人员40人，实接回40人，接送率100%。具有一定规模的刑释解教人员过渡性安置基地10余家，安置就业刑满释放人员70多人，企业零星安置释放人员7人。严格执行“四个一、两评定”管理模式。共成立各级社区矫正工作领导小组11个，确定社区矫正工作专干13人。累计接收社区服刑人员1792人，累计解除社区服刑人员1353人。2016年，在册社区服刑人员439人，其中被判处缓刑381人，管制45人，假释3人，暂予监外执行10人。

【基层建设】推进司法所“六个一”标准化建设，西峰区10个司法所全部实现标准化，建设面积均达到了100平方米以上。对司法所实行垂直管理，实现人、财、物彻底上划，每个乡镇、街办实行正科级建制，核定3个行政编制，确保了政令畅通。组织5人参加司法考试，20人参加基层法律服务工作者资格考试。落实基层司法行政专项编制27人，配齐了所长和工作人员。培训辖区的调委会主任、民调员500余人。各所的业务经费和办公经费全部纳入西峰区财政预算。建成司法行政工作室59家，达到“5+1”模式35家。

【法律服务】法律援助中心承办各类法律援助案件410件，其中刑事案件120件，民事案件290件；代写法律文书291份；接待来信、来访、来电法律咨询2035余人(次)。律师事务所年内办理各类案件296件，其中民事代理案件190件，行政代理案件8件，刑事辩护案件22件，非诉讼案件6件，法律援助案件70件；担任国家机关、企业事业单位常年法律顾问50家、代写法律文书300余份、接待法律咨询超过400人次。西峰公证处年内办理各类公证3550余件，其中国内公证业务3100余件，涉外公证业务400余件，完成公证法律援助65起。全体法律服务工作者积极开展“法律服务直通车”活动，年内结对参与单位19个，参与人员55人，结对村组97个，宣传场次21场(次)，开展矛盾纠纷调处951次，接受咨询人数2600余人，法律援助案件114件，受援人数180多人(次)，印制法律服务社会调查表300余份，发放宣传资料48000余份。

【党风廉政建设】组织党员干部学习《中国共产党廉洁自律准则》《中国共产党纪律处分条例》，学习中央“八项规定”及各相关规定，制定《反腐倡廉工作意见》和《党风廉政建设责任制工作任务分解方案》，组织观看廉政警示片4部，局党组领导班子讲廉政党课6场，组织党员干部到南梁革命纪念

西峰区社区矫正监管中心建成

馆接受革命传统教育和廉政教育40余人次。年内，局党组书记对公职律师、法律援助工作者警示约谈6人次，局纪检组长开展对法律援助工作者警示教育40人次。绘制33个权力运行流程图，完善行政权力的运行程序和监控规则。排查岗位廉政风险点57个，从源头遏制和杜绝各种不廉洁行为的发生。

【“两学一做”学习教育】制定《关于在全区司法行政系统开展“学党章党规、学系列讲话，做合格党员”学习教育方案》，坚持把“两学一做”学习教育和司法行政工作结合起来，统一部署、集中传达会议精神、收看专题报道、浏览相关网页等方式进行动员，先后分层分批组织集中学习3次。通过发送微信、悬挂宣传标语、制作宣传版面等多种形式，宣传“两学一做”学习教育。以“学”为基础，以党支部为单位，制定学习计划，坚持每周二下午的“主题党日”学习教育活动，学习习近平总书记系列重要讲话，教育引导党员干部深刻领会“两学一做”活动的思想。向全局印发了意见建议征求表和调查问卷，认真查摆党员领导干部和普通党员存在的突出问题，广泛征求党员参加学习教育的意见建议及如何加强开展学习教育的意见建议。广泛听取党员群众、退休老干部及“两代表一委员”的意见建议，为科学制定方案和部署开展学习教育提供了依据。

【“双联”及扶贫攻坚】制定《庆丰村五年发展规划》、年度帮扶计划，局主要领导亲自带领工作队，坚持驻村蹲点，协调推进工作。极协调市、区交通部门争取资金50万元，完成庆丰村2.5公里的村级道路硬化；对旧的路面进行重新维护保养，完成道路重新罩面1.9公里。为防止和杜绝文化广场的健身器材、篮球架、乒乓球案遭到人为破坏，在该村村部大门、文化广场、办公楼内安装监控设备一套。落实补助资金90万元，对贫困户的危旧房、圈舍进行改造，为贫困户建造红提葡萄日光温室1座。落实补助资金0.6万元，为7名近视学生配备眼镜，为20名困难学生每人购买200元的学习用品。协调村上为张元善一家帮扶2万元，计划为该家庭购买母牛2头。庆丰村成立扶贫互助协会。争取天津市互助资金10万元，扶持精准扶贫户、专业合作社及种养大户。目前，扶贫互助协会已完成资料上报，等待区民政局审批。帮助15户精准扶贫户办理政府贴息扶贫专项贷款45万元，用于精准扶贫户发展设施农业和畜牧养殖。至年底，全村已成立果树栽植专业合作社3个，新栽果树212亩，并建成千亩示范果园。积极与相关部门衔接争取，对全村旧的村庄、窑洞、荒废山地等进行整地复垦520亩，做到了窑洞挖透填实、不留树根杂物、不打“埋伏”、不留死角，整理后的田块地平埂直，道路通畅，尽量保留土壤耕作层，保持土地肥力，利于耕作。

区司法局领导班子成员名录

党组书记、局长　李卉放(6月止)
　　　　　　　　米程德(6月任)
党总支书记　米发雄
纪检组长　李　娜(女)
副局长　冯　杰　翟卫东

（供稿：金晓蕊）

武　装

人民武装

【思想政治建设】紧紧围绕形势和任务要求，以“两学一做”专题学习教育为主线，大力加强思想政治建设。完成年度政治理论学习和各项政治教育活动，有效地解决理想信念、精神状态、能力素质和工作作风等方面的问题，履行职能使命的责任感和紧迫感。4月，甘肃省军区政委傅传玉带工作组检查调研，对人武部全面建设给予肯定。

【战备训练】依据《战备工作规定》，及时修订完善各类行动预(方)案，购置补充战备物资器材，对战备库室进行彻底整治，组建民兵常备应急分队，狠抓军事训练，应急应战能力在历次检查考核中得到提升。5月，甘肃省军区副参谋长丁杰带军地联合工作组对西峰区民兵常备应急分队建设情况进行了检查验收，顺利通过。

【改善基础薄弱问题】按照抓点带面、示范引路、整体推进的工作思路，重点抓了温泉镇民兵营(连)部规范化建设，为全区确立了样板，先后迎接了兄弟单位和全市专武干部集训班的参观见学。认真抓了国家和省上《专武干部工作规定》的贯彻落实，对照规定查找存在的矛盾和问题，研究制定了改进意见，在区委区政府的大力支持下，一些问题和矛盾已得到初步解决。

【战备和生活保障】按照上级战备建设要求，为适应民兵逐行任务需要，先后购置配备了作训服、被囊、铁锹以及能够保障训练和执行任务必备的餐具等装备器材。按照各级厉行节约的指示要求，树立过紧日子的思想，纠治公款接待、铺张浪费等问题。在区上的大力支持下，对办公、生活等基础设施进行了整治和维修，进一步规范了办公、管理和生活秩序。

【队伍管理】深入开展“条令法规学习月”活动以及“学条令、训队列、整秩序”、安全隐患排查整治、“百日四无”等专项活动，强化干部、职工的法规意识和条令意识。突出防范人、车、库、网、密等安全管理重点，着力规范“四个秩序”，保证了安全无事故、无案件。积极组织干部职工扎实开展“双联”行动、植树造林和城区环境卫生整治。结合征兵宣传，深入陇东学院进行国防教育，举办双拥暨征兵宣传专题文艺晚会，营造了浓厚的双拥共建氛围。

开展国防教育和征兵宣传

区人民武装部领导班子成员名录

部　长　吕　伟

副部长兼军事科科长　龚辉斌

政工科科长　李光乾

后勤科科长　董海荣

（供稿：李光乾）

消　防

2016年区政府组织召开全区消防工作会议，与各个乡镇和相关部门签订《西峰区消防安全目标管理责任书》，政府审订通过西峰区“十三五”消防工作发展规划，印发《西峰区“十三五”消防工作发展规划》。区委、区政府主要领导20余次带队亲临一线督导消防工作的开展和落实。

【火灾隐患监督检查】根据各类专项行动方案要求，结合辖区实际，汲取全国发生的重特大火灾事故教训，开展以人员密集场所、高层地下建筑、易燃易爆单位、公共娱乐场所、文物古建筑、消防产品专项整治和夏季消防安全检查专项行动等消防监督检查工作，将日常检查和错时监督相结合，坚持把宾馆、公共娱乐、商场、市场、医院等人员密集场所、“三合一”场所和公众聚集场所作为消防安全监管工作的重点，对发现的火灾隐患和违法行为，加大监督执法力度，要求单位落实整改措施，做到底数清、执法严、宣传深。截至12月31日，检查单位1988家，发现火灾隐患和违法行为3529处，督促整改火灾隐患3515处，下发责令改正通知书1165份，下发行政处罚决定书35份，下发临时查封决定书20份，责令“三停”单位9家，拘留2人。

【执法制度建设】召开专题会议对建审、验收、消防监督检查、火灾事故调查、消防产品监督、法制审核等岗位定人定责，逐一明确岗位技能。坚持每月定期召开执法工作例会，开展执法案卷自评活动，并根据年初制定的业务培训计划开展业务培训。执法过程中全程佩戴执法记录仪，规范执法语言。改进执法方式，把理性、平和、文明、规范执法的要求落实到各项执法活动中，实现法律效果和社会效果的统一。

【执法质量监督机制】建立健全单位和消防监督人员个人执法档案，如实记载单位执法和质量考评情况，个人基本信息、执法培训、奖惩、各项执法活动情况和质量考评等情况。在大队设立警务公开栏，公布执法人员身份信息、监督电话、举报途径。大队执法人员每年向辖区机关、团体、企业、事业等单位进行两次公开述职述廉。推行窗口实时服务评价，通过电话、走访、发放调查问卷等形式定期开展执法回访，定期组织群众满意度调查，将测评调查结果作为干部量化考评的重要内容。在今年全省消防执法质量考评中大队提供的案卷被评为优秀案卷，取得全省第二名的成绩。

【执法能力建设】针对派出所民警消防业务水平较低、业务理论知识和实际工作经验匮乏的实际情况，组织公安派出所分管领导、专（兼）职消防民警、社区（责任区）民警进行消防业务3次集中培训，每季度对公安派出所监督执法情况督导检查，印发《公安派出所消防监督执法指导手册》，十八类小场所消防安全工作标准等内容进行规范。

【消防宣传教育】深入辖区学校，开展消防常识课专题讲座，推读中学消防安全教育读本等，强力推进校园消防宣传工作；与移动公司联手建立消防安全手机短信提示平台，向政府机关领导，各乡街主要领导，企事业单位的消防安全责任人、管理人、消防控制室操作人员、重点工种人员、消防民警、人民群总发送消防提示短信5000余条，并分岗位、分时段提醒相关人员认真履行消防工作职责；6月安全生产月，搭建消防宣传平台，为群众发放宣传资料、开展形式多样的消防宣传活动；对115家重点单位现场培训和熟悉演练活动；深入社会单位开展消防安全培训，培训80余次，参与群众7000余人；协调区电视台每天晚上插播消防公益宣传片和消防安全提示语；西峰区公安消防大队微信直接关注和注册人数达到3000人，推送各类消防安全知识、新闻200余条，同时，还借助城区6块户外视频、LED广告屏、报纸媒体、广播电视，大力宣传消防安全常识，提高公众消防知识认知水平。

区消防队领导班子成员名录

政治教导员　孙晓平
大队副队长　方富生

（供稿：李　帅）

工业

工业和信息化

【工业经济指标】2016 年，规模以上地方工业增加值 11 亿元，新增规模以上企业 2 户，新增小微企业 413 户，新增非公经济市场主体 7809 户。工业固定资产投资完成 36.44 亿元。万元工业增加值能耗下降 3.1%，万元工业增加值用水量下降 7%。开发区级以上工业新产品 8 项。

【工业经济运行】每月对统计数据走势进行分析和研判，开展事前预测预警，力促工业经济平稳运行。对年产值在 500 万—2000 万元且有发展发展潜力的工业企业进行重点培育和扶持，促其由规下转规上，培育工业新的增长点。深入西峰制药、中庆农产品等重点企业开展调研，为企业争取银行贷款 6000 万元，组织企业参加培训 169 人(次)。

【工业项目建设】对重点工业项目建设情况开展调研，掌握项目实施进度，协调解决项目建设中的困难和问题，促使永欣石化、益翔药业等一批项目顺利实施。深入核桃峪煤矿、辖区油田技术服务企业和轻烃回收利用企业，挖掘企业投资潜力，培育新的增长点。帮助企业加大项目资金争取力度，申报省级预算专项资金项目 29 个，争取项目资金 463.78 万元。围绕"一会一行"活动，开展招商引资活动，签订意向性投资项目 8 个，协议资金 57 亿元，到位资金 20.28 亿元。

【标准化厂房】对标准化厂房建设中遇到的困难和问题，赴陕西咸阳和商洛两市 5 个园区进行考察学习，学习借鉴周边地区标准化厂房建设先进经验和做法，确保厂房建设有序推进。6 号、7 号、8 号、9 号 4 栋厂房完成外墙屋面板、墙面板和室内地坪建设，进行室内装修和安装玻璃幕墙，室外工程完成 C2 和 C11 路管沟敷设，路面建成通车。

标准化厂房项目建设

【工业节能降耗】对西峰制药污水改造扩容项目组织相关部门进行验收。制定《西峰城区煤质管控实施方案》，抓好煤质管控工作。启用和督查城区 5 处燃煤质量检查站，开展煤炭交易市场建设的调研和选址工作。

【信息化建设】协调移动、电信、联通和铁塔公司加大通信网络布点和基础设施建设，扩大数字光纤网络覆盖范围，实现 3G 网络全覆盖和“村村通”,4G 网络覆盖率达到 80%。实施“百兆光纤工程”和“百县宽带乡村工程”,西峰区 100 个行政村实现宽带接入。

【工业安全生产】执行“党政同责，一岗双责”责任制，开展安全生产专项检查 5 次，查出安全隐患 108 条，责令现场整改 78 条，限期整改 30 条，对限期整改的 30 条隐患建档立卡、整改销号，2016 年工信系统未发生重特大安全事故。

【“两学一做”学习教育】成立“两学一做”学习教育领导小组，设办公室，负责召开会议传达会议精神，安排部署局机关开展学习教育活动。制定《两学一做学习教育实施方案》《党员学习日活动实施方案》,对学习教育进行安排再部署。结合“主题党日”活动，每周二下午开展集中学习，学习党章党规党纪、了解党史、熟知党情，党员干部记录学习笔记 4 万字，撰写心得体会 52 篇。购置《习近平系列重要讲话精神(2016 版)》《两学一做学习教育辅导》《全面小康社会面对面》等学习资料 100 册，印制学习笔记 40 本制作“我是共产党员”桌牌 14 副、党徽 14 枚。以“党员学习日”为载体，结合“三会一课”制度，开展集中学习 28 次，专题讨论会 3 次，局领导讲党课 2 次，党小组会 28 次，支部委员会 7 次，党员大会 2 次。

【扶贫攻坚】开展“大走访、回头看”系列活动，了解农户基本情况，整理汇总问题台账，逐一进行解决。帮助新建 300 亩黄花菜种植基地 1 处、野兔养殖基地 2 处、养鸡和养鹿基地各 1 处，建设基地篱笆围栏 2400 米。为帮联户赠送化肥、地膜、慰问金 2 万元。协助村级敷设供水管道 1.2 公里，安装路灯 79 盏，改造动力电 68 户，粉刷墙面 4450 平方米，修建文化长廊 500 米、乡村景观标志 1 座、北庄旅游景点美化景观 1 处。为群众举办技术培训班 3 期，宣讲党纪党规知识 2 次，开展新闻宣传报道 5 期，编发简报 24 期。

区工业和信息化局领导班子成员名录

党组书记、局长　吴志远(5 月止)
　　　　　　　　赵　贵(5 月任)
支部书记　左风森
副局长　杨　英
纪检组长　李菊红(女)
副局长　杜　炜

(供稿：顾晓霞)

石油开发管理

【地企合作】考察论证《西峰区董志镇庄头北咀村通村公路共建项目》《西峰区什社乡李岭村寇新庄—李小庄道路共建项目》《西峰区肖金镇张庄村岭北—北庄道路维修项目》《西峰区温泉镇米堡村南坳—东咀道路共建项目》《西峰区后官寨镇沟畎村丰台—郭咀道路共建项目》。争取油田单位支持地方基础设施建设资金 1200 多万元。

【油田产能建设】修改完善《西峰区联席会议制度》《石油开发建设项目审批和进场服务工作程序》和《石油开发中的一次性二维地震物探作业服务工作程序》等文件。年初，与 7 个乡镇签订年度“和谐模范油区”创建工作目标管理责任书，各乡镇与各涉油村签订责任书。每季度协调油田单位召开 1 次联席会议，涉油乡镇协调村组、作业区、井站负责人每月召开 1 次联席会议，实行上报一级制度。

【“一站式”管理】改会议审批为会签审批，即区委、区政府分管领导及区政府主要领导签字同意后即可批复，缩短审批时间。2016 年，共审批井场 5 处，单井 9 口。

【“和谐模范油区”创建】接待长庆油田公司、川庆钻探公司、庆阳炼化公司及其下属油田单位领导 30 余次，联系区委、区政府和油田企业互访 10 余次，加强地企之间合作。由区石油办牵头，成立油区绿化造林工作领导小组，区石油办主任担任组长，涉油乡镇、驻峰油田单位主抓此项工作的分管领导担任副组长；会上，制定井场绿化的重点和相关问责事宜。会后，以正式文件的形式向各参会单位下发《关于做好西峰油区绿化造林工作的安排意见》。

【“双联”及精准扶贫】组织召开精准扶贫工作会议，安排部署工作任务，制定工作措施，落实双联活动“大走访、回头看”活动实施方案，逐村逐社逐户走访群众排查问题，累计走访群众678户，涉及精准扶贫户20户，双联户22户，干部进村入户2000余次，完善资料200份。与交通局沟通衔接，争取到董志镇廖坳村庄前、庄后、张咀组道路硬化项目，共计5.0公里；帮助董志镇廖坳村农户完成地膜玉米覆盖400亩；协调解决董志镇廖坳村庄前、庄后组农网改造工程；协调董志镇廖坳村800亩土地复垦项目；参与董志镇廖坳村8个自然村的土地确权工作。

石油办干部职工慰问精准扶贫户

【“两学一做”学习教育】组织召开“两学一做”学习教育活动动员大会，成立领导小组，修订完善《西峰区石油办规章管理制度汇编》，落实每周二次集中学习制度，观看网络教育警示片40多部，党员干部累计抄写学习笔记50万余字，撰写学习心得20多篇，召开民主生活会2次，集中学习40余次，参加西峰区委、区政府组织的培训活动10余次。

区石油开发管理办公室领导班子成员名录

主　任　李　旭(9月任)

党支部书记　邹　赟

副主任　文　浩　田　丽(女)

(供稿：刘永洋)

电力供应

【电力保障】西峰区供电公司辖彭原、董志、后官寨、肖金、什社5个供电所。有什社、显胜、李家寺、董志、后官寨5座35千伏变电站，主变10台，总容量57.2兆伏安。35千伏输电线路6条48.323千米，10千伏配电线路898.62千米，0.4千伏线路3399.56千米；公变1313台12.4305万千伏安；各类用户6.7857万户，用电负荷44.82兆瓦。完成“两节”“两会”“中国光彩事业庆阳行暨民企陇上行”等9项重大保电任务。

雪中巡线

【电网优化】向庆阳公司汇报沟通，完成125北京大道支线、114安定东路支线、113西驿线等13条线路负荷重新调配、供电电源改接优化，所辖城郊供电线路全部与城网线路手拉手供电。推动互联网+安全生产管理模式，利用微信快速穿透、全员参与等特点，开展互联网+安全隐患排查、互联网+反违章、互联网+安全教育答题系列活动，安全生产量化评价工作上半年和下半年分别取得庆阳市第二和第三的成绩。

【营销服务】主动服务银西高铁等重点项目，推行高低压客户营业厅一次性受理告知、居民客户一证办理及电子化免填单申请业务等新举措，新增客户2157户，售电增量居庆阳市第二位。在庆阳市范围内率先完成“五保户”退费工作。完成公变台区线损模型建设、5所变电站关口计量加装，利用营销信息系统、用电信息采集系统多维度监测台区异常情况。围绕星级乡镇供电所评价标准，开展工作自查、存在问题整改，彭原供电所被甘肃省公司命名为2016年度四星级乡镇供电所。

【电网建设】落实标准工艺应用和质量通病防治，西峰区温泉镇刘店村居民小区配电台区工程荣获国家电网公司2016年配电网百佳工程。应对售电侧改革，与西峰区政府和项目建设单位对接，完成西峰工业集中区、西峰工业园区、民俗文化产业园电网规划，超前布局增量售电市场。完成2016年四个批次农网工程建设，投资3939万元。其中：新建10千伏线路38.664公里，新建0.4千伏线路238.603公里，新建及改造配变166台17420千伏安，户表改造5586户。公司被西峰区委、区政府授予支持地方经济贡献奖。

【党建工作】注重推动“四讲四有”具体化，分专业、分层级提出践行“四讲四有”具体内容，形成可执行、可量化、可监督、可评价的合格党员标准，解决实际问题29项。公司主要领导主持专题讨论四次，邀请甘肃省公司“两学一做”第三督导组领导亲临会场参与指导。以“双卡”为载体、“双带”为手段，班子成员下基层开展联系帮带30次，查纠各类违章69次，解决重难点问题85项。开展“五个西电”建设2016年度10项特色活动。彭原供电所企业文化室被甘肃省公司命名为企业文化示范点。以“青年训练营”为平台，鼓励员工参加自学考试、轮训、技能鉴定，提升职工业务技能水平。2名优秀员工被抽调前往舟曲、陇南进行帮扶，21名员工取得技师资格，公司被甘肃省电力公司授予品牌建设工作先进集体、人力资源一体化管理工作先进集体。

国网庆阳市西峰区供电公司领导班子成员名录

经理、党总支副书记　李　庚

党总支书记、副经理　王志鹏

副经理　杨新锐　张仲林　李政鸿

工会主席、兼纪检组长　黄皓通

总会计师　刘晓霞(女)

（供稿：宋华平）

农　业

农业经济综述

【农业综合效益】2016年粮食总产12.76万吨，油料总产1.62万吨，全膜玉米种植完成5.01万亩。马铃薯脱毒种薯推广5.03万亩，一级种薯扩繁2000亩，建成董志玉米高产创建示范1.13万亩，显胜油菜高产创建示范带1.42万亩，推广测土配方施肥73万亩，建成什社小杂粮(小米)示范基地1处5311亩。

【惠农项目建设】紧盯国家政策投资导向，积极组织农牧业项目的申报、争取和实施，确保了各项惠农政策全面落实。争取土地流转以奖代补等无偿资金62万元，争取土地确权、示范合作社、农业支持保护、巩固退耕还林、标准化养殖场建设等国省市投资金4121万元。

【特色产业开发】通过着眼培育新型经营主体，

肖金脱坳设施瓜菜基地

转变经营方式，进一步扩大规模化、集约化，提升整体效益。瓜菜产业 全区共集中育苗900万株，种植各类瓜菜17.11万亩。其中：高原夏菜面积9.2万亩、特色瓜菜5.05万亩（籽用南瓜面积0.5万亩）；设施瓜菜面积累计2.86万亩（其中日光温室7488亩，钢架大棚21100亩），较上年增长0.16万亩。全区瓜菜总产量达到29万吨，总产值3亿元。建成肖金设施基地、三川、彭原鄢旗坳、后官寨王岭、肖金脱坳（新建）、什社文安（新建）、董志南庙等设施蔬菜生产示范点9个；建成显胜三泉刘和唐苟、什社永丰、肖金南李和王庄等露地瓜菜示范点5个。全区种植籽用南瓜5000亩，中庆公司签订单种植1200亩。肖金设施蔬菜基地推行企业化运营，已有4个大户对375座温室进行了买断经营，基地累计生产各类蔬菜580.17万公斤，销售收入共计6123.03万元。草畜产业 新种紫花苜蓿1.26万亩，2016年全区留存紫花苜蓿达15.3万亩，推广种植饲用甜高粱2000多亩，完成青贮氨化饲草15.3万吨；新建董志冯堡耀辉、后官寨赵咀德馨园、肖金张咀牧隆养牛，温泉昶辉、显胜肥源祥、彭原中盛、什社鸿福源肉羊千头（只）养殖场（小区）7处，新增规模养殖场（小区）26个，新建彭原中盛、肖金得旺肉羊扩繁场2个，培育畜牧科技示范户112户，新发展规模养殖户620户。生猪、肉牛、肉羊、家禽饲养量分别达到26.8万头（只）、3.4万头（只）、29.4万头（只）、78万头（只）；肉蛋奶产量1.56万吨。中盛30万只湖羊繁育基地项目建成并投产，目前存栏1.1万只；正大集团15万只仔猪繁育项目正在协商洽谈。

【农业科技服务】新品种、新技术引进示范 全区共引进示范农牧业新品种24个，新技术12项，分别占任务23个，10项的104%、120%，其中：农作物新品种14个，瓜菜新品种6项，畜牧新品种4个；畜牧业新技术4个，农业新技术5项，瓜菜新技术3项。农村能源沼气建设 开展"三沼"示范日光温室36座，露地蔬菜120亩，果园310亩；

发射人工降雪火箭弹

与国电远鹏合作，推广分布式光伏发电系统四套；完成投料启动沼气池109座，大换料沼气池211座，起到了示范带动的作用。农作物病虫害预测预报 全年发放各类农药36吨，累计防治农作物病虫害面积45万亩，挽回损失0.3万吨；设立苹果蠹蛾监测点23个，悬挂诱捕器115个；建设统防统治组织6个，发布病虫情报6期，农作物重大病虫害平均防控效果达到82%，病虫损失率控制在4.2%，小麦、马铃薯等主要粮食作物专业化防治覆盖率提高到26%，中短期预报准确率达到96%。人工影响天气对全区15座小气候观测站3次全面检查维护，对彭原、什社两处炮点进行了高炮的移库工作；开展人影作业4次；实施了"村村响"项目，建成了区广播总台，各乡镇建成中继站。水产养殖 建立鱼病测报点2处，增殖放流鱼苗75万尾，建立健康养殖示范面积126亩，推广"鱼菜共生"10万余株，水产品产量达到99吨。农牧业信息发布 梳理权责清单238个事项、公共服务事项11项、政务服务事项32项，制作流程图和办事指南，全部加载到甘肃政务服务网；依托西峰农业信息网，发布农业实用技术信息420条。

【农村经济管理】农村集体"三资"管理 制定出台《西峰区创建农村集体"三资"管理示范乡镇实施意见》，在全区开展"三资"管理示范乡镇创建活动，完成58个村级财务抽查审计工作，审计资金4.25亿元，查处财务信访案件2起，完成141个组级“三资”委托代理。农村集体土地承包管理 完成100个村、971个组48.68万亩耕地的权属调查、资料归档；年内流转土地3.53万亩；确定恒丰园果品、耀辉养殖等7个土地流转示范点；完成后官寨、温泉两个乡镇的土地流转服务站建设工作；制定《西峰区农村产权交易市场建设实施方案》，依托乡镇农财中心建立农村产权交易大厅；受理土地纠纷案件27起，办结27起。农民合作经济组织管理 新建农民专业合作社38个、示范性家庭农场19个，并对30个示范性区级合作社进行了授牌；对15个贫困村的91个农民专业合作社进行规范化管理、指导、培训，健全完善合作社各类资料档案；完成2016年3个休闲农业示范点及3个中国美丽休闲乡村的上报工作；制定印发《西峰区进一步加快发展农民合作社意见》及《关于培育发展家庭农场的意见》；成功举办“银社合作”洽谈会，为30多个合作社牵线融资4800万元。农民负担监管工作，按照《甘肃省实施村民一事一议筹资筹劳管理办法》和《西峰区农村集体资产管理办法》要求，共批复上报“一事一议”财政奖补项目60个，筹资214.76万元，筹劳折资1960.59万元，申请财政奖补3202.5万元；9月，对全区7个乡镇和西街办进行了农民负担监管督查。

【农产品质量安全】农资市场监管 结合春季、秋季农资市场专项整治，出动执法车辆82辆(次)，执法人员351人(次)，整顿市场32次，检查农药、化肥和种子门店340家(次)，查获违法种子2200公斤，肥料10000公斤，农药1200瓶。办理案件23起，罚款4.1万元；有效打击了制售假劣行为，净化了农资市场秩序。农产品质量检测 农产品质量安全例行抽检蔬菜、水果样品864样(次)，畜产品3700样(次)，合格率为100%。指导乡镇监管机构开展检测工作，每个乡镇每月抽检3次，每次抽检8—10个样(次)，2016年共抽检2394个样(次)，合格率100%；2016年区内生产的蔬菜、水果、食用菌中禁用农药检测合格率为100%，畜产品中“瘦肉精”等违禁药物检测合格率为100%，水产品孔雀石绿、硝基呋喃等禁用药物的检测合格率达到100%，“三品一标”产品的抽检合格率达到100%以上。2016年，西峰区未发生一起农产品质量安全重大事件，在区外上市的农产品也未发生过质量安全事故。动物疫病防控 全面开展以防控高致病性禽流感、牲畜口蹄疫、小反刍兽疫及猪瘟为重点的重大动物疫病防控工作，有效抗体合格率均达到70%以上，各类易感家禽群体免疫密度均达到90%以上，顺利通过省市交叉考核；布病血检羊1.6383万只，检出阳性126只，均按技术规范予以处置；“二病”监测奶牛241头，阳性率为零；屠宰检疫共检疫肉品10888.24吨，检出不合格肉品36.32吨，按要求进行了无害化处理，检疫率、检疫准确率、无害化处理率均达到100%，产地检疫证明回收率100%，耳标回收率100%。

【农民科技培训】围绕蔬菜、苹果、草畜三大产业开发，按照“便捷、易懂、实用”的原则，采取专题培训和现场示范等有效形式，多渠道、多层次开展农民科技培训。2016年，西峰区完成实用技术培训86期1.31万人次，科技“三下乡”6次，科技咨询600多人(次)，发放科技资料3.5万份册，培育新型职业农民206人，跟踪指导2015年新型职业农民475人。

新型职业农民培育工程苹果产业培训班

【"双联"及精准扶贫】双联工作以春耕生产为切入点，积极与双联户对接帮扶计划，抓培训送物资。为什社乡贺塬村拨付资金4万元用于发展榛子产业；在显胜乡蒲河村、肖金镇杨咀村举办瓜菜、养殖培训班4期，培训农民350人(次)。按期完成精准扶贫大数据平台富民产业信息录入、贫困退出单项指标认定及"七个一批"特色产业标注等工作。

【"两学一做"学习教育】迅速行动，全面动员成立区农牧局"两学一做"学习教育工作领导小组，制定《关于在区农牧系统开展"两学一做"学习教育活动的实施方案》，明确活动总体要求，基本原则、重点内容、主要措施。精心谋划，统筹安排召开农牧系统党员大会，部署"两学一做"工作，局属各党支部根据工作实际制定切实可行的方案和学习计划。农牧局党委及时跟踪督查、随机抽查，适时检测，对局属党支部"党员学习日"情况进行督查并通报。创新载体，深化学习 坚持每周二"党员学习日"45次，系统学习《中国共产党章程》《中国共产党廉洁自律准则》《中国共产党纪律处分条例》和习近平系列讲话精神等，人均记录学习笔记达20000字以上，心得体会1篇；围绕"严守党章党规，规范党员日常言行""增强看齐意识，用习近平总书记系列讲话精神武装头脑"等专题开展学习研讨3次；党委书记讲党课3次；组织党员观看《冲锋号》《开罗宣言》《邓小平登黄山》《柴生芳》等教育影片；"七一"组织局机关20名党员赴南梁接受红色教育、举办"颂党恩、展风采、励斗志"演讲选拔赛；多形式深化效果。排查党员组织关系，加强管理 开展农牧系统"组织找党员、党员找组织活动"，对党员组织关系进行集中排查，摸清"口袋"党员，理顺组织关系，建立定期联系制度，转出党员43名，转入党员50名；严格落实"三会一课"制度，定期召开组织生活会，建立党员向组织报告工作制度，召开党员大会5次，支部委员会12次，党小组会38次；为农牧系统150名党员制作"我是共产党员"桌牌，背面印制入党誓词，强化了使命感和责任感。锤炼党员，确保实效 在系统学习党章党规、习近平总书记系列讲话精神的同时，认真落实每周五"党性锤炼日"制度，组织全体党员打扫北京大道32次；4月初，在2016年西峰区农牧业工作会上表彰奖励了3个优秀党支部，10名优秀党员，在农牧系统形成崇尚先进、学习先进、争当先进的良好风气；5月中旬，举办"在区农牧系统开展'两学一做'学习教育宣讲辅导及春季送教下乡活动"，为农民送科技、送知识，发挥党员先锋模范作用；每名党员佩戴党徽、亮出身份，尤其领导干部带头示范，在重要会议、重大活动、上班期间佩戴党徽胸章，确保学习效果。

区农牧局领导班子成员名录

党委书记、局长　郭　宁
党委委员　胡俊科
党委委员、纪委书记　梁　樱(女)
党委委员、副局长　张效安　马成哲　罗新民
党支部书记　刘怀琥

畜牧兽医局

党支部书记　韩　庚
局　长　吴有贵
副局长　高继东　万　毅　方　刚
纪检组长　李爱琴(女)

农业技术推广中心

党支部书记　杭天庆
主　任　张继先(9月止)　贾卫东(9月任)
副主任　殷生俊　顾晨华
纪检组长　周红星

瓜菜产业开发办公室

主　任　贾卫东(9月止)　张继先(9月任)
副主任　肖有明　王彩芳(女)
纪检组长　包广宗

农民技术培训中心

主　任　王天保(9月任)

副主任　梁晓霞(女)　胡正潇

纪检组长　骆　强

农村合作经济经营管理局

党支部书记　韦积小

局　长　杨春峰

副局长　张　钊　田忠义

种子管理站

站　长　任世东

纪检组长　郑一平

农村能源建设办公室

党支部书记　陈生堂

主　任　张忠成

副主任　马荣辉　马　骥

农业行政综合执法大队

队　长　郝正平

副队长　任海峰

设施蔬菜基地管理办公室

主　任　毛　进

副主任　蒋吉贤

水产工作站

站　长　李宏才

副站长　惠　熙

小崆峒良种场(人工影响天气办公室)

场　长　冯建全

(供稿:麻晓辉)

林　业

【项目建设】按照《西峰区2016重点工作目标管理责任书》中下达的苗林结合产业培育任务，人工造林6.2万亩，其中造林补贴9000亩，三北工程造林3000亩，苗林结合培育50000亩。完成中幼林抚育10000亩，栽植油松等苗木1490余万株;完成千亩荒山造林示范点造林0.7万亩;完成薪炭林营造1417亩、补植历年退耕还林工程建设地块10084亩、新建种苗基地408.6亩、栽植果树

市区机关植树基地

4519.7亩;新栽通村、通组道路行道树170公里，栽植国槐、油松、侧柏、圆冠榆、馒头柳、栾枝、塔柏等绿化苗木6万余株;建成绿化达标乡镇2个;组织驻峰机关单位在显胜乡毛寺村完成义务植树0.48万亩，栽植高1m以上油松6.8万株。新建育苗基地4000亩，完成特色经济林栽植1.56万亩，组织协调国有林场完成庆阳市城南体育休闲区绿化，栽植各类大规格树木5260株;在全面落实封山禁牧、切实加强林地管护的基础上，完成25.74万亩国家级重点公益林和38.6万亩天保工程区公益林的管护。

【林下经济】实施集体林权制度改革以来，西峰区对集体林地、林木明晰产权、确权发证，现累计流转林地9.01万亩，流转资金605.3万元;林农林权抵押贷款4000万元，发展林下经济。共组建各类林业合作经济组织23个，建办家庭林场3个，精心选址建点打造了10个林下经济试点。2016年西峰区林下经济总投资8000多万元，10个项目发展良好。林下种植11.018万亩，产值1923万元;林下养殖10.03万只，产值2610.162万元;林产品采集加工企业2家，年产值2000万元，建成林业旅游景点5处，林下经济总产值达6534.162万元。

【林政执法】突出森林公安派出所、水保预防中队和乡镇林业站在森林保护中的主体地位，因地制宜组织开展严打专项斗争，重拳出击，严厉打击乱砍滥伐林木、乱垦滥占林地、乱捕滥猎野生动

植物资源等违法犯罪行为。2016年出动人力200人次，车辆80车次，查处违规放牧事件20起，处理违规人员15人次，清理在林区违规放牧羊只100余只；落实天保工程森林管护面积33.8万亩，落实公益林管护面积25.74万亩。

【护林防火】采取标语、专题会议等多种形式对《中华人民共和国森林法》《森林防火条例》等林业法律法规进行广泛深入地宣传，写防火宣传标语500余条、悬挂护林防火宣传横幅8幅，制作安装护林防火宣传牌200面；举办大型森林防火知识培训两次，参加培训人员1000余人次，给周边住户发放宣传信10万份，宣传横幅30幅，新增更换各类警示、告示牌160块，给周边住户发放宣传慰问信8000份，印制5000本森林防火宣传工作笔记本书；召开区、乡、村森林防火专题会议20余场次，购置回风力灭火机60台，二号工具1150把，扑火服装2500套；组建10—15人的护林防火队伍102支，聘请专兼职护林员162人。

【森林检疫】2016年，西峰区森林面积73.26万亩（含未成林造林面积和经济林）。发生林业有害生物面积4.44万亩，其中轻度面积4.3512万亩。防治面积4.3512万亩，无公害防治4.1592，人工防治0.1920万亩。发生野兔危害0.8010万亩、松落针病0.4070万亩、杨树腐烂病0.3762万亩、刺槐尺蠖1.4840万亩、苹果腐烂病0.1920万亩、梨小食心虫0.2800万亩、苹果棉蚜0.4230万亩，共计4.3512万亩，防治面积4.3512万亩，其中采用无公害制剂防治4.1592万亩、人工防治0.1920万亩。对辖区内7个乡镇、逐地块进行检疫，共出圃苗木1650万株，其中一年生刺槐106万株，一年生国槐70万株，国槐大苗30万株，油松大苗25万株，三年生油松827万株，白蜡10万株，红叶李6万株，红花槐5万株，雪松3万株，云杉2万株、樟子松300万株、白皮松290万株。森防站人员认真开展产地检疫，实施产地检疫1650万株，填写"产地检疫记录"和签发"产地检疫合格证"。

【亚行贷款】通过连续五年实施亚行贷款林业生态发展项目，为西峰区7个乡镇45个村65户百亩以上果业合作社（果农大户）和1300余农户栽培"铁杆庄稼"，辐射带动75%的村以林果产业作为主导产业。2016年，经济林（贷款）部分报账支出1191.92万元，提交省亚行办报回贷款1039.56万元（155.92万美元）。剩余贷款（约10万美元）报账资料已准备齐全，确定3月上旬提交省亚行办审核。国内配套资金总共817.55万元已到位456.83万元，到位资金占应配套资金的55.9%（其中省级93万元，市级41.4万元，区级136.8万元，劳务折资185.63万元）。区级配套资金未到位360.72万元。生态林报账资料提交77.96万元，于2016年4月20日通过省亚行办审核。

【城南绿地项目】庆阳市城南绿地项目位于西峰区董志镇与城南结合部，北至纬一路、西至庆化大道延伸段、南至董陈西路、东至岐黄大道。总规划面积2955亩，其中一期规划1905亩，二期规划1050亩。一期完成9个功能片区建设，预计2017年完成包括绿化工程、水系工程、慢行主环路、露天体育场地、农宅搬迁改造及相关基础配套设施等。计划二期完成游泳馆、大型综合体育馆、养生康体区、黄土文化区等。主要建设内容是在保留原生态防护林带大片林地的基础上，补植大量乔木、灌木及花卉，并在林地之间穿插布局体育健身、林下休闲等活动区域。项目设计建设过程中运用大

城南广场绿化工程

量的海绵城市建设元素：停车场、露天体育场地以及自行车环道均运用渗水材料施工，露天体育场地下蓄水池、儿童科普馆的植物屋顶设计等内容均为海绵元素的体现。2016年，完成一期除体育健身区外的其他8个片区的招投标工作和部分的绿化、慢行主环路工程等工作。

【扶贫攻坚】2016年完成苗林结合培育扶贫攻坚任务50000亩，其中显胜乡16631亩、肖金镇2773亩、董志镇11203亩，温泉镇428亩、后官寨镇2134亩、彭原镇11507亩、什社乡1472亩。其中完成封山育林面积7000亩，完成新增苗木4100亩，显胜乡369亩、肖金镇469亩、董志镇1095亩，温泉镇413亩、后官寨镇83亩、彭原镇571亩、什社乡353亩，以上苗林结合培育扶贫攻坚集中连片示范点3处，完成苗林产业总收入2460万元，同时在彭原镇周寨村完成培育林下经济示范点一个，并结合国家级公益林管护开展以苗林结合、退耕还林后续产业工程等林业重点生态项目的实施。苗林覆盖农户总数2650户，覆盖贫困户数787户，实现"育苗增收"向"造林增绿"转变。同时，对西峰区15个精准扶贫村的300户贫困户进行林(果)业生产实用技术及苗林结合产业培育知识培训，举办培训班2期，培训人员550人(次)。

【"两学一做"学习教育】充分利用"党员学习日"，组织党员干部集中学习48次，召开专题党建研究专题会议4次，党员民主生活会2次，党员干部撰写学习心得体会120篇，每次学习都明确学习内容，全体党员干部职工认真写学习笔记，定期交流学习心得体会。结合"两学一做"活动，广泛而深入地开展阅读一本好书，撰写一篇体会，举办一次交流，写好一本笔记的"四个一"活动，大力营造"人人读好书，人人爱学习"的良好文化氛围。通过学习，提高了党员干部的思想境界，使他们牢固树立正确的世界观、人生观、价值观、业务技能得到进一步的提升，党组织的创造力、凝聚力、战斗力得到提高，全体干部职工养成团结协作，奉献进取的精神，使"两学一做"与林业重点工作相互促进、彰显特色。

区林业局领导班子成员名录

局　长　李浩廷

党支部书记　刘　峰

纪检组长　张云霞(女)

副局长　冯正伟　景　梅(女)

(供稿：刘　鹤)

水　务

【项目建设】2016年，开工新建水利项目5个，截至11月底完成全部建设任务，完成投资6167.24万元。庆阳市新城南区湖库水系连通项目是2016年水利部审批的甘肃省唯一一个湖库连通水系项目，该项目于5月开工，10月底完成雨洪径流控制工程、已建湖体与天湖水面联通工程、天湖改造工程、零星续建工程全部建设内容，完成投资3525.06万元。小盘河水库及供水工程征地项目征收建设用地918.58亩，补偿资金1778.83万元全部兑付到位。2016年，精准扶贫农村饮水安全工程5月20日开工建设，10月底完成新建集中供水工程6处，水窖35处，小电井9眼，完成投资208.39万元，解决了519户2159人的饮水问题。2016年精准扶贫农村饮水安全市级财政补助资金工程8月5日开工，10月底完成新建集中供水工程17处，小电井89眼，完成投资635.96万元，解决1338户5400人的饮水问题。山洪灾害防治项目完成自动监测站及设施维护，制作发放宣传资料一千份，组织培训演练310人/次，完成投资19万元。大力支持农牧业产业发展 积极与农牧、林业、果业局衔接，以产业需水为导向，以养殖供水，果园、苗林灌溉为突破口，提高水利服务农业水平。编制西峰区农村畜禽养殖专业合作社供水项目、西峰区2017年五小水利项目、西峰区2017年高效节水灌溉项目文本，建设中盛养殖场供水工程、温泉镇何坳村灌溉用水工程、温泉镇齐家楼村机井工程、文化产业园改线工程和肖金大唐果业基地高效节水灌溉等项目，为西峰区农业发展“五个组团”，“东果、南菜、北畜、西游”产业格局的形成提供了用水保障。

【重点工作】抗旱防汛 受厄尔尼诺现象影响，6 月至 9 月降雨偏少，连续高温，伏旱致使全区 24.63 万亩大田农作物受灾。为有效缓解旱情，做到旱情面前无大损，受灾区域无绝收，采取电灌、井灌、拉运送水、农村供水管网延伸等措施，组织群众生产自救，全年累计完成灌溉面积 14.86 万亩，其中春灌 5.31 万亩，夏灌 6.67 万亩，秋灌 2.88 万亩。2016 年，全区汛期共出现降雨过程 10 次，其中大雨、暴雨 2 次，多为局地强降雨。7 月 18 日至 20 日，持续 3 天强降水，降水量 89.9 毫米，达到大暴雨等级。局地暴雨共造成全区 7 个乡镇、3 个街办、5417 户、19725 人不同程度受灾，倒塌房屋 2 间，受损房屋 21 间，冲毁道路 4 处，直接经济损失 3612 万元。完善了防汛工作机制，储备充足的防汛抢险物资，对防汛抗洪预案、修编年度地质灾害防治预案，严格贯彻落实领导带班和 24 小时值班制度，确保山洪灾害监测预警系统正常运行，积极协调相关单位和部门第一时间抢险救灾，及时维修水毁设施，未造成人员伤亡、出现重大灾情，确保了安全度汛。水政水资源管理 继续实行最严格的水资源管理制度，严守“三条红线”，严格执行水资源论证、取水许可等制度。2016 年受理取水许可证申请 17 份，审核通过 13 份，对不符合政策规定的 4 份申请发放不予受理告知书，进行执法巡查 48 次，其中河道巡查 12 次，查处水事违法案件 7 起，累计罚款 4 万元。2016 年征收水资源费 25.8 万元。农村供水工程运行管理 依托董志水厂改造检测化验实验室用房，投资 83.75 万元，购置配备水质监测仪器和水质取样巡检车，定期对农村饮水水源进行检测，确保了农村用水安全。2016 年维护维修破损的人饮管道 215 处，更换水泵 7 台（套），更换电缆 500 米，更换饮水管道 5000 米，收缴水费 70 万元。

【申报国家级水利风景区】依托庆阳湖和北湖水生态文化景观成功申报庆阳湖国家水利风景区。7 月，水利部组织专家实地评审，8 月 31 日被水利部正式命名为“庆阳湖国家水利风景区”，该风景区是庆阳市唯一一个国家级水利风景区，实现西峰区水利事业从传统水环境整治向水生态文明建设的重大跨越。

庆阳湖彩虹桥夜景

【成立水务发展投资有限公司】根据水利发展投资导向，加快全区水利项目建设步伐，撬动银行资本，拓宽水利融资渠道。6 月 30 日，注册成立庆阳市西峰区水务发展投资有限公司。11 月，就蒲河流域综合治理项目、西湖及水系建设项目与甘肃省农业发展银行西峰区分行进行了积极对接，达成贷款意向。

【扶贫攻坚】通过 2016 年精准扶贫农村饮水安全工程及精准扶贫农村饮水安全市级财政补助资金工程，解决了 402 户贫困户 1517 人的饮水问题。在精准扶贫专项指标验收中，对西峰区 15 个贫困村安全饮水指标进行验收，确保贫困村安全饮水达到 100%，符合脱贫标准。

【“两学一做”学习教育】把“两学一做”学习教育活动作为党建工作的龙头任务，成立学习领导小组，制订学习计划和实施方案。组织党员重点学习习近平总书记系列讲话精神，引导党员自觉学习党章党规、遵守党章党规、尊崇党章党规、维护党章党规。利用每周二"主题党日"，深入学习贯彻中共十八届六中全会、西峰区"党代会"及"两会"精神，每人结合党章撰写2万字的笔记。每周五"党性锤炼日"活动，领导带头，全员参加，确保环境卫生大整治活动落到实处。

区水务局领导班子成员名录

党组书记、局长　郑志华

党总支书记　陶步升

纪检组长　原永杰

副局长　刘光权　袁晓东

主任工程师　班　上

（供稿：刘鹏甲）

农业机械化

2016年，争取国家、省、市农机具补贴资金917万元(其中中央资金865万元，省级资金22万元，市级资金30万元)；争取保护性耕作创新与集成示范项目建设资金30万元。西峰区农机总动力达到33.5万千瓦，拖拉机拥有量达到6510台，完成机耕86.1万亩，机播80万亩，机收58.3万亩，农机经营总收入3.16亿元。

【农机农田作业】年初，召开西峰区农机化工作会议，产安排部署春耕生产。春耕生产中，抽调13名专业技术人员，投入机械1660台，完成农机农田作业68万标准亩。夏收开始前，向各乡镇印发《关于做好2016年全区"三夏"农机跨区作业工作的通知》，成立跨区机收领导小组，巡回检查指导，设立跨区机收指挥中心，发布作业信息，印发"告联合收割机手书"3000余份，引导外省区跨区作业机械有序、合理流动。在各乡镇设立跨区机收接待站9处，机具维修点11处，油料供应点6处，引进跨区联合收割机860台，完成小麦、油菜联合收割26.8万亩。"三夏"生产及"三秋"生产开始后，组织14

机械收获玉米

名工作人员分成7组，和乡镇村组干部组成实施小组，调配机具资源，协调外地机车跨区作业，以流转土地为重点，推行大型机械连片作业和跨区作业，落实作业面积、开展技术服务。2016年完成深耕深松整地作业6万亩，其中在董志镇寺里田、胡同赵、八年村建立万亩深松整地示范点1处；在肖金、后官寨、彭原三乡镇建立千亩示范点3个，兑付深松整地作业补贴资金100万元。

【新技术推广】2016年，引进新机具186台，召开现场会21场次，建立农机科技示范点12个，农机新技术、新机具科技示范面积26.71万亩，培训农机人员2204人次。围绕保护性耕作技术及机械深松整地技术，在国家农机具补贴政策的带动引导下，引进、推广玉米免耕播种机、深松机、秸秆还田机、联合整地机等机具82台，召开机械深松现场会7次，完成深松5万亩，建立保护性耕作核心示范点2处，辐射带动推广保护性耕作技术示范种植各类农作物11万亩。围绕设施农业配套机械化技术，补贴投放微耕机199台，弥雾机15台，建立示范点2处，示范面积1.2万亩。围绕果园管理机械化技术，补贴投放果树修剪机30台，果树施肥机80台，召开果园机械化现场会2场，建立果园机械化管理示范点3个，示范面积3.4万亩。围绕草畜产业机械化技术，引进推广中小型揉丝机13台，饲料粉碎机7台，割草机3台，铡草机15台，饲料搅拌机1台，秸秆捡拾打捆机5台，完成秸秆综合利用13万吨，建立养殖机械化示范点2处，召开秸秆加工、青贮现场会1次、完成机械化作业1.5万亩。围绕油菜、胡麻、糜子机械化收获技术，引进江苏沃得DC50C型油菜联合收割机2台，完成油菜机械化收获600亩，召开胡麻、糜子机械收获现场会3次，以中收4LZ-5型小麦联合收割机为原型，改型胡麻、糜子收割机2台，收获胡麻600亩，糜子500亩，为大面积推广引用打下良好的基础。

【国家补贴农机具】2016年，西峰区落实完成农机具购置补贴资金842.516万元(含2015年结转资金)，其中国家农机补贴资金765万元，省级累加补贴22万元，市级累加补贴资金30万元，按照部、省、市的要求，严格遵守补贴工作纪律要求，规范补贴，阳光操作，惠农补贴政策公开、公平、公正实施。补贴资金共带动社会投资2012.564万元，补贴机具1428台，补贴受益农户987户。在补贴政策的推动下，玉米生产及秸秆综合利用、果园及设施农业生产、牧草种植及畜牧养殖等全区特色主导产业开发机具拥有量进一步增加，有效改善了农机装备结构，提升了农机装备水平。

【农机安全监理】农机监理部门严格落实安全生产责任制度，全面推行免费管理，加强安全隐患源头管理，大力开展农机安全生产宣传教育，深入排查治理农机安全生产隐患。2016年西峰区新入户拖拉机503台，联合收割机45台；年检拖拉机3495台，联合收割机140台；注册挂牌拖拉机4593台；举办拖拉机驾驶考试3期，培训驾驶员496人，考试合格481人；全区拥有农机从业人员4100人，在册驾驶员3206人；应换审驾驶员227人，实际换审209人；出动农机监理执法人员640人次，共检查农业机械148台次，纠正违章作业517台次，零事故，零死亡。

【农资市场监管】规范农机市场行为，在辖区范围内依法开展农机市场整顿与打假专项整治行动，重点打击未经法定农机鉴定机构检验，擅自在产品上粘贴“农业机械推广许可证”的行为，盗用其他企业“农业机械推广许可证”、合格证以及标示混乱、不符合要求的违法违规的行为，无厂名、无合格证、无铭牌的“三无”产品。2016年出动人员105人次，车辆28车次，检查、整顿城区及6乡镇经营销售、维修场所63处，查处农机及零配件275起，发现整改问题70起。

【“双联”及精准扶贫】协助双桐村建设文化广场，举办第一届文化周活动；春耕生产前送出化肥31袋；捐赠农业科技、无公害蔬菜化生产技术、果树栽培技术等方面读本500多本；与交警大队携手在扶贫村进行“一对一面对面”的知识宣传并发放宣传手册1200多本。

【“两学一做”学习教育】结合“两学一做”学习教育，通过“五学”(个人自觉学、开展辅导学、研讨调研学、上党课专题学、搭建平台学)组织职工有目的、有计划、分步骤地开展政治理论和业务知识学习，重点学习十八届五中、六中全会和习近平总书记系列重要讲话精神及《中国共产党廉洁自律准则》《中国共产党纪律处分条例》《农业机械化促进法》《甘肃省农机管理条例》等。2016年，组织集体学习40余次80多小时。围绕农机中心工作，以机关作风大整顿为契机，打造优质服务窗口。在国家农机具购置补贴办理工作上执行“五个零标准”(沟通零距离、工作流程零障碍、服务质量零差错、规定之外零收费、服务行为零投诉)，细化六项措施：一是下沉宣传方式，由乡镇下沉到村组，提高农民对惠农政策的知晓率；二是加强引导，在单位大门、办公楼前等明显位置张贴办理流程图，印发办事流程告知书；三是在单位大门处设立意见箱，公布监督电话(8612320)，广泛听取群众的意见和建议；四是以方便群众为原则，优化业务流程，实行首问责任制、服务承诺制、AB岗制、一次性告知制、离岗告示制、限时办结制；五是实行规范的服务用语，为办事农民提供耐心细致的服务，使农民能听懂、能理解，在愉快的氛围中办理好补贴手续；六是根据工作量和农民需求增加工作人员安排加班，确保农民办理补贴应办尽办。在农机监理工作上，注重对监理人员的业务培训，坚持流程制度化、操作责任化，推行微笑服务、阳光服务、主动服务。

区农机局领导班子成员名录

局　长　杨　奎
党总支书记　张　军
纪检组长　袁　真
副局长　刘满荣　宋宏斌

农机监理站

站　长　施小全
纪检组长　孙明琥
副站长　李庆华

农机推广站

站　长　张志军
副站长　马文瑞

（供稿：郭　茜）

果　业

2016年，按照整区推进方案，突出抓好东部苹果暨特色经济林果基地建设，栽植苹果12200亩，其他经济林果6150亩，重点抓好温泉齐楼－什社贺原和董志崔沟—吴庄2条万亩果带规模栽植、10处百亩以上规模连片流转土地示范园建设，同时抓好贫困村的林果产业培育巩固。栽植自育出圃苗木35万株，外调苗木15万株。新建果业生产示范点：显胜乡铁楼村苹果示范园、肖金镇芮岭村苹果示范园、董志镇吴庄村苹果示范园、温泉镇齐楼村山地苹果示范园、彭原镇彭原村樱桃示范园、董志镇庄子洼村苹果组装式冷藏库。

【林果标准化示范园提质创建】争取省级财政特色林果产业扶持资金150万元（农牧厅60万元，林业厅90万元），扶持建成肖金镇芮岭村大唐果业合作社苹果园、肖金镇王庄村盛世棠果业合作社苹果园、什社乡贺原村三姓果业合作社苹果育苗基地、肖金镇芮岭村永生果业合作社设施桃园及彭原镇彭池果业合作社樱桃园。

【低产老果园提质改造】组建果树专业队对150户老果园进行示范改造，完成改造任务13100亩。温泉镇何坳村去年冬季100余亩盛果园涂白采用“国光”牌果树成衣膜后，腐烂病极少，效果明显。

【优质苗木繁育】苹果育苗138亩，时令杂果育苗100亩，主要集中在什社庆丰、温泉齐楼、肖金张庄、脱坳等区域，特别是三姓果业合作社繁育的M9-T337自根砧和嫁接品种苗木长势良好，首次成功实现了区内苹果自根砧苗木的自繁自育。

【组装式冷藏库项目】争取国投农产品初加工苹果组装式冷藏库资金315万元，新建储量100吨以上果库30座，当年建成23座；新增果品专业合作社10个，累计达到65个；积极适应现代电子物流新模式，动员更多的青年人投身到“庆阳苹果”的销售队伍，建成庆阳苹果西峰形象店1处，福州销售网点1处，区商务局扶持建成“村淘网”示范店50处，构建了林果产品推介直销网络。

【乡村休闲旅游采摘】积极适应果业经济发展新常态，扎实开展果品产业供给侧结构性改革，将时令水果与乡村休闲旅游相结合，首次组织开展乡村休闲旅游采摘活动，举办显胜乡显胜村玉玲珑合作社基地大樱桃开园采摘、彭原镇彭原村青藤樱桃文化艺术节、什社乡庆丰村三姓果业合作社早熟苹果开园采摘活动，收效良好。10月8日与宁县合办庆阳苹果开园采摘仪式，在温泉乡刘店村上庄组“华夏苹果第一树保护园区”举办庆阳苹果开园采摘活动；同时在宁县焦村海升基地举办苹果产业奖励大会暨开园采摘仪式。在2016年庆阳苹果鉴评活动中，西峰区禾顺瓜果农民专业合作社选送的秋富1号、西峰区玉祥果业农民专业合作社选送的烟富6号、烟富3号获得金奖，西峰区三姓林果专业合作社选送的富士优系获得银奖，获得庆阳市人民政府表彰。

【自然灾害】5月12日，低温冻害导致多数挂果园坐果率偏低，同时对新栽的果苗、新嫁接的幼苗冻坏较多。6月9日、7月17日至19日，冰雹灾害导致7个乡镇重点村组果园不同程度受灾，温泉镇刘家店村8月底仍有冰雹发生，严重影响果品产量和质量，少数果园绝收。

【林果效益】受连续低温、雹灾及市场行情影响，2016年果品总产量 13.9万吨（其中苹果13万吨）；果品总产值6.5亿元（苹果5.5亿元）；农民人均果品纯收入1700元（苹果1500元），基本与2015年持平。

【扶贫攻坚】围绕精准扶贫精准脱贫目标，把林果产业作为扶贫攻坚产业培育的主要任务，项目向贫困村倾斜，技术人员向贫困村集中，全力督促完成2016年产业培育任务。西峰区果业局干部职工联系的显胜乡显胜村“双联”户54户精准扶贫户31户和温泉镇湫沟村17户，完成精准扶贫精准脱贫年度任务。

【“两学一做”学习教育】成立“两学一做”学习教育活动领导小组，组织职工集中学习和自学。学习《中国共产党章程》《习近平总书记系列重要讲话读本》《习近平谈治国理政》《全面小康热点面对面》等。每位党员抄写自学笔记5000余字，制作“我是共产党员”桌牌一面。将“两学一做”学习教育与果业局各项工作紧密结合，以学习教育推动实际工作，以实际工作牵引学习教育，做到两不误、两促进。

区果业局领导班子成员名录

局　长　雷普雄

纪检组长　张可祯

副局长　李　密　李保卫

（供稿：袁俊鹏）

水土保持

【流域治理及梯田建设】2016年治理水土流失面积10平方公里，新修梯田0.71万亩。

【项目建设】2016年，续建、新建水土保持项目4个。一是清水沟小流域水土保持综合治理工

清水沟小流域造林

程。完成水土流失治理面积3.3平方公里。其中，栽植乔木林149.58公顷，封育治理180.42公顷，修建工程围栏3600米，沟头防护1道。完成总投资125万元。二是温泉镇冯家对坡沟综合治理工程。完成综合治理面积26.8公顷。其中：废弃地平整4.85公顷，营造水保林21.62公顷，栽植防护林780株，人工种草1.3公顷，沟头回填1处，沟头防护1道630米，砖砌护坎836米，修建生产道路1.2公里、蓄水池2座、排水沟620米、涵管40米、排水管311米、涝池护栏96米，宣传牌1面及宣传碑1座。完成总投资400.57万元。三是巩固退耕还林基本口粮田建设项目。在显胜、什社等3个乡镇的5个行政村新修梯田2138亩，完成总投资263.74万元。四是庆丰沟骨干坝除险加固工程。总投资180.00万元，其中中央投资144.00万元。该工程于10月11日正式开工建设，计划2017年5月底竣工。

【淤地坝管理及防汛】至2016年，西峰区已累计建成并保存淤地坝39座，其中：骨干坝20座，中型坝14座，小型坝5座。2016年，淤地坝防汛工作

纳入全区防汛工作，由区防汛指挥部统一指挥调度，层层签订防汛安全责任书。在汛期来临前，对全区淤地坝进行全面检查，对有防汛安全隐患的9座隐患淤地坝及时筹措资金进行抢修，消除安全隐患，确保工程安全运行。进入汛期后，严格落实领导带班和24小时值班制度。做到及时准确收集雨情、水情、汛情等防汛信息，确保汛期零事故。

【水保监督执法】一是强化水土保持规费收缴工作。对辖区生产建设项目，特别是砖瓦生产企业、石油井场建设与运行情况进行重点普查，核定并确认缴费额度。2016年征收水土保持补偿费159.28万元。二是严格执行水土保持工作“三同时”制度，加强生产建设项目水土保持方案编报、审批及监督检查工作。2016年审批水保方案12件。三是“一法一条例”及水保国策教育宣传工作。按照省市关于水土保持国策宣传教育活动的安排部署，为了进一步深化水土保持国策宣传教育的覆盖面，制定了《西峰区水保局国策宣传教育活动实施方案》，先后携带音响、宣传单等资料，深入西峰区党校、南苑路社区及生产建设工地开展了水土保持国策宣传教育活动。同时，充分利用网络媒体，大力宣传水土保持工作的重要意义，增强广大干部群众防治水土流失的责任感、使命感、紧迫感。2016年报送信息37条，其中市级以上网站刊登21条，陇东报刊登1篇。

【“双联”及精准扶贫】一是夯实建档立卡工作。扎实开展贫困人口建档立卡“回头看”。对照“两不愁、三保障”脱贫目标，对显胜乡夏刘村626户农户进行全面核查。二是为贫困户送去了60袋大米，55条床单、被套，55箱牛奶等日用品。三是协调水务、交通等部门，为夏刘村道路柏油罩面1.5公里、水泥硬化路面4公里，解决了7户贫困户自来水的入户问题。四是加强调研。6月中旬和12月中旬区水保局组织开展了两次扶贫专题调研，组织力量对贫困户开展需求调查，列出需求清单，引导行业部门和社会力量，结合自身实际，按照“缺什么、补什么”的原则，制定扶持计划。

【“两学一做”学习教育】2016年，“两学一做”学习教育活动开展以来，水保局班子进一步落实全面从严治党要求，强化基层党风廉政建设工作，深入开展以“学党章党规、学系列讲话、争做合格党员”为主要内容的“两学一做”学习教育活动。通过认真学习，对照准则、条例，召开党员及班子专题民主生活会，开展对照检查和相互批评。从思想、组织、作风、纪律等方面查找出存在的突出问题，解决形式主义、官僚主义、享乐主义和奢靡之风问题，促使党员领导干部牢固树立宗旨意识和马克思主义群众观点，切实改进工作作风。

区水土保持局领导班子成员名录

局　长　刘朋刚(5月止)

党支部书记　张鹏举

纪检组长　马小林

副局长　刘富荣　任建华　范正印

（供稿：张　斌）

扶贫开发

2016年，通过认真学习贯彻中央、省市脱贫攻坚会议精神，深入调查研究，紧密结合实际，梳理出紧盯一个目标、突出两个重点、开展四项扶贫、实施七个一批脱贫攻坚思路，锁定整区稳定脱贫与小康建设同步走的工作定位，砥砺奋进、创新实干，圆满完成年度各项工作任务，实现脱贫445户1758人，顺利通过市级全面复核验收和省级第三方评估。

【精准规划】坚持“高起点定位、一次性规划、分步骤实施”的原则，成立规划编制工作小组，聘请兰州大学规划研究领域专家，深入乡村调查研究，科学规划，在全面总结“十二五”工作成绩的基础上，编制完成《西峰区“十三五”扶贫攻坚规划》。建成了概算投资17亿元的扶贫开发项目库，及时编报2016年三批财政专项扶贫资金项目计划。

【专项资金】抢抓脱贫摘帽扶持力度不减的好政策，争取国省市专项资金2944万元，完成2016年初目标任务2000万元的148%，较2015年增幅达到48%，实现专项资金投入连续四年持续拔高。

【易地搬迁】扶贫工作在“易地搬迁脱贫一批”上下实手主攻建设用地难题。按照省市集中安置与插花安置相结合的要求，立足实际，首次在西峰区践行“集中建点+插花建房+购房安置”的易地搬迁扶贫新模式。2016年，4个乡9个村26户主体建设任务超前完成。

【精准帮扶】针对2016年初868户、3408名贫困人口的实际困难，指导乡镇成立82个户级评估小组，挖清需求、列出清单，按照“缺什么、补什么”的原则，因村施策、因户施策、逐户销号，安排实施精准到村到户项目774万元，建设任务全部完成。其中投资104万元，推广旱作农业4万亩；投资158万元，支持贫困村基础设施建设、扶持贫困户培育特色增收产业；投资340万元，落实精准扶贫贷款贴息；投资171.99万元，实施“两后生”培训、安全稳固住房等11个项目。通过精准帮扶，实现2016年项目需求“一人不缺、一人不漏”。

【“造血扶贫”新模式】把破解贫困户生产发展资金短缺瓶颈、助推脱贫户持续增收不返贫，作为2016年专项扶贫的重中之重，全力推广实施互助资金项目。发动、组织乡、村注册登记村级扶贫互助协会累计达到88个，倾人力物力提升管理水平、保障村级工作条件，争取投入互助资金2120万元，发展入会农户6395户，累计发放借款2620.8万元，扶持贫困户及脱贫户2837户。首次在西峰区乃至庆阳市率先达成互助资金“3321”目标任务，实现了贫困村、稳定脱贫村、有贫困人口的非贫困村“三个全覆盖”，管理制度、组织机构、档案资料“三个健全”，工作阵地、办公设施“两个保障”，扶持贫困户脱贫户发展生产稳定脱贫“一个目标”。

【“三大攻坚突破”】坚持脱贫攻坚与直奔小康同步走的定位，积极对接领导小组成员单位，制定西峰区2016年扶贫开发工作要点，将工作任务分解靠实到部门、乡村、责任人。严格落实行业扶贫联络人和工作月报制度，每季度定期督查，组织召开西峰区脱贫攻坚暨双联行动“大回访”工作督查通报会议，发现问题、整改不足。2016年整合行业资金4.26亿元，有力推进了基础设施建设、增收产业培育、公共服务保障“三大攻坚突破”。

【资金监管】资金监管“五措并举”，即制定出台“2+2”项目资金管理办法，建立动态管理台账，实行项目实施实时管控；落实国库集中支付和县级报账制，严格资金报账审批程序，提高拨付效率，按期完成扶贫资金报账3585万元，杜绝资金滞留“趴窝”；强化专项扶贫单项考核，纳入西峰区年终综合考核；开展财政专项扶贫资金绩效考评自评，向省市报送高质量自评资料20本，获得上级主管部门的一致肯定；建立市、区审计部门专项审计、区检察院预防扶贫领域职务犯罪专项工作、“两查两保”专项行动“三个联合监督平台”，多渠道、多层面强化资金监管，严守扶贫资金“高压线”。

【贫困退出验收】按照省定贫困退出验收标准和时限要求，7月5日，华池县扶贫办代表市脱贫攻坚领导小组对西峰区贫困人口、贫困村开展交叉检查，对脱贫成果给予高度评价和充分肯定；10月下旬，组织召开贫困退出3个专题会议，指导各乡镇、相关部门，在10月21日至11月17日，开展

入户回访

贫困人口退出初验、贫困村退出自评、整区脱贫复验工作，并顺利通过市级复核验收和省级第三方评估，各项退出指标全部高标准达标。

【大数据管理】推行科学化、精准化管理，扎实抓好国、省、市3个大数据平台建设。加强精准扶贫大数据科学化管理，对西峰区2014—2016年9016户3.5642万名贫困人口开展“四有”问题核查、错误数据清洗、基础数据更新、帮扶措施录入、“七个一批”管理、结对帮扶管理等工作，确保贫困人口精准识别精准管理更加科学规范；积极配合华池县对西峰区贫困人口进出识别程序、农民人均纯收入测算、基础设施等工作进行交叉检查，检查组对全区脱贫成果给予充分肯定。

【政策宣传】给贫困户发放“一封信”、颁发脱贫光荣证1.6万套；组织乡村实地观摩交流学习20余次；在省、市、区主流媒体发表扶贫信息220余条，名列8个县(区)前茅；开展第三个“1017”扶贫日宣传活动，在区乡设立8个会场，现场发放宣传材料1万余份，营造了良好的社会扶贫氛围。

【“两学一做”学习教育】全体干部职工每天坚持“三个半小时”自学，即每天早起半小时、上班早到半小时、晚上迟睡半小时抓学习，重点学习中共十八届六中全会精神、习近平总书记和李克强总理关于精准扶贫重要论述及市区党代会、人代会、政协会议精神、党章、党规等政策理论。学习《党委工作方法》《领导干部要爱读书、读好书、善读书》《学党章党规、学系列讲话，做合格党员》等书籍篇目，切实增强“四个意识”。学习农村发展政策、扶贫业务知识，专题学习省、市、区“三农”会议、脱贫攻坚会议与精准扶贫实施意见方案精神。集中学习甘肃省贫困退出验收新办法、“853”挂图作业实施意见等文件精神。量身定制“336”学习模式，即将学习会、汇报会、推进会三会合一。开展“三学三课一撰写”，创建学习型机关、专题学习研讨、主题朗诵比赛、“主题党日”“党性锤炼日”、党员回归本色6项学习活动载体。2016年，召开专题学习讨论会40余次，集中学习30余次，讲党课8次，撰写心得体会20篇，书写自学笔记50余万字，举办“庆七一”党在我心中 梦想伴我行”诗歌散文朗诵比赛及“两学一做”学习教育知识竞赛，为每名党员制作“我是共产党员”桌牌亮明身份，在党性锤炼日进行环境卫生整治、服务社区活动。

区扶贫办领导班子成员名录

主　任　李本文

党支部书记　杜　平

副主任　杜　平　杨　春

（供稿：肖鉴真）

金融业

政府金融工作

【金融扶贫】积极推广农业保险和涉农信贷保险，帮助涉农企业和农户降低经营风险，拓宽信贷渠道，中国人寿保险以资金合作社为平台向社员推广普及借款人人身意外险及贷款配套的相关保险产品。推广“银行+合作社+农户”模式，以农民专业合作社为平台，针对社员推出相应信贷产品。争取农村土地承包经营权、林权、宅基地使用权、集体收益分配权等资产和权益的登记、变更政策，拓宽农村金融服务渠道。100个村级合作社基础设施、经营场所、人员配备基本达标，管理制度、财务制度等全部建立。全区合作社入股社员10509户，入社率21.2%，入股资金525.45万元，自有资金发放贷款余额1620万元，资金使用率为96.5%。发放第三批2335万元精准扶贫专项贷款，受益农户403户。争取222万元易地扶贫搬迁专项补助资金，受益贫困户26户，98人，签订政府购买服务协议，完善区级平台建设，上报244万元易地扶贫搬迁专项贷款申请。

【金融改革创新】甘肃银行、瑞信村镇银行推

西峰区民间资本服务中心开业揭牌仪式

出“公务贷”、建行“成长之路”等个人消费性贷款。建行“小企业银团贷款”、兰州银行“循环贷”等商业银行投放的不同形式的企业贷款，极大保障了经济实体融资需求。推广“银行＋保险”服务模式，促进人寿财险、平安、太平洋等保险机构丰富保险产品，深化与银行机构信贷领域的合作。“联贷联保”、兰州银行“公司＋农户＋商户”等信贷模式降低贷款门槛，提高贷款获得率，甘肃银行“薪e融”、工商银行“网贷通”将贷款申请、审批程序移至线上，提高服务效率。金融服务领域拓宽。工行“出口退税账户托管贷款”、中国银行国内供应链融资贷款、兰州银行“创业贷”、“惠农贷”等信贷产品涵盖商贸流通、进出口贸易等行业，客户对象涉及小微企业、农户、创业人员等。截至11月底，西峰区金融机构人民币各项存款余额311.71亿元，贷款余额319.11亿元，存贷比102%。

【金融风险防控】制定印发《西峰区防范和处置非法集资工作方案》《西峰区互联网金融风险专项整治工作实施意见》，结合非法集资活动的发展形式，实行线上线下同步监管。按照“谁主管、谁治理，谁批设机构，谁承担监管职责”原则，关注投资理财、非融资性担保、P2P网络借贷等新的风险高发领域以及农民专业合作社、民办教育机构、养老机构、各类交易场所等新的风险点，加强监测防控，应对突发问题。整合、利用媒体资源，加大宣传教育覆盖面，帮助群众树立“非法集资不受法律保护、参与非法集资风险自担”理念。在城区道路和广场悬挂横幅150条，发放宣传彩页10000份，报刊报道12篇，电视报道5次。组织开展打击和处置非法集资宣传月活动，在东湖公园广场、昊鑫时代广场和肖金街道设点宣传。采取报表监测和现场检查相结合的方式，深入小贷公司进行审计检查。

【项目融资】项目贷款审批授信额度24亿元。结合区域条件、城市规划、片区改造需要等因素，考察、论证、包装，确定安定东路北侧等11个片区作为棚户区改造三期实施项目，向国开行上报庆阳市棚改三期西峰区项目专项贷款申请，获得21亿元贷款审批授信。争取工业园区基础设施建设贷款资金，彭原土地整理二期获农发行审批贷款2亿元，工业园区A1路道路建设项目获农发行审批贷款1亿元。

【项目建设】陇东汽车城项目：项目一期剩余4S店招商、园区主体工程建设、内部及周边配套设施建设加快实施进度。汽车城标志性建筑车立方主体结构建成。周边庆化大道北段、南梁大道一期段、城北二路、三路建成通车。项目二、三期与国土、规划等部门对接用地手续办理相关事宜。通过实地考察、综合评估，确定由安徽南翔集团负责二、三期项目的概念性规划设计。福景家园项目：主体工程建成，内部电梯、消防设施及室内门窗、弱电、

陇东汽车城首届汽车博览会

水暖安装完毕，外墙粉刷完工。附属工程开工建设，地下停车场建成。争取将福景家园纳入国家“海绵城市”建设项目，正在进行海绵化园林景观工程设计。按照相关规定和要求进行房屋销售及资金管理，保证收缴房款的合理调配和合规使用，房屋销售82%，所收缴房款均按照收支两条线的标准支付使用。

【“两学一做”学习教育】成立“两学一做”学习教育领导小组，制定学习方案、计划，召开专题部署会10次，学习推进会40次，班子成员和股室负责人讲党课7次。学习《习近平谈治国理政》《习近平总书记系列重要讲话读本（2016年版）》《中国共产党廉洁自律准则》《中国共产党纪律处分条例》等党内规章，贯彻习近平总书记系列重要讲话精神中关于“两学一做”学习教育的指示。坚持每周二下午开展“主题党日”活动，通过讲授党课、交流探讨等形式，拓宽学习载体，提高学习效率。组织观看《开罗宣言》等4部红色主题电影，受教育党员干部100人(次)。购买发放《习近平总书记系列重要讲话读本(2016年版)》等学习资料30册，党员干部人均记录学习笔记2万字，撰写心得体会3篇。

【扶贫攻坚】帮联村是彭原镇义门村和肖金镇左咀村，双联对象为义门村21个贫困户，精准扶贫对象义门村10个贫困户和左咀村18个贫困户。成立双联及精准扶贫工作领导小组，确定业务主办人员，制定工作计划、将帮联干部分成5个小组，轮流开展帮联工作。对帮联户家庭基础信息、收入情况、主要经济来源进行跟踪掌握，完善帮联村和贫困户资料，完成精准扶贫大数据信息采集和基础资料录入工作。按照种植、养殖为主，专业合作社带动和劳务输出为补充的产业发展模式，为贫困户解决产业发展资金，协助村上改善基础设施。为双联户和精准扶贫户普及惠农政策、农业技术、科技知识、金融政策等相关知识。帮助符合条件的贫困户充分享受小额信贷、教育、卫生、危房改造、易地扶贫搬迁等一系列精准扶贫措施。

区金融工作办公室领导班子成员名录

主　任　张永平

党支部书记　陈燕妮(女)

副主任　王振东　田　荣(女)

（供稿：郭文财）

世行贷款甘肃庆阳城市基础设施建设项目

【项目采购】世行贷款甘肃庆阳城市基础设施建设项目采购合同包21个。其中：土建包14个，咨询服务包4个，设备包2个，能力建设类1个。截至2016年12月，完成招标采购13个。

土建类项目8个。建成通车的合同包4个：慢行交通综合整治项目、古象路东延伸段和庆化大道中段改造（共2个标段，LCCP2、LCCP3）。正在施工的合同包4个：庆化大道南延伸道路工程、北京大道北延伸项目(共2个标段，GJCP2、GJCP3)、安定西路西延伸段道路工程。咨询服务类项目3个。项目实施阶段咨询管理、交通管理调查研究及水资源管理调查研究。交通管理调查研究完成所有报告，报世行审查。水资源管理调查研究提交研究报告6个。设备包1个，办公设备配置到位。能力建设类1个，城市公用设施运行维护能力、政府部门机构强化和培训合同包开始执行。

【项目进展】慢行交通综合整治项目、古象路东延伸段和庆化大道中段改造3个项目建成通车（庆化大道中段改造共2个标段，LCCP2、LCCP3）。庆化大道南延伸道路工程路基清表2100米，浇筑回填综合管沟1918米，支管浇筑回填210米，东侧雨水管道安装回填1395米，污水管道安装回填1310米，东侧510米长的雨污水沟槽开挖，西侧雨水管道安装回填1905米，给水管道安装回填960米，路灯基座浇筑46座，电缆保护管预埋1900米，电力电缆预埋1760米，A型路缘石安装2300米，B

庆化大道中段建成通车

型路缘石安装5800米，土路基整修1300米，土基翻夯50厘米、1米厚12%灰土换填、15厘米厚天然砂砾垫层1200米。北京大道北延伸项目北京大道北延伸火巷沟高填方工程，高填方区域原地形地貌复测，沟边刚性围护，对高填方区域进行清表，挖除生活、建筑垃圾，修筑取土场临时施工便道4.5千米。道路段(安定路至火巷沟南沟边、火巷沟北沟边至古象路)综合管沟615米，安装雨水、污水管道1249米，截污干管810米。安定西路西延伸段道路工程清表290米，清表土外运5628立方米，土方开挖3579.6立方米，地坑院、捞坝池素土回填6582立方米，捞坝池基坑旁边建筑垃圾清理拉运量2608立方米，回填路基土方量650立方米，开挖污水管道沟槽345米，基坑支护32米，安装d300污水管道及管床砼浇筑345米，浇筑1000*1000钢筋砼检查井9座。

【综合协调】庆化大道中段、北京大道北延伸段、东区污水处理厂完成地面附属物及房屋拆迁工作。庆化大道中段、东区污水厂土地征用协议签订，补偿款兑现到位；庆化大道南延伸段由于高铁改线新增48户(全迁24户，半迁24户)，签订全迁户协议20户，半迁户24户。安定西路西延伸项目涉及后官寨镇的地面附属物及房屋拆迁、征用土地完成。涉及西街办的6户全迁户，签订3户。拨付乡镇(街办)征拆费20514.7万元(其中：西街办3640万元、后官寨乡1370万元、彭原乡900万元，董志镇12204.7万元，温泉乡2400万元)。外部监测完成移民安置、环境外监现场跟踪入户调查问卷，全程跟踪调查和督促落实施工环境管理计划，参加村组公众咨询会议，听取移民意见与要求，解决拆迁安置过程中遇到的困难和问题，于3月、9月中旬向世行提交移民、环境外部监测半年报。

【资金管理】2016年，提款报账32次，申请报账金额21272.38万元，财政厅回补资金16002.38万元。配合甘肃省审计厅于6月12日至20日对世行贷款项目2015年度项目执行和财务收支情况进行审计。按照区审计局〔2016〕3号文件通知精神开展项目办主任任职以来财务状况审计。按照《贷款协定》规定，于3月15日向世行提交财务半年报。

【党风廉政建设】开展“四个反思、五项整顿、四大行动”干部作风大整顿活动，通过讲党课、干部自学与培训相结合、经验交流等形式，将“三严三实”、作风建设作为干部职工日常学习主要内容。完善规章制度，形成用制度管人、管事、管物的环境，激发干部职工“想干事，能干事，积极进取，开拓创新”的工作热情。结合“党性锤炼日”活动，每周星期五下午组织干部职工到划定好的区域进行集中清扫，开展“除脏、治乱、改差”的环境卫生大整治活动。开展“一学五抓”学习教育实践活动，学习中共十八届六中全会精神、市区党代会和“两会”精神，对各项工作任务进行“回头望”，确保工作有序推进。

【培训学习】组织咨询公司相关专家分别就项目实施、财务管理、提款报账等方面对项目办和执行单位等工作人员进行系统培训。邀请咨询公司监理专家陈鸿达先生、合同与采购管理专家郑敏先生、征地拆迁移民专家高强教授，对世行项目区域范围内进行现场踏勘及资料查阅，对执行单位、监理公司、施工企业、各乡镇（街办)进行专题培训。12月中旬，组织项目实施相关单位就城市公用设施运行维护能力、项目采购管理、政府部门机构强化方面进行考察培训。

【"两学一做"学习教育】结合"两学一做"学习教育活动，开展以"四个反思、五项整顿、四大行动"为主要内容的干部作风大整顿活动，组织部门负责人给党员及干部职工讲党课、干部自学与培训相结合、经验交流等形式，将"三严三实""两学一做"学习教育、作风建设作为干部职工日常学习的主要内容，完善相关规章制度，形成用制度管人、管事、管物的良好环境，激发干部职工"想干事，能干事，积极进取，开拓创新"的工作热情。

【扶贫攻坚】针对后官寨镇孔塬村和彭原镇刘岭村的不同情况，开展精准扶贫、结对共建、干部驻村等工作。协调相关部门支持刘岭村水、电、路等相关配套基础设施建设；帮助完成刘岭村文化广场的绿化、亮化改造；出资2.5万元制作更新双联、精准扶贫宣传牌、宣传栏，进行政策宣讲；指派专人协调帮助刘岭村完成东岭组、中岭组、南岭组居民安置小区的安置方案商议及前期手续审批工作；出资5000元组织举办实用技术培训班2次，培训村民500人次。

世行贷款甘肃庆阳城市基础设施建设项目办公室领导班子成员名录

主　任　闫志湖(5月止)

副主任　李少鸿　曹志峰

（供稿：金　伟）

部分金融单位

中国农业发展银行庆阳市西峰区支行

【银行资产】2016年银行总资产17.22亿元，总负债16.96亿元，所有者权益0.26亿元，各项存款余额6.53亿元，各项贷款余额17亿元，实现各项营业收入0.32亿元，利润0.26亿元。

【银行业务】2016年实现收入0.32万元，调查审批发放贷款12笔88320.35万元，收回贷款28笔45523.57万元，产生不良贷款5笔。国际结算业务办理汇入汇款44笔298.77万美元；跨境人民币水乳汇款10笔158万美元。实现外汇收入10.38万元，其中：结算手续费收入1.3万元，外汇汇兑收益9.08万元。国际贸易融资利息收入0.32万元。

【联村联户】支行帮联村为董志村，2016年捐赠办公桌、沙发、办公椅共计2.3万元。购买科技书籍300本，维修改造厕所及其他公共设施共计1.6万元。每户购买化肥、农药各1袋，共计1.5万元。

中国农业发展银行庆阳市西峰区支行领导班子成员名录

支行行长　刘利民

支行副行长　白正峰

支行副行长　张智轩

（供稿：李亚妮）

中国农业银行庆阳西峰支行

【银行资产】2016年底，总资产28.6亿元，总负债28.1亿元，所有者权益0.43亿元。各项存款余额27.52亿元，各项贷款余额22.57亿元，其中涉农贷款余额0.48亿元，小微企业贷款余额115890万元；实现各项营业收入2.52亿元，利润5716万元。净利润4416万元。

【业务概况】2016年，实现收入25216万元。储蓄存款余额净增14616万元。当年放款311笔，绝对值12122万元，其中涉农户贷款108笔1620万元。小微企业贷款11笔，115890万元。

【精准扶贫】2016年，衔接精准扶贫贷款50万元，送去春耕物资价值5000元，先后驻村帮扶10次，慰问贫困户3次，宣讲医保等政策3次。

中国农业银行庆阳西峰支行领导班子成员名录

支行党委书记、行长　韩小龙
支行党委副书记、副行长　门维涛
支行党委委员、副行长　李海燕(女)
支行党委委员、副行长　车相秀
支行党委委员、纪委书记　郑　浩

(供稿:杨　潇)

庆阳农村商业银行股份有限公司

【银行业务】2016年底,总资产658196万元,总负债571359万元,所有者权益86837万元。各项存款余额达到528173万元,各项贷款余额达到428668万元,其中涉农贷款增加59267万元,余额达到385989万元,小微企业贷款余额达到42091万元;实现各项营业收入44307万元,上缴利税4193万元。目前已形成以6个乡镇支行、2个城郊支行、15个城区支行为主体,以1个小微企业信贷服务部、27个"三农"金融服务便民点、25个惠民服务点、28台ATM自助设备以及835台POS机具为补充的金融服务网络。网上银行、手机银行、微信银行等以互联网为载体的终端客户数量达到31.2万。

【精准扶贫】抽调64名中层管理人员组成帮扶工作小分队,对后官寨中心村6个小组322户进行了入户走访,了解民情、听取民意、化解纠纷,发放"连心"卡322份。为后官寨镇中心村村部捐赠办公桌椅5套、档案柜2个、电脑桌8组以及沙发4套,在元旦、春节"双节送温暖"活动中慰问贫困户30人次,发放面粉、食用油等慰问品价值4740元。同时,向42户种养农户提供473万元信贷资金支持,向7户投放扶贫贷款67.5万元。

庆阳农村商业银行股份有限公司领导班子成员目录

党委书记、董事长　孙晓英
党委副书记、行长　陈怀宁
党委委员、纪委书记、监事长　王　琨

(供稿:张卓强)

瑞信村镇银行股份有限公司

【银行存款】2016年,各项存款35087户114921.67万元。户均存款3.28万元。其中对公存款余额20886.29万元;储蓄存款余额94035.37万元。低成本存款39645.80万元。

【银行贷款】2016年,各项贷款3901笔125020.21万元。户均贷款32.05万元。其中:单位短期贷款74420.04万元;单位中期贷款6792.67万元;单位长期贷款1778万元;个人短期贷款22282.61万元;个人中期贷款3903.8万元;逾期贷款1776.08万元;非应计贷款14067.01万元。不良贷款5046.49万元;完成涉农贷款增量、增速"两个不低于"和小微企业贷款增速、户数、审贷获得率"三个不低于"工作目标。使用人民银行支农再贷款1.5亿元。

【银行效益】2016年,实现营业收入13516.87万元,其中贷款利息收入13041.16万元。利润总额425.3万元,净利润34.84万元。

瑞信村镇银行股份有限公司领导班子成员名录

董事长、党总支书记　李旭秀
监事长　姚陇辉
行　长　周尚臻
副行长　耿　冲
副行长　麻　睿
行长助理兼九龙路支行行长　李　晔(女)
行长助理兼南大街支行行长　杜彦虎
工会主席兼安全保卫部总经理　包瑜婷(女)

(供稿人:齐宗斐)

中国人寿保险股份有限公司庆阳市西峰区支公司

中国人寿保险股份有限公司庆阳市西峰区支公司隶属于中国人寿保险股份有限公司庆阳分公司,位于西峰区兰州路17号。

【保险业务】2016 年，全年个险渠道总保费收入 1.22 亿元；长险首年期交保费 2842 万元；10 年期及以上期交保费 2123.31 万元。标准保费 1474.82 万元。短期险保费 204.21 万元；续期保费收入 9169.33 万元。死、伤、医、赔给付 493 人次 516.5 万元；满期给付 3864 人次 1413.54 万元。

中国人寿保险股份有限公司庆阳市西峰区支公司领导班子成员名录

经　理　李政权

经理助理　刘　花(女)

(供稿：李　芳)

中国人民财产保险股份有限公司庆阳市西峰支公司

中国人民财产保险股份有限公司庆阳市西峰支公司隶属于中国人民财产保险股份有限公司庆阳市分公司，公司位于庆阳市西峰区马莲河大道 4 号。

【保险业务】2016 年，全年保费收入 6461 万元。车险保费收入 5525.38 万元；商业车险保费收入 3967.62 万元；交强险保费收入 1557.76 万元。各渠道保费收入：电网销保费收入 709.30 万元，直销业务保费收入 583.17 万元；个代业务收入 3912.95 万元；车商业务收入 856.40 万元；交叉互动保费收入 110.87 万元；商业非车险保费收入 873.53 万元；政策性农险保费收入 62.15 万元。

中国人民财产保险股份有限公司庆阳市西峰支公司领导班子成员名录

经　理　王亚锋

副经理　冯孝峰　马俊丽(女)　杨光宏

　　　　刘馨阳(女)

(供稿：王君芳)

商贸流通

商业贸易

【经济指标】2016 年，西峰区社会消费品零售总额 69.1 亿元，外贸进出口总额 1.5 亿元，争取无偿资金 16.8 万元，国省市投项目资金 530 万元，招商引资 19.33 亿元，固定资产投资 25.2 亿元。

【项目建设】嘉鑫国际建材城项目一期正式运营，项目二期于 4 月 8 日启动建设，主体工程进入内粉阶段。东区放心食品城项目 6 栋楼封顶，下剩 3 栋底层部分完成主体工程。争取资金 140 万元，新建社区肉菜便民市场、什社特色产品交易市场、肖金活禽活畜交易市场 3 处。向省、市商务部门申报商贸物流试点项目 2 个、大宗农产品产销促进项目 2 个、消费促进项目 2 个、农产品冷链流通项目 1 个、冬春蔬菜仓储项目 1 个，以上 8 个项目争取到位资金 320 万元。

【内贸】市场监管：提前介入并妥善处理民生百货、金象大厦、国芳百盛、二手车交易市场、典当行 5 户商贸流通企业人员集体上访事件。联合公安、工商、质检等部门开展综合执法 6 次，对成品油市场进行集中摸排检查。查处无证仓储柴油企业 2 家，立案 4 起。检查典当企业 20 户。组建二手车行业协会，审核二手车经营主体 33 户，备案市场 6 家。检查再生资源经营站点 85 户，规范市场经营行为。排查并督促整改农贸市场、批发商城、超市、住宿餐饮等企业安全隐患 3 处。

商贸节会：组织西峰区 30 家知名企业参加甘肃省“兰洽会”、宝鸡“西交会”和中庆公司冬季订货会等商贸节会活动 3 场。招引香港格兰菲尔融资有限公司投资 80 亿元开发建设西峰区 100 万吨每年煤制油及煤化工项目。在千旺百货公司举办“百城万店讲诚信”暨金秋促消费活动，参会大型商贸企业 12 家。

商贸宣传：协调中央电视台《幸福账单、为你买单》栏目，在庆阳千旺百货公司开展了中秋海选活动。借助“诚信兴商宣传月”“3·15 消费者权益日”“依法打击非法集资”等宣传活动，开展行政普法宣传教育和咨询活动，现场向群众发放宣传资料，张贴宣传标语，悬挂宣传横幅，宣传商务行政法规知识，解答群众咨询。2016 年举办专题宣传活动 4 次，出动工作人员 35 人（次），接受群众现场咨询 300 人（次），散发宣传资料 1200 份。

“四上”企业入库：培育入库限额以上批发零售企业 3 户（大昌丰田汽车销售服务有限公司、晟驰汽车销售服务有限公司、阳光绿洲餐饮有限公司）。

【电子商务】完善《西峰区加快电子商务产业发展意见》《西峰区关于精准扶贫电商支持计划实施方案》。建成西峰区电子商务服务中心 1 个，新建显胜乡、后官寨镇 2 个乡级电商服务站，蒲河、巨塬等 20 个村级电商示范店，实现 15 个贫困村电子商务全覆盖。截至 2016 年 7 月，在工商部门注册登记包含电子商务的业务企业 262 户，与农产品电子商务有关业务的企业 100 户，进入庆阳村淘村级示范店的 53 户，销售庆阳苹果、什社小米、陇东杂粮等农特产品。以庆阳市电子商务创业孵化园建成为契机，指导 52 户知名电商企业入驻，解决劳动就业 3000 人。引进京东、苏宁、中国网库等龙头电商企业入驻园区，提供 6 大类、20 种产品及服务，带动企业和商户 800 家，盈利超过 500 万元。针对不同类型的中小企业，组织电子商务培训 4 次，参加人数 2600 人（次）。引导庆阳中庆农产品有限公司、庆阳卓博广告传媒有限公司运营抱团网、陇东阳光网和庆阳圈子订阅号等辖区企业申请“甘肃省电子商务示范企业”。

国务院参事方宁（右一）视察西峰区第三期电商扶贫培训班开展情况

【外贸】组织甘肃庆发绿色食品有限公司、甘肃凌云服饰有限公司、岐黄岐黄文化传播公司等外贸进出口企业和机关外贸工作人员参加由庆阳市商务局牵头组织的外贸政策培训班，明确企业外贸发展趋势和方向，提高企业获权用权维权意识。深入企业开展调研，培育新的外贸经济增长点，作为外贸工作的突破口，为庆阳群英香包有限公司等 6 户自营出口企业完成备案登记。为庆阳凌云服饰等 9 家公司争取外经贸发展扶持资金 114.5 万元。

【酒类商品信息网络化管理】购置电脑、打印机等设备，确定专人负责，建立酒类商品信息平台，实行酒类商品信息网络化管理，实现酒类商品信息动态化、实时化，做到酒类商品流通的实时管理，从酒类商品流通渠道上预防毒酒致死致残事件发生。

【酒品打假】开展专题行动 3 次，出动酒类执法人员 430 人（次），受理举报投诉案件 10 起，查结酒类违法案件 11 起。检查经营门店 1000 户（次），备案登记 40 户，发放警示牌 130 张，查封没收假冒过期酒品、劣质酒品 3450 瓶，案值 6.39 万元，实施行政处罚 11945 元。“3·15”销毁假冒伪劣酒品 3202 瓶，价值 7.6 万元。酒类批发企业持证率 99%以上，酒类零售企业（经营户）备案登记率 98%以上，酒类流通随附单使用率 100%，酒类生产企业、批发企业酒类流通随附单的开具率及零售企业（经营户）的索取率达到 97%和 98%，“不得向未成年人销售酒类商品”明示率 100%，散装酒经营者购销协议备案率和《散装白酒质量安全承诺书》签订率

查获假冒伪劣酒品成果展示

均达到100%，酒类违法违纪案件查结率达到100%。未发生一起因饮酒引起的食品安全事故。

【“两学一做”学习教育】执行“三会一课”制度，开展“两学一做”及“一学五抓”学习教育，采取集中学习和个人自学、党组班子成员讲党课和党员干部职工交流学习、外出学习考察与邀请专家教授讲座“三结合”形式，利用每周二下午“党员学习日”，组织学习《习总书记系列重要讲话读本》《领导干部廉洁从政若干准则》《中国人民共产党纪律处分条例》，中共十八大及十八届三、四、五、六中全会精神。结合工作实际，党组成员讲一次主题党课，党员干部职工开展一次学习心得交流，每期学习交流后由分管领导进行点评。讲党课6次，干部职工心得交流29次。组织机关工作人员参加陇东大讲堂、“智汇西峰大讲堂”、纪检监察、依法行政、宣传思想、民族宗教、统战、信访、文秘主题培训班24期50人(次)。十八届六中全会召开后，邀请庆阳市委党校教务处主任徐振伟作《学习贯彻十八届六中全会精神、开启全面从严治党新时代》主题讲座。

【扶贫攻坚】在扶贫攻坚“大走访、回头看”活动中，联户帮扶工作人员深入新桥村8个村民小组443户群众，化解矛盾纠纷10起。协助新修新桥村城内、毛庄、南坳、东坳、西坳5个村民小组4公里水泥路罩面。

区商务局领导班子成员名录

党组书记、局长　王永祥(1月止)
　　　　　　　　李保林(5月任)
党支部书记　李宗旺
纪检组长　胡文静
副局长　左正身(5月止)　杨　琛(6月任)
　　　　刘　荣(5月任)

区酒类商品管理局

局　长　计成勇
党支部书记　田　野
副局长　赵新文

(供稿:冯华瑞)

招商引资

【招商情况】2016年，西峰区实施省外资金项目94个，投资536.43亿元，完成投资190.18亿元。其中新建项目44个，投资163.08亿元，完成投资111.23亿元;续建项目50个，投资373.35亿元，完成投资78.95亿元。

【外出招商】先后20余次分赴长珠三角、华东、华中、西南、东北等地区，与洪大集团、中阳建设集团、静安集团、南翔集团、亿星实业集团等50余户知名理事企业和太平洋建设集团等20余户非理事会知名企业进行实地考察和衔接洽谈；依托商会、网络发布、电话招商、以商招商等，与大连广荣

西峰区政府与贵州兴伟集团扶贫开发项目签约仪式现场

集团、大连升彩实业集团等40多户企业进行对接；邀请大连升彩实业集团、北京重源石油、京蓝科技等20多户知名企业来西峰区进行考察，论证储备的37个项目对接推介已全覆盖。

【论证储备】围绕资源开发、城市基础设施建设、文化旅游、农业产业化、商贸流通及生物制药等7个领域，论证储备项目37个，编印项目册500余本，建立"一会一行"项目专库。在西安、南昌、昆明、银川、郑州、厦门、乌鲁木齐等14个城市举办招商引资专题项目推介会暨签约活动。累计邀请到参会企业1000余家，参会人员2800余人次，分发投资服务指南3000多本、项目宣传册2800多本。

【"双联"及精准扶贫】帮扶彭原村42户双联户，自筹8600元，捐助化肥和农膜120多件；协调相关部门为彭原村修建雷庄至北庄，任咀至南庄西庆丰养殖小区混凝土道路4.6公里；招引中盛农牧成功落地彭原村，流转土地226.5亩，建成中盛养殖基地，2016年底羊存栏3600多只。引进建成青藤农业示范园一处。

【"两学一做"学习教育】科学制定"两学一做"学习计划。学习内容除党章、党规和习近平总书记系列讲话精神外，增设政策解读、法律法规、新闻时事等。由党员、干部进行自主选学，促进干部参与积极性，避免学习活动流于形式。发放学习笔记本60册，认真抄写学习笔记。

区招商局领导班子成员名录

局　长　张亚峰(女)

支部书记　杜翠峰(女,6月止)

副局长　陈永凯　齐海荣

（供稿：马飞峰）

供销合作

【经济指标】2016年，实现商品销售额84100万元，实现利润520万元，其中：农产品购进额51200万元，市场交易额6800万元，再生资源回收额5700万元。

【项目进展】一是取国省市投资项目资金680万元，其中中央资金500万元，省级资金160万元，市级资金20万元，超额完成630万元。二是指导庆阳市津林农贸有限公司将申报的供销社农业产业经营开发"产业融合"项目、科学组织，合理安排，精心施工，按照既定的时间节点争时间抢进度，全力以赴，保质保量完成。

【基层合作组织建设】社属企业　为进一步壮大社属企业经济群体、经营范围，经过认真研究、细致甄选，将甘肃省天虹优质驴全产业化发展有限公司吸纳为社属企业。该企业投资5000万元，主要经营畜牧养殖、农业生态技术推广及服务、农产品种植、生态旅游开发，对于推进新时期供销项目建设进程、加快社属企业建设步伐，发挥示范带动作用具有重要意义。领办专业合作社2016年领办3个农民专业合作社(庆阳义渠戎国香包加工农民专业合作社，庆阳康农种植农民专业合作社、庆阳畜旺养殖农民专业合作社)，大力引导同类农民合作社组建联合社，进一步建立完善农村合作经济联合会，在技术、资金、生产、销售方面广泛开展合作。

【"网格化"布局】进一步凝聚基层涉农资源，实现基层组织体系"网格化"布局。新建西峰区董志镇供销社，西峰区什社农资配送中心、西峰区彭原镇上何村农资经销部、董志镇陈户村日用百货超市。对显胜乡显胜村、肖金镇肖金村、温泉镇刘家店村、彭原镇邵家寺村、后官寨镇路堡村5个村级供销综合服务社进行提升改造，提升行业发展实力。

【"双联"及精准扶贫】按照"联村联户、为民富民"行动帮扶计划思路和目标任务，认真制定方案、靠实责任，通过多种手段、多种渠道，积极帮助"双联户"解决存在的困难和问题，2016年10户双联户年收入逐年增长，12户精准扶贫中11户已脱贫，推动三不同村各项事业协调健康发展。

【“两学一做”学习教育】把党的思想建设放在首位，尊崇党章、遵守党规，用习近平总书记系列重要讲话精神教育引导党员自觉按照党员标准规范言行，把个人自学与集中学习结合起来，督促党员搞好自学，做好学习笔记，开展民主评议，撰写心得体会。每周二组织一次集体学习，每月社领导做一次专题辅导，每季度开办一期学习专栏。组织全体党员干部同双联帮扶村三不同村的24名党员，9名群众，在南梁红色文化革命基地进行了以“缅怀先烈、重温入党誓词”为主题的红色文化教育活动，切实加强全体党员党性、党风、党纪教育，牢固树立廉洁从政、执政为民的理念。

区供销社领导班子成员名录

党组书记、主任　周小平

党支部书记　寇积荣

副主任　景乃斌　李怀奎

纪检组长　陈亚丽(女)

(供稿：张树泰)

粮食管理

【目标管理】年初，与庆阳耘新粮油购销有限责任公司签订财务支出、安全生产、企业规范化管理、党建、党风廉政建设等责任书。建立各项费用登记检查台账，实行财务费用开支报告制度，严格执行财务审批制度。以市场为导向，探索建立长期稳定的粮食产销合作关系，发挥国有粮食企业主渠道作用。

【粮油购销】2016年共收购各类粮食37519.9吨，其中：国有粮食收购8290.1吨，非国有粮食收购29229.8吨；销售各类粮食39800吨，其中：国有粮食销售8762.6吨，非国有粮食销售31037.4吨。西峰区粮价平稳，粮食市场稳定。

【仓储管理】春秋两季对庆阳耘新粮油购销有限责任公司及其所属企业库存的10143吨粮食进行检查，其中省级储备粮4000吨、区级储备粮5000吨、周转粮1007吨，成品粮109吨，副产品27吨。经过检查企业对承储的地方储备粮能做到专账记载，专人管理，没有严重的虫粮、高水分粮、霉变粮，严格执行定期质量检验及出入库质量检验制度和质量档案管理制度及各项规范化管理制度，完成区级储备粮轮换3000吨。

【粮食执法】结合西峰区粮食生产、消费、流通的实际，正式启动粮食应急保障体系建设工作。建成和完善粮源保障网点、粮食应急加工配送网点和粮油应急供应零售网点，开展定期检查，有效管理。按照《粮食流通管理条例》的要求，实施依法管粮，服务粮食市场，建立并完善粮食流通监督检查工作制度。2016年开展粮食收购市场等专项监督检查活动5次，维护了全区粮食市场秩序。

【军粮供应】一是按照国家军粮质量政策要求，明确加工原粮采购质量、加工品质和质量标准、抽样检验、产品交接等进行具体要求和规定；二是确定金穗面粉厂为定点军粮面粉加工企业，进一步完善出入库检验制度，从原粮采购、调运、入库做到手续齐全，对加工的成品粮做到检验合格后方可出厂供应，大米由省军粮中心统一配送，并建立质量档案；三是指定专人负责，实行军粮专库保管，建立了军粮保管、供应、出入库登记专用账卡，

军粮供应

完善产品交接手续，建立了原粮来源和供应粮食质量档案;四是定期开展军粮质量检查,查看加工点和供应点执行国家军粮质量政策情况，是否建立质量档案,发现问题,及时进行整改。

【放心粮店创建】在创建"一个中心,三个示范店"(庆阳金穗面粉有限责任公司放心面粉配送中心,庆阳陇泰商贸有限公司、庆阳鹏锦商贸有限公司、秀峰粮店三个放心粮油示范店)的基础上,根据《西峰区"放心粮油"工程实施意见》,制定《西峰区"放心粮店"评审认定授牌管理办法》《西峰区"放心粮店"粮油购销制度》《西峰区"放心粮店"粮油保管及卫生管理制度》,严格评审申报,严格审核授牌,严格规范运行,做到目标层层落实,责任具体到人。对创建的20户"放心粮店"向社会公示,加强监督管理,提升服务质量,努力打造"放心粮油"品牌。

【项目建设】争取国省投危仓老库维修改造资金293万元,全面启动实施肖金库区、东仓库区危仓老库维修工程。已完成投资464.4万元,硬化道路9328.62平方米,新建围墙557米,购置设备12台(件)。对西峰库区0P1、0P2,肖金库区1P6,金穗面粉厂3P1、3P2共0.95万吨的仓房进行维修改造,完成西大仓的拆迁任务。

【"双联"及精准扶贫】一是靠实帮扶责任。在2015年帮扶的基础上,进一步强化领导机制,修订完善驻村工作计划，驻村帮联制度和帮联干部考勤制度,规范工作程序。2016年初,召开村组干部、帮联户、精准扶贫户座谈会,分析产业发展现状,了解发展短板、瓶颈,对症下药,制定了帮扶计划,帮助帮联户明确发展思路、增强发展动力。二是深化政策宣传。深入宣传党的路线方针政策,强农惠农政策及中共十八届五中全会精神，开展政策宣传3次，发放宣传资料200份。三是突出反映民意。帮联干部和驻村工作队深入村组农户,了解民情、民意、倾听群众心声、解疑释惑。四是落实帮扶措施。协调交通、财政、电力等部门,完成北畔、韩滩、北头3个村民小组4公里道路的拓宽硬化及剩余4个村民小组的农电网改造;为44户帮联户送去化肥、面粉各1袋;请专家开展果树管护及种植知识培训2期、培训农户200多名,使帮联户户户都有科技明白人;做好东区污水处理厂、西合公路改建等项目实施过程中遗留问题的处理，化解矛盾,维护稳定。通过以上措施,帮联村和帮联户的面貌发生了很大变化,11户精准扶贫户全部稳定脱贫。

【"两学一做"学习教育】成立西峰区粮食局"两学一做"学习教育领导小组,落实党组主体责任及党支部书记第一责任,明确责任,细化分工,确保活动有序开展。统一发放专用的笔记本和学习资料,积极利用宣传栏、简报等方式进行全方位、多形式的大力宣传,全面记录学习教育的重要会议和活动,做到上行下效、整体联动、以学促做、知行合一,从而引导动员全体党员广泛参与学习教育。严格落实"三会一课"制度,组织党员集中学习和自学,同时撰写心得体会,设立专栏张榜公示。开展以"增强看齐意识,用系列讲话武装头脑"为主要内容的专题学习讨论。2月中下旬,机关在职党员召开组织生活会,深入开展批评与自我批评,对党员进行民主评议。支部按照"一会五评"的要求对党员严格评议,支部书记充分运用评议结果,对党员进行谈心谈话:对问题整改到位的党员,鼓励他们继续巩固提高,防止反弹"回潮";对尚未完成整改的党员,帮助他们深入查找和分析原因,找准找实解决问题的有效途径,将问题各个击破。

区粮食局领导班子成员名录

党总支书记　刘发利

副局长　刘小平

（供稿:张婷婷）

烟草专卖

【烟草销售】2016年，共销售卷烟17128.40

箱。实现销售收入5.05亿元。单条值117.82元。三类以上销售12631.32箱。三类以上销量占比73.74%。实现卷烟单箱销售额29360元。

【烟草执法】2016年,共查处卷烟案件72起,查扣卷烟2026.7条,案值32.43万元,其中查处万元案件15起,查获涉案卷烟1223.9条,案值21.13万元。结案64起,数量1837.7条,案值28.23万元。

【证件发放】共受理烟草专卖许可证申请298户,准予许可233户,不予许可65户。2016年辖区共有有效卷烟零售客户2581户,其中正常经营户2327户,暂停户254户。

区烟草专卖局(营销部)领导班子成员名录

局长、主任　申　彬(4月止)
　　　　　　张金瑞(4月任)
副主任　李　俊(4月止)　白克鹏(4月任)
副局长　马之程(4月任)

(供稿:黄小虎)

盐务管理

【盐业购销】2016年,购进各种盐产品总量2160吨。其中:小袋盐1568吨;日晒盐、肠衣盐、散精盐、畜牧盐592.5吨;工业盐 157吨。

2016年,食盐销售2331吨。其中:小袋盐 1650吨;400g天然海盐及多品种盐21.5吨;日晒盐、肠衣盐、散精盐、畜牧盐681吨;工业盐160.7吨。

【财务指标】2016年,实现营业收入860.7万元(主营业务收入858.8万元)。实现毛利251.9万元,毛利率29%,费用率为22.4%;实现利润61万元(报表数)。上缴各种税金43.7万元。

【盐业管理】加强盐业宣传教育,通过坚持"三进四入",深入到辖区乡镇入户宣传,宣传教育引导,提高群众自我防范,自觉抵制私盐的意识。利用"5•15"碘缺乏危害宣传日,借助新闻媒体、会同卫生、教育、地病办等部门紧密配合,在乡镇村社开展盐业宣教活动。2016年,坚持每月对辖区重点市场,重点人群、重点路段,进行排查式管理,排查了7个乡镇973个自然村和城区的餐饮、商店、食品加工户及锅炉用盐6174户,查处私盐违法案件16起,查获违法盐产品0.68吨,罚款 2900元。针对西峰区市场为庆阳市私盐集散地特殊情况,多层次、全方位对重点市场、重点人群进行重点监控、检查的同时,对10户工业用盐户,6户食品加工5户肠衣盐用户建证立账登记定期抽查,回访跟踪检查等措施。

区盐务管理局领导班子成员名录

局长、经理　刘　敏
书记、副局长　王景军
副经理　孟拴田　张素芳(女)
副局长　杨庆军

(供稿:张素芳)

交通运输

交通管理

【项目建设】2016年,实施村级道路、市政工程、园区道路、扶贫旅游道路、公路养护、安保工程、道路绿化等七大类建设项目,总投资6亿元,年内完成投资3.27亿元。新建道路37条173.12公里,投资5.43亿元;养护道路145条626.8公里,投资2160万元;实施安全生命防护工程66条361公里,投资1344万元;绿化农村道路200公里,投资110万元。其中,实施国、省、市投资项目8个,争取专项资金1.1亿元。争取无偿资金 200万元。

村级道路新建通村通组道路31条155公里,总投资1.16亿元,8月底建成通车。市政工程新建过境交通走廊2.6公里,市政排水工程1处,总投资1.52亿元。庆化大道(原西环路)南延伸段工程

村级道路修建

完成总工程量 56%。工业园区冯堡排水下沟工程 10 月底建成投用。城南运动公园自行车环道工程完成土路基及路沿砖安装等项目。工业集中区、园区新建道路 4 条 4.4 公里，总投资 2.1 亿元。园区 A1 路铺油罩面 780 米，开挖综合管沟 1000 米。A3 路完成 2.1 公里土路基及砂砾石铺设、人行道铺筑、雨污水管道建设。集中区 B1、C17 道路 11 月 10 日建成通车。扶贫旅游道路建设项目，新开毛家寺至巴家咀三级公路（第二标段）土路基 9.11 公里，开挖土石 75 万立方米，建成管涵 5 道 96 米，完成投资 5700 万元。公路养护工程，养护病害道路 145 条 626.8 公里，10 月底完成。安全生命防护工程，实施 65 条 345 公里，10 月底建成。道路绿化工程，绿化农村道路 200 公里（含去年新建的 175 公里农村公路）。

【公路养护】将连网骨干路线、重要旅游路线、文明样板路和乡镇主干线、群众反响强烈的道路作为重点，提高标准、精心养护。突出路面病害的处治和水毁、翻浆路段的整修，对较大病害和水毁建设处置修复。2016 年，挖补坑槽 3.7 万平方米，处置沉陷 1100 平方米，修复水毁塌方 55 处，创建标准化养护示范路 113 公里，市级农村公路文明示范路 4 条 30 公里。对 7 个乡镇的 10 条主干道进行养护，对大面积网裂，日常修补起不到治本作用的 6 条乡镇主干道，进行重新罩面。对地基下陷、损坏严重的 4 条路段，进行基层翻建等大中修。对辖区内所有路段的路肩、边沟、检查井、滴井等重点易损部位进行了适时清理和加固。

【路政管理】路政宣传：在重要路段、农村集市、人员居住密集区域等地方悬挂横幅，发放传单，播放宣传光盘，营造爱路、护路环境。路产路权维护：采取预防提醒、蹲点堵截等方式，取缔马路市场，清理公路上打场晒粮、乱堆乱放现象，确保公路安全畅通。整治危险路段 352 处，增设防撞墙 1520 米、钢制防护栏 4.3 万米、反光镜 12 个、警示标志牌 515 个、限行标志牌 130 个；治理违法车辆 263 辆；查办路政案件 1 起，结案 1 起；纠正违法行为 22 起，拆除非公路 标志 16 个，取缔马路市场 6 处，拆除违章建筑 45 平方米，清理乱堆乱放 192 处。区域督查：对学校周边、马路集市等路政管理重点区域进行专项治理，联合交警大队、教体局对辖区内校车停靠站点及新增线路进行摸底排查，集中整治。对春播、夏收农忙时节等公路侵占易发时段进行专项督查，确保通行安全。

【安全生产】增设安全股，配置专职工作人员，落实安全生产职能职责，明确安全生产管理责任。召开安全例会和安全工作会议 10 次，组织公路交通安全培训 8 次，悬挂横幅标语 310 幅，张贴小标语 300 余幅，散发宣传资料 6000 余份，播放安全教育警示片 20 场次，通过 GPS 监控平台发送安全提示信息 7500 余条。组织参加西峰区“强化安全发展观念、提升全民安全素质”主题宣传活动，发放宣传资料 2000 份，解答群众疑问 100 次。督查汽车站、公路施工现场、施工企业安全措施落实及道路安全状况 20 次，发现并排除安全隐患 18 处。排查农村公路交通安全隐患 18 处、道路隐患 49 处、交警方面隐患 6 处、农机方面隐患 14 处。针对在建工程开展建设领域安全生产专项检查。针对道路运输开展“打非治违”专项整治行动、标本兼治遏制重特大事故综合整治，查处违章车辆 178 辆，查扣非法营运车辆 64 辆。针对辖区水库、涉水游园进行监督检查，对查出的“北湖”及“秀湖山庄"水运安全隐患问题，发出限期整改函，进行跟踪问效，确保整改到位。组建安全工作督查组定期对西峰区的道路交通、客运企业、车站、在建工地等进行安全大普查。建立应急小分队，对重要时段、重点部位进行重点防范，并结合各部门、各时段的特点制定应急处置方案，开展应急处置演练。

【"两学一做"学习教育】结合"两学一做""一学五抓"开展多项学习实践活动。组织观看《红盾先锋》党建题材影片。举办"庆祝建党95周年演讲比赛及七一表彰大会"、"两学一做" 知识竞赛活动。组织10名干部赴交通部干部学院、北京交大、上海交大等地培训学习。干部职工采集报送信息80篇，网络、报刊、电视台采编70篇，市区电视台播报10次，报刊刊登20次。组织"交通运输系统第二届职工运动会"、"锤党性，强素质"拓展训练活动，丰富职工的文化生活，增强干部队伍凝聚力和向心力。

【扶贫攻坚】悬挂扶贫政策横幅6条，张贴宣传标语40条，制发宣传单180份，制作宣传栏2期。投资210万元，新修张庄村水泥路3.5公里。投资4000元，给张庄小学订阅报刊杂志11类42份。给张庄村部添置办公耗材、购买取暖用煤。对帮扶户进行产业培育、送化肥等精准扶贫业务。开展"大走访、回头看"工作，对张庄村485户农户进行逐户走访，进一步宣传政策，疏导情绪、了解民意、解决民忧、帮办实事。

区交通运输局领导班子成员名录

局　长　刘军锋

党总支书记　秦彦越

纪检组长　第忠合

副局长　张彦涛　苏祥云　李相宏　蒋永宏

区公路局

局　长　张彦涛(2月止)　邵永帆(2月任)

副局长　王跃林(2月止)　郑　涛(5月止)

贾伟忠　袁　辉(2月任)

区路政大队

队　长　蒋永宏

副队长　赵建华　张文科

区汽车北站

站　长　贾伟忠

副站长　刘兴堂

（供稿：毛润德）

道路运输管理

【行政许可工作】开展"减要件、减程序、减时限"活动，将业务股室管理及服务事项，统一到运政大厅，由运政大厅实行一个窗口受理，一站式办结。完善"三张清单一张网"清理工作，梳理权力事项75项。执行执法主体、证件、程序、文书"四统一"制度，建立交通执法责任制、公示制、错案责任追究制、执法质量考评制。为新进工作人员购置配发执法标志服，行政执法人员上岗着装规范，持证上岗，亮证执法。

【安全生产管理】遵循"党政同责、一岗双责、失职追责"原则，完善行业管理部门、企业、经营者三级安全管理机制。完善安全生产管理制度，建立安全生产管理档案，促使安全生产管理工作制度化、规范化、标准化。2016年开展专项整治行动13次，出动稽查车辆840辆(次)，出动稽查人员2510

召开安全生产例会

人(次),查扣"黑车"73 辆,处理违章车辆 215 辆(次),违章人员记分 333 人(次),下发《责令限期整改通知书》244 份,经复查整改合格的 237 件,停业整顿客运企业 1 户,驾校 3 所,危货运输企业 3 户。

【信息化建设】成立应急救援信息中心,配备专职工作人员,对 GPS 卫星定位系统企业和车辆进行动态监控。建立视频会议系统。通过传输线路及多媒体设备,将声音、影像及文件资料互传,实现即时互动沟通。

【信访维稳】确定两名工作人员专职处理信访维稳工作。案件按照《中华人民共和国信访条例》和西峰区运管局《信访业务流程》办理,对来访人员从心理上进行安抚,对信访事件充分调查,引导当事人依法正确表达诉求,及时化解矛盾纠纷。2016 年受理提案、转办案件、信访投诉 46 起,办理 44 起。

【市场监管】客运市场:在春运、"五一"、国庆等重大节假日期间及大的专项行动中,落实运政人员进驻汽车客运站工作制度,实施现场监管。开展清理始发、对发车辆档案工作,建立一车一档,督促客运企业落实《车辆技术管理规定》,落实 GPS 监控 24 小时值班制。推进和完善汽车站封闭式管理,联网售票、实名制售票。整治汽车北站、南站周边秩序混乱问题,打击取缔黑车聚集点,查处违章客车 178 辆,查扣非法营运车辆 64 辆,对 12 名驾驶员进行记分处理。

货运市场:加强 33 户危货企业和 80 户普货企业日常监管,对庆阳市运管局移交的危货企业和普货企业摸底排查,建立 33 户危货企业的安全生产档案,对休眠企业和休眠车辆进行清理。西峰区共有危货车辆 1663 辆,驾驶员 1503 人,押运员 464 人,清理休眠车辆 56 辆,对 8 户问题企业下发《责令整改通知书》,对存在问题的 3 户危货企业停办业务。督促要求 635 辆 12 吨以上普通货车安装 GPS 卫星定位系统。统计上报清理出的脱管车辆 276 辆,黄标车 226 辆。

稽查营运车辆

出租市场:对出租车驾驶员无从业资格证、无服务监督卡、不使用计价器、不给付乘客车票、车容车貌不整、设施设备不全,驾驶员不穿工服、服务态度差等行为进行整治,查处违规经营 170 起。受理乘客投诉案件 1031 起,处理 979 起。整合西峰城区 4 户出租企业统一办公。成立庆阳市西峰区出租车运营服务中心。地址设在西峰北方出租汽车有限公司。对 879 辆出租汽车实行集中统一管理。按照《巡游出租汽车经营服务管理规定》要求,在西峰区出租行业筹建电(网)召服务中心。推广人工电话召车、手机软件召车等巡游出租汽车电召服务。为新更新的出租车安装具有可视记录功能的车载监控设施设备。对驾驶员的行车可进行全程监控。

维修市场:建立《安全生产档案》和《制度汇编》。开展清源行动,对一、二类维修企业全面进行排查摸底,登记企业 573 户,对经营许可证到期换证年审的 263 户"僵尸"企业进行清理。按照《汽车维修开业条件》对企业生产条件、基础设施进行诊断,对开业条件不达标的 6 户企业,责令限期整改。发展汽车租赁业,新增租赁企业 7 户,增加租赁车辆 63 辆。2016 年新申报开业的维修企业,均取得环保部门出具的《环境评估书》,部分维修企业增添冷媒回收加注设备、干磨吸尘机、推荐使用绿色环保水漆等措施,实现绿色环保节能减排。

驾培市场:7 月,庆阳市运管局将驾校监管权下放，成立驾校管理办公室，深入17所驾校排查摸底，建立企业档案，完善19项管理制度，7项岗位职责，对教练场地、教练车辆、教练员持证上岗全面检查，使其安全规范教练。对环宇驾校二类升一类、成龙驾校、东方驾校地址变更的申请予以同意许可。对12所驾校下发《限期整改通知书》，已整改到位。对内部管理混乱、安全设施不到位、驾校资质不达标、教练场地存在严重安全隐患的华荣驾校、阳光驾校、鑫运驾校，上报停办业务。

【“两学一做”学习教育】开展“两学一做”专题学习教育活动，加强党风廉政建设。推行干部职工作风大整顿。领导班子成员带头学政治、学业务、学法律，借鉴行业管理的好经验、好做法，拓宽工作视野，创新思维能力。更新党建活动室、精神文明建设活动阵地。优化工作环境，对违章办的服务柜台重新购置更换，对运政大厅工作岗位进行优化组合。参加西峰区交通系统职工运动会，树立团队精神，增强凝聚力，向心力。制定《创建全国文明城市工作实施方案》，对营运客车、出租车、公交车、货运出租车取消车体及车内的小广告和不雅广告，张贴“讲文明、树新风”公益广告，社会主义核心价值观24字方针。

“两学一做”主题党日活动

【扶贫攻坚】开展冬季“送温暖”活动，给23户贫困户，每户送去烤箱式火炉1台。春节开展慰问活动，赠送大米、油、春联等物资。协调争取财政补贴项目，由西峰区交通局、财政局给帅堡村新修硬化油路8公里。筹集资金1万元，帮助帅堡村新建村级文化广场，衔接区上6个部门筹资30万元，建成马城文化广场。帮助协调马城村的烂尾楼进行招商引资，引进企业资金200万元，兴办豆制品加工厂。开展“大回访，回头看”活动，组织干部职工深入到230户农户家中进行民情调查，协调处理帮扶对象矛盾纠纷，填报民情调查表格920份。10月，后官寨乡镇府对帮扶的11户精准扶贫户发放脱贫光荣证。

为精准扶贫户送春耕物资

区道路运输管理局领导班子成员名录

局　长　杨　磊(6月止)
　　　　贾小刚(6月任)
党支部书记　郝艳梅(女)
副局长　王　轲　李　强

(供稿：徐　涛)

通　信

移　动

【企业概况】2016年底，移动客户总数达到38万户，宽带用户达到1万户，运营收入突破3亿元。

【业务种类】公司主要产品有：全球通、动感地带和神州行等，除提供移动电话、家庭宽带、行业信息化解决方案、基础业务服务外，还为广大消费者提供包括咪咕视频、和包、和阅读、魔百和，和目等在内的数十种数字化服务。

中国移动通信集团甘肃有限公司西峰区分公司领导班子成员名录

总经理　魏　鹏

副总经理　陈　磊

（供稿：嘎日迪）

联　通

【营销收入】2016 年，市区营销中心实现出账收入 3636 万元，完成市分公司公司下达计划任务的 84.49%，同比增幅 -9.77%。2016 年，全业务净增出账用户 4400 户，出账率为 85.02%，较上年同期增长 4.92%。2016 年，全业务发展 25599 户，其中：移动宽带发展 23504 户，固网发展 2095 户。

中国联合网络通信有限公司庆阳市分公司西峰市区营销中心领导班子成员名录

总经理　李晓娟(女)

总经理助理　张志荣

肖春霞(女)

（供稿：倪小娟）

电　信

【企业概况】中国电信股份有限公司庆阳分公司(简称中国电信庆阳分公司)下辖 7 个县域电信企业，固定资产达 12 亿多元，拥有电话用户 20.24 万户，互联网宽带用户 20.66 万余户，手机用户 56.66 万户，网络覆盖率达到 98%，电话普及率达到 34.6%，年收入突破 3.7 亿元。公司主要经营移动电话、互联网接入及应用、固定电话、数据通信、视讯服务、国际及港澳台通信等多种类综合信息服务，能够满足国际、国内客户的各种通信及信息服务需求。

【客户服务】中国电信庆阳分公司秉承“用户至上，用心服务”的服务理念。2016 年中国电信庆阳分公司建立了全流程透明化的查询咨询体系，推进线上渠道和自有线下渠道服务提质增效。政企客户支撑、移动网质量申告处理及时率及重复投诉指标全部达标。公众客户履约率、固网重复申告率、固网障碍修复及时率和修障装机时长好于全省平均水平。

【网络运营】2016 年未发生一起通信安全事故。一是传统固网交换转换为软交换，网络稳定性得到大幅提升；二是网络集集约化工作已全面启动；三是障碍派单实现自动化，市县一级直接接单，缩短了障碍历时；四是加快网络集约运营，实现了“互联网 + 光维”，通过手机 APP，提高维护效率；五是全市二级干线运行平稳，全年实现零中断；六是加强新型业务维护人才培养，维护队伍整体素质大幅提升，维护水平、维护质量达标率取得新的突破，连续 3 年在全省维护技能竞赛中取得前 2 名的好成绩；七是网络传输、接入能力得到显著提升，光网能力实现规模增长，百户大村光改基本完成，同时 800 兆网络重耕全面启动。

中国电信股份有限公司庆阳分公司领导班子成员名录

党委书记、总经理　张永涛

党委副书记、工会主席　李晓鹏

纪委书记、副总经理　脱正红

党委成员、副总经理　贾学成

党委成员、副总经理　李乐基

（供稿：陈　虹）

冬日冰瀑 （区网络中心提供）

经济管理

发展和改革

【经济运行】西峰区地区生产总值171.9亿元，比上年增长9%；规模以上地方工业增加值完成10.9亿元，比上年增长4.1%；固定资产投资完成294.2亿元，比上年增长10.2%；大口径和地方财政收入分别完成12.3亿元和6亿元；社会消费品零售总额完成69.1亿元，比上年增长8.9%；城镇居民人均可支配收入达到25898元，比上年增长8.6%；农民人均纯收入达到8461.4元，比上年增长7.4%。

【项目建设】实施500万元以上各类建设项目201个，完成投资300.5亿元。实施市列重点建设项目29个，完成投资67.1亿元。论证储备各类新项目140个，估算总投资173.5亿元。争取到位国省市投资项目216个，总投资11.34亿元；申报2017年中央预算内投资计划项目86个，总投资254.01亿元；储备政府投资项目140个，总投资397.7亿元，计划申请投资124.5亿元。编制三年滚动投资计划项目116个，总投资388.4亿元，计划申请投资121.2亿元。编制完成《庆阳市西峰区气候适应型城市建设试点实施方案》，已通过国家发改委审批，西峰区被列入全国气候适应型城市建设试点地区。出具项目前期函共75个，审批(核准、备案)项目87个，其中：审批项目73个(项目建议书23个，可研29个，初步设计10个)；核准项目6个(项目建议书3个，资金申请报告3个)；备案项目8个。2016年，失地农民安置计划新建及续建项目14个(其中新建5个，续建9个)，总投资11.22亿元，申报2016年棚户区改造配套基础设施建设项目11个，总投资29103万元，拟申请中央预算内投资8736万元。启动投资项目在线审批监管平台，完善并公开审批事项和办事指南，与国家重大建设项目库、甘肃省投资在线审批监管平台、区直各部门，实现信息共享。

庆化大道(原西环路)南延伸段道路建设工程开工仪式

【"十三五"规划编制】3月，根据区统计局预测的西峰区2015年主要经济指标完成数字和区政府审定的2016年建设项目计划盘子，对区七届人大六次会议审议通过的《西峰区国民经济和社会发展第十三个五年规划纲要》进行补充修订，形成《规划纲要》定案稿，并于3月，以区政府〔2016〕40号文件下发区直各部门、乡镇贯彻执行。

【公务用车改革】西峰区公车改革工作自4月启动，成立公车改革领导小组，制定《西峰区区级机关公务用车制度改革后跨区域公务出行保障方案》《西峰区区级机关公务用车服务平台和执法用车综合服务平台运行管理办法（试行）》《西峰区区级机关公务用车服务平台和执法用车综合服务平台车辆运行费用核算管理细则（试行）》《西峰区机关事务管理局章程（草案）》等11项管理制度和细则。成立西峰区机关事务管理局，组建公务用车平台，平台到位车辆61辆，其余7辆公务用车正在完善车辆相关手续。8月31日，全区公务用车全部停运封存。涉改单位取消车辆共计458辆，2016年底，西峰区国资局共收回取消车辆218辆，126个涉改单位实施方案已正式批复20个，剩余的正在抓紧审核批复。

【气候适应型城市建设】国家气候适应型城市，指通过城市规划、建设、管理，能够有效应对暴雨、雷电、强风、雾霾、高温、干旱、尘沙、霜冻、积雪、冰雹等恶劣气候，能够保障城市生命线系统正常运行、居民生命财产安全和城市生态安全相对可靠的城市。西峰区根据区情实际，多次调查研究论证，编制完成《庆阳市西峰区气候适应型城市建设试点实施方案》，国家发改委、住建部联合发文，已将西峰区纳入全国气候适应型城市建设试点。

【国民经济和社会发展计划】编制下达2016年西峰区国民经济和社会发展计划（草案），分解下达全社会固定资产暨建设项目投资计划、农村经济发展及扶贫开发计划、工业发展计划等工作任务。完成西峰区2016年上半年国民经济和社会发展计划执行情况的报告和关于调整2016年西峰区国民经济和社会发展部分主要指标计划的报告，报告区七届人大常委会第三十四次会议审议通过。完成西峰区2016年国民经济和社会发展计划执行情况及2017年计划（草案）的报告，报告区八届人大一次会议审议通过。

【经济体制改革】完成西峰区经济体制和生态文明体制改革专项小组2016年工作要点，涉及经济体制和生态文明体制改革专项重点改革任务68项，其中深化经济体制改革49项、深化政治体制改革5项、深化生态文明体制改革14项。对西峰区国有企业基本情况进行调查摸底，西峰城区热力集团有限公司、庆阳耘新粮油购销有限责任公司等5户国有企业均正常经营。落实庆阳市发改委印发的《关于医疗机构医疗服务实行市场调节价格有关问题的通知》，公立医院改革有序推进。

【国民经济动员】开展平战潜力调查，完成《西峰区经济动员综合保障应急预案》的修订和国民经济动员潜力数据信息库的数据更新。

【招商引资】约谈招商引资项目1个（庆阳金融中心商业综合体项目），总投资23.67亿元。2016年共签约招商引资项目4个，总投资29.2亿元，到位资金15.87亿元，占西峰区下达计划15亿元的105.8%。其中：万荣商住楼项目到位资金3.59亿元，东城锦绣二期项目到位资金2.78亿元，陇尚城项目到位资金8亿元，彭原镇绿色循环设施农业及50MW光伏发电项目到位资金1.5亿元。

【银西高铁项目协调】西峰区成立银西高铁项目西峰段指挥部，指挥部下设办公室，办公室设在区发改局，办公室主任由区发改局长担任，并抽调一名科级干部专职负责办公室具体事务。10月，指挥部办公室确定办公场所，抽调工作人员，建立规章制度，办公室组建工作完成，多次衔接协调工作拆迁组及时开展工作，保障项目的顺利实施。

【"双联"及精准扶贫】制定董志镇庄头村2016年帮联计划，继续坚持驻村工作队常驻村组。协助庄头村衔接争取文化广场、村组水泥路、宽带网络户户通、动力电入户等基础设施项目，新修水泥和柏油道路12.4公里，架设光缆16公里，实现网络全覆盖，为2个村民小组通上动力电。庄头村文体文化广场、文化舞台和下冯组文化广场建成投用，配套安装体育器械 20 套，安装 LED 路灯 15 盏，制作宣传墙 100 米，修建花园 1 处，新建护栏 100 米。向省市部门衔接汇报，将小河湾旅游开发列入省市重点旅游开发项目。协助市纪委为庄头村争取道路建设资金 10 万元，督促庄头村加快村部建设，帮助庄头村购置办公设备和公共服务设施；4 月，邀请市农广校对 80 户专业种植户进行集中培训，5 月，组织庄头村村组干部和村民 84 人到陕西袁家村、马嵬驿参观学习乡村旅游开发，6 月，组织干部和群众代表 50 人到平凉市泾川县参观学习美丽乡村建设和乡村旅游发展。维护改造庄头村村级网站，拓宽信息渠道，实现信息共享，优化庄头村的村务公开和村务监督平台。成立专业合作社，流转土地 50 亩，配合项目实施单位协调解决西环川公路项目建设中的矛盾纠纷。区政府印发《关于调整政府投资项目初步设计审批权限的通知》（区政府发〔2016〕102 号），将政府投资项目初步设计审批权限同步下放相关区直行业职能部门。

【"两学一做" 学习教育活动】成立以局长为组长的学习教育领导小组，结合发改工作实际，制定学习教育实施方案和活动安排计划，为每位党员制作"我是共产党员"桌牌，佩戴党徽胸章，为干部职工购买发放《学党章党规，学系列讲话，做合格党员》《习近平总书记系列重要讲话读本（2016 年版）》《中华人民共和国国民经济和社会发展第十三个五年规划纲要（辅导读本）》等书籍，督促党员自学。认真落实"三会一课"制度，组织"两学一做"知识测试 2 次，开设专题党课 5 次，专题学习讨论 3 次。组织全体党员干部赴华池南梁革命纪念馆缅怀革命先烈，重温入党誓词。

区发展和改革局领导班子成员名录

局　长　冯　岩

党总支书记　郭军民

纪检组长　毛志东

副局长　王正军　张志华　张建波

（供稿：朱生勇、马云霞）

财政预算与管理

【财政收支】2016 年，西峰区大口径财政收入 12.3 亿元；地方财政收入 6 亿元；公共财政预算支出 23.81 亿元；政府性基金收、支分别完成 4.64 亿元。职工工资、津贴补贴，科学发展绩效奖、机关正常运转、扶贫、社保、教育、社区建设、卫生、环保等民生支出保障到位，省、市专项拨付及时。争取国省投、转移支付、政府置换债券、银行信贷资金 33.48 亿元。

【财政改革】国库集中支付制度：2016 年 1 月，恢复 151 个核算单位会计核算职能，资金纳入国库集中支付管理，单位配备会计和出纳，设立财务室，落实"副职管财务，一把手监督"财务审批制度。建立"收入一个笼子、预算一个盘子、支出一个口子"国库支付管理体制，以直接支付为主，授权支付为辅的支付模式。2016 年，国库支付资金 21.49 亿元，直接支付 12066 笔 21.25 亿元，授权支付 974 笔 0.24 亿元。收到公务卡办卡备案申请 1500 份，录入国库支付系统公务卡 1412 张支付 25603 笔。核算中心账户资金为各预算单位恢复会计核算职能前的结余资金和往来资金，核销实有资金账户 4 个。实行银行印鉴、支票、对账三分离机制，2016 年资金

国库支付制度改革培训

结算26700笔72亿元，实现零差错。依托智慧西峰大讲堂，邀请中央财经学院院长、政府预算研究中心主任王雍君教授及庆阳市财政系统业务骨干，举行《近期经济政策与预算法解读》专题讲座，西峰区领导干部及财务人员500人参加，同时对核算单位会计人员进行国库集中支付系统操作培训和预算单位财会人员财务培训。

国库集中支付资金管理：支出实行三级审核机制，须经中心受理会计、支付会计、主管领导审核后，方可办理资金支付。向代理银行、人民银行和清算银行传递集中支付信息，送传支付凭证，保障财政资金按时清算。做好财政零余额账户管理，加强预算单位零余额账户监管，禁止预算单位零余额账户存放资金，禁止零余额账户资金转入预算单位实有资金账户。制定《西峰区财政国库支付中心会计核算中心内部控制制度》，对办理国库集中支付业务和开展日常工作做程序和风险控制措施，对业务审核、印章使用、票据开具等环节加强监控，定期开展信息数据安全监督检查。对接待费、会议费、考察学习费、燃修费等支出落实区纪委审查备案（或公示）制度，逐月向西峰区委、区政府及财政局报送“三公”经费支出报表。2016年，行政事业单位“三公”经费支出962.2万元。协助征收残保金445万元，个人所得税79.3万元。评审交通、市政建设、城区道路、园林绿化、卫生教育等行业项目672个，评审资金总额17.91亿元。

【社会保障资金管理】2016年，社保基金收入33778.31万元，支出28803.3万元。参加合作社农民236965人，合作医疗基金收入13001.96万元，农村合作医疗统筹基金支出12607.64万元。参加基本养老保险缴费3212人，养老保险缴费6895.55万元，基本养老金支出6418.67万元。参加西峰区医疗保险16262人，基本医疗保险基金收入6891.74万元，支出4706.04万元。参加生育保险13097人，生育保险基金收入100.62万元，支出77.78万元。城乡居民参加养老保险167864人，缴费人数112309人，享受待遇人数38204人，城乡居民养老保险基金收入6888.44万元，支出4993.17万元。

五项社会保障资金收入9989.77万元，支出10605.06万元。城市低保资金收入4036.76万元，为4892户12131人发放低保资金5174.07万元，农村低保资金收入2990.97万元，为3912户12758人发放低保资金2431.66万元。再就业资金收入460.5万元（其中庆阳市财政补助收入450万元），支出928.36万元，用于职业介绍补贴、职业培训补贴、公益性岗位补贴、劳务品牌家政服务员培训、技能签订补贴社会保障等方面。城乡医疗救助收入1423.45万元，为28388人发放医疗金1559.53万元。特困人员救助供养资金收入550.4万元，为770户784人发放特困人员救助供养资金382.84万元，临时救助收入527.69万元，支出128.6万元。

【一事一议项目】实施村级公益事业建设一事一议财政奖补项目58个，项目投资5158万元，其中：村民筹资筹劳折资2011万元（群众筹资210万元、筹劳折资1801万元），财政奖补3147万元。村组道路修建类项目44个，其中：新修油路41条84公里，砂石路3条16.65公里，水泥路1条2.55公里；村基础设施建设类项目1个，栽植绿化树50棵，安装太阳能路灯30盏，铺设排水管线900米；农民健身文化广场建设类项目13个，铺渗水砖和

董志镇田畔村“一事一议”油路项目开工仪式

水泥硬化30144平方米，栽植树木270棵，绿化500平方米，建篮球场2个，阳能路灯154盏，安装垃圾箱14个，铺设排水管线2880米，建公共厕所14座，建乡村舞台1个，建文化活动室1间，凉亭1个。受益涉及58个村，348个村小组18429户7.9万人。

【政府采购】2016年组织政府采购项目163个，采购资金18195.93万元，与上年相比增加7560.93万元，与采购预算相比节约财政资金1202.19万元。采购成功率94%，驳回恶意质疑5次，无有效质疑。

【非税收入】2016年非税收入68445.89万元。其中：政府性基金42664万元，行政事业性收入4459.15万元，专项收入4126.25万元，罚没收入2944.46万元，国有资源（资产）有偿使用收入1137.77万元，捐赠收入1152.94万元，政府住房基金收入341.25万元，预算外资金11620.07万元。

【会计管理】2016年，接待“两证”考试报名学员3165人（次），新办及调转会计从业资格证书1018份，1200人完成会计继续教育培训。

【国有资产管理】对302户行政事业单位清理清查，行政单位资产账面数1419,438070.48元，负债账面数63107778.67元。资产清查数1415209896.38元，负债清查数63107778.67元。事业单位资产账面数1236252040.78元，负债账面数92675077.23元，资产清查数1235221844.51元，负债清查数92675077.23元。清查出待报废资产5258370.36元。将彭原镇政府、董志镇政府、温泉镇政府783.5平方米房屋调拨给人社局使用。将水务局10.2亿元的专用设备调拨给水务发展投资公司使用。将原供热公司一辆公车调拨给热力集团公司使用。对西峰区政府拟调拨的耘新公司粮库的土地和附属物及南湖、北湖、乡镇供水站的资产，委托社会中介机构进行评估。对董志桑蚕站部分房地产及人大、政府、政协车辆，与资产使用单位衔接，约定收回期限。将国税局原肖金税务所资产整体调拨给肖金镇人民政府使用。核销园林局、畜牧局、向阳小学等单位一般设备12874台（件），核销金额105.6万元，收回报废残值收入2.1万元。新增固定资产31986台（件），1078157810.99万元。行政事业单位决算167户，督促302户行政事业单位录入和完善庆阳市西峰区行政事业单位国有资产管理信息系统。对17个行政事业单位经营性资产进行清查，催缴收益金19.13万元。

【农业综合开发】高标准农田建设项目：实施项目3个，涉及左咀、纸坊、野林、罗杭、冯堡5个行政村，项目计划投资1440万元，其中中央财政资金1005万元，地方配套资金388万元，农民筹资筹劳折资47万元。新修田间道路47.65公里，栽植农田防护林470亩，示范推广旱地全膜双垄沟播栽培玉米2330亩，修复配套机电井11眼，埋设输水管道61公里，新建大口窖343座，新打小电井175眼，维修提灌站2座，开展技术培训2600人（次）。建设高标准农田面积9000亩，受益群众5个村，3160户12831人。

农发办高标准农田建设项目新建水塔

【公务用车改革】西峰区公务用车单位89个，车辆469辆，行政机关48个，车辆363辆；参公单位42个，车辆77辆；交警大队29辆（不属于车改单位，车改期间新增）。车户手续完备的452辆；改制后保留车辆155辆，其中：单位保留车辆86辆，进入服务平台69辆（一般公务用车服务平台44

辆,执法执勤服务平台25辆)。从9月20日至12月5日收缴封存车辆232辆。

【财政监督检查】对西峰区直20个涉民生项目单位2015年度会计核算、会计信息披露、专项资金管理和使用以及贯彻落实中央“八项规定”“三公经费”开展监督检查;对151个行政事业单位开展自查自纠和30个单位重点进行“小金库”专项治理;对区水土保持局实施的2015年清水沟小流域水土保持综合治理工程和区种子管理站2014年、2015年马铃薯脱毒种薯全覆盖工程两个项目财政资金绩效评价;对全区基本建设项目竣工财务决算情况清理清查;配合“两查两保”专项行动市级交叉开展合水县的重点检查;对10个乡镇街办民政资金的管理和使用情况、21个国省投重点建设项目、庆阳市、西峰区、合水县的甘肃省非税收入管理和临夏回族自治州859个部门的预决算公开、财政内部监督、会计信息质量等进行监督检查,拟定《西峰区财政局内部控制基本制度(试行)》,建立健全财政内部控制制度体系建设。

【乡镇财务管理】2016年度严格控制乡镇预算,监督乡镇落实财政预决算公开公示制度,乡镇将预决算在政府门户网站进行公开公示,接受社会各界监督,保证乡镇资金的安全、有效使用。拨付乡镇补助资金13886.52万元,其中:省市专项958.57万元;区级专项2431.51万元;人员及公用经费10496.44万元。

【“两学一做”学习教育】制定《西峰区财政局“两学一做”及“党员学习日”安排计划》,明确学习目的,确定学习内容,领导干部带头轮流主持学习,确保学习制度化、常态化。加强干部职工“党性锤炼日”锤炼,开展环境卫生整治活动,做到党性教育与财政中心工作、日常工作融合,形成学党章党规和系列讲话精神,争做合格优秀党员氛围。党委(支部)书记、部门(股室)负责人履行“党政同责、一岗双责、失职追责”。

【扶贫攻坚】制定《西峰区财政局双联行动“大走访、回头看”活动实施方案》,利用1月时间,走访李庄村11个组509户农户,查找解决问题12件。建立村级扶贫阵地,确定1名科级干部为组长,带领4名一般干部,组成驻村工作队开展驻村帮扶。争取“一事一议”项目,新修李庄村徐咀至阳湾村组油路2.3公里,投资119.52万元,其中:筹资筹劳39.02万元,申请“一事一议”财政奖补资金80.5万元,解决4个村民小组群众出行、果蔬外运、农副产品外销困难等问题。与西峰区水务局衔接,筹措资金3万元,解决李庄村樱桃园铺设灌溉用主管道1200米。自筹资金1万元,在“七一”建党节,资助李庄村带领部分村民到外地考察学习。中秋节前给“双联”及精准扶贫37户送去米面油等生活必需品,春节前慰问李庄村贫困户5户,每户500元,“七一”建党节,慰问李庄村生活困难党员3名,慰问金500元、米1袋、油1壶。

区财政局领导班子成员名录

党委书记、局长　刘晓龙
党委委员、党支部书记　高明志
党委委员、纪检组长　吕雅玲(女)
党委委员、副局长　拓建纲(9月止)　李兴科
　　王军锋　赵　龙

区农业综合开发办公室

主　任　脱翀博
党支部书记　冯建设
纪检组长　曹丽荣(女)
副主任　李养正　米　骞

区国有资产监督管理局

局　长　司　南(5月任)
党支部书记　王德明
副局长　王志峰(9月止)　李　涛(9月任)
　　冯丽丽(女)

区政府采购中心

副主任　杨　丽(女)　王　勇

区会计核算中心

主　任　李俊辉

副主任　董华宁(女)　王　菊(女)　盖亚宁(女)
　　　　李文博(2月任)

区税收监督检查局

局　长　王骁飞

党支部书记　窦明权

纪检组长　白　雪(女)

副局长　王　军　齐亚玲(女,2月任)

区非税收入管理局

局　长　包建荣(2月任)

副局长　汪　琳(女)　田　地

区财政监督检查办公室

主　任　郭俊龙(2月任)

党支部书记　孙守锴

纪检组长　杨小平

副主任　李一新　王志峰(9月任)
　　　　李　涛(9月止)

区财政投资评审中心

副主任　程建新　胡天睿

（供稿：毛瑞霞）

国家税务

【税务改革】成立"营改增"工作领导小组,制定《营改增试点工作实施方案》、《舆情应急预案》,召开"营改增"领导小组会议14次,挂图作业,推进"营改增"试点工作落实。细化措施,深入企业核实宣传,分行业专项培训,搭建"营改增"临时办税服务厅,建立纳税人预约办税台账和清册。明确责任,分行业引导"营改增"纳税人预约错峰申报。精准分析总局、省局样本企业税负,连闯"开好票、报好税、分析好"三大关。实现3714户"营改增"试点纳税人税制转换。

【税法宣传】与西峰区地税局联合举办以"聚焦营改增试点，助力供给侧改革"为主题的第25个税收宣传月启动仪式,发放《小微企业税收优惠政策宣传手册》《居民纳税指南》《税选一本通》和"营改增"宣传资料10000份,解答纳税人咨询100人(次)。开展"六进"(进机关、进乡村、进社区、进学校、进企业、进单位)等活动宣传税收知识。

税法宣传

【税收政策】对出口退税企业、191户享受增值税优惠政策的纳税人、享受企业所得税优惠政策的纳税人以及10782户起征点以下纳税人实现税收减免。认定增值税一般纳税人293户,取消一般纳税人资格8户。稽查和应对风险纳税人72户。检查纳税人53户,查处虚购增值税专用发票18份,"大头小尾"增值税普通发票11份。利用增值税发票升级版应对风险户数19户。

【税收征管】辅导纳税人正确领购、开具、使用发票，定期对纳税人使用发票情况进行全程跟踪检查,定期开展大规模发票专项检查工作。通过采集应用第三方涉税信息,堵塞税收漏洞。组成三级工作组分别应对高、中、低税收风险,开展纳税评估,推送税收风险任务15批97户次。针对交通运输客运行业纳税主体确认难、营业收入核实难、日常税收征管难等问题,采取"以票管税、凭票结算"的征管模式,解决客运行业发票开具、收入核实、公平税负等方面问题。在8个邮政网点推行邮政"双代"业务,代开发票2461份。

【国地合作】贯彻落实国家税务总局《国地税合作规范》,结合西峰区实际税收工作,制定《国地税合作规范实施方案》，对合作规范66项工作分解，明确双方责任，细化措施。召开国地税联席会议5次，协商解决合作中遇到的问题困难，推动国地税合作工作。互设窗口2个，互派工作人员4名；联合开展税务稽查15户；联合清理漏征漏管户463户；联合举办培训班14期，培训纳税人5122人次；联合办理税务登记867户，变更登记132户，注销登记75户；代征地税税费92.5万元；联合开展信用等级评价评定A级纳税人5户，B级纳税人255户；联合开展"税易贷"业务，发放信用贷款5260万元。

【纳税服务】与西峰区地税局协商，实现西峰区国地税办税服务厅"一窗一人、一机双系统"，纳税人进一家门办两家事。开展"便民办税春风行动"，纳税服务部门以征收管理部门为依托，走访企业，召开座谈会，以纳税人合理需求为导向，狠抓"两个规范"，简化办税流程，推行首问责任制、限时办结、延时服务、"二维码"一次性告知服务，

办税服务厅税务办理

补齐纳税服务"短板"。

【队伍建设】制定《2016年干部教育培训工作计划》。组织培训13期，专门业务培训5期，在职全员培训2期，专门讲座培训6期，人均培训9天。网络在线学习人数88人，人均学习90小时。严格"两个责任"落实，分解任务清单5个方面14类，筑牢党风廉政责任新防线。推行数字人事信息系统，自10月26日模拟运行以来，模拟填写工作纪实1900条，个人自拟工作任务300条，上级推送工作任务540条。12月1日，数字人事系统上线，干部队伍管理迈入数字化时代。

【党风建设】制定六大类21项党建制度，改选党支部9个，补充调整支委27个；各党支部建立健全五类党建资料；开展"结对共建，先锋同行"活动，与25户企业、2户专业合作社结成共建对子，为结对企业举办税收政策辅导2场次300人、培训企业财务人员268人(次)；举办庆祝建党95周年"颂党恩、结对共建，展风采、先锋同行"文艺晚会，赴南梁接受革命传统再教育。第三税务分局被西峰区委组织部表彰为"先进基层党组织"。

【"两学一做"学习教育】制定"两学一做"学习方案，开辟学习专栏，发挥党组成员率先垂范作用，履行好学习教育主体责任。采取"三会一课"、座谈会、撰写心得体会等形式，学习《习近平总书记系列重要讲话读本》。开展演讲比赛、参加地方组织的"两学一做"宣讲辅导会、评先选优、走访慰问、接受红色教育、上党课等形式，强化党员宗旨观念、激发担当精神。

【扶贫攻坚】成立"精准扶贫"工作小组，专项负责扶贫工作，明确"深化双联、精准帮扶、责任到人、限期脱贫"工作思路，进村入户走访、详细了解村情民意、征询帮扶致富需求、找准致贫症结。对帮扶的肖金镇纸坊村和董志镇寺里田村进行甜瓜种植培训，邀请市农科所教授培训200人(次)。开展"大走访，回头看"工作，了解掌握帮扶对象情况和脱贫进度，解决实际困难，推进扶贫工作开展。

区国家税务局领导班子成员名录

党组书记、局长　刘得海(9月止)
　　　　　　　　魏　严(9月任)
副局长　杨义涛　李培翔　武宏刚
　　　　刘建生(4月止)　杨家玮(4月任)
　　　　周向丽(女)

(供稿：马志华)

地方税务

【地税收入】2016年，西峰区地方税收71578万元，其中地方税费收入61067万元，各项基金收入10511万元。

【税收征管】开展“征管基础夯实年”活动，完成“营改增”试点，移交纳税人征管信息6206户。推行“三证合一、一照一码”登记制度，与工商、国税部门验证登记纳税人2015户(农村产业发展资金专业合作社和农民专业合作社275户)，注销清算2户，变更社会统一信用代码(纳税人识别号)546户。实施“以地控税，以税节地”，与市、区两级国土资源局对接，完成277户数据调查核对。制定《征管改革实施方案》，对原税收管理员岗位重新设置，管理分局设综合管理岗、日常巡查岗、纳税评估岗、纳税检查岗4个岗位。与区国税局成立联合办税服务大厅，增设代征增值税和代开增值税发票业务窗口；开通联合办理税务登记、联合办理注销税务登记、联合开展评估核查业务；评价纳税人信用等级1957户，清理漏征漏管户763户(“一照一码”479户，非“一照一码”284户)，查补税款15.6万元。试点推行“一窗一人一机双系统”，加强零散税收控管，发挥国地税深度合作优势，探索了“以票控税”新途径，即，通过向国税提供欠税企业“黑名单”，限制向欠税企业供应(代开)增值税发票，依法清收欠税3165万元。年所得12万元及以上个人所得税收入1322.81万元。汇算清缴企业所得税7538万元。开展营业税专项检查，催补缴入库税款1368万。

【依法治税】对2015年6月1日至2016年5月31日期间按一般程序做出行政处罚并已办结的行政执法案卷进行自查；对“中国银行股份有限公司庆阳分公司”等5户稽查案卷对照《评查标准》逐卷逐项逐条进行评查。开展个人所得税专项检查，查结纳税人117户，查补税款423万元。征收耕地占用税1122万元。检查纳税人15户(次)，查补税款、滞纳金及罚款301万元，其中自查税款268万元，查补税款33万元。开展税收执法疑点数据核查，应对省、市局下发的风险数据纳税人227户，查补税款257.3万元，加收滞纳金1261.89元。依法减免税收2050.18万元。2016年，被省地税局确定为甘肃省地税系统法治税务示范基地。

【队伍建设】考察任用副科级干部6名，职级并行干部3名，轮岗调动干部10名。开展“传帮带”“岗位大练兵、业务大比武”活动，举办各类教育培训班11期。修订《干部职工考勤管理办法》。实施“文化兴税”工程，组织举办2016年“新常态，新税风”地税职工元旦联欢会、以“尊老孝亲”为主题的“道德讲堂”“走好文化兴税路，跳好健康快乐操”“铸造优秀团队，共创文化地税”之团队精神拓展训练、建党95周年“五个一”系列庆祝活动，参加西峰文明城市创建环境卫生大整治，开展学雷锋志愿者服务、义务植树、清扫街道等一系列创建活动。编发《西峰信息》149期，《甘肃地税报》采用25篇。探索搭建西峰地税文化建设的基本框架，即：文明规范、公平正义的法治文化；以人为本、协同发展的人本文化；密切协作、团结进取的团队文化；全面规范、保障有序的制度文化；科学精细、程序规范的征管文化；诚信高效、和谐聚力的服务文化；清正廉洁、风清气正的廉政文化；勇于探索、敢为人先的创新文化；尊老爱幼、诚实守信的传统文化。提炼总结“团结拼搏、忠诚奉献、敬业担当、廉

西峰区国家税务局、地方税务局联合举办“深度合作，共铸辉煌”迎新春文艺演出

洁守法、务实创新、追求卓越”24 字西峰地税精神。

【廉政建设】实施“两个责任”和“12439”(以 1 本操作手册为总揽,以落实“两个责任”为主体,以 4 条“主脉”为抓手,以 3 类图表为引导,以 9 项机制为保障)标准化、痕迹化建设模式,层层开展约谈,落实《科长(主任)、分局长监督管理办法》和《兼职监察员管理办法》。分类分级分层开展廉政风险点排查,查找出风险点 173 个。诫勉谈话 4 人,查处转办案件 3 起,按照“一案双查”制度要求,对 3 名当事人进行问责。

【纳税服务】落实标准化办税大厅建设,配置一机双屏、电子触摸查询终端、排队呼叫系统和服务评价系统;推行“首问、延时、预约、一窗式、一站式、阳光办税”服务模式;通过“一次性告知”和“码上知道”“营改增”“二维码”开展税收宣传;推行网上申报、手机 APP 移动办税等多元化申报。

省、市领导检查办税服务厅标准化建设

【“两学一做”学习教育】成立“两学一做”学习教育领导小组,制定《“两学一做”学习教育实施方案》,召开动员大会,专项学习中共中央政治局常委、中央书记处书记刘云山视察兰州市城关区地税局时作的重要指示精神。领导干部人均学习笔记 2 万字以上,人均撰写心得体会 2 篇,《甘肃地税报》采用 4 篇。

【扶贫攻坚】为肖金镇左咀村送去帮扶资金 13.7 万元,开展百名地税干部“双联行动”“大走访、回头看”活动 2 次。获得 2016 年度西峰区双联暨精准扶贫工作先进单位“民心奖”。

区地方税务局领导班子成员名录

局　长　张永琦(9 月止)

　　　　甄　武(9 月任)

纪检组长　李志龙

副局长　谷东风　刘文杰　王星玲(女)

(供稿:李永红)

工商行政管理

【注册登记】9 月 14 日,企业营业执照实施“五证合一、一照一码”登记。12 月 1 日,个体户实施“两证合一、一照一码”登记,一表登记、一窗受理、一站式服务。按照“先照后证”改革要求,将 134 项前置审批项目改为后置,推行“双告知一承诺”制度。市场主体的设立、变更、换照、迁入、注销登记实行独任审核登记制,实现政府、企业“双减负”。2016 年登记企业 2484 户,个体工商户 5106 户,农民专业合作社 219 户,累计登记企业 9445 户,个体工商户 24781 户,农民专业合作社 1013 户。

国务院督查组督查“放、管、服”工作

【商标广告】推动商标“五个支撑体系”建设,开展“商标兴企”“商标富农”战略,扩大有效注册商标总量,重点引导知名老店、传统土特产、知名农副产品、高科技工业品申请商标注册。引导广告经营者做大做强,提高公司化程度,支持地域特色文化产业。联合广告公司在电视台，报纸和沿街门面加强公益广告宣传，促进广告和城市的和谐。2016年，办理注册商标416件，商标注册总数610件。推荐“中真”申报甘肃省著名商标，续展彭阳春、二月二、轩辕商标为甘肃省著名商标。发布公益广告牌13块，大型路牌8块，播发公益广告3000条(次)。

【市场监管】2016年查办经济违法案件332起(其中万元以上案件27起)，罚没款121.68万元。依据《甘肃省市场主体抽查监督管理办法(试行)》规章制度，按照市场主体3%比例进行电脑摇号确定抽查对象，开展市场主体经营行为抽查两次，抽查经营户1390户(企业362户，个体户971户，农民专业合作社57户)，正常经营1063户，正常率77%。市场主体年报不定向抽查362户(企业212户、农专社21户、个体户129户)，异常率8%。开展打击“傍名牌”和制售假冒伪劣商品行为，监管虚假宣传等其他不正当竞争行为，查处限制竞争案件及治理商业贿赂专项工作。查获传销案件2起，配合综治办积极开展无“传销”社区创建活动。监测各类广告251条(次)，责令停止发布25条，限期整改19条，行政告诫7条。

【非公企业党建】建立企业党组织台账，掌握企业经营运行、职工队伍、党员队伍、出资人。建立未成立党组织企业台账，记录未建立党组织的原因。2016年，新组建党组织7个。推进“三岗联创”活动。指导企业党组织开展“戴党徽、亮身份，强党性、做贡献”活动，为机关党员和服务窗口党员统一制作“我是共产党员”桌牌。创建党员责任岗340个、党员示范岗39个、党员先锋岗2个。对瑞信村镇银行、庆阳中庆农产品公司等7户企业党组织阵地进行升级改造，庆阳中庆农产品公司等4户企业被命名为市级党建示范点。

【消费维权】受理消费者投诉730起，为消费者挽回经济损失181万元。加强维权能力建设，使消协的论理性调解与工商执法联动共治。推行先

“3·15”国际消费者权益日宣传活动

付赔偿试点工作，畅通维权绿色通道，缩减维权索赔环节。推行市场主体行政约谈制度，实现维权关口前移。推行商品分类抽检，准确发布消费警示。

【队伍建设】配合西峰区委组织部干部推荐考察，推荐提拔8名正科级干部，推荐任命19名科级干部。派到省外培训学习12人(次)，参加省局培训15人(次)，参加市、区培训160人(次)。举办注册登记、法制员等专题培训班和网络培训8次，培训410人(次)。落实党风廉政建设主体责任，建立党政“一把手”严格履行党风廉政建设第一责任人的职责，班子其他成员根据工作分工，对其职责范围内的党风廉政建设负直接责任的党风廉政建设责任制格局。

【“两学一做”学习教育】制定《“两学一做”学习教育实施方案》，成立领导小组，“两学一做”与业务工作相结合，以学习教育推进业务工作贯彻落实。开展四个专题讨论，编印《“两学一做”学习教育应知应会20题》《“两学一做”知识测试题》《“两学一做”学习教育和十八届六中全会精神知识测试卷》，引导党员干部自觉按党章规定履行党员义务、践行党的宗旨、加强党性锻炼和道德修养，做讲政治、有信念，讲规矩、有纪律，讲道德、有品行，讲奉献、有作为的合格党员，打造有信仰、有纪律、有担当的工商干部队伍。

【扶贫攻坚】协助陈户村完成果树栽植260亩，地覆膜玉米1000亩，发展养殖大户5户。在陈户村新建垃圾收集场1处，完成宽带全村覆盖，实现曹南、张咀组农网改造项目。组织技术培训2

次，受训人员 218 人(次)，提供致富信息 3800 条，完成劳务输出 320 多人(次)。

区工商行政管理局领导班子成员名录

非公企业党工委书记、局长　尚国庆

党委书记、副局长　惠天珏

纪委书记　李济沛

副局长　何　伟　程　灏　袁纹龙

　　陈海谋　李国荣　朱政铭

（供稿：景　升）

统计工作

【统计服务】在投资、工业、商贸、文化产业等领域建立指标动态监测台账，加强对经济运行的监测、分析、研判和预警。坚持经济运行月度会商制度，提出意见建议 30 多条，建议区政府先后召开部门统计联席会议、固定资产投资及部门数据支撑核算等专题会议 8 次，较好地解决数据“不给力”的问题。邀请市局专业科室来西峰开展业务指导，现场了解重点调查单位生产经营和重大投资项目实施情况，争取对上报数据的认可，缩小评估幅度，力求真实反映西峰区发展成果。围绕“四上”调查单位进库统计的难点及对策、房地产行业去库存、网购对商业实体店的影响、居民消费结构变化等开展专题调研，撰写分析报告 8 篇，部分被上级业务部门评为年度优秀统计分析，部分被省统计局内刊刊登。围绕持续发展动能不足、地方工业回升基础不牢、固定资产投资增长乏力、财政收入渠道不畅、消费市场运行低迷、小康社会实现程度不高等热点问题以及影响“调结构、稳增长、惠民生”的关键指标，及时编发《统计呈阅件》5 期，《经济运行月报》5 期，呈送区委常委、人大、政协主要领导和政府领导参阅。按月度编印《经济运行快报》11 期，按季度编印《区情视窗》4 期，刊登发展报告文章 58 篇，调查研究文章 7 篇，监测报告 4 篇。编印发布《西峰区 2015 年经济社会发展情况统计公报》《2015 年西峰发展年鉴》《西峰区第三次全国经济普查资料汇编》和《西峰区第三次全国经济普查主要数据公报》。为区党代会专门编印《西峰区“十二五”时期经济社会发展公报》。2016 年上报各类统计信息 300 余条，其中被市统计局采用 275 条，被甘肃省统计局采用 38 条。

开展“统计信息分析写作专题培训”

【基础建设】推进剩余 50 个村统计室规范化建设，制作统一的统计室牌及工作制度牌，印制相关的工作职责和管理办法，配齐村级统计人员 200 人，其中专职人员 100 人。西峰区 100 个行政村村级统计室全面建成，全部达到“四有”标准要求，实现统计工作区、乡、村三级全覆盖。设计、印制统一的专业统计历史台账和进度台账。坚持报表上报验收、审核、评估及领导签字制度，落实报表规范化检查评比制度。利用两个月时间，开展调查单位大调研活动，累计调研企业 150 多户，指导改进问题 200 多项。建成西峰区统计局网页，将统计法规、统计数据、统计信息等上网公开。抽调专人成立局信息中心，专职负责上网公开信息的管理和发布，及时更新工作动态。由股室长担任主讲人，围绕统计法治、互联网金融、心态修养等内容开展“统计讲堂”6 期。按照省、市的统一安排，先后四批组织 20 多名干部职工，参加国家统计局举办的基层统计干部能力提升培训班。召开各类业务培训会议20场次，培训400多人(次)。

【数据质量】西峰区政府将GDP、投资、工业增加值、农业增加值、社会消费品零售总额、两项收入和“四上”企业进库工作量化分解到各乡镇(街办)和主管部门，并纳入年度区对乡镇(街办)和部门考核范围。组织实施基本单位名录库更新维护节点向乡镇(街办)延伸工作。采取电话咨询、上门提取的方式，取得税务、工商、民政、编制、质检等部门的数据资料，对统计调查名录库系统进行维护管理，2016年纠错法人和产业活动单位377个，纠错1254条。纳入西峰区基本单位名录库管理系统的法人单位4622个，占庆阳市的四分之一多，产业活动单位1219个。会同宣传、工信、住建、商务、工商、文广等部门，掌握符合条件的企业基本情况，对符合入库条件的企业发送统计法律义务告知书，以法治措施督促企业履行统计义务。全年共入库31户，其中：工业企业2户，批发零售企业2户、餐饮企业1户、服务业企业26户，全区累计在库“四上”调查单位达到255户，占到庆阳市在库调查单位的40%以上。同时2016年入库固定资产投资项目个数突破500个。

【重点工作】按照国家统计局部署，积极推进固定资产投资、GDP核算、电子商务、服务业、能源等重点领域统计方法制度改革要求，落实调查方案，各项改革有序推进。西峰区农业普查领导小组及办公室立足于早行动、早安排、早落实，统筹协调，按阶段狠抓各项任务落实，普查区划分、小区地图绘制、“两员”选聘培训、物资准备、设备购置、经费预算、开展清查摸底工作。开展“数据造假、以数据谋私”专项治理，对2015年经常迟报报表的20家单位在年报会上进行通报批评。2016年共检查统计调查单位223家，发现违法行为14起，发出统计催报通知书6份，统计检查查询书1份，立案处理2起。完成《西峰区妇女儿童“两纲”发展规划中期监测评估报告》《西峰区2015年村级小康统计监测报告》。按照区委、区政府对贫困县退出验收工作的安排，全力协调上级业务部门提供相关证明，顺利通过省级第三方评估。开展西峰区2016年人口变动抽样调查工作，通过省、市的检查验收。组织开展环保满意度调查、香包节调查、烟草调查、旅游业调查、创建全国文明城市满意度调查等专项调查10多项。

【统计管理】修订完善《西峰区统计局2016年目标管理考核办法》，制定《西峰区统计局2016年股室工作任务分解表》和《2016年个人信息、分析及专业工作目标管理任务分解表》，实行周记载、月通报、半年评比、全年考评机制，将全年考核结果作为评优选模、推荐干部的主要依据。坚持月计划、周安排、抓落实的“挂图作战、压茬推进”工作协调部署和督查落实机制；设立确定工作AB岗位。

【“双联”及精准扶贫】制定2016年双联行动联村项目计划表。春耕时节，为贫困户送去了地膜、化肥及生产工作等，总计帮扶资金8000元。对义门村在道路建设、农民培训、果园管护、文化广场建设、居民点建设和杂果园项目等六方面重点进行扶持，累计投入资金78万元。新春佳节前夕，组织对10户贫困户进行慰问，送去米、面、油等生活品，让他们真正感受到党和政府的温暖。

【“两学一做”学习教育】制定下发《西峰区统计局关于“两学一做”学习教育工作方案》，按周制定学习计划。落实“三会一课”15次、领导干部讲党课9次，干部上交心得体会32份。召开“做政治上的明白人”专题讨论会1次，开展“严守党章党规、规范党员言行”“增强看齐意识，用习近平总书记系列重要讲话精神武装头脑”专题研讨2次。进行纪念建党95周年先进表彰、观看建党95周年习近平总书记重要讲话视频直播、到南梁革命纪念馆参观学习1次。单位内网开设“两学一做”学习教育专栏、参加“知党章、学讲话、做表率”知识竞赛，制定党员桌牌、配发党徽，慰问老党员1次、发展党员1名、按时缴纳党费。累计召开“党员学习日”学习会议27次，累计向政府机关党委和深改办报送信息40条，人均摘抄笔记2万字以上，开展“统计大讲堂”3期。召开民主生活会2次，坚持查摆问题狠抓整改，持之以恒纠正“四风”。针对“党员学习日”“党性锤炼日”制定考勤册，将考勤结果纳入年终考核。对不参加集体活动的干部由纪检组长进行约谈，抓好解决不严不实突出问题。

区统计局领导班子成员名录

局　长　郭继峰

纪检组长　卢　阳

副局长　刘世宏　张　靖　张俊英

（供稿：张鹏龙）

经济监督

审计监督

2016年12月2日，成立庆阳市西峰区“三农”资金审计中心，隶属庆阳市西峰区审计局管理的副科级全额拨款事业单位。

【预算执行审计】集中对西峰区2015年度财政预算执行和其他财政财务收支情况进行审计，重点对财政局、地税局、政府办、市政局、园林局、城管局、教体局、招商局、果业局、庆阳四中等10个预算执行部门进行抽审，查出违规和管理不规范资金36.12万元，做出罚没处理2.13万元，责令纠正非金额问题2个，移送漏税线索1起。

【经济责任审计】完成肖金镇、南街办、财政局、司法局、卫计局、供热办、粮食局、世行办等单位原任、现任领导干部经济责任审计，查出违规和管理不规范资金152.21万元，做出罚没处理4.77万元，责令纠正非金额问题2个。

【政府投资审计】对住建局实施的红杏山庄防汛抢险工程、兰州东路雨水排放工程，交通局实施的什社至李岭等9条通村公路工程、温泉镇何家坳至王湾等10条通村公路工程，新区管委会实施的庆州路道路工程、北京大道道路工程等55个政府投资项目进行审计，累计审计投资总额113412.29万元，查出违规和管理不规范资金9653.95万元，核减工程投资1940.07万元，做出罚没处理并上交区财政12.5万元，减少财政拨款或补贴资金1940.07万元。

【民生保障专项资金审计】对西峰区2016年精准扶贫专项贷款及村级互助资金、2009—2014年巩固退耕还林成果项目资金、2015年西峰区土地综合治理项目资金、西峰区移动式镀管高架大棚建设项目资金、2015年新农合医疗基金、2015年全区财政性教育经费和庆城县2015年城乡居民最低生活保障资金等7项民生专项资金（基金）进行审计，累计审计专项资金总量28994.4万元，查出违规和管理不规范资金15.33万元，责令整改非金额问题9个。

【交办项目审计】抽调人员配合区纪委开展西峰区“两查两保”专项检查和案件办理工作，配合区检察院赴平凉市侦办案件，配合区财政局开展小金库专项整治等工作。对全区2014年巩固退耕还林成果口粮田建设项目、供热办2013年至2015年底资产负债损益情况、2015年中央预算内投资西峰区清水河小流域水土保持综合治理工程等3个区政府交办项目进行审计。配合上级审计机关继续实施稳增长等政策措施落实情况跟踪审计，抽调4名业务骨干赴定西市参与审计工作，组成审计组赴合水县实施第三季度跟踪审计。组成审计组实施西峰区2015年度精准扶贫专项贷款及村级互助资金管理使用情况审计、庆城县2015年度城乡低保资金筹集管理使用情况审计、西峰区人民医院、西峰区妇幼保健站财务收支审计、2015年西峰区财政性教育经费审计。

【计算机审计和绩效审计】利用计算机审计技术（AO系统应用）对2015年新农合医疗基金、区卫计局2014年财政预算执行及其他财政财务收支情况、区财政局原局长经济责任履行情况等16个项目进行审计，完成数量占目标任务的160%。完成西峰区2010—2014年巩固退耕还林成果项目绩效情况、兰州东路雨水排放工程决算及绩效情况等10个绩效审计项目。

【内部审计】在有条件设立内审机构的区教体局和区医院2家单位，帮助其完善机构并开展内审工作。区教体局内审股完成内部审计项目17个，区医院完成内部审计项目44个。

【信息宣传】修订《审计信息宣传工作奖励办法》，激励审计人员积极撰写报送审计信息和理论调研文章。向各级媒体报送审计信息和理论调研文章72篇，被中国审计报采用2篇、甘肃审计杂志采用1篇、甘肃省审计厅网站采用1篇、甘肃省政府法制信息网采用1篇、中国审计网采用62篇、庆阳市委网采用1篇、印象庆阳网站采用2篇、今日西峰报采用1篇、西峰网采用1篇。

【"双联"及精准扶贫】制定帮联年度计划，实行干部轮流驻村制度，在周岭村设立驻村工作站，将双联干部分成10个驻村小分队，由分管领导带队，驻村开展帮扶工作。开展帮联干部进村入户380人次，积极争取将周岭村上庄组、沟畔组、十里湾组、八里窑组新居民点道路硬化工程纳入新区道路建设年度计划；协助落实上庄组、沟畔组、十里湾组、八里窑等4个村民小组农村电网改造项目；开展春节慰问困难群众活动1次，向双联户发放食用油30壶、大米30袋。化解群众纠纷2次。组织干部职工集中利用2个月时间，走访排查农户623户，填报各种报表资料2000余份，发放"连心卡"623份，排查群众困难问题8类32个，已协调解决29个，剩余3个问题正在与乡镇、村组衔接落实。

在周岭村开展"双联"慰问活动

【党风廉政建设】落实中央"八项规定"精神、省委"双十条"和市区"实施细则"等规章制度，完善民主生活会、"三会一课"、述职述廉、诫勉谈话等制度，执行党员领导干部报告个人有关事项的规定；落实"五个不直接分管"制度，形成"副职分管、正职监管、集体领导、民主决策"的工作机制；落实审计廉政反馈制度和审计现场巡查制度，对审计干部执行党纪、政纪、审计纪律进行动态监督。开展审计现场巡查6次，发出并收回廉政反馈卡84份。开展婚丧喜庆事宜备案7人次、外出考察学习备案4人次、公务接待备案4次。开设"西峰区审计局廉政监督热线"、"勤政为民、务实清廉"监督评价系统、西峰网审计局网页等渠道，主动公开党务政务财务等事项，接受社会各界对审计工作的监督。2016年，实施党务公开1次，政务公开8次，财务公开2次。开展党员关系排查、党费收缴专项检查、违法违纪党员处理、公务用车制度改革、干部作风大整顿等工作，组织开展工作约谈20次、提醒约谈20次、告诫约谈20次、集体约谈14、干部任前廉政约谈5次，纪律作风督查5次，上报纪律作风月报表12份。

【"两学一做"学习教育】认真落实"主题党日""党性锤炼日""一学五抓"学习实践等活动，以法纪法规教育、岗位廉政教育、警示教育为重点，通过局党组中心组学习、干部职工集中与自学学习相结合，认真学习《中国共产党章程》《中国共产党廉洁自律准则》《中国共产党纪律处分条例》《关于新形势下党内政治生活的若干准则》《中国共产党党内监督条例》及习总书记系列讲话和十八届六中全会、市区党代会、"两会"精神，做到入脑入心，进一步统一思想、统一认识、统一步调、统一行动。结合建党95周年和十八届六中全会胜利召开，开展重温入党誓词，“两学一做”知识、十八届六中全会精神测试，收听收看全国审计系统十八届六中全会精神宣讲视频等活动，不断增强全体党员政治意识、大局意识、核心意识、看齐意识。2016年，组织干部职工集体学习39次，开展党性锤炼环境卫生整治33次，撰写学习心得体会27篇，人均书写学习笔记1万字以上。

区审计局领导班子成员名录

局　长　吕建军(1月止)
　　　　王永祥(1月任)
支部书记　杨志坚
纪检组长　闫　宏(女)
党组副书记、副局长　巨光银(5月任)
副局长　司　南(5月止)　秦占明
总审计师　王凤珍(女)

(供稿:李久铭)

产品质量监管

【质量发展】起草并提请西峰区政府与22个成员单位签订《2016年度西峰区质量发展工作目标责任书》，印发《西峰区落实庆阳市创建全国质量强市示范城市各项工作任务的通知》和《西峰区落实庆阳市创建全国质量强市示范城市各项任务工作联席会议制度》等文件。向政府报送质量分析报告2份。申报质量信用等级A级企业4户、“标准化行为良好企业”2户。庆阳西庆涂料有限公司西庆牌乳胶漆、真石漆、庆阳凌云服饰集团有限公司初蔚尔牌防静电工作服、抗油拒水防护服、庆阳市中真管业有限责任公司中真管业牌给水用硬聚氯乙烯(PVC—U)管材、庆阳中庆农产品有限公司子午岭牌南瓜子和葵花子、庆阳天露油脂有限公司满庆红牌系列食用油、庆阳市九龙春酒业有限责任公司二月二牌九龙春系列白酒被评为甘肃名牌。什社小米地理标志保护产品通过省质监局初审。

【标准化管理】起草并提请区政府印发《西峰区标准化发展战略实施方案（2015—2020年）》和《西峰区2016年标准化重点工作安排的通知》等政策性文件。开展执行标准网上录入，28户工业企业录入72条产品标准。指导8户企业制定9个执行标准。指导庆阳陇清瓜果农民专业合作社完成“绿色SOD奶蜜苹果省级农业标准化示范区”立项申报。开展商品条码到期续展工作，新注册商品条码60条，到期续展条码160条。

【稽查打假】开展质检利剑行动，开展农资和建材专项整治各一次。检查销售企业65户，检查抽样10组。开展校服、劳动防护用品、危险化学品包装物生产企业等各类专项监督检查6次，检查企业21户。开展大气污染综合防治检查。对13所加油站油气回收装置使用情况开展回头看活动，对煤炭经销企业、储煤场和重点用煤单位煤质进行抽检，抽取燃煤样品30组。11月，对锅炉进行排查摸底。经查:辖区燃煤锅炉244台，其中20吨以上18台、20吨以下226台。

【特种设备安全监管】制定《特种设备安全党政同责，一岗双责规定》，与175户特种设备相关企业签订《特种设备安全生产责任书》。4月至5月开展特种设备普查登记。经查:特种设备相关单位370户;特种设备9943台(条)，其中锅炉304台，电梯1181部，起重机械334台，压力容器1717台;压力管道4044条，大型游乐设施7台，厂内机动车辆17台。开展重大节假日(节会)、“安全生产月”等特种设备安全大检查和电梯、锅炉、起重机械、大型游乐设施等特种设备专项监督检查13次，出动执法人员1000余人(次)，执法车辆300余次，下发《特种设备安全监察指令书》168份，查处安全隐患745条，整改到位732条，逐步整改13条。10月1日，特种设备注册登记业务下放至县区一级质监部门，注册登记特种设备242台，其中压力容器34

台，压力管道127条，电梯71台，大型游乐设施5台，起重机械4台，锅炉1台。组织人员赴兰州、贵州等地参加特种设备安全监管信息化平台培训5人(次)，制定《特种设备监督管理平台管理制度》，对特种设备数据平台进行整合清理，录入数据2357条。组织特种设备相关人员参加省、市业务部门举办的培训106人(次)，联合百佳超市开展1次“电梯安全进超市”活动。5月6日，与西峰区电视台联合录制“安全生产大家谈”节目。11月3日，在万世加气站以进气管线流量计球阀失效发生泄漏事故为科目开展特种设备应急演练。

【产品质量监管】对西峰区34户工业企业实行分类监管，更新完善电子档案，对8户获证企业开展巡查2次、证后检查1次。开展“质量服务在企业”年活动。针对6户获证企业开展“一企一策”帮扶指导，解决企业产品质量状况分析、应急救援预案制定和安全预警机制建立等方面难题。开展食品相关产品企业监督检查。西峰区食品相关产品生产企业5户，对2户取证企业开展监督抽查1次，帮助3户企业完善申请取证资料，对15批次食品相关产品开展风险监测，未发现风险隐患。

【计量监管】督促企业落实诚信计量承诺制度，为各集贸市场配备公平秤，加油站配备计量壶。与26家计量单位签订计量责任书。登记在用电子秤1020台件、电能表68309块、燃气表28219块、水表18123块、热能表4500块。审查、评价辖区年消耗标准煤在5000吨以上单位，提交《能源计量评价报告》。开展快递公司、出租车、粮油企业、超市和果库在用计量器具专项整治活动6次，定检强检计量器具2100台(件)。

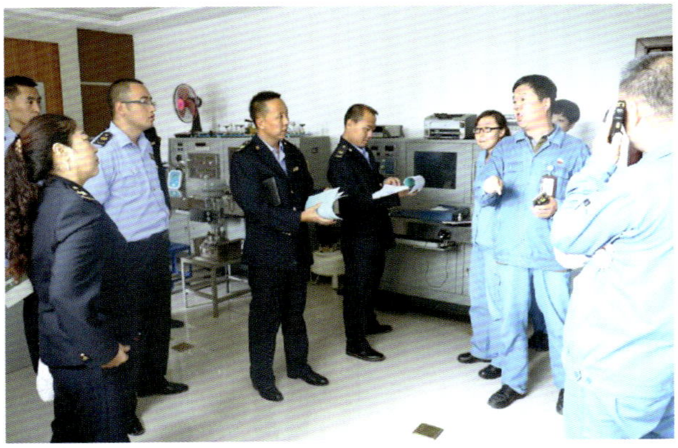

庆化压力表检定中心

【“两学一做”学习教育】每周二组织党员开展党章和习近平系列讲话精神学习，干部职工人均抄写学习笔记1.5万字、撰写心得体会2篇。报送信息13篇，组织召开专题讨论会2次。班子成员、股室负责人签订《党风廉政建设及反腐败工作责任书》，干部职工签订《西峰区质监局干部职工廉政承诺书》。纪检组长参与局务工作，落实监督责任。建立健全干部约谈制度，组织实施主体责任集体约谈和个人约谈46人(次)。

【扶贫攻坚】编制2016年双联行动联村项目计划表，制定2016年单位帮扶计划和个人帮扶计划。召开座谈会宣讲政策12场次，入户宣讲25次，发放扶贫政策宣传手册100份。协助冯堡村绿化水泥路7.4公里、柏油路3公里，栽植绿化树木6993棵。协调争取项目，为北头组打170米深水井一眼。为冯堡村小学捐赠课桌50套，价值12500元。衔接董志镇利用危房改造项目，帮助6户贫困户新建安全稳固住房1248平方米。在春耕秋播之际，为双联户送去化肥42袋。帮助成立专业资金互助合作社，为38户贫困户发放专项贷款190万元，新发展养殖户4户，专业种植户34户。

区质量技术监督局领导班子成员名录

党组书记、局长　赵　贵(6月止)
　　　　　　　　李卉放(6月任)

纪检组长　孙亚诚

副局长　何晓虎　彭晓强

(供稿：姚　宏)

安全生产监督管理

【安全生产责任制】建立县级领导包抓乡镇(街

办)和分管行业领域安全生产工作机制,形成党政主要领导负总责亲自抓、分管领导负实责具体抓、职能部门共担责同心抓的工作格局。每季度提请西峰区委、区政府召开一次安全生产工作会议,传达上级精神,分析总结形势,部署工作。与乡镇(街道)和32个成员单位签订2016年度安全生产目标管理责任书,细化目标任务,靠实目标管理责任。2016年,西峰区发生生产安全事故168起、死亡21人、受伤56人、直接经济损失872.04万元。

【安全宣传教育】以"安全宣传全覆盖"活动为主线,在庆州东路建成"安全文化一条街",制作安全文化宣传版面400米,路灯警示宣传标牌184面;利用城区商场、酒店等场所LED电子显示屏,制作30个时长30秒的电子海报,每天滚动播放100次;乡镇(街办)、部门建成安全文化宣传长廊24处、1200米,制作大型警示宣传牌9面。以"安全生产宣传月"活动为契机,开展安全生产巡回宣讲、安全生产宣传咨询日、安全生产事故警示教育展、安全生产知识有奖答题、"庆化杯"演讲比赛、安全文化精品创作和征集展映、安全生产知识"七进"等宣传活动。在街道悬挂安全宣传条幅60条,发放安全知识宣传材料5.8万份,展示安全常识宣传图板318块,出动宣传人员384人(次),现场接受咨询6300人(次)。组织安全生产培训班33次,培训4842人。组建可同时容纳300人的西峰区安全生产宣传教育培训基地,布设100平方米

开办"安全生产大家谈"电视访谈栏目

安全生产事故教育警示室。接待甘肃省内县区交叉学习4次323人。通过"两微一端"微信群等社交工具不定期为社区群众推送安全常识,发送安全生产信息45300条;在西峰区电视台开办《安全生产大家谈》电视访谈栏目,每月播出两期。编印《西峰安全生产信息》12期,反映乡镇街道、行业部门安全监管动态,印发430份,刊发信息150条。开展"开学第一课""交通安全专题讲座""西峰区第三届中小学生安全知识竞赛"等校园安全教育宣传活动620场(次),参与师生4.8万人(次)。

【基层基础建设】落实乡镇(街道)安全生产专项经费、安监员津贴104.4万元;为西峰区安监局调入专业技术人员6名,为乡镇(街道)任命安监站长10名,确定专职安监员46名,为村组(社区)配备安全协管员122名。编制《乡镇(街道)安全生产监管基础资料汇编指南》,规范基础台账资料。西峰区10个乡镇(街办)、122个村组(社区)建成标准化工作阵地。

【综合协调】元旦、春节、"五一"和国庆等节庆时段,提请西峰区委、区政府主要领导和分管领导带队开展节前安全检查。联合成员单位对乡镇街道安全生产工作开展督查四次。2016年,组织专项督查6次,下发督办函80份,督促整改隐患400条。联合交警、教体、运管、质监、住建、供热部门开展联合执法检查,对校车、校园安全、道路交通运输、建筑施工、"两客一危"、供热站等行业领域进行检查。

【专项整治】检查非煤矿山企业86家,查处隐患841条,下发责令限期整改指令书55份,复查56户,复查意见书32份,罚款1.7万元;检查工贸企业127户(次),查处隐患1035条,下发责令限期整改指令书68份,整改隐患809条,罚款0.2万元。检查危险化学品企业51家,查处隐患232条,下发责令限期整改指令书35份,复查意见书12份,罚款0.2万元;检查烟花爆竹企业139户,查处隐患153条,下发责令限期整改指令书41份,罚款0.1万元。

【执法检查】召开危险化学品安全生产攻坚工作动员会和2次直管企业安全监管工作会议，与企业签订2016年度安全生产目标管理责任书，结合安全生产大检查、“安全生产月”、“打非治违”等专项整治行动，开展安全生产执法检查，打击非法违法生产经营建设行为12起；查处非法经营甲醇油黑窝点2处，对经营设备进行拆除，罚款0.2万元；非法储存烟花爆竹行为2起（一起是对零售门市违规储存的127箱（件）非法假冒伪劣产品集中销毁，罚款0.5万元；另一起是对无证经营户的363箱（件）非法物品予以扣押）；其他违反安全生产法律、法规、规章的生产经营建设行为5起。

甘肃省公安厅消防局防火监督部部长申立新（左三）督查西峰区节前安全生产工作

【事故调查处理】组织成立事故调查组，对7月8日庆阳市利源矿产实业有限公司物体打击事故进行调查，查清事故发生的经过、原因、人员伤亡情况，做好事故善后处理；对10月2日庆阳市西峰城区供热集团有限公司基坑坍塌事故进行调查处理。

【安全生产源头管理】办理烟花爆竹经营许可证55户（新办6户，变更5户，延期39户，注销5户）。办理危险化学品经营许可证25户（延期11户，变更3户，新办11户）。在职业病危害防治监管方面，检查生产经营单位159家，查出隐患162条，下达整改指令书159份。确定80家企业作为国家安全总局职业病危害防治评估抽查对象，72户企业资料报送审查通过，70户企业开展监测。在安全生产风险抵押金制度监管方面，对非煤矿山、危险化学品、烟花爆竹、民用爆炸物等高危行业实施安全生产风险抵押金存储制度，存储安全生产风险抵押金3万元。

【“两学一做”学习教育】围绕“两学一做”主题，制定学习计划，落实好学习方案，抓好学习教育。“三会一课”制度经常化，召开党员大会8次，支委会12次，党小组会共36次，党组领导班子带头讲党课10次；召开民主生活会2次；“主题党日”集中学习39次。进行党代会代表选举，党组织按期换届；党费严格执行标准，按月及时、足额收缴，18名正式党员缴纳党费5776元。

【扶贫攻坚】投资60万元，完成贺咀村全长2.1公里柏油罩面，庄老组0.4公里的砂石路村级道路建设项目；兴建文化大舞台，占地102平方米，投资5.8万元，项目9月完工。以招商引资形式引进“80亩连体大棚建设”项目，成立庆阳市德丰泉农民种植合作社，土地流转102.7亩。

区安全生产监督管理局领导班子成员名录

局　长　赵博学（1月止）

党组书记、局长　朱生润（6月任）

党支部书记　梁灵明

纪检组长　王国龙

副局长　左　凯　金建峰　邓　强

（供稿：刘　正）

食品药品监督管理

【机构改革】根据市、区完善食品药品监管体制、整合监管职能、理顺部门职责的要求，经过两年整章建制，已形成以食品稽查局、药品稽查局为中心的直属办案单位和10个以行政区划特设的派出机构的监管体制，并加挂庆阳市西峰区食品安全委员会办公室牌匾。5月，西峰区食品稽查局、药品稽查局纳入参公管理单位。区食药监局（区食安委办）统一指挥、协调规划，各稽查局、各乡镇（街道）管理所对本辖区食品药品安全承担日常监管职责。区食药监局(区食安委办)主要职责:对辖区生产、流通、消费环节食品和药品的安全性和有效性实施统一管理;负责监督实施食品、药品、医疗器械行政许可;负责制定全区食品药品监督管理的稽查制度并监督实施,组织查处违法行为;指导乡镇(街道)食品药品监督管理工作;承担区食品安全委员会日常工作,负责食品安全监督管理综合协调,指挥突发性食品药品事件及调查处理工作等。工作人员136人。成立了区食药监局党总支以及3个党支部,形成以助、帮、带为模式的基层管理框架。

【监管情况】辖区有监管对象6901户,其中食品生产、流通、餐饮6183户,药品医械生产、经营及使用单位572户,化妆品专营单位187户。共出动执法人员2.5万人(次),检查食品生产经营单位2.1万余户(次),检查药品医械生产经营单位4200余户(次),立案241起(其中食品102起,药械及化妆品类139起),没收假伪劣产品12车,共计48.3吨,罚没款168.19万元;受理消费者申诉举报337起,调处334起。年内,食品监督抽验52批次,快速检测21492批次,抽检药械37批次,上报药品不良反应201例,器械不良事件54例。

肉制品检查

【食品安全】西峰区各类食品生产经营单位6183户,其中生产环节单位168户(生产企业43户,小作坊125户),销售环节单位3165户(市场主体7户,批发经营户218户,大中型超市经营户37户,其他食品零售户2814户,食品仓库89户),餐饮服务环节单位2798户(中型以上餐饮152户,小型餐饮2108户,学校食堂217户,建筑工地食堂22户,机关企事业单位食堂16户,校外托护机构83户)。共出动执法人员30845人(次),检查食品生产经营户34732户(次),印发各类监管文书2.5万余份,立案106起,结案63起,责令整改3491户,罚没款共计68.47万元,没收违法食品、原料52286公斤。创建省级餐饮示范店3户,市级示范店4户。举办从业人员培训班7次,食品安全知识宣传34次。发放庙会西峰区食品加工销售登记证737个;发放文明餐桌宣传资料8600余份,天富亿古街、大中型餐饮宣传普及率100%。

【药械监督】辖区有药品经营单位172户(其中批发12户),药械使用单位328户,医疗器械批发企业27户,化妆品专营单位187户,药品生产企业2户,中药饮片生产企业1户,医疗机构制剂生产单位1户。查处药品医疗器械及化妆品案件132起。其中药品125起,没收违法所得32764.26元,罚款189611.7元;医疗器械5起,没收违法所得0元,罚款45000元;化妆品2起,没收违法所得458元,罚款5267元。受理群众投诉举报37起。其中化妆品13起,立案1起,罚款3443元;药品投诉21期,立案1期,罚款534元;医疗器械投诉3起,立案1期,罚款20000元;挽回消费者经济损失1.2万元。完成抽检37批次,其中药品抽检36个批次(监督性抽检35批次,基本药物抽检1批次),医疗器械抽检1个批次。签订《特殊药品监管责任书》8份,发放《特殊药品监管记录》129份,查处一起药品批发企业与公立性医疗机构现金交易精麻药品案件一起,罚款8万元,没收非法交易药品206支。

【依法行政】继续推行行政审批职能"两集中、两到位",将所有审批职能向行政审批股集中,行政审批股向区政府政务中心集中,审批项目集中到区政府政务中心窗口的工作落实到位，局长对窗口负责人的审批授权落实到位。实行岗位AB岗制，“一门受理、集中办理、限时办结”的审批服务，并根据有关政策取消从业人员培训费、餐饮行业审查费等费用，实现“0元”办证。年内，局窗口共受理食品经营许可申请3655件，其中新办1135件，换发1973件，不予许可324件；发放食品生产加工小作坊登记证151件、食品摊贩登记卡214件、西峰区食品加工销售登记证1657件（其中固定门店920件，短期集会737件）。

【队伍建设】通过组织举办农产品质量安全管理培训会，多次邀请区委党校讲师以“十八届五中全会精神”“如何提高执行能力”以及新食品安全法和社会公德、职业道德等为主题进行教育培训；前后6次抽调专业技术骨干，分层分类，从日常监管、现场勘查、行政执法、法律法规等方面对一线执法人员进行实地培训；按照“五落实”要求，采取集中学、分组学与自主学相结合的方式，组织机关各股室、10个基层管理所、两个稽查局按照事权和职能有针对性的调研15个课题，有效提高了队伍理论水平和执法能力。

【宣传教育】利用“3•15”消费者权益日、“3•31”食品药品安全宣传日、“6•26”国际禁毒日、“12•4”国家宪法日等节日开展食药安全宣传周活动，通过展示假冒伪劣产品、张贴标语、发放宣传资料、现场解答。组织开展“食品安全知识进校园”活动，在庆阳一中、团 结小学等学校开展“拒绝垃圾食品、健康从我做起”万名学生签名活动，现场发放宣传资料并解答师生关心的疑难问题，组织1100名从业人员参加培训。设立宣传专栏，定期在《西峰新闻》、西峰网、《今日西峰》、微信公众平台、区食药局官网进行食品药品安全知识宣传，发布信息180余篇。规范“12331”（食品药品投诉举报电话）投诉举报制度，完善投诉举报流程，落实“12331”投诉举报值班制，全天候开通“12331”投诉举报电话，对于群众的投诉举报按照有诉必接，有接必查，有查必果的工作原则，做到了食药问题件件有回音，事事有着落。受理各类投诉337起，调处334 起，立案查处8起。

“12331”主题活动宣传

【“两学一做”学习教育】在开展的党的群众路线教育、学习讨论落实、“三严三实”专题教育等活动成果的基础上，开展“两学一做”学习教育活动。坚持每周二集中学习的基础上，创新学习形式，局班子成员带头轮流讲课领学，结合分管工作实际讲理论、话实践、谈体会。制定《2016年“两学一做”学习计划》，采取“请进来”和“走出去”相结合的方式，邀请各个行业领域的专家老师进行集中授课，同时选派专业知识强、理论素养高的执法人员走进基层、贴近群众，在农村、学校、社区集中宣讲食品药品监管知识。另外，全体干部通过自学方式，每人完成理论学习笔记和业务学习笔记20000字。把学习党章党规和习近平系列讲话制度化、常态化，引导党员干部自觉把党章党规和习近平系列讲话要求转化实际行动，做到学而信、学而用、学而行，把学习的成果投入保障全区人民群众饮食用药安全这一中心目标中，提本领、强监管、献服务，以实实在在的成绩展示学习效果，打造一支理论素养高、业务能力强、精神面貌新的食品药品监管队伍。

【“双联”及扶贫攻坚】巨塬村新修柏油道路7.6公里（老庄至北庄1.5公里，莫咀至熊家庙2.8

公里，北庄至西赤公路 1.1 公里)；配合水务局为南湾组居住在山区的 7 户贫困户新建水窖 2 眼，维修水窖 2 眼，维修小电井 1 眼，投放储水罐 2 座；在南坳组新建沟水上塬工程 1 处，新打机井 1 眼；全村低压电路改造实现“户户通”；扶持贫困户栽植苹果 207 亩、杂果 36 亩，养羊 160 只，养猪 30 头，培育油松 90 亩，其中 13 户残疾户争取残联扶贫项目，新建标准化羊舍 9 处，养羊 110 只；协助建成占地 102 平方米的标准化村级卫生所 1 处，为巨塬村卫生所配送药品 3 次 500 余盒(瓶)，价值 5142 元；老年日间照料中心（占地 120 平方米)和公立幼儿园(招生 64 名)已建成投用；完成了农家书屋的扩建工作，各类藏书达到 3000 余册；建立了巨塬村农村产业发展资金合作社，通过 3 户联保的方式，确保每户 3 万—5 万元扶持资金，为 102 户贫困户先后 3 次发放扶贫贷款 510 万元，为 14 户联系中盛农牧集中组团发展。组织开展种植、养殖、劳务等各类技能培训和农村劳动力转移培训 7 场（次)，考察学习 3 场(次)，培训群众 600 余人(次)，输转劳务 310 人，培养致富能手 120 人，带动发展规模种养殖 38 户。各级帮联干部进村入户宣传全省“1+17”精准扶贫意见方案和全市“1+20”精准扶贫工作意见方案等文件精神 170 余(人)次。帮扶干部入户走访、召开座谈会、发放意见表、发放联心卡等方式，多渠道收集群众意见和建议，共反映民意 50 余条。帮助巨塬村完成基础设施建设项目 5 个、培育富民产业 3 个、公共服务项目 3 个。

区食品药品监督管理局（区食品安全委员会办公室)领导班子成员名录

局长、主任　刘建设

副局长、药品稽查局局长　张振明

副局长、食品稽查局局长　张　睿

副局长　刘力昌　杨景勋

纪检组长　段巧云(女)

区食品安全委员会办公室

专职副主任　陈　军

(供稿：吴卓颖)

价格监督检查

【价格监管审查】审查 58 个单位 116 个收费项目，审查收费金额 13082.02 万元。检查各类单位 68 个，查处价格违法案件 12 件，经济制裁总额 141.58 万元。其中：没收违法所得 13.58 万元，退还用户 127 万元，罚款 1 万元。

【价格监管调控】落实居民用水、用气阶梯价格制度和污水处理费、垃圾处置费等环境资源性价格改革措施，保持供热价格稳定不变，降低一般工商业电价和农业生产电价，完善两部制电价和商业峰谷分时电价办法，减轻企业和农民负担。发挥 6 个监测点的作用，加强对农副产品、成品油、建材、农资等重要商品和服务价格的跟踪监测，强化价格监测预警。上报省市重要农业生产资料、涉农收费及建材等 41 项商品价格报表 48 份；上报省原粮、仔猪、油料、生猪、鸡蛋等 8 种类农产品价格监测报表 44 份。基层医疗卫生机构基本药物销售实施零差率管理，督促医疗机构和药品经营单位做好收费公示工作。自 2015 年 5 月药品价格改革以来，西峰市场药品价格稳定，未发现厂家或是销售单位恶意涨价、串通涨价现象。

【涉企收费管理】对西峰区 58 个单位 2015 年度收费情况进行统计上报。经审核现有收费项目 78 项，其中：行政性收费项目 31 项，收费额 4978.95 万元；事业性收费 37 项，收费额 7672.8 万元；经营服务性收费 10 项，收费额 430.27 万元。对《西峰区行政事业性收费项目标准目录清单》进行调整更新，实行动态管理，保留 48 个单位的 116 个收费项目。所有收费事项合法、合规、合理，把涉企收费清单纳入行政权力“一库四平台”运行和监管。在网络、媒体等平台公布涉企收费清单、涉企经营性服务收费项目目录。

【市场价格检查】实行市场价格网格化监管措施，责任到人，层层落实市场价格监管责任。在元旦、春节、国庆等节假日市场价格容易出现波动期间，各网格责任人深入超市、商场、车站、农产品交易市场、医药超市、农资市场等重点监管对象，采取散发宣传资料、接受咨询、提醒告诫等方式巡查市场，确保节日市场价格基本稳定。开展涉企收费专项检查、农业生产资料和农产品市场价格专项检查、药品和医疗服务价格专项检查、房地产明码标价专项检查、电力价格专项检查和机动车停放服务及物业服务价格专项检查。

节假日市场价格检查

【服务性价费监管】检查民办幼儿园执行教育收费制度和收费公示制情况，在醒目位置开辟教育收费公示栏，未发现擅自增设收费项目、提高收费标准、扩大收费范围等问题，督促4个民办幼儿园和中介服务收费实行备案管理，报批庆阳二中国际部学费标准。审核锦秀城、丽景家园、永嘉锦园、东墅一品等12个住宅小区的前期物业服务和停车服务收费标准。对西峰城区80多家物业服务企业和20多个住宅小区的业主委员会负责人进行物业服务价格管理培训，解读相关政策法规。

【公共服务转型】抓权责清单制度建设，做好权力清单和责任清单动态调整，保留政务服务事项10项，公共服务事项1项。价格鉴证和认证工作。受理各类价格鉴定316件，鉴定标的总额576.5万元。撰写《西峰物价30年》。用纪实手法展示1985—2015西峰物价的发展脉络和变革历程，记述西峰各行各业商品价格及各项收费发展变化。受理群众对价格和收费方面的举报投诉、来电、来信、来访，处理和解答群众举报案件102件（含信访6件，网上投诉12件，上级办6件，来电78件），涉及供热、物业、水电费、停车服务等方面，结案101件。

【“两学一做”学习教育】制定《西峰区物价局“两学一做”集中学习周活动日程安排表》，按照安排表学习内容，组织党员认真学习中共十八大及十八届三中、四中、五中全会精神，党章党规和《中国共产党纪律处分条例》《中国共产党廉洁自律准则》和《习近平总书记系列重要讲话读本》。把思想和行动统一到党章要求，统一到系列讲话精神，把人民的根本利益实现好、维护好、发展好，做到学以致用。

【扶贫攻坚】帮扶崔沟种植地膜玉米1500亩、“一模两用”冬小麦200亩、油菜300亩，栽植优质果蔬280亩，给贫困户资助化肥46袋，崔沟村果业产值突破1000万元，劳务输出500人（次），人均劳务输出1500元。修建农民文化广场1处，整修拓宽田间道路11公里，维修机井1眼、水塔1座，新建蓄水窖185处，全村农民人均纯收入8200元。开展“精准扶贫”“回头看”活动，组织36名干部职工进村入户，对393户农户进行重新摸底。

区价格监督检查局领导班子成员名录

局　长　曹金平

副局长　赵振波

纪检组长　韩　伟

副局长　唐正兴　王积德　张鸿霞(女)

区价格认证中心

主　任　袁文理

（供稿：王积德）

华夏公刘第一庙　（区网络中心提供）

国土管理 城乡建设与环境保护

Land management & Urban and Rural Construction & Environmental Protection

国土管理

国土资源管理

【用地保障】完成设施农用地备案项目3宗，用地229.3155亩。办理建设项目用地预审33宗（其中拟征收土地建设项目用地预审17宗183.635亩，集体建设项目用地预审16宗，面积171.14亩）。审批建设项目临时用地6宗243.6亩。办理集体建设项目用地10宗192.08亩。上报城镇批次建设项目用地7宗158.18亩，单独选址建设项目3宗208.9亩。上报审批银西铁路单体工程先行用地260.08亩。有效保障了银西高铁、小盘河水库及市城区重点项目的顺利实施。

【耕地保护】继续落实最严格的耕地和基本农田保护制度，进一步完善耕地保护考核办法，落实耕地保护共同责任机制。完善“区、乡、村、组”四级管护网络，层层签订耕地保护责任书，确保了2016年末西峰区耕地保有量40.5万亩，基本农田33.7万亩的保护目标和年度耕地动态平衡。西峰区城市周边永久基本农田划定核实举证成果已通过省国土厅、农牧厅审核论证。

【土地整理项目】完成总投资595万元、建设规模5600亩的西峰区肖金镇芮岭村土地整理复垦项目和西峰区董志镇南庄村土地整理项目施工任务，新增耕地593亩；实施庆阳市西峰区城乡建设用地增加挂钩试点项目（拆旧区），总投资456万元，建设规模2850亩，复垦土地1251亩；组织完成甘肃东部百万亩重大工程子项目庆阳市西峰区显胜乡蒲河村等3个村土地整治项目招标工作；总投资250万元，建设规模2045亩的庆阳市西峰区董志镇寺里田高标准基本农田建设项目和庆阳市西峰区后官寨镇南佐高标准基本农田建设项目已经省厅立项；市国土局下达的5000亩高标准基本农田建设和5000亩梯田建设任务已全面完成。

【土地执法监察】立案查处土地违法案件33宗，其中移交公安机关追究刑事责任3宗，涉及违法用地总面积79.215亩；开展2015年度土地矿产卫片执法检查工作，对下发的1225个建设用地图斑，逐一实地核查，确认违法用地的图斑42个，

西峰区土地变更调查暨“两违”工程整治工作推进会

面积 147.9 亩，结合西峰区“两违”专项整治工作，将违法用地整改任务分解到乡镇，全部限时拆除复耕；接到省、市、区转办、交办的国土资源信访案件 14 件，办结 14 件。

【矿产资源管理】为 2 家砖瓦企业采矿权转让变更登记发证，对到期的 23 家砖瓦企业采矿许可证办理延续手续。对西峰区境内 5 家建设项目用地压覆矿产资源情况，根据矿产资源总体规划和实地勘查相结合的原则进行审查，规范建设项目压覆矿产资源的审批程序，确保项目顺利实施。检查矿山企业 26 家，下发整改通知书 2 份，排查整改安全隐患 3 条。收缴矿产资源补偿费 10 万元。

【地质灾害防治】制定下发西峰区 2016 年度地质灾害防治方案和突发性应急预案，与各乡镇签订地质灾害防治责任书。严格落实应急值守、巡查预警、灾情速报等制度扎实开展汛前检查。投资 5 万多元对排查出的地质灾害隐患点、危险区及时树立警示牌 25 面，向周边群众发放地质灾害避险明白卡 70 多份和工作明白卡 30 份。西峰区火巷沟滑坡、不稳定斜坡地质灾害点工程治理项目建设已全面开工。对涉及削坡区域内的 26 户居民和企业、48 亩土地以及零星树木和坟墓均签订补偿协议，区政府已拨付到位拆迁资金 500 万元及时兑付补偿款，拆迁工作基本完成。

【日常业务工作】完成 2015 年土地变更调查与遥感监测工作，变更图斑 1095 个 2267.37 亩；农村集体土地确权登记发证工作通过省市验收，完成集体土地所有权颁证 100 宗；完成 49920 宗，调查面积 4105.15 公顷的集体土地使用权权属调查及地籍测量，建立农村集体土地使用权确权登记发证成果数据库。开展西峰区地籍区（子区）划分工作，对除去城区范围之外的 7 个乡镇，100 个行政村，进行地籍区—地籍子区编码；土地利用总体规划布局调整有序推进，“十三五” 土地整治规划编制正在开展前期调研工作，第三轮矿产资源总体规划编制工作已完成规划文本初稿；拓展资源共享领域，提升业务档案管理水平，充分发挥档案服务经济社会作用，注重土地利用现状二次调查成果、年度土地变更调查成果的运用，及时为区内各项工作提供基础数据支撑；加大电子政务建设，落实经费 10 万元，购置硬件设备，实现市区文件网上传输。

【“两学一做”学习教育】制定《“两学一做”学习教育安排意见》和《“两学一做”集中学习活动安排表》。以“主题党日”和“党性锤炼日”活动为载体，通过多种形式，学党章、廉洁自律准则、纪律处分条例等党纪党规，学习近平系列重要讲话、学上级重要会议精神、市、区领导重要讲话等，将“两学一做”活动与 2016 年重点工作有机结合，学以致用，切实发挥党员干部的先锋模范作用。牢固树立党员意识，为每个党员佩戴党徽，设置“我是党员”桌牌，时刻牢记共产党员的身份。10 月 11—12 日，利用“主题党日”活动时间，组织系统党员干部 30 余人赴华池南梁开展红色教育学习实践活动，重走红军路、重扬革命魂、重温入党誓词，再次接受革命传统再教育。认真开展“一学五抓”学习实践活动和“不作为、乱作为、慢作为专项整治”工作，及时制定工作方案，按时上报工作动态，掀起学习实践活动热潮。认真落实执纪问责职能，2016 年开展纪律作风督查 26 次，开展党员干部婚丧嫁娶备案和登记事宜 1 次。持之以恒落实中央八项规定精神，持续聚焦“四风”问题的防范，经费支出实行集体领导下的“一支笔”审批，坚决杜绝违规发放津补贴和各种补助现象。严格执行公务接待审批审核制度，按规定完成公车改革。

庆阳市国土资源局西峰分局领导班子成员名录

党总支书记、局长　姚建明（8 月止）
　　　　　　　　　王富恒（10 月任）
副局长　张小晟　巨光辉（10 月任）

（供稿：张　莉）

城乡建设

住房和城乡建设

【城市道路】开工建设市政道路 7 条 9.6 公里，其中庆化大道中段、古象路东延伸段道路建成，北京大道北段开工。庆化大道北段、城北二路、城北三路、南梁大道 4 条道路汽车城段及北地西路西段、环县西路西段建成投用。建成综合管廊 5.8 公里，办理董志塬大道、古象路等 10 条道路地下综合管廊前期手续。

【园林绿化】实施园林绿化建设项目 3 个，其中东湖公园改扩建工程完成“腾龙”雕塑和两处喷泉的制作安装、儿童游乐场建设和设施安装、二期绿化养护及全园硬化维修。雨洪积蓄保塬生态项目绿化、亮化工程，以水与彩墨的欢乐庆典为设计思路，引入海绵城市“渗滞蓄、净用排”设计理念，完成临舍搭建、场地清理，分区实施基础处理、石材铺装、砼垫层浇筑。人防救灾广场工程纳入棚改项目，完成土方工程、DDC 桩基施工、支护工程、筏板基础、剪力墙、柱体和顶板浇筑等地下主体工程。栽植补植乔木 5440 株、灌木 116 万株，安装维护防护栏 1838 米，新增绿化面积 31280 平方米。园林绿地覆盖总面积 898.202 公顷，绿地率 27.46%，绿化覆盖率 29.94%，人均占有公共绿地 7.49 平方米。

城区绿化带养护

【城区集中供热】东区供热站完成土建、设备调试，全面供暖。新区供热站完成扩容改建、附属设备安装，达到运行标准。南苑、东仓、广场路供热站采用布袋除尘和湿法脱硫工艺，安装烟气在线监测系统，废气排放达到国家标准。城区 24.5 公里一级供热管网提质改造项目竣工。广场路、东仓等 79 个换热站安装自控设备和无人值守系统，实现远程数字化监管。安泰家园、丽景家园等 14 个小区换热站接入双回路高压配电，实现配电适时切换、热生产无间断。2016 年，西峰区总供热面积 1168.5 万平方米，居民面积 950.6 万平方米，集中分散供热面积比例为 58:42，新增集中供热面积 280 万平方米。

【房地产市场管理】对新建、续建的房地产开发建设项目进行调查、摸底，配合市房产部门加强对房地产开发建设项目的监管力度，发现问题及时处理。按照庆阳市三上企业入库工作要求，对未入库房地产开发企业进行摸底调查，督促具备条件的房地产开发企业申报进入统计部门名录库。安排 25 家文化及相关产业企业（8 家绿化企业、13 家装饰装修企业、4 家建筑设计企业）开展企业财务状况报送及统计工作。

【村镇规划建设】编制司官寨村等 5 个美丽村庄规划、毛寺村等 10 个村庄整治规划、董志镇及彭原镇 2 个控制性详细规划。完成马莲河水利枢纽工程项目规划预审、庆阳市通信站址控制性规划审核，庆阳市污泥处理项目、城东污水处理厂及配套管网工程控制性详细规划评审。编制《西峰区 2016—2020 年乡村规划工作方案》。配合董志镇建成正宁路、经四路、学府路三条道路及肖金镇完成家禽交易市场、南沟口排洪工程及北一、二路等工程建设任务。赵沟畔等 10 多个行政村建成村级公共服务中心及农民文化广场，李岭、毛寺两个村庄被确定为甘肃省十大美丽村庄之一。依法依规批准村镇建设项目 103 个，发放村镇“一书两证”103

份。完成陈户卫生院等56个批后项目的放线、验线，村卫生所、校舍改建、文化广场等60个项目地形图测绘，董志塬水厂等15个项目地形图审查。

【保障性住房建设】汇景家园完成所有附属工程及安装工程，6月底交付业主使用，入住400多户。福景家园完成安装及装饰工程，室外设施配套工程完成30%工程量。两处保障性住房小区景观绿化工程纳入海绵城市建设计划，正在完善设计图。按照《西峰区保障性住房分配方案》摇号结果，汇景家园680套住房按期交付业主使用，现入住400多户。住房补贴发放执行“三审核两公示”制度，严把住房保障准入关。经社区调查摸底、登记、公示、

汇景家园

乡镇街办审查，房改办审核公示，民政局复审，一户一档，一户一卡，发放廉租住房租赁补贴1999户，441.6万元。

【建筑市场管理】监督审查、监管招标工程52个，其中50万元以下招标项目35个，备案建设合同26份，核发建筑工程施工许可证38本。深入工地239次，检查160项工程，尤其对保障性住房项目、农民安置小区、大型公共建筑等进行检查。发现问题781个，发出质量现场检查通知书9份、质量监督记录140份、质量整改通知书16份。对施工现场29名关键岗位管理人员累计扣分108分，责令更换监理、总监各1名。

【施工安全管理】开展针对施工现场的高大支模架、悬挑式外架、深基坑、钢管扣件等危险性较大的专项整治工作，强化对物料提升、塔吊、人货电梯等设备的备案和安装检测工作。组织建筑工程安全生产的日常性巡查、安全生产大检查和节前专项检查。对整改不彻底或拒不整改的坚决予以行政处罚。强化安全生产管理与教育，开展“安全生产月”“安全生产百日行动”“安全知识竞赛”等活动。监管建筑工程安全生产项目33个，发现问题458个，发放安全监督记录200份，机械停用通知单7份，责令拆除龙门吊2台，停用塔机7台。

【扬尘污染整治】按照建设行业扬尘污染防治工作任务及《西峰区2016年度大气污染防治实施方案》要求，紧盯大气质量“天数目标”和“浓度指标”，研究确定精准治污、综合施策、靠实责任、定点降尘的工作思路，抽调50名工作人员组成条块管理小组，以小区总包、列项分解的办法，将城区167项在建工程归类为34处建设项目、8宗棚改区块、4条市政道路，投入资金155万元，提升工地文明施工水平、降低施工扬尘污染规模。开展现场检查900次，对27处工地下发扬尘污染预警、整改通知书，指导施工现场负责人落实扬尘治理“六五四”措施100次，通报批评12处落实不到位建筑工地，对凤凰大境、紫玉润园等5处问题工地进行行政约谈。

【城区防汛管理】汛期来临之前，召开2016年城区防汛工作安排会，随时掌握雨情、汛情、险情，对火巷沟、兰州东路、红杏山庄等排洪排污工程日常管理维护，敷设紧急引流管100米，建成库容5775立方米的蒸发池一座。加强对在建工程及道路的雨水井、排水管道等公共设施的巡回检查，对发现的问题及时进行整改、对拥堵的设施及时排障。

【棚改及征收管理】2014—2016年，省市下达棚户区改造项目33个，计划改造16435户，完成协议签订2344户。征收管理工作建立“区级统筹，街办为主，部门保障”的协调联动机制，坚持房屋征收流程、安置补偿方案、评估标准、安置房面积标准、安置房选房流程“五项公开”阳光操作，实现有序征收、依法征收、高效征收。

【“两学一做”学习教育】制定学习计划，贯彻执行每周二“主题党日”班子成员集中辅导学习制度，采取集中辅导、个人自学、讲党课等方式相结合的方法，学习中共十八大和十八届四、五、六中全会精神及习近平总书记系列重要讲话精神，组织开展“两学一做”学习教育和“三会一课”，学习《中国共产党廉洁自律准则》《中国共产党纪律处分条例》《中国共产党问责条例》和《中国共产党监督条例》，学习教育成为常态化、长效化。开展集中辅导学习44场(次)，编写上报动态信息47篇，人均记写学习笔记3万字以上、撰写心得体会4篇。

【扶贫攻坚】组织帮联干部分层次、多批次深入帮联农户家中，制定帮扶计划、脱贫规划，为帮联户送去春耕化肥46袋，价值3000元。开展实地调研、专题讲党课活动2次，进村入户帮助解决实际困难。开展双联行动“大走访·回头看”调查活动，对新兴村7个村民小组343户贫困户和非贫困户逐组逐户走访，发放“双联”连心卡。兑付2015年1423户危房改造户1778万元补助资金。

区住房和城乡建设局领导班子成员名录

党委书记、局长　胡雪涛(8月止)

党委委员　杜立群

纪委书记　吴德林

副局长　柳国瑞

总工程师　张　珺

副局长　帅红岩(女)　韩文渊

区国有土地房屋征收管理办公室

主任、党支部书记　白怀东

副主任　毛建红

区园林管理局

局长、党支部书记　李淑均(女)

纪检组长、党支部副书记　王登辉

副局长　刘　杰　宋　谦

区住房制度改革领导小组办公室

主任、党支部书记　张永庆

副主任　段　佩

纪检组长　顾丽芳(女)

区供热管理办公室

主任、党支部书记　袁俊生

纪检组长　毛建新

副主任　袁向红　周建妮(女)

西峰城区热力集团有限公司

总经理、党支部书记　胡长富

副总经理　侯会斌　杨文博　徐子君

(供稿：邢义博)

市政公用事业管理

【争取资金】2016年争取国省市投项目资金2830万元。

【市政道路管理维护】2016年，永乐道、育才东路、长庆大道、董志塬大道、弘化路、寨子巷、南苑巷、农贸商城巷、联合村巷等44条主次干道破损、塌陷、龟裂现象得到有效维护，坑补、罩面面积约33000平方米；朔州西路、庆州西路、岐黄大道、弘化西路、长庆大道等路段的破损人行道及多年来未硬化的土埂土坎得到彻底维护，硬化面积约20000平方米，更换路缘石11000余米；周岭西庄、肖金教委家属院门前、司官寨村郝岭组等15条入城土质路实施硬化，硬化面积约14000平方米，有

永乐道提质改造项目

效控制带泥车辆入城问题，缓解扬尘造成的大气污染现象；北大街鸿元丽都门前、大什字、北大街七日酒店门前、南城壕巷子西口塌陷路面及皮革厂巷、地庄南队巷应急抢险措施到位、处置及时。南高速丁字路口、周祖广场西北角、陇东大道与合水东路十字东侧、北京大道鼎尚峰鱼庄十字西侧、北京大道与兰州路十字西北角人行道等处雨毁道路处置有力，坑补罩面 95000 平方米；长庆大道北段、兰州东路、兰州西路及陇东大道(兰州东路至安化东路段)进行防坠网安装，共计 269 处。

【市政照明管理维护】 交校巷、永乐道、北苑名城巷、刘岭小学巷、康寿路、北城巷等 18 条巷道安装路灯 183 基，极大地方便了群众夜间出行；庆西公路(周祖广场—飞机场—彭原镇政府)安装路灯 32 基，城市形象得到提升。为温泉村文化广场、米堡村九沟文化广场安装太阳能路灯 54 基，使城区周边农民群众享受到和城市居民同样的市政设施；因地制宜，为秦霸岭南门组、淀粉厂巷、农资商城巷安装无杆悬挑式 LED 灯 44 盏；针对北京大道长期以来有灯不亮的现象，对该路段高低压线路进行维修、更换，共计 6800 余米，8 月初该路实现全线亮灯；对九龙路、正宁路、北直干道、长庆路、歧黄大道延伸段等 26 条路灯电缆存在隐患和故障的道路实施电缆更换，共计 12000 余米；对长庆大道、北直干道等路段 95 基倾斜路灯杆进行校正，对歧黄大道两侧景观灯进行维修；启动实施南区路灯智能化管控项目，实现南区路灯高效、智能控制，在节约能源的同时大大提升了城市路灯管理水平与效率。

城区路灯维护

【公园广场管理维护】 对公园广场内 40 余处损坏的健身器材、木质座椅等公用设施进行维修维护，衔接区体管中心为城区各公园广场新增健身器材 30 余套；安排专人对城市家具家饰进行及时清洗，对损坏的及时进行维修更换。对周祖广场、健康广场、电信局小游园木地台、座椅、木廊架、湖边石护栏打磨刷漆 2630 平方米，硬化周祖广场石像东北角 132 平方米，维修和谐广场内树围脱落的大理石贴面 200 平方米，并对喷泉进行全面维修。打磨刷漆城区休闲座椅 362 个、自行车存放架145 个，维修更换城区路名牌、导向牌 101 面；在南湖公园、东湖公园安装监控设施，实现了数字化管理，通过实时监控，做到对突发事件处置及时有效；公园广场及小游园绿化苗木养护及时，方法得当。年内补植草坪 2300 平方米、喷洒农药 450 余吨、施肥 150 余吨、修剪绿篱草坪 4 次，共 100 余万平方米。冬春旱季期间加强公园广场林区防火工作，对消防器材进行年检及补充，对在公园广场兜售、燃放烟花爆竹及孔明灯的行为全面禁止；清扫保洁扎实彻底，清洁区域划片包干责任制得到有效落实，公园广场面貌焕然一新，群众交口称赞。

【燃气安全管理】 结合“安全生产月”和“安全生产陇原行”活动，全面检查城区燃气管网、CNG 加气站、燃气锅炉、门站、调压站等燃气设施，加强施工现场燃气设施监护，避免了燃气安全事故的发生；抽查居民用户、餐饮场所，并在各居民小区开展安全用气知识宣传 30 余场(次)；对城区液化气经营企业场(站)的压力容器、管道、设备设施及安全附件(安全阀、温度计、液位计、阀门等)进行全面检查，确保设施完好、安全附件灵敏有效；配合市燃气办对城区 104 公里的燃气管线进行检测，并对城区所有小区燃气管线、阀井进行安全评估，对发现的安全隐患责令相关企业限期整改，确保燃气安全使用。

【综合管沟管理维护】年内完成南北大街、九龙路综合管沟内积水、淤泥、垃圾清理工作；对陇东大道、北京大道、石油路等路段的综合管沟入沟管线进行勘察，对巡查中发现的管线私自入沟现象进行整治，消除安全隐患；在长庆路、安化路综合管沟内安装通风照明系统，大大改善综合管沟的服务保障功能，提升管护效率。安定西路延伸段建设项目完成局部拆迁及地面附属物的清理，后官寨段污水管道已经敷设完成，该项目接受了世行代表团的阶段性验收，项目后续工作正在稳步推进。

【城区防汛工作】为确保城区及南湖公园安全度汛，制订完善《城区防汛应急预案》《南湖防汛抢险应急预案》《南湖排洪明渠防汛抢险应急预案》。汛期来临之前，加强对城区低洼地段及背街巷道排水设施的安全检查，确保不发生城市内涝。坚持"领导带班制"和"24 小时防汛值班制"，全城区分为 4 个责任片区，编组巡查，互通信息，重大险情全局统一调度。同时，成立了一支 110 人的抗洪抢险突击队伍，并冒雨在城区多路段进行多次实战演练，做到遇险有预案，抢险有人员，物资有保障。

【平安工地建设】注重施工工地日常安全管理，严格督促施工企业落实安全生产主体责任；年初与各施工企业签订安全生产管理责任书，督促施工企业建立健全安全生产长效机制；要求对所有施工现场围挡作业，并设置警示牌、反光锥形筒，配备安全员。年内各施工工地安全措施到位、监管到位，做到安全事故零发生。

【城区公共便民自行车项目】2016 年 7 月完成公共便民自行车一期招标，9 月完成公共便民自行车运营管理中心建设，建成自行车站点 37 处，站点控制器 37 套，配备雨篷 20 处，安装锁车器 1000 套，投放公共自行车 1000 套，分别在政府机关及各大医院、住宅小区、东湖公园、和谐广场、学校、商场居民集中的公共场所附近站点等进行安装，10 月 10 日举行了骑行启动仪式。截止 2016 年底为市民及单位职工办理自行车卡 7000 余张，该项目运行以来，市民反响良好，每日骑行人数约 2500 人（次），该项目在强身健体、绿色出行的同时，极大地缓解了城市拥堵现象。

城区便民公共自行车

【"双联"及精准扶贫】2016 年，帮助周寨村硬化村组道路 2 公里，拓宽村组道路 6 公里，对村部门前人行道进行更新改造并配合村上完成村级文化娱乐广场前期土建工程；协助村上流转土地 50 余亩，新载矮化果树 200 余亩；配合周寨村委会对 15 户未脱贫户进行劳动力技能培训、果树修剪及病虫害防治培训，配合农牧局进行养殖培训。2016 年受训人数 400 余人（次）。

【"两学一做"学习教育】坚持边学边做、以学促做，以"学"为手段，以"做"为目的，引导党员干部做好先锋引领。组织党员干部集中学习 30 余场次，学习经验交流会 10 余次。充分利用标语、LED 电子屏幕等开展宣传，其中在和谐广场 LED 大屏上累计播放学习教育总要求、主题等内容共计 100 余小时，多措并举，扎实推进，确保学习教育取得实效。

区市政公用事业管理局领导班子成员名录

党组书记、局长　张正学

党支部副书记、副局长　侯勇军
副局长　李含杰　李鹏涛　车永宁
（供稿：刘　娜）

城市管理

【市容市貌管理】一是严格落实门前“三包六禁”责任制。联合工商、食药监等部门，对城区商户、门店逐户逐店下发《庆阳市西峰区城市管理行政执法局关于全面落实城区门前“三包六禁”责任制的通告》20000余份，制定并下发《庆阳市西峰区城市管理行政执法局西峰城区门前“三包六禁”网格化管理责任区域明细表》，各中队按照划分的责任片区，对辖区内所有门店、商户、企事业单位耐心宣传、讲解城市管理相关内容，并督促各类经营户落实相关责任并张贴上墙。每周五持续开展“党性锤炼日”活动，动员全体党员干部走出单位、走上街头，集中开展法规法律宣传、门前“三包六禁”责任制落实等主题实践活动。取缔秦霸岭什字等十余处马路夜市，解决夜市摊点长期占路为市、影响市容、噪音扰民问题。二是加强校园周边环境整治。分时段、多部门联合对西峰城区14所实施九年义务教育的中小学校园周边环境进行综合整治，限定校园周边200米范围内禁止摆摊设点，有效优化校园周边环境，保障师生安全。三是强化市容市貌管理。建成解放东路、周祖广场和南街夜市等一批便民市场，有效解决了城区夜间环境秩序脏乱差问题；组建成立特勤中队、夜间巡查执法中队、广告清理中队和防汛应急党员中队，打破8小时及双休日工作制，实行“错时执法”管理模式，维护市容环境秩序整洁，实现城市管理规范化、精细化。每两周开展一次由工商、公安、交警、食药监等部门组成的联合执法活动，持续整治城区“六乱”，全面落实门前“三包六禁”责任制，有效遏制了店外经营、占道经营和流动经营等问题，取得了创城工作与城乡环境综合整治深度融合、互促共赢的良好成效。班子成员带头深入一线，实地查看主次干道325次，治理脏乱差巷道30余条，清理店外经营3800户，规范夜市摊点2000人（次）；走访商户6400户，化解矛盾纠纷120件，解决群众最迫切的问题156个，整治拆除规划区违章建筑和乱搭乱建行为6万余平方米，实现力量向一线倾斜、问题在一线解决、感情在一线融合、干部在一线检验。四是开展城市空间美化行动。对城区已建成综合管廊的长庆北路、东大街，要求移动、电信、联通、广电等部门将符合条件的杆线全部埋入地下综合管廊，消除城市“蜘蛛网”现象。克服困难实施了弱电线路及废旧杆线移除工作，先后拆除长庆北路、东大街7万余米光缆钢线“蜘蛛网”、340余根“拦路黑电杆”；先后组织执法队员对城区所有配电箱、接线箱进行摸底登记。在此基础上，向电力、移动、电信、联通、广电、铁通等运营商发放限期围挡刷新美化通知，明确了围栏材质、规格和颜色要求，督促6家企业全面完成了城区1077个配电箱、接线箱美化任务，切实解决“蜘蛛网”、“黑电杆”及各类箱体影响市容且存在安全隐患的问题。

党性锤炼日城管执法人员规范门前乱堆乱放

【城市“洗澡工程”】重点对城区南北大街、九龙路、长庆路、古象路、庆州东路等管辖区域内各建筑物、构筑物墙体、公共设施等上面的乱涂乱画视觉污染源进行全面摸排，建档立卡，因地制宜明确“洗澡”方案。2016年，累计清除小广告10万余处，下发整改通知书10000余份。积极动员督促辖区各机关单位，对城区各类垃圾、道路杂草、小广告及背街小巷卫生死角每周进行一次集中清理，动员督促各经营门店开展擦亮门前行动，确保门面干净；对沿街楼群、馆所统一清洗、除尘，确保楼面干净；确保城区“六面”（路面、街面、门面、楼面、墙面、市面）干净，消除城市管理“死角”和“盲区”，恢复城市原貌。成立由95人组成的2个小广告清理中队，每天早晨8点前清理完毕全城小广告。采取一“抓”（昼夜不定时出动，蹲点设伏抓获违法嫌疑人），二“呼”（通过电话追呼系统对违章电话号码进行追呼），三“清”（发动西峰区机关、团体、学校、个体商户等全社会力量，出动城管队员，集中清理街区小广告），四“奖”（制定小广告举报有奖办法，向政府申请专项资金，充分调动群众参与的积极性，做到群防群治），五“打”（联合公安机关对违法小广告进行打击），从源头控制，从根本上治理城市“牛皮癣”；建立了“提前告知预防、队员包街清理、依法打击处置”治理街区小广告的长效机制。启用“追呼机”处理违规手机号码1100余个，处罚68000元。对各类违法小广告嫌疑人移交公安机关进行打击，2016年累计处理各类小广告案件16起，行政拘留10人，处罚12500元，开出30000元顶格罚单。

【建筑工地及渣土拉运车辆管理】 多次组织人员外出考察学习渣土拉运由专业公司负责的市场化运行新模式，从源头上规范拉运车辆和拉运行为。一是规范拉运车辆。制定《西峰区城市管理行政执法局2016年城区“乱运乱撒”整治工作实施方案》，启动西峰区渣土拉运专业化运行“蓝天行动”，规范拉运车辆，实行专业化全封闭运作，非专业车辆禁止拉运。二是要求各建筑工地对出入口进行硬化并配备车辆冲洗设备。白天由各城管中队采取建筑工地值守、设岗检查、机动巡查的方式，对建筑工地出入路口不硬化，不配备清洗设施，渣土拉运车辆不覆盖或覆盖不严，乱运乱撒的违规行为进行监管，夜间由夜间巡查中队进行监管。三是联合交警部门昼夜巡查和定点设防，严格检查建筑工地渣土拉运车辆的资质证、准运证，只有取得庆阳市西峰区渣土运输许可证的企业才能够拉运渣土，对违规车辆拉运渣土的行为一律采取严管重罚，2016年累计查处违章建筑工地4家，违规渣土拉运公司2个，违规拉运车辆560余辆/次，罚款13万余元。

【门头招牌广告管理】 按照“一街一景、一楼一线、一店一牌”的要求，加大城区已改造的门头招牌和户外广告的巡查监管力度，取缔改造不规范、不符合要求的门头招牌及户外广告牌匾238面；逐店清理规范城区设置不规范、陈旧破损和有碍市容的各类广告牌560多面；清理橱窗广告1820余张、霓虹灯箱230余个，拆除门头小广告、小条幅、落地灯箱广告牌470余个；同时，由许可管理科对城区所有的大型户外广告牌匾进行摸排登记，对审批已过期、破损、违规设置或存在安全隐患的分别下发通知，限期自拆，逾期强拆；严格控制开业庆典和产品宣传，坚决取缔城市中心区域内各类宣传活动。这种上门告知“软引导”与法律措施“硬约束”有效结合的方式是我局在柔性执法、文明执法方面的一种新探索，也是城市管理的一种新模式。

【数字城管平台】 建立信访回访制度，架起市民与政府之间沟通的桥梁。依托“8212319”城管投诉热线及时处理市民关心的热点、难点问题。接到群众来信来访都认真进行登记，并在第一时间交办到相关中队及时进行处理，做到对城区公共区域内的事部件及时、高效发现和处理，对市容环境、道路交通、公用设施、园林绿化等方面进行全时段监控。解决了一大批市民群众关心的热点、难点问题，社会反响甚好，市民群众满意度大幅提高。2016年，累计受理城区噪音污染、乱摆摊点、夜间施工等各类城市管理事部件类案件1776件（监督员上报1050件，受理电话投诉726件），有效派遣1736件，结案1682件，城市管理运行效率和质量明显提升。

【“中国法治政府奖”】 为落实中央全面推进依

“中国法治政府奖”颁奖现场

法行政、加快法治政府建设，提高行政执法和城市管理的效率和水平，由甘肃省政府法制办与清华大学法学院公法研究中心、庆阳市政府法制办、庆阳市西峰区人民政府、西峰区城管执法局合作制定的《甘肃省城市管理行政执法指南》在第四届“中国法治政府奖”评审中，通过初审、实地考核、终评展示、评委无记名投票环节，最终当选获奖。《甘肃省城市管理行政执法指南》是以法律手段明确了城管执法依据，细化了城管执法程序，量化了城管执法标准，规范了城管执法行为，融入了人性化执法理念，是甘肃省在城市管理依法行政工作领域的全国首创。

【“双联”及精准扶贫】 建立健全“双联”联系点制度，加强对肖金镇小寨村、漳水村综治工作指导

城管志愿者爱心传递队与帮扶户合影

业务，关爱农村三留守人员有效解决突出问题。向贫困户发放大米等慰问品8000元；为漳水村购置办公桌椅40套共7200元；投资50万元建设漳水村群众文化广场，丰富群众文化生活；积极协调衔接，为漳水村铺设输水管道6000多米，彻底解决漳水村群众生产生活用水问题；为小寨村10户贫困户送去价值20000元募捐物品，向村委会捐赠10000元文化建设资金，并向群众宣讲十八届六中全会精神。并把“双联”行动与城管执法工作结合起来，做到“双联”与城管执法工作两不误、两促进。

【“两学一做”学习教育】 开展“主题党日”活动，以机关党总支、党支部、党小组为单位，每周二下午组织党员重温党章、学习党规、了解党史、熟知党情，切实提高党性修养，增强政治意识、大局意识、核心意识和看齐意识。从发挥党员先锋模范作用入手，开展党员亮身份和公开践诺活动，所有党员持有党员证、佩戴党徽胸章，为机关党员制作“我是共产党员”桌牌，背面印制入党誓词，强化使命感和责任感。“七一”前夕，开展评选表彰优秀共产党员、优秀党务工作者活动。每周五下午，组织机关党员走上街头，认真开展“城市环境综合治理提升年”活动，将“城市环境综合治理提升年”活动作为践行党建引领城管执法工作的重要任务，严格落实门前“三包六禁”责任制积极开展“城市洗澡”工程和城市空间美化行动，彻底治理城市“牛皮癣”，强化“六乱”治理和城区建筑工地及工程车车辆乱运乱撒规范化管理，严格规范夜市摊点，加强校园周边环境治理及首届丝绸之路（敦煌）国际文化博览会公路路域环境综合整治。

区城市管理行政执法局领导班子成员名录

局　长　李廷位

局党总支书记　杨群生

副局长　刘方荣　李汉武

　　　　赵建国　孙守瑗

（供稿：祁鸿飞）

工业园区管理

2016年，园区实现工业总产值 159亿元，工业增加值43.53亿元，销售收入158.88亿元，税收收入56亿元。

【基础设施建设】按照南部石化园区“四纵三横”和北部工业集中区“三纵三横”路网格局，狠抓园区路网建设。其中：工业集中区B1路、C17路建成通车；南部石化产业园A3路全线贯通，A1路即将建成。至此，历时四年，两大园区路网框架基本形成。南部石化产业区3万吨/日污水处理及再生利用项目，完成前期手续办理及征拆、围界，达到开工条件。北部工业集中区标准化厂房完成4幢厂房建设、室外工程及厂房区道路、管道等工程。

【项目建设】召开项目协调会10场次，专题协调解决矛盾纠纷50余次。建成南部石化园区的瑞华天然气、永欣干气芳构化和北部工业集中区的益翔药业、庆宁粮油等4户企业；西峰制药厂等6个项目完成年度工作任务。

永欣石化一期

【招商引资】招商引资12.67亿元，签约入园企业3户，其中5000万元以上企业2户（上海安恩吉放空干气回收制CNG项目、甘肃嘉林通风管道及阀系列加工生产项目），亿元以上企业1户（甘肃中盛农牧科技公司中盛科技园项目）。

【“双联”及精准扶贫】深入董志镇郭堡村27户精准扶贫户、38户“双联”户开展帮扶慰问活动。争取资金180余万元，完成北头组1.5公里通村油路建设工程，南头组农电网改造工程；争取资金29万元，新建村级卫生所一处；筹资5000元整治环境卫生，村容村貌焕然一新；引进庆阳市连腾农业专业合作社，发展养鹅专业户8户（双联户4户），养鹅3600只。2016年底，郭堡村最后5户精准扶贫户实现脱贫，38户双联户生产生活条件改善。

【“两学一做”学习教育】按照“十个一”学习教育要求，以“党员学习日”活动和“三会一课”制度为载体，通过精讲细读、交流研讨等方式认真学习党章党规、习近平总书记系列讲话和市区党代会精神，《城乡规划法》《中华人民共和国环境保护法》《甘肃省安全生产管理条例》等专业知识，切实提高党员干部的政治业务素质，在园区规划设计、企业管理、环境保护、安全生产、基础设施建设、双联及精准扶贫、环境卫生整治等工作中，班子成员和党员干部率先垂范、勇于担当，政治意识、大局意识、核心意识、看齐意识全面增强，充分发挥基层组织的战斗堡垒作用和党员干部的先锋模范作用。

区工业园区管委会领导班子成员名录

副主任　周忠宏（1月任）　张亚峰（女，10月任）

（供稿：张黎敏）

住房公积金管理

【住房公积金管理】2016年，西峰区缴存住房公积金单位220个，涉及职工12652人，个人缴存比例为工资总额的10%，归集住房公积金14811.37万元，住房公积金余额46550.54万元；办理支取业务2321笔，支取金额7184.3万元；为500户干部职工发放公积金贷款17383万元，收回贷款3491.79万元，贷款余额41761.94万元，增值收益375.07万元。

【“放管服”工作】落实《西峰区住房公积金窗口工作人员行为规范》，落实限时办结制度，开展延时服务、预约服务、上门服务，对老弱残及军烈属开通办事绿色通道服务等服务方式，对贷款咨询职工根据每个人不同情况制作一次性告知单，对提交资料不完善的职工出具缺件告知单。根据甘肃政务服务网建设工作部署，按照国务院《住房公积金管理条例》梳理公共服务事项，公共服务事项由7项合并精简为5项，编制《公共服务事项目录》《办事指南》，绘制矩形流程图，通过西峰区审改办两轮审核，10月通过政务专网对住房公积金5项公共服务事项面向社会予以发布，缴存职工登陆甘肃政务服务网西峰区网站即可了解住房公积金办理流程与相关要求。

【“两学一做”学习教育】按照《“两学一做”学习教育实施方案》，利用周二下午“主题党日”组织党员学习廉洁自律准则、纪律处分条例和《习近平总书记系列重要讲话读本(2016年版)》、十八届六中全会精神、《党风廉政建设信息》等内容。组织“立足本职岗位，发挥党员先锋引领作用”学习讨论，进行“牢记党的宗旨，提高服务意识”专题党课讲座。开展“四讲四有”专题学习，进行爱国主义教育和中华传统文化教育。利用周五下午“党性锤炼日”，参加卫生大扫除、到社区服务等活动，锤炼党性，教育职工做讲政治、有信念，讲规矩、有纪律，讲道德、有品行，讲奉献、有作为的合格党员。

【扶贫攻坚】2014年至2016年12月，出资1.6万元在什社乡贺塬村试种意大利平欧大榛子，部分已零星挂果，2016年动员农户继续扩大栽植面积169亩，总面积520亩，通过技术培训、示范引领等措施，扩大榛子产业，成立产业合作社，形成规模化榛子种植示范区。在春节期间开展送温暖活动，为十户帮联户每户送去大米一袋、食用油一桶。在春耕生产期间，捐款筹集资金4060元，为帮联户每户送益生菌化肥两袋，帮助帮联户发展经济作物种植。开展“大走访、回头看”活动，深入齐川、西湾两个村民小组农户家中，排查群众困难，详细收集整理第一手资料。

区住房公积金管理中心领导班子成员名录

主　任　邵志君

副主任　左　琰

（供稿：王　凯）

环境保护

环境保护

【环境空气质量】2016年西峰区环境空气质量优良天数321天，达标率为87.7%。PM10日均值72微克每立方米，上年同期为80微克每立方米；PM2.5日均值为36微克每立方米，上年同期为37微克每立方米。

【大气污染防治】淘汰燃煤锅炉134台（拆除87台，实施清洁能源改造6台，实施脱硫除尘设施改造9台，接入集中供热停运32台），查封带压锅炉50台。规范煤炭经营市场秩序，严格抽检煤质，强制使用硫份低于0.6%、灰分低于15%的煤炭。核发环保标志67582个，车辆检测35560辆，淘汰黄标车158辆，老旧车辆1633辆，奖励提前淘汰黄标车13辆，奖励资金21.12万元。

【饮用水源保护】巴家咀饮用水水源地一级保护区居民搬迁8户36人、复垦居民废旧庄基5处、复垦闲置土地20亩。排查北湖、南湖、兰州东路、红杏山庄、小崆峒、董志镇南庙路口雨水排放口6处，庆阳福润肉类加工有限公司、西峰区污水处理厂、火巷沟污水排放口3处。监测乡镇集中式饮用水源地董志水厂连片供水水源地、肖显水厂连片供水水源地、温什水厂连片供水水源地、后官寨水源、张庄水源、董家庄水源6处水质指标。建成董志镇寺里田村4处农村集中式饮用水源保护工程。

【辐射安全监管】制定《西峰区2016年核与辐射安全综合检查及隐患排查专项行动实施方案》，对辖区内23家核技术利用单位的射线装置进行现场检查。对庆阳市人民医院等单位的放射源应用情况进行检查，建立放射源相关台账。对庆阳机场、汽车东站、汽车西站、汽车北站及法院使用安检设备单位是否存在违法行为，安检设备相关技术信息及使用单位审批许可情况进行检查。参与庆阳市辐射事故应急指挥部办公室在庆城县桐川乡郭旗村苏家塬组镇469井场开展的辐射事故应急演练，通过演练。对庆阳超微骨科医院等5家企业新增的放射源和射线装置进行变更申报登记。

【企业环境监管】对违法排污企业发放限期改正通知书86份，行政处罚事先告知书77份，责令改正违法行为决定书74份，行政处罚决定书6份，处罚企业4户，停产整治企业4户。发放《关于落实企事业单位突发环境事件应急预案备案管理工作的通知》，对辖区21家企事业单位应急预案进行备案。

企业现场环境执法

【生态文明创建】报批《庆阳市西峰区生态环境保护规划》，经西峰区政府审议通过并颁布实施，编制《西峰区生态文明建设2016-2018年规划》，11月26日通过甘肃省环保厅评审。上报2016年精准扶贫农村环境整治项目，显胜乡毛寺村获得省级财政专项资金30万元。编制野林村、庄子洼村、胡同村、左咀村、邵寺村、下庄村、显胜村、东坪村、新兴村9个行政村农村环境连片整治方案，为整治完成的行政村每年发放2万元配套设备维护运行资金。

【污染减排项目】实施减排项目9个。管理减排项目1个：中国石油天然气股份有限公司庆阳石化分公司新厂160万吨催化裂化烟气脱硝项目，2015年底建成，2016年6月通过市级验收。工业企业减排项目8个：西峰区绿照养殖场、庆阳桦源种植农民专业合作社、西峰区耀辉养殖农民专业合作社、庆阳乡土情商贸有限公司、庆阳鑫润农业有限公司、庆阳新望养殖农民专业合作社、庆阳正旺良种鸡有限公司、庆阳阳光惠农生态科技有限公司有机肥生产项目，2016年10月底全部建成，11月通过验收。

【环保知识宣传】在电视台滚动播放生态文明创建、大气污染防治新闻20条。借助“4•22”世界地球日、“6•5”世界环境日等重大节日，开展环保知识宣传，设立咨询宣传点，悬挂横幅20条，发放环保资料、大气污染防治倡议书等宣传资料3万份。办理回复各类转办信访案件50件。接到“12369”环保热线投诉472起，立查立改，确保环保系统群众举报渠道信息畅通，各类环境污染问题及时有效解决。

【“两学一做”学习教育】每周二下午为“党员集体学习日”，每周五下午为“党性锤炼日”，领导班子带头专题辅导领学。为保证学习质量，向全体党员干部职工购买发放《如何做合格党员》及2016年版《习近平总书记系列重要讲话读本》单行本各七十余套学习教材，人均抄写学习笔记2万字，撰写心得体会文章53篇，知识测试3次。向西峰区直机关工委上报学习信息27篇，西峰网站采用8篇，印象庆阳网站采用5篇，西峰区环保局网站刊登14篇。制作“我是共产党员”桌牌41个，建立“优秀党员示范岗”。

【扶贫攻坚】帮扶干部逐村走访慰问贫困户39家，赠送慰问金3000元和价值5000元的大米、食用油等慰问品，每户发放农用喷雾器1台，每个温室大棚补贴温棚建设资金300元，向16名留守儿童捐赠书包和学习用品。对无劳动能力的贫困户家庭，申请最低生活保障，落实养老保险政策，实施医疗和教育扶持措施；对有劳动能力的贫困户家庭，通过发展种植、养殖产业脱贫，联系 6 家用工单位和多个劳务输出项目，解决就业岗位 8 个。

区环境保护局领导班子成员名录

局　长　侯会斌(7 月止)

党支部书记　邵国柱

纪检组长　袁俊成

副局长　齐仲韬　姚小华

区环境监察大队

大队长　刘　斌

副大队长　司　伟

（供稿：李丽霞）

环境卫生

【清扫保洁】落实上午 7:30 前和下午 2:00 前两次普扫，早 7:30—晚 9:30 全天候动态保洁，落实环境卫生检查“五分钟”考评机制，环卫工人开展巡回保洁。果皮箱清掏划分到组，责任到人，达到无满溢、无堆积，对绿篱带内垃圾及时清理，不留死角。扩大机械化作业面，确保城区主干道覆盖到位。对交通隔离栏、下水井口、垃圾箱、果皮箱进行定期擦洗，保持常新常亮。按照网格化管理要求，“一天一个集中治理点”进行拉网式整治，清理城中村堆积垃圾，消除城区污染点和卫生死角。阴雨雪天启动应急预案，组织环卫工人集中清理积水积雪污泥，保持路面本色。

道路保洁作业

【垃圾清运】垃圾清运实行划片包干责任制，定车辆、定人员、定经费、包清运任务。实行早 7:00 前和晚 7:00 后定时定点清运和全天候巡回收集，垃圾在规定时间内清运出城，日清运垃圾 380 吨。对进场垃圾进行全覆盖、无裸露填埋，减少二次污染。渗滤液处理中心全年开机运行 1280 小时，处理生活垃圾渗滤液 3223 立方米，达到环保排放要求。每天对餐饮业集中区域进行早中晚定时、定线、定点三次上门收集，遏制乱泼乱倒、堵塞下水井口污染环境的问题。

【大气污染治理】实行人机结合清洗、机械化洗扫、精细化保洁、无断档洒水、全覆盖清运“五位一体”扬尘治理模式，控制扬尘污染。对城区主干道每天 8 小时巡回洗扫，机械化清扫率 80%以上。根据天气情况调整洒水降尘频次，按照制定的路线、时间开展作业，对重点路段和监测点周边巡回洒水。如遇高温沙尘天气，加班加点开展洒水、雾化作业，配合高压冲洗车对污染严重的路段进行冲洗。

【环境卫生整治】全国文明城市测评验收期间，开展为期 2 个月的环境卫生集中整治行动，从领导班子到一线工人，从职能部门到作业公司人人参与，高标准严要求，轮流倒班，昼夜突击，无断档巡查。作业公司按照各自管理区域，在做好正常清扫保洁的同时，每天集中整治一个问题点，消除城区垃圾死角和污染点。开展“西峰是我家，卫生靠大家”主题宣传活动 6 场(次)，在校园周边开展“环卫进校园，小手拉大手”主题宣传教育活动 4 场(次)，发放《关于开展创建全国文明城市环境卫生集中整治工作的通知》《维护城乡环境卫生倡议书》等宣传资料 15000 份，清理巷道小广告 640 处，清理背街小巷卫生死角垃圾 40 处 370 吨，铲除杂草垃圾 20 吨，清理乱倒基建垃圾 750 吨，出动车辆 110 台(次)。

创建全国文明城市环境卫生整治行动

【环卫项目建设】以实施"城市环卫设施建设'五小'惠民工程"为抓手，建设公厕中转站10座。环卫专用停车场建成投用，解决环卫作业车辆停车难问题。完成垃圾焚烧发电项目土地预审规划、环评及立项。购置洗扫车2台、小型湿式扫路机5台、多功能洒水车5台、高压冲洗车1台、吸污车1台、垃圾桶1500个、果皮箱500个。整修刷新大型垃圾箱300个，小型垃圾箱200个。改建环卫工人休息室20个。

【垃圾分类试点】在丽景家园、御景城、老市政府小区开展垃圾分类示范，规范生活垃圾分类投放、收集、运输及处置，减少垃圾处置形成的二次污染，提高垃圾资源回收利用率。

【构建和谐环卫】建立"平安志愿者"队伍，营造社会治安综合治理的良好氛围。按照环卫清扫保洁网格化区域确定综治网格，将热心参与社会管理的环卫工人纳入平安志愿者队伍，明确志愿者的日常工作职责及权利义务，在力所能及范围内向公安机关举报和提供线索，努力创造良好的社会治安环境。建立健全矛盾纠纷排查调处机制，办理相关部门交办件及群众来信来访8起（件），办结率、满意率达到100%。成立环卫特种车辆驾驶员协会。邀请交警大队工作人员做安全驾驶专题培训2场次，成立环卫特种车辆驾驶员协会，建立"教育、管理、维权、服务"为一体化的管理模式。

【"两学一做"学习教育】落实党员干部周二"主题党日"和周五"党性锤炼日"活动。组织政治学习50次，平均参学率98%。党员干部人均记学习笔记3万字，结合本职工作，撰写心得体会4篇。在抓理论学习的基础上，同时，壮大队伍，树立模范，形成"工作争一流，名次争上游"的局面，2016年培养2名业务骨干转为预备党员，2名预备党员转为正式党员。

【扶贫攻坚】开展"双节送温暖"慰问主题活动，为文安村24个特困户每户送去200元慰问品。完成贫困户建档立卡、贫困农户"三本账"等资料，通过省市区考核验收。组织职工开展"大走访、回头看"工作，采取"三看""三问""三查"，入户走访排查，走访农户419户。

区市容环境卫生管理局领导班子成员名录

局　长　葛鹏程

纪检组长　魏立虎

副局长　刘　哲　李国栋(2月止)

刘　荣(6月止)　魏钰虎(6月任)

李鸿波(6月任)

（供稿：张宝鼎）

爱国卫生运动

【爱卫组织机构建设】重新调整并增加区爱卫会成员单位。2016年初召开西峰区2016年爱国卫生工作会议，与各乡镇、街道办事处一把手签订爱国卫生目标管理责任书。每月定期召开爱国卫生工作例会。制定下发《西峰区2016年爱国卫生工作要点》《关于进一步抓好西峰城区干部职工周五大扫除工作的通知》《关于组织开展第28个爱国卫生月活动的通知》《关于在全区范围内开展病媒生物防制工作的通知》《西峰区2016年控烟工作计划》《关于在全区范围内开展春秋季集中灭鼠活动的通知》《关于开展第二十九个世界无烟日活动的通知》等文件通知。2016年召开爱国卫生工作例会、协调会

10 次，编发爱国卫生信息简报 6 期，组织开展西峰区爱国卫生大检查 40 余次，受理办结群众来信、来访和投诉电话 6 期，办结率达 100%。

【各类卫生创建】推荐“庆阳市环境保护局、庆阳市人民医院、庆阳第二中学、西峰区北街办事处”四个单位为省级卫生单位；推荐“西峰区温泉镇”为省级卫生乡镇，推荐“西峰区南街街道办南苑路社区、西峰区北街街道办长庆北路社区”2 个社区为省级卫生社区，推荐“西峰区什社乡庆丰村、西峰区显胜乡唐苟村”2 个村为省级卫生村。这 9 个单位(乡镇、村、社区)已经通过省级现场检查验收。市级卫生单位“西峰区食品药品监督管理局、农行庆阳西峰支行、西峰区团结小学、西峰区南街社区卫生服务中心”、卫生乡镇“西峰区显胜乡”、卫生村“西峰区温泉镇齐楼村、西峰区温泉镇温泉村、西峰区彭原镇赵沟畛村、西峰区彭原镇五郎铺村”、卫生社区“西峰区南街办育才路社区、西峰区北街办北大街社区”共计 11 个单位创建资料已通过区级审核并上报市爱卫会办公室。

【病媒生物防制】筹措 15 万元用于病媒生物防制相关药品器械的购置，为各乡镇、街办配发鼠夹及粘鼠板 5600 个，溴敌隆 5000 袋，诱杀盒 150 个，凯威 50 瓶，蚊香 2000 盒，蟑螂颗粒 5000 袋。5 月 6 日，在西峰区南街街道文化服务中心会议室举办 2016 年病媒生物防制工作培训班，城区 3 个街办、15 个社区以及各乡镇分管病媒生物防制工作的相关负责人及业务主办共计 40 多人参加培训。春秋两季，委托专业消杀队伍，对城区“五小”行业经营场所的鼠蟑进行统一的灭杀防治，放置毒饵盒 457 个，消杀面积达 5 万平方米，鼠蟑密度得到控制。联合疾控中心的专业人员对城区鼠蟑灭前、灭后情况进行调查检测和评估，结果蟑螂和老鼠密度远远低于国家规定的 3%和 5%的标准。

【城乡环境卫生整治】4 月 13 日，组织西峰区行政执法局、工商局、市政管理局、环保局、环卫局、食药监局、卫计局、疾控中心、妇幼站、南、北、

开展爱卫月宣传咨询活动

西 3 个街道办事处等 12 个爱卫成员单位在东湖公园门前开展以“远离病媒侵害，你我同享健康”为主题的第 28 个爱国卫生月宣传咨询活动，此次活动共计发放“美丽中国健康生活宣传画”、宣传折页、《城乡居民健康知识手册》《中华人民共和国食品安全法》、老年人健康常识、妇幼保健宣传资料、疾病预防、食品药品相关知识及《控烟基础知识手册》《健康 66 条图解手册》《爱国卫生知识读本》等宣传资料 60 余种，2 万多份，接待群众咨询 5200 多人次。对西峰城区环境卫生整治原有责任区域进行重新划分和调整，将每周星期五定为党性锤炼日，下午 3 点至 6 点所有干部职工上街，集中开展“万民干部职工清扫大街”行动。和行政执法局抽调相关工作人员分 4 个小组对当天活动开展情况和人员到岗情况进行现场检查和统计，随后及时将统计结果上报市爱卫会办公室，并于第二周星期一发出活动简报。为各乡镇、村组配备垃圾桶共计 416 个。

【控烟和健康知识宣传】5 月 31 日，联合西峰区南、北、西三个街道办事处以及工商局、环保局、食药监局、卫计局、疾控中心、妇幼站、区医院等 10 个单位的工作人员在西峰区东湖公园门前开展以“拒绝烟草的危害”为主题的第二十八个世界无烟日主题宣传活动，发放控烟宣传画、控烟知识手册、控烟宣传折页、健康知识手册等宣传品 1 万多份，受益群众达 5000 多人次。聘请庆阳市健康巡讲专家 5 月 16 日、6 月 10 日、9 月 23 日分别先后

在西街卫生服务中心、南街办事处、肖金镇左咀村、显胜乡唐苟村组织开展健康巡讲共计 4 场次，受益群众 600 多人次。

【“双联”及精准扶贫】对温泉镇齐楼村双联户和精准扶贫户进行整合，经筛查后，共识别出重叠户 4 户，最终确定双联户 14 户，精准扶贫户 7 户，对每户进行建档立卡，做到户有卡、村有簿、镇有档。春节前夕，自筹资金为每户送去大碳 1000 斤，共计 12 吨。“五一”、元旦、春节等重大节庆活动前，帮扶干部先后 5 次走访慰问贫困户，并送上米、面、油、种子、化肥等，共计 2 万多元。贫困户李养林，家庭生活条件差，住房破旧漏水，再加上孙女生病住院，造成经济极度困难，帮扶干部为其购买高能散热火炉 1 台，争取镇政府农村危房改造补助 12500 元。落实精准扶贫农村卫生厕所改建项目，二期和三期项目涉及 112 个村，共计 1161 户，已于 10 月份全面完成，经督查验收，厕所完成率 100%。

【“两学一做”学习教育】制定《西峰区爱卫办“两学一做”专题学习方案》《西峰区爱卫办开展“两学一做”集中学习计划表》等，坚持利用每周二下午“党性锤炼日”时间，由领导班子成员轮流组织开展“两学一做”专题辅导，进一步提高党性修养。全体党员干部人均撰写学习笔记 3000 余字，心得体会 2 篇以上。

区爱国卫生运动委员会办公室领导班子成员名录

主　任　耿　勇

副主任　包继荣

（供稿：毛少伟）

庆阳机场 （区网络中心提供）

社会事业

Social undertaking

教育

体制改革与发展

【教育概况】2016年，西峰区有各级各类学校219所，其中幼儿园100所，小学98所，独立初中8所，九年一贯制学校4所，完全中学2所，高级中学3所，中等职业学校4所。在校学生76515人，其中幼儿园22983人，小学30476人，初中10263人，普通高中8144人，中等职业学校4649人。教师4696名，其中小学2178名、初中1217名、高中503名、职专279名、幼儿园519名。

西峰区教体系统秋季开学工作会

【教育精准扶贫】实施《甘肃省精准扶贫学前教育专项支持计划(2015—2020年)》，重点推进学前教育资源向行政村延伸。改善义务教育办学条件，实施“全面改薄”工作，办好必要的村小和教学点，保障百人以下小规模学校正常运转，确保农村孩子就近入学。着力提升职业教育服务水平，促进职业教育和精准扶贫深度融合。年内落实各项教育惠民资金2129.66万元，惠及学生35961人次；办理2016年生源地助学贷款1602.34万元，惠及学生2442人。推进信息化优质资源共享，为农村49所学校配备“班班通”设备262套，对150多名教师进行了系统的操作培训。

教育管理

【教育活动】结合纪念长征胜利80周年、中国共产党成立95周年等重大历史事件和时间节点，深入开展理想信念教育、爱国主义教育、中华优秀传统文化教育和革命传统教育。举办西峰区庆“六一”表彰奖励暨“继承红色精神，放飞童年梦想”文艺演出，各校举办多种形式的体育运动会、校园艺术节及庆“六一”活动。组织西峰区中小学生参加《做文明有礼的庆阳人》寒假实践活动，评选出优秀学生征文70篇、摄影作品10副、绘画作品30副，优秀组织学校7个。开展“少年向上，真善美伴我行”主题读书活动、“少年传承中华传统美德之墨香书法展示”活动、“少年传承中华传统美德之小小百家讲坛活动”，推荐上报征文50篇，书画30副、视频短片20个。加强学校体育，改进美育教学，落实

教师“三笔字”比赛

“一校一品”、体育艺术“2+1”项目和每天一小时校园体育活动。开展示范校创建活动，南街小学等3所学校被评为省级快乐校园示范学校，后官寨初中等4所学校被评为省级德育示范学校，黄官寨实验学校被评为全国足球特色示范学校。

【教育保障】年内，教育基本建设投资10410万元，新建校舍3.2862万平方米。规划校舍类单体项目34个，其中，庆阳市直学校实施的项目9个(长庆中学教学楼、宿舍楼维修，庆阳市实验学校新建厕所，庆阳七中6个校舍维修改造项目)，西峰区实施的25个项目中，已整体完工16个，在建项目1个(什社中学学生公寓楼)，8个项目已开工建设(庆化实验学校1号教学楼，回民小学校园硬化、操场硬化、综合楼附属、管道地沟维修，八里庙小学维修，地庄小学教学楼维修，新建小学厕所项目)。4类设备购置项目中，课桌椅、多媒体教室设备已送货到校，食堂设备、计算机已完成招投标，正在送货安装。根据省教育厅、省扶贫办《关于精准扶贫教育支持计划的实施方案》，下达西峰区2015—2017年“两市一县”行政村幼儿园建设任务71所，专项资金3320万元。其中，2015年、2016年的43所建设任务全部完成。

【党风廉政建设与“两学一做”】坚持三会一课制度，建立学习教育的长效管理机制。对34名基层党支部（总支）书记进行社会主义核心价值观、自觉践行“两学一做”深入推进作风建设等内容的专题培训；4所县级学校的党总支书记，结合“两学一做”要求，对学校党员干部进行了教育专题讲座；邀请区委党校讲师对全系统230多名党员干部、教师代表进行了十八届六中全会及市区党代会、“两会”精神宣讲解读并结合实际进行了贯彻落实。落实“两个责任”，梳理领导干部责任清单30类87项；开展“两学一做”学习教育，引导广大党员干部认真学习《中国共产党问责条例》《关于新形势下党内政治生活的若干准则》和《中国共产党党内监督条例》等党内法规，切实增强党员干部党的意识、纪律意识和规矩意识。开展干部作风大整顿，召开党风廉政集体约谈3次，受理信访案件54件，对涉及人、财、物的重点岗位和专项资金完成专项监查审计36项；在清理公职人员违规经商办企业行动和公用经费运行专项检查等行动中，对相关人

教体系统师德师风专项整治工作会

员进行严肃处理，给予7人党、政纪律处分，通报批评31人，诫勉谈话14人，严肃执纪问责，强化了各级党员干部廉洁自律意识。

【队伍建设】小学专任教师学历合格率100%，大专以上学历占80.6%；初中专任教师学历合格率100%，本科以上学历占74.5%；普通高中专任教师学历合格率90.2%；中等职业学校专任教师学历合格率为92.3%，有87名双师型教师。开展“一师一优课，一课一名师”活动，3882名教师参与晒课，评选出市区级优课343节，省部级优课9节；深入推

教体系统先进工作者表彰

进科研兴校，申报立项"十三五"教育科学规划省市级课题18项，结题8项。发挥名师引领作用，组织名师讲师团成员举办讲座80余场次，受训教师4770人。组织开展了初中部分学科课堂技能竞赛和全区教师"三笔字"竞赛活动和西峰区2016"同课异构"教研活动。依托"美丽园丁"、智慧校园建设、"中国好老师"行动计划等各种培训，组织落实各种培训2000余人次。持续推进"名校建分校，结对帮扶，捆绑办学"管理模式，组织中层干部挂职交流3期，每个对子学校开展活动4期。

【安全管理】完善全区中小学安全生产工作制度、安全事故报告等制度，健全各类安全应急预案23个，重新制定了学校安全工作责任书及日常考核细则。加强校园周边及校车安全排查整治，排查梳理各类突出安全隐患87处，现场整改77处，协调处理10处。组织开展校园安全专项检查、各类安全演练、安全知识讲座、竞赛等安全宣教活动

西峰区第三届中小学生安全知识竞赛

200余场次，发放安全知识彩页20000余份。

基础教育

【学前教育】公办幼儿园35所，在园幼儿5894名；民办幼儿园65所，在园幼儿16545名；附设学前班小学27所，学生544名。学前教育毛入园率87.2%。严格落实省市普惠性民办幼儿园评选管理规定，完成普惠性民办幼儿园评估认定；强化日常监管，对公办、民办幼儿园严格执行等级评估和年检制度，建立健全家长委员会制度，形成学前教育教研、督导管理机制。深入推进学前教育资源向行政村延伸，统筹城乡学前教育协调发展。规范办园行为，防止和纠正幼儿园"小学化"倾向。全面落实学前教育幼儿资助等教育惠民政策。确保幼教师资入口顺畅，培训方式灵活多元。按照"一班两教一保"标准，核定配齐专业教师和保育人员。发挥区级学前教育专家指导小组职能，定期到幼儿园开展办学、保教指导，提高保育质量。推行"名园带弱园、老园带新园、公办带民办"办学模式，不断扩大优质学前教育资源合理配置。

【普通高中教育】创新教育模式和教学方法，促进学校内涵发展，推动普通高中办学多样化、特色化，满足高中学生个性化的发展和社会对多样化教育的需求。庆阳三中、四中突出术科生培养，促进学生全面发展、特色发展；育才、北辰中学加强学校德育工作，全面提升教学水平，尤其是在特长生培养方面狠下功夫，促进学生成人成才。高中阶段毛入学率（含升入普通高中、中等职业学校）93.5%。2016年高考，全区五所学校普通类实考人数2267人，二本以上进线人数933人，进线率41%，位居全市第二。

【义务教育】义务教育阶段学校112所，学生40739名。九年义务教育学段入学率100%，巩固率97.57%。贯彻《中华人民共和国义务教育法》，科学设置和调整村级小学和教学点，合理配置教育资

区政府副区长史建芳询问小学生学习情况

源，进一步完善城乡一体化的义务教育发展机制，在财政拨款、学校建设、教师配备和待遇等方面向农村倾斜。统筹城乡义务教育资源均衡配置，加快义务教育学校标准化建设和实施"全面改薄"工作，加大农村学校改造力度，逐步缩小区域、城乡、校际差距，大力促进教育公平。

【民办教育】全区有民办学校144所，其中幼儿园65所，培训班74所，职业学校3所，民办高中2所；在校学生26796人，其中幼儿园16545人，培训班4100人，职业学校4655人，民办高中1496人；教职工1832人，其中幼儿园1321人，培训班263人，职业学校156人，民办高中92人。

民办幼儿园教学观摩活动

【中等职业教育】西峰区现有西峰职专、北辰职业技术学校、庆阳机电工程学校、庆阳女子职业学校4所职业学校，开设现代制造、交通运输、艺术教育、电子信息、石油化工、经贸服务、医疗护理等七大类12个大专专业和13个中专专业。教师354人，其中公派教师282人；公派教师中高级职称29人，中级职称87人，研究生8人。西峰职专校园占地152亩，建筑面积7.35万平方米，拥有各类实训室64个，设备3285台(套)。三所民办职业技术学校均为租赁场所，占地100亩，建筑面积21000平方米。贯彻《中华人民共和国职业教育法》和《省政府关于贯彻落实国务院加快发展现代职业教育决定的实施意见》，将职教工作纳入重要议事日程，初步形成"政府统筹、教育局负责、多部门联动、企业参与"、以公办职校为主，民办为补充，公民办并举的职教工作格局。

区教育体育(科技)局领导班子成员名录

党委书记、局长　朱照华
副书记、副局长　张金梅(女)
纪委书记　刘立琪
副局长　王永锋
　　刘　勇(兼体育管理服务中心主任)
　　郭云旭　祁　龙　郭学义

(供稿：冯剑平)

部分学校简介

庆阳二中

庆阳二中始建于1975年，校址位于西峰城区北大街39号。学校占地面积4公顷，总建筑面积36100平方米；有教学楼、综合实验楼、学生宿舍楼、餐饮楼、行政办公楼等9幢；在职教职工238人，其中特级教师1人，高级教师41人，中级教师90人；省园丁奖获得者4人，省级骨干教师6人；教师中硕士研究生3人，研究生班结业8人。教学班52个，在校学生3765人。庆阳二中初名为庆阳县"五七"学校。1976年3月1日正式开学，设有小学班，同时收初中班。1978年，学校始设高中部。1979年，撤小学部，易名庆阳地区第二中学，成为

庆阳市第二中学

完全中学。1986 年，改名西峰市第二中学。2002 年，经西峰市委、市政府协调，西峰市粮油加工厂整体并入，学校面积增至 40020 平方米(60 亩)。同年，改名西峰区第二中学。2004 年，更名庆阳市第二中学，2008 年 8 月学校实现了初、高中分离，成为独立高中。2011 年，新建全框架式教学楼、学生宿舍楼和餐饮楼 4 栋，总面积 27929 平方米，其中有教室 80 个，宿舍 296 间、共有床位 2368 个，餐饮楼可一次性供 1500 多名学生就餐。

2013 年学校进入转型期以来，学校以"一年理顺工作关系，两年消除发展障碍，三年奠定稳健基础，五年进入良性循环"的发展目标，严格遵循党的教育方针，树立"树'互联网 +'理念，走'精准教育、特色引领、创新发展'道路"的办学理念；坚持"成人教育与成才教育并重，以成人教育促进成才教育发展；管理责任与教育责任共担，以管理责任保障教育责任履行"的办学定位；通过弘扬光大"爱岗敬业、言传身教、团结和谐、善学乐教"的二中精神；自觉践行"尚德树人，格物致知"之校训；"崇尚勤奋，追求卓越"之校风，"谨研善教，启智高效"之教风，"慎思笃学，求知求真"之学风，以"用更好的教育为每个师生终身发展与幸福奠基"为宗旨，全面实施素质教育，全力打造优质特色高中教育品牌，努力办好人民满意的教育，群众放心的学校。

1977 年恢复高考制度以来，共向高等院校输送新生 10000 余名，3 名学生被清华大学录取，2 名学生被中国人民大学录取。2005 年以来，高考重点上线 656 人，本科以上上线 5511 人。学校先后受到省市及其有关部门表彰奖励 40 多次。1990 年被甘肃省委、省政府评为"全省教育系统先进集体"，1999 年被庆阳地委、行署评为"庆阳地区教育系统先进集体"，2002 年被甘肃省爱卫会评为"甘肃省爱国卫生先进单位"，2004 年被庆阳市教育局授予"庆阳市首届示范性普通高中"，2005 年被甘肃省档案局评为"机关档案管理"省一级单位，2011 年被庆阳市政府督导室评估为"全市市级示范性高中新课改督导评估优秀学校"。2004 年 11 月，甘肃省委副书记马西林题词"为培养更多德智体美全面发展的优秀青少年而奋斗"。2016 年，学校高考二本以上文化课上线 868 人，实现了历史性突破。

（供稿：吕顺建）

董志小学

董志小学始建于 1928 年，位于董志乡董志村。前身为"彭阳书院"，新中国成立以后改名为"庆阳县完全小学"；1968 年迁于现址，改名"董志小学"。2016 年，学校占地面积 7738 平方米，建筑面积 4683 平方米。其中，教学及辅助用房 3800 平方米，生活用房 883 平方米。有教职工 48 人，其中本科学历 15 人，学历达标率 100%；学生 803 人，设 18 个教学班。

董志小学

近年来，随着政府加大对学校教育资源的投入，学校办学条件得到极大改善。学校设有图书室、微机室、多媒体室、实验室、仪器室、美术室、舞蹈室、体育器材室、心理健康咨询室、留守儿童之家等功能室。拥有各类图书15849册，生均22册。目前有18个教室及2个功能室安装了交互式电子白板，科学、体育、音乐、美术等教学仪器均已达标。

学校坚持"以人为本、全面发展、务实创新、追求一流"的办学理念，本着"学校管理科学化、教师队伍优秀化、校园建设标准化、教学设备一体化、教学方法新颖化、教学质量优质化"的办学目标，全面贯彻党的教育方针，积极推进课程改革。注重校园文化建设，丰富的社团活动记录着师生的成长足迹，多彩的班级文化、楼道文化诠释着环境育人的理念，大课间活跃着师生的健美身影。

近几年，学校教育教学质量稳步提升，各项工作取得了显著的成绩。先后获"庆阳市教育系统先进工作单位""西峰区教育系统先进集体""西峰区示范家长学校""西峰区第七轮督导评估二等奖"。"西峰区中小学读书活动二等奖""西峰区德育工作先进集体""西峰区'两史三情'演讲比赛一等奖""西峰区中小学现场作文大赛优秀组织奖"等称号。2016年的"一师一优课、一课一名师"活动中，教师吴小霞、党雪梅、郭敏、冯艳萍分别获省、市、区级优质课，刘春娟、包娜娜、李平阳、刘莲粉、田沣的教育教学论文先后在《西峰教育》发表。

（供稿：赵建博）

文化　卫生　人口与计划生育　体育

文化广播影视

【文化旅游项目建设】争取文化旅游国省市投资项目资金871万元，招商引资11.055亿元，完成项目固定资产投资12.22亿元。编制《显胜乡蒲河川美丽乡村旅游开发规划》《庆阳北石窟寺遗址生态公园修建性详细规划》并通过评审；实施黑老锅景区游客服务中心、停车场、栈道、标志标识牌等项目建设，在天富亿生态民俗村建成农乐广场、民俗古街、游客接待中心，在旅游景区建成4座星级旅游厕所、在旅游公路沿线建成3座旅游旱厕；申报了东湖公园、毛寺"黑老锅"两个AAAA级旅游景区，3个四星级酒店、1个三个星级酒店，7个行政村农民文化广场，9个具备乡村旅游元素的旅游扶贫村，2个文明健康美丽乡村，为进一步推进文化旅游事业发展夯实了基础。

【公共文化服务体系建设】南街办、显胜乡等5个乡镇（街道）综合文化站完成提升改造，并经市上评估达标。年内西峰区10个乡镇、街办综合文化站建设均达到省级标准。100个行政村剩余的37个行政村"乡村舞台"全部建成。指导15个社区建成综合文化服务中心，均通过市上验收。行政村

甘肃省文化厅副厅长才智（中）调研锦绣坊民俗文化产业一条街

"乡村舞台"、社区综合文化服务中心建设100%全覆盖。建成庆阳仁民香包博物馆、庆阳一片红邮票博物馆等6个民间自办博物馆，协调配合市有线网络公司完成7个乡镇农村有线数字广播电视网络全覆盖，完成有线广播电视入户5878户。

【文化旅游产业开发】举办香包、刺绣等民俗文化产业培训班126期，培训10000人（次），创作

甘肃省委常委、宣传部部长连辑(左二)一行调研后官寨南佐村左焕茸文化集市生产车间

民俗文化产品130件，获奖35项。培育扩建“文化集市”固定经营点和生产加工基地各1处，西峰区年内生产香包364.54万件、实现产值4327.34万元，销售288.33万件、收入3221.29万元。实施“一乡一特色、一村一品牌”工程，打造什社乡李岭美丽乡村，彭原镇青藤国际生态农业文化产业园等7处乡村旅游景点；参加2016中国西北旅游营销大会、“中国光彩事业庆阳行”暨“民企陇上行”等大型宣传推介活动；举办了“三月三”小崆峒民俗旅游文化节、彭原青藤文化节等农事节会活动。开通了“西安—庆阳旅游直通车”，研发旅游刺绣手包3种，批准成立国际旅行社1家，接待平凉、泾川等地的民俗文化旅游参观考察团15批，600余人。年内完成文化产业增加值4.3亿元，同比增长27.5%。接待游客296万人次，较上年度增长31.1%，实现旅游综合收入14.2亿元，较上年度增长34.5%。

【群众文化活动】开展2016年西峰城区元宵节社火会演、元宵节灯谜灯展、三月三小崆峒旅游文化节、第十四届中国•庆阳端午香包民俗文化节、庆“六一”西峰城区少儿优秀节目展演、纪念中国共产党建党95周年公益文艺演出等重大节庆活动，开展“和谐西峰大舞台”“千台大戏送农村”“三下乡”“四进社区”等群众文化活动265场(次)。在第24个世界读书日举办大型经典诵读晚会、“书香西峰•筑梦未来”主题演讲比赛、“最美书香家庭”评选、汉字书写(听写)大赛五项西峰区全民阅读文化周活动，营造了崇尚阅读的良好氛围。

【电视宣传】对外宣传方面：年内在中央电视台播出稿件21条、甘肃省电视台62条，庆阳电视台299条、庆阳广播电台112条，采用率达到65%以上。对内宣传方面：年底，日产节目制作播出《西峰新闻》等4档新闻类栏目855期；制作播出《倾听》等4档专题类栏目384期，《欢乐谷》等3档文艺类栏目241期，《生活365》经济服务类栏目321期。制作各类公益广告宣传片10余部，标语字幕200余条；完成《聚力扶贫 逐梦小康》纪录片1部；《西峰区党建“五大工程”助推精准扶贫开创新局面》《小康路上党旗飘》《提升“三农”品质打造强农富民的小康新西峰》等大型电视专题片7部。开设西峰广播电视台门户网站、西峰广播电视台微信公众号等新媒体平台，同步上传、播出15档节目。微信订阅号、公众号关注人数累计3800多人，上传文字视频消息4200余条，年点击量75490次，累计浏览人数59500人次。开辟《喜迎党代会 回眸看发展》《聚焦整区脱贫大会战专题报道》《贫困村里看变化》《项目进行时》《我为文明点个赞》《曝光台》等18个专栏。以3D图片形式结合政策文件内容推出题为《蓝图已经绘就 实干托起梦想》图说类新闻节目13期，以海采及现场出境形式完成直击现场类节目共计38期。播出《西峰区农业转型

第十七个记者节手语舞《感恩的心》

嬗变之路》《西峰:“筑巢引凤”驻活力 招商引资结硕果》等系列报道10期。在全市广播电视优秀节目评选中,上报参评作品23件,获奖作品19件,电视节目作品上报获奖率83%,其中:一等奖5件,二等奖12件,三等奖2件。采写报送的《走基层:李依桐李易轩——一对孪生姐弟的愿望》荣获庆阳市好新闻二等奖。

【网络宣传】“西峰网”升级改版于6月上旬开始,10月7日运行。改版后,成为庆阳市首家实现政府网站集群化管理的网站。整合关停了乡镇(街办)与相关区直部门网站38个,在“西峰网”上建立网站子页41个;完善了乡镇、部门网页内容,逐步形成信息集中、业务集成、资源共享的为民服务平台。发布各类图像新闻、文字新闻、视频新闻7294条,与人民网、新华网、中国庆阳网、庆阳党建网等网站建立友情链接37个,浏览量突破414万人(次),日均访问超过5000人(次)。同时,加强与“中国庆阳网”的互动宣传,全年向“中国庆阳网”上稿533条。7月,经过腾讯公司审核认证,“西峰网”微信公众平台“西峰网”注册开通,11月上线运行。微信公众平台主要发布图文消息50多条。同步建设全区网络信息报送平台,9月2日,甘肃万维信息技术有限责任公司工程师平台的操作规范及流程进行了培训,各乡镇(街办)、区直相关部门系统管理员及业务操作员80多人参加培训,9月底网络信息报送平台完成。

【文艺创作】指导辖区演艺公司、民营院团新排《十五贯》《卖妙郎》《愿望》等历史剧、戏曲、小品6部,新创现代眉户剧《月儿圆》1部、以反映精准扶贫为内容的现代秦腔剧《倒水湾》1部,并在全市开展巡回演出。指导文化艺人创作各类书画作品80多件,其中国家级3件、省级5件、市级19件、区级20件。创作小说2篇、报告文学2篇、散文2篇,分别在国家、省级有关刊物发表。其中报告文学1篇获庆阳市第九届梦阳文艺奖二等奖。

现代秦腔剧《倒水湾》

【非物质文化遗产传承和文物管护】举办省级非物质文化遗产项目荷花舞传习培训班和荷花舞传承保护研讨会、西峰区“保护非物质文化遗产·喜迎中秋国庆双节”群众文化展演周活动,完成了第四批省级非物质文化遗产项目推荐申报工作,组织4名非遗传承人参加省文化厅组织的非遗传承保护培训班。非物质文化遗产项目专著《庆阳民间唢呐曲牌集》《庆阳唢呐传统曲牌集成》编辑定稿。完成了第一次可移动文物普查、《中国文物志》西峰篇的编撰工作。开展打击文物犯罪、文物法人违法案件专项整治行动,对满山墓葬进行了抢救性保护清理。在“国际博物馆日”,举办了以“博物馆与文化景观”为主题的国际博物馆日宣传活动,发放宣传资料1.3万余份。做到了馆藏文物绝对安全,野外文物基本安全。

【文化旅游市场管理】坚持常规检查与专项整治相结合,先后开展扫黄打非,校园周边环境整治,网吧、音像、图书印刷、演出娱乐市场整治,卫星地面接收设施市场治理等联合整治行动20次以上,共收缴盗版图书142册、盗版光碟216张,取缔非法网站1家、书摊3处、音像摊点2处,查获非法电视锅面62个、机顶盒66个、高频头62个、接收器27个。以旅游安全生产为重点,对全区范围内的旅行社、宾馆(饭店)、A级景区进行统一安全检查4次,对存在安全隐患的4家文化旅游经营单位进行了督促整改,注销旅行社3家,全年文化旅游安全事故继续保持"0"目标，保障了全区文广旅游市场繁荣有序发展。

【"两学一做"学习教育】 成立"两学一做"学习教育工作领导小组，制定《文广旅游系统开展"学党章党规、学系列讲话，做合格党员"学习教育实施方案》，举办"两学一做"学习教育基层党务骨干培训班、"两学一做"学习教育宣讲辅导报告会。深入开展"党员学习日"、党性锤炼日、党员亮身份和公开践诺活动，严格落实"三会一课"和民主集中制，组织召开"两学一做"专题民主生活会和组织生活会，完成了党员组织关系集中排查、党费收缴、党支部改选、民主评议党员等工作。并对民主生活会上查摆出的问题进行整改。在西峰电视台、西峰网开设专题栏目宣传中央部署开展"两学一做"学习教育的重大意义，省市区委推动学习教育的思路举措，以及全区各乡镇街道部门开展"两学一做"学习教育的工作动态以及好经验、好做法和取得的新成效，营造了党员倾力投入、群众普遍参与的浓厚氛围。

"两学一做"学习教育工作推进会

【"双联"及扶贫攻坚】 先后在帮联的五郎铺村举办了党的十八届六中全会精神大宣讲活动、扶贫攻坚暨双联行动送科技进村培训会、《敞亮新路、拥抱希望》脱贫心理咨询辅导讲座、"迎新春"农民文化周活动、"和谐西峰大舞台" 西峰区文广系统2016双联暨精准扶贫送文化进村公益演出活动。协调区交通局完成了石碑咀组—庙湾组2.6公里道路硬化；协调住建局对2户贫困户实施危房改造，对2户贫困户现有住房进行修葺加固。开展了双联行动"大走访、回头看"活动，对五郎铺村638户群众进行了全面摸排走访。为新增的24户精准扶贫户建立了"六有"基础资料和"三本账"资料，同时配合彭原镇政府多次入户对新、旧贫困户资料进行完善更新，顺利通过市、区级精准扶贫退出验收工作。

区文化广播影视(旅游)局领导班子成员名录

局党委书记、局长　王新宁
局党委委员、纪检组长　白立岩
局党委委员、副局长　胡子鹏　孟　欣　黎永涛
　　李广军　魏　超　范胜利

北地情演艺公司

党支部书记　张劲海
总经理　毛会科

区新闻网络中心

主　任　折国都
副主任　付建华　郭宏杰

区广播电视台

台　长　郭　勇
副台长　郭东平　赵小刚

区文化馆

馆　长　张震一
纪检组长　侯永刚
副馆长　包继明　李潇庆(女)

区博物馆

馆　长　方保平
副馆长　马维超　彭海霞(女)

区图书馆

馆　长　杨红妮(女)
副馆长　刘文霞(女)　郝　琴(女)

区文化市场执法大队

副队长　吴　博

(供稿：袁颖龙)

民俗文化产业

庆阳民俗文化产业园是贯彻落实《陕甘宁革命老区振兴规划》和甘肃华夏文明传承创新区建设目标而规划的省列重点文化产业项目。园区选址在西峰区董志镇北门村，规划总占地1313亩，概算总投资30多亿元。项目依托庆阳“黄土民俗文化”“周祖农耕文化”“岐黄医药文化”资源禀赋，规划建设民俗文化核心区、金奥文化艺术区、庆阳影视拍摄基地、庆阳民俗文化风情区、庆文旅投孵化中心、儿童乐园六大功能区（其中，园区的城墙、民俗博览馆、广场、道路等公用服务设施由西峰区负责建设，其余5个商业开发区由庆阳文化旅游投资有限公司投资建设），旨在打造国家级民俗文化产业园、AAAAA级风景旅游区和西部最大的文化产业影视基地。2018年将全面建成并投入运营。

【项目建设】土地征迁　园区涉及北门村6个村民小组的171个征迁户，2016底已签订征拆补偿协议168户，完成搬迁118户，签订土地征收协议554亩，清表900多亩，兑付农民安置补偿费0.6亿元，附属物补偿费2.1亿元。有效保障了园区项目建设用地需求。工程建设　2016年底，北城墙、镇朔楼、东北角楼、西北角楼主体工程完工，正在进行内、外装饰装修，完成投资14860万元；民俗博览馆项目建至地上三层，局部已封顶，主体工程基本完工，完成投资6500万元。前期工作　年底，镇朔楼前广场绿化景观建设项目及北城墙亮化和附属工程建设项目完成立项、设计招标、环评、建设工程规划许可证、设计方案核定通知书等手续的办理；中心广场和园区一期道路建设项目被列入全市“海绵城市”重点建设内容，正在按照相关要求进行项目设计变更、预算调整和施工图修改。

镇朔楼大景

【招商引资】资金争取　争取到市文广局文化产业发展扶持资金2000万元；争取到2016年市级第四批国有土地出让收入专项资金20万元。经济指标　2016年区招商局下达招商引资到位资金任务5亿元，实际到位资金5.56亿元。固定资产投资，与庆阳鹰视传媒有限责任公司签订投资0.68亿元的青少年训练基地建设协议，镇朔楼前广场绿化景观建设项目和北城墙亮化工程建设项目完成投资0.44亿元，民俗文化产业园金奥文化艺术区完成投资入库任务9.32亿元，入库总额10.44亿元。项目投建　民俗文化产业园中心广场和园区一期道路项目是西峰区实施的第一个PPP项目，于11月份开工建设，2016年底完成场地平整及临设搭建。招商引资　制作民俗文化产业园宣传片，深入宣传产业园的规划设计、建设进度；接待省、市、区各级领导及人大代表、政协委员调研观摩30多次，吸引山西、陕西、北京、山东、河南、安徽、辽宁等客商前来洽谈投资；参加“中国光彩事业庆阳行暨民企陇上行”活动，产业园项目进入中国光彩事业项目专库；园区“岐黄文化体验区、周祖文化体验区、民俗文化接待区、民俗产业配套区、游乐场区”招商引资实现落地，由庆阳市文化旅游投资集团公司与西部控股集团公司联合开发建设，2016年底完成项目前期手续办理。

【机关建设】修订完善《庆阳西峰民俗文化产业园区管理局工作制度》。制定《管理局2016年目标管理责任制考核办法》。推进学习型机关建设，定期开展干部职工政治理论教育和业务技能培训。组织举办“强健体魄展示党员风采·凝聚力量服务园区建设主题实践活动暨第二届职工运动会”。

【“双联”及精准扶贫】春耕时节，民俗文化产业园区24名帮联干部为温泉镇湫沟村25户帮联户和11户精准扶贫户送去化肥49袋，为部分农户送去鸡苗、菜籽等物资。组织开展种植、养殖、家政、法制、劳务等各类技能培训6场(次)，培训群众600余人(次)，培养致富能手15人。对全村10个组的油路进行巡查养护，新建硬化油路3.5公里。争取区扶贫、教育、文化、交通、财政“一事一议”等资金385.5万元，完成湫沟村村部续建、院坪硬化、绿化及亮化，村卫生所设施更新，幼儿园院坪硬化和校舍建设。按照持续发展果业、适度培育养殖业、渐进开发药材种植业的发展思路，新栽果园120亩；以盛牧源养殖公司为主的养殖大户达到21户，羊只存栏量达到1300多只；成立中药材种植专业合作社，流转土地300多亩，带动群众种植菊花、芍药等药材500多亩，2016年完成产值260余万元。新建鑫泽中药材加工厂。

【“两学一做”学习教育】制定印发《民俗文化产业园区建设项目管理规定》《关于明确项目议事规则及相关制度的通知》等文件。签订“一岗双责”责任书，深化党员干部党纪法规教育，同时进行反面典型警示教育，以案明纪。扎实开展“不作为、乱作为、慢作为”专项整治，认真梳理查找班子及班子成员存在的“习惯于管事、不善于管人，关心干部职工不够，与干部沟通交流少”等问题8条，以及其他党员干部存在的问题21条，领导班子和党员干部分别建立整改台账，结合上年度查摆的问题，坚持从自己改起、从具体事改起，推动新老问题一起解决，2016年整改问题24条，剩余5条正在整改中。

庆阳西峰民俗文化产业园区管理局领导班子成员名录

局　长　孙立权

副局长　李晶杰　秦　岩(6月任)

(供稿：马玉婷)

卫生和计划生育

【医疗概况】基层医疗卫生机构1187人，其中，区级单位555人，乡镇卫生院562人，社区卫生服务中心70人。正式在编干部职工980人、临聘人员207人。开放病床500张，年接待门诊患者约20万人次，收治住院病人约2万人次。

【医药卫生体制改革】公立医院改革继续推进，区财政将区医院的基本建设投入、大型医用设备购置以及信息化建设经费需求列入年度财政支出计划，区医院建成西峰区急救中心，设立医学影像中心、体检中心、妇产诊疗中心，装配磁共振、高性能菲利普彩超等大中型先进医疗设备。创建“百姓放心医院”活动，落实省厅“22项制度”、医疗机构“八个排队”和医务人员“五个排队”评估等制度，遏制过度医疗、过度检查、过度用药行为，降低医疗收费。依托市级医院联结基层医疗单位组建医联体，市中医院对后官寨卫生院进行业务托管，3个城区社区卫生服务中心、显胜卫生院分别与市二院建立医疗协作关系，开通双向转诊“绿色通道”。落实《甘肃省多点执业医师下基层服务考核及补偿实施意见(试行)》，与省、市医疗机构签订多点执业工作协议，共注册备案83人，区级确定78名医师到基层医疗机构执业，平均工作时间每季度8天，基层医疗机构的服务能力得到提升，收治常见病、多发病患者明显增多，区域外转诊人次

国务院医改办公立医院改革复评组组长张宽寿(右一)调研西峰区公立医院改革

有所下降。年内全区医疗单位门诊45.47万人次，住院24805人次，业务收入13590万元。开展乡村医生签约服务，各乡镇卫生院、北街社区卫生服务中心组织辖区乡村医生、社区医生入户开展签约服务，服务率59.25%，重点人群签约服务率76.73%。区政府出台《西峰区加强乡村医生队伍建设的意见》《西峰区解决乡村医生养老问题实施意见》等文件，组织实施乡村医生摸底清理工作，共认定离岗乡村医生369人、在岗乡村医生120名，出台老年乡村医生养老补助政策，乡村医生队伍得到稳定。

【人口和计划生育工作】全面实施全面两孩政策，登记3150对，其中一孩1685对，二孩1437对；再生育审批28对。完善利益导向政策体系，推进服务管理改革，强化试点带动，落实健康促进模式改革、医疗卫生与健康养老相结合、家庭发展能力建设及流动人口均等化服务等工作。西峰区总人口40.06万人，出生率10.93‰，农村符合计划生育率97.66%，总出生性别比109.08，各项指标均达到省市要求。全区100个行政村全部修订完善了《计划生育村规民约》，并与育龄群众签订《计划生育诚信计生合同》。西街办完成国家级流动人口计生协会示范点创建，推动流动人口基本公共卫生计生服务均等化。建成彭原镇彭原村、南街办育才路社区市级“新家庭计划—家庭发展能力建设”试点单位2个；建成标准化陇家福·幸福寓所93个，评选幸福家庭164户，健康家庭17户。

甘肃省卫计委巡视员何坚明(前排左三)一行调研流动人口工作

【新农合工作】西峰区参合人数235956人，参合率99.71%，农村五保户、低保户等“六类”特殊人群参合率100%。人均筹资540元。年内补偿49.12万人次12607.45万元。资金使用率98.5%，其中：补偿普通住院3.07万人次10259.32万元，住院率12.7%，次均住院费用5784.46元，次均补偿3406.15元，实际补偿比为59%，政策范围内补偿比64%。

【公共卫生工作】卫生应急与疾病防控：各医疗单位均配备了传染病网络直报硬件设备，24小时网络畅通。医务人员依法报告传染病意识增强，门诊日志、传染病登记本、报告卡片信息填写规范。年内无甲类传染病发生，共报告乙丙类传染病37种1565例，报告发病率为420.11/十万，处理自动预警信息173条，及时处理率100%。开展应急演练活动31次，提高了卫生应急队伍应急处置水平。各乡镇医疗单位贯彻落实“村级动员、乡级接种”的工作方针开展免疫规划，在去年工作的基础上建成7个数字化预防接种门诊，改变了以前拥挤、混乱的现象，为居民提供便捷、优质的预防接种服务。北街社区卫生服务中心、董志卫生院等单位的免疫规划工作多次接受省市及其他兄弟单位的观摩学习。全区出生建卡5137人，建卡、建证率100%，接种率均95%以上。妇幼保健：全区产妇总数4252人，系统管理4051人，系统管理率95.3%。活产4287人，住院分娩活产4286，非住院分娩1人，住院分娩率99.98%。产后访视4112人，访视率96.7%。筛查出高危孕产妇845人，占孕产妇总数的9.9%，高危孕产妇住院分娩率100%，无孕产妇死亡。7岁以下儿童32697人，保健管理31031人，管理率94.9%；3岁以下儿童15002人，系统管理14421人，系统管理率96.1%。5岁以下儿童、婴儿、新生儿死亡人数分别为22、16、12例，死亡率分别为5.1‰、3.7‰和3.2‰。出生医学证明发放管理工作规范，信息资料登记齐全，出生医学证明发放

全省预防接种工作现场会

率均为 100%。**地方病防治，碘缺乏病防治：**年内监测盐业公司盐样 4 批 36 份，合格率 100%，配合市疾控中心选取 5 所小学作为监测点，完成儿童病情及碘营养状况调查。B 超检查 8—10 岁学生 84 名，检出甲状腺肿大 2 人，平均肿大率 2.4%。抽样检测中，家中盐样碘盐合格率 100%，学生尿碘中位数 158.3μg/L，孕妇尿碘中位数 168.3μg/L，未发现非碘盐。检测表明，西峰区人群碘营养基本处于适宜状态，儿童甲状腺肿大率控制在消除标准以内。大骨节病防治年内完成 1775 人的临床检查，检出临床Ⅰ度以上大骨节病患者 68 例，患病率平均为 3.8%。在 5 个乡镇 15 个村组对 807 名 7-12 岁儿童进行病情检测，儿童 X 线阳性检出率为 0。克山病防治：西峰区症克山病患者 8 人，其中慢型克山病患者 1 人，潜在型 7 例，年内无新增病例。布病防控：对辖区 7 个乡镇 1 个社区开展 2 次重点人群调查，累计临床调查 5173 人次，采集血清 4596 人份，年内确诊病人 22 例，对其进行跟踪调查和疗效判定。麻风病防治：对1949 年以来的 3 名现症病例治愈健在者开展回访调查，对其家属及密切接触者进行检查，无新增病例。疟疾防治：区医院对县级以下各类医疗机构临床诊断为疟疾、疑似疟疾和本院不明原因的发热病人进行疟原虫血片镜检 600 人，未检出疟原虫。通过采取建立疟疾治疗药品储备库及三热病人血检等措施，病例得到及时发现确诊和规范治疗。**健康教育：**按照《2016 年西峰区“公共卫生服务”质量提升年活动实施方案》，落实工作任务，配备密集柜，做到统一、规范存档。9 月，在区妇计中心、肖金中心卫生院召开全区档案工作现场会，促进了档案的规范化管理。年底，全区健康档案电子建档 344272 人，电子建档率 91.35%。利用健康体检、首诊测血压等方式开展高血压、糖尿病等重点慢性病患者筛查，对确诊病例定期进行随访、健康指导。累计管理高血压患者 12504 人，健康管理率 16.46%，已体检 9307 人，规范管理率 74.43%。管理 2 型糖尿病患者 2576 人，健康管理率 8.81%，已体检 1934 人，规范管理率 75.08%。

【医疗服务质量管理】区乡各医疗卫生单位持续推进“三好一满意”“医疗质量万里行”和“医疗服务质量提升年”活动，利用分级诊疗制度和医师多点执业制度实施时机，发展临床业务，强化临床路径管理及优质护理病房建设，高度重视院内感染控制，加强医护质量管理，提高服务能力，促进了医疗业务快速发展。继续加强医疗秩序整顿和平安医院创建，年内未发生重大医疗安全事故。过度医疗治理工作取得实效，服务质量进一步提高，医疗业务得到快速发展。年内，全区乡以上医疗卫生单位完成业务总收入 13590.59 万元，门诊 45.47 万人，住院病人 24805 人次。

【人才队伍建设】年内，派送国家、省、市、区级医疗机构进修培训 54 人。其中省外 14 人、省级 16 人、市级 20 人、区级 4 人，派出 21 人参加庆阳市“千名医护人员素质提升”项目培训。加强学术研究力度，年内邀请国家、省、市专家在西峰区举办妇产科、护理学等学术交流活动 3 场(次)。举行第三届西峰区中医药学会换届大会，完成《基层医院护理实践能力提升》《甘肃省运动医学基础及临床技术巡讲》《产科临床新进展》等 4 个省市继续医学教育项目，区医院等医疗卫生单位完成科研课题 3 项，获庆阳市科技二等奖，发表国家级论文 67 篇，省级 14 篇，通过学术活动提高医护人员理论素养，提升医疗业务技术层次。

【中医药工作】3 所社区卫生服务中心、8 所乡镇卫生院均建成中医特色诊室和高标准的中医馆。“全省中医药先进县区”创建工作通过省级验收，区医院开展“中西医结合医院”创建活动，中医药参与治疗率大幅提升。选派 29 名中医骨干学习“李可”古中医诊疗技术和“立新七针”疗法，邀请重庆巴南“立新七针”针灸研究所专家团队到我区指导临床诊疗工作。彭原卫生院、董志卫生院陈户分院中医特色诊疗新技术在临床应用中取得显著成效。开展中医师承教育工作，全区 28 名青年中医师通过师带徒考核。开展中医适宜技术培训，全体医务人员普遍掌握了 15 种以上中医适宜技术和 6 项食疗保健技术。重视中医药科研和学会工作，中医药类科研项目获得市级立项审批 24 项，获得市级科技进步奖 22 项。在全区开展中医“节气方”推广饮用活动，深受群众欢迎，全区中医养生保健氛围日益浓厚。

【“两学一做”学习教育】制订学习计划，建立健全学习制度，坚持发挥中心组学习的表率带动作用，坚持集中学习与个人自学相结合，坚持理论学习与调查研究相结合，努力使学习做到经常化、规范化。落实“党员学习日”制度，组织召开十八届六中全会精神精神宣讲报告会。围绕“两学一做”学习教育主题，深入整顿作风，开展了以“讲学习，讲责任，讲公正，讲团结，讲纪律”为主要内容的“五讲”学习教育活动，在干部职工中弘扬“七个坚持”(坚持树立正气，增强底气，求风清气正；坚持心系事业，爱岗敬业，求价值体现；坚持团结协作，互相支持，求维护大局；坚持追求真理，明辨是非，求实事求是；坚持表里如一，言行一致，求忠诚担当；坚持纪律约束，照章办事，求清正廉明；坚持自我完善，修正错误，求尽善尽美)，保障了卫生计生系统全体干部职工在各项工作讲规矩、讲纪律、讲规范、讲程序，符合党的政策、符合法律法规、符合行业管理要求。

【扶贫攻坚】贯彻落实省、市、区委关于开展“联村联户、为民富民”行动和“精准扶贫、精准脱贫”工作的统一部署和要求，推进联村联户扶贫攻坚工作深入开展，成立了驻村工作队，全面摸清联群众家庭人口、生产、生活状况，制定了帮扶规划。坚持“因村制宜、因户施策”的原则，围绕贫困村、贫困户主导产业，积极引导和鼓励发展高效富民产业，确保村有主导产业、户有增收门路、人有致富技能。针对农户特点邀请专家分类开展养殖、种植、务工等技术培训 2 次。落实精准扶贫户住院享受新农合补偿比例提高 5%的优惠政策，落实补偿 775 人次 17.6 万元。落实乡村医生补助 30.5 万元，15 个贫困村标准化村卫生室覆盖率达 100%。

区卫生和计划生育局领导班子成员名录

局　长　吴简栋

纪委书记　杨国栋

副局长　杨　勇　许亚平　黄军锋

祁彧祥　孙　皓

区疾控中心

主　任　刘麦平

副主任　刘　骄　张登銮

区妇幼保健计划生育服务中心

站　长　曹武锋

副站长　杨秀娟(女)

区地病办

主　任　陈　勇

党支部书记　高　翔

副主任　孙菲娜(女)

区合管局

局　长　刘军宏

副局长　石永华　李承熹

区人民医院

院　长　张世玮

副院长　胡治峰　王志平　王军峰

李阿丽(女)　李伯英

(供稿：张彦龙)

红十字事业

【救助工作】春节前夕，开展2016年“红十字博爱送万家”暨救灾物资发放活动，发放红十字博爱慰问箱58箱、救灾大米1283袋、慰问品（米、面、油）242份，受益群众3500多人，总价值约17万元。在天使基金项目救助工作中，申报小天使基金及天使阳光基金申请资料15例，其中8名天使阳光（先天性心脏病）申请患儿到广东中医院接受免费手术治疗。博爱周期间，区红十字会为北街辖区5户困难居民送去1000元慰问金及保健腰带。“六一”儿童节前夕，为西峰区丽景幼儿园聋哑智障幼儿送去爱心款2000元，并为孩子们送上节日的祝福。

为贫困户发放红十字慰问箱

【筹资募捐】通过多种渠道募集款物16.23万元。一是组织建立淘宝公益网店募集款物4.15万元，用于救助贫困学生。二是通过倡议定向募捐。2月份，通过倡议为受大火侵袭的孙守石家募资资金1020元，送去面粉2袋、棉衣3件、运动服3件、棉被4床。蒲公英志愿服务队募集6万元，为渠里张小学贫困学生发放学习用品42份，儿童游乐设施3套、儿童高低床20套、台球乒乓球桌 1套。“六一”儿童节前夕，向庆阳市电子商务协会会长毛永吉求助，募集善款2000元，为米王小学25名贫困学生送去爱心书包、文具25套。8月份，蒲公英志愿服务队参与“壹基金温暖包”募集活动，为贫困学生筹集捐款3.64万元。三是通过爱心义卖募捐。6月13日，博羽全脑幼儿园的老师、同学们将亲手制作的香包等手工制作100多件进行义卖，送来爱心捐款1002.5元。按照她们的愿望，将善款送到5名贫困学生手中。四是通过联系社会爱心人士，对贫困大学生实施救助。8月，红十字会志愿者杨会明联系社会爱心人士，为4名贫困大学生筹集助学款2万元，并及时送到了学生手中。五是通过投放募捐箱筹资募捐。在婚姻登记中心投放募捐箱1台，共收缴箱内募捐款375元。

爱心募捐

【防震减灾演练】在“5·12”防灾减灾日当天，联合北街卫生服务中心在东湖社区广场开展抗震救灾应急救治及人道救助演练活动，参与群众70多人。团体会员单位彭原初中、后官寨初中、董志小学也开展了防震应急疏散演练，1360名师生参加了演练。

彭原初中防震减灾演练

【救护培训】按照区委办《关于认真做好西峰区红十字会应急救护培训工作的实施意见》精神，先后对机场、公安、团体会员单位、丽景家园幼儿园、乡镇卫生院工作人员进行救护员培训16期培训710人；在社区、机场、大学生村官基地、辖区所有完中、职校进行应急救护普及培训47期培训7141人。

【宣传工作】向国家、省、市、区级报刊杂志、新闻媒体投送稿件41篇，其中《关爱受灾群众——红十字志愿者在行动》在《中国红十字报》予以刊登，省、市级刊物刊登23篇，县区级刊物刊登17篇，撰写红十字《工作简报》23篇。市、区电台报道红十字会工作5次，《今日西峰》报道4次。在“5•8”世界红十字日当天，联合北街卫生服务中心30余人，开展以“处处为人人”为主题的大型宣传活动。现场为居民群众测量血压170余人、测血糖210余人，发放各类宣传资料2000余份(册)，受益群众2000余人。9月10日，第17个世界急救日当天，联合庆阳市跑团、蒲公英志愿者服务队等5个红十字志愿服务队在东湖公园广场开展“人人学急救，健康伴我行”世界急救日健步行宣传活动，90多名志愿者参加此次活动。活动发放宣传袋、宣传册3000多份，受益群众2300多人。同时，制作了应急救护知识展板4面，固定工作人员在区政府北侧小游园进行长期摆放，便于过往市民群众随时了解红十字应急救护知识。红十字博爱周期间，各乡镇(街办)红十字会组织志愿者利用逢集日在人群聚集的闹市发放宣传资料，招募志愿者，向群众面对面宣传红十字知识。

【志愿服务工作】招募志愿者54名，吸纳红十字青少年会员204名。在“3•5”学雷锋活动日、“5•8”世界红十字日、“六一”儿童节、“9•9”重阳节等重要节点，开展以“关爱贫困家庭、点亮微心愿”“志愿服务在身边”“送温暖、献爱心——公益募捐”等为主题的志愿服务活动24场(次)。3月18日，全市红十字志愿服务现场会在西峰区召开，

红十字会救护员培训

南苑路社区红十字志愿服务站和蒲公英红十字志愿服务队作为观摩点交流学习。

【组织能力建设】积极发展团体会员单位41个，收缴会费5.335万元。组织5名机关工作人员分别参加了国家、省、市组织的2016年度全国人体器官捐献协调员培训、赈济救援队初级培训班、2016年全省红十字青年志愿者骨干训练营暨甘肃省红十字志愿服务工作论坛、救护师资培训等各类培训6场(次)。6月中旬，与卫生、教育部门衔接，在市、区高中、职中，乡镇卫生院抽调骨干人员，组织参加了全市红十字应急救护师资培训，在参训的62名学员中有40名学员通过考核并取得《红十字应急救护师资证书》。

【“两学一做”学习教育】结合红十字会工作实际，制定《西峰区红十字会“两学一做”实施方案》、“两学一做”学习计划。成立了“两学一做”学习教育领导小组。利用每周二开展“党员学习日”主题活动，组织全体党员干部职工召开学习会议36次。集中学习了中共十八大、习近平总书记系列重要讲话等精神及《中国共产党章程》《中国共产党廉洁自律准则》《中国共产党纪律处分条例》《中国共产党党内监督条例》《关于新形势下党内政治生活的若干准则》《中国共产党问责条例》等准则条例；组织观看《作风建设永远在路上》等10多部影片。每位职工撰写心得体会3篇，摘抄笔记两万多字。坚持每周一次的“党员锤炼日”活动，促进“两

学一做”教育活动的开展。

【“双联”及扶贫攻坚】年初，制定驻村计划和帮联干部轮流进村安排表，并将每位帮联干部工作开展情况与年度考核挂钩。按照驻村干部每人一年2次，1次1个月的时间规定，轮流驻村。并结合各户的实际情况和需求，为每个帮联户制定帮扶计划，明确了帮扶方向。春节前夕，在彭原镇杨坳村开展“红十字博爱送万家”活动，为包基宗、包有国等12户困难家庭集中发放了大米、棉被、棉袄等物品。开展双联行动“大走访、回头看”活动，深入彭原镇杨肴村七亩地组、北岭组、李楼组3个村组，走访农户176户。为杨肴村建强果树专业合作社捐助培训资金1000元，发放各类宣传资料100余份。向西峰网、区委双联办共报送信息24期，典型材料、民情日记、理论文章、双联小故事、心得体会、调研报告等共计6篇。

区红十字会领导班子成员名录

会　长　高惠玲(女)

副会长　贺东虎

（供稿：肖　峰）

部分医疗机构

肖金中心卫生院

肖金中心卫生院前身是1955年在肖金街南成立的卫生所，隶属镇原县。1956年，与肖金联合诊所合并，年末迁至北城壕。1958年，由镇原县划归庆阳县，称肖金公社卫生所。1966年，改称肖金地区卫生所。1978年，改名为肖金中心卫生院，迁至肖金南街。1986年4月，改称西峰市肖金卫生院。1988年3月，更名为西峰市肖金中心卫生院。1993年，新建单面砖混结构住院楼24间、平房15间。2002年，更名为西峰区肖金中心卫生院。2006年，开设中西医诊断室、妇产科、中西药房、放射室、B超室、心电图室、化验室、妇产室、手术室、消毒供应室、防保室，固定资产140万元。2016年，总占地面积8044平方米，建筑面积7201.52平方米，职工84人，设内、外、妇、儿、中医、医技和公共卫生等科室26个，开放床位50张，主要承担辖区20个行政村，4.8万居民的基本医疗、急诊急救和公共卫生服务工作，是一所全民所有制一级甲等综合性中心卫生院。拥有200mA高频X-光机、全自动生化分析仪、全自动血球计数仪、牙科治疗机、600AG型微彩B超等大中型医疗设备20余台(件)。能够开展常见病、多发病、急危重病人的救治工作，年门诊人次2.4万，住院患者2000余例，业务收入400多万元。卫生院2015年12月被国家卫计委评为“群众满意的乡镇卫生院”，先后被省卫生厅评审为“一级甲等卫生院”，授予“全省先进乡镇卫生院”“免疫规划先进集体”荣誉称号，被市政府评为“全市卫生系统先进集体”，连续多年被区委、区政府评为“全区卫生工作先进单位”。

近年来，在市、区党委政府的大力支持下，肖金中心卫生院不断完善医疗服务体系，加强基础设施建设，2008年新建双面三层局部四层住院楼，于2012年5月开工建设，2013年新建门诊楼一幢，业务用房得到保障，群众就医环境明显改善。着重加强公共卫生服务和中医等特色科室建设，进一步健全了公共卫生科，落实乡村一体化管理，严格执行村医每周到卫生院上班一天、卫生院每月下

肖金中心卫生院

村检查指导业务一周的工作制度，对村卫生所实行“工作目标制、包村责任制、考核绩效制”管理，落实绩效奖惩。注重中医特色文化建设，新建中医馆，增购多功能牵引床、中药熏蒸机、中药煎药机等中医诊疗设备；实施中医常规诊疗服务项目，大力推广中医药适宜技术，开展中医埋线治疗腰腿疼、便秘，穴位埋线减肥等新业务新技术，临床疗效明显。认真执行国家基本药物制度，基本药物全部实行网上采购、零差率销售，村卫生室用药由卫生院中心药库统一配送；积极落实分级诊疗制度，引导患者科学就医，贯彻医师多点执业政策，合理配置医疗资源，建成医院信息化管理系统，简化新农合医药费用报销程序，实行门诊现场减免、住院垫付直报，使广大参合患者真正得到实惠。

（供稿：张彦龙）

GSP 标准认证的药品器械仓库

甘肃国燿医药有限公司

甘肃国燿医药有限公司是在 2012 年 5 月 18 日成立的原国药控股庆阳有限公司的基础上，经甘肃省庆阳市西峰区工商行政管理局于 2016 年 11 月 9 日核准成立的市级医药物流配送公司，公司注册资金 1000 万元。

作为庆阳医药物流配送的示范企业，公司现有合作供应商 204 家，业务范围覆盖庆阳市七县一区及西安、兰州、宁夏等周边地区 21 家市县级医院、33 家省内商业分销机构、410 家其他医疗机构及 134 家零售药店，承担着高端、原研、独家、进口等 4282 个品种的配送任务。企业拥有符合 GSP 要求的药品仓储（面积 2160 平方米）及标准化办公场所（面积为 790 平方米）；公司下设总经理办公室、财务部、质量管理部、采购部、销售部、物流部、商务部、OTC 事业部等 8 个部门。公司员工 68 名，其中职业药师 3 人，研究生学历 1 人，本科学历 8 人，大专学历 12 人，其他各类技术人员 12 人；先进的 CMS 医药管理系统、用友财务管理系统、今目标办公管理系统，实现了药品经营管理各环节的自动化，使职能管理清晰、便捷、高效，为公司发展战略的实现提供了有力保障。

甘肃国燿医药有限公司管理团队

公司始终秉承“关爱生命、呵护健康”的企业理念，以“创新机制、提升效率、节流增效、稳健发展”为发展战略，以新版 GSP 管理要求不断规范企业经营行为，继续保持庆阳医药物流配送销售规模第一、市场覆盖率第一、药品供应链第一的发展势头。2016 年，公司销售突破亿元大关，预计公司在“十四五”末销售规模会达到两亿元。公司曾先后被庆阳市食品药品监督管理局、西峰区人民政府评为“药品质量管理示范企业”“优秀信用企业”“2012 年度先进企业”；2015 年，公司被庆阳市食品药品监督管理局评为“优秀信用企业”，被庆阳市文明办、庆阳市教育局、庆阳市红十字会授予“爱心单位”称号，被庆阳市人力资源和社会保障局命名为庆阳市普通高校毕业生“就业见习基地”等；2014 年、2015 年、2016 年连续 3 年荣获庆阳市医药系统诚信红榜上榜企业称号。

（供稿：吴卓颖）

体 育

【群众体育】元旦，市、区政府联合举办“‘陇东冰雪健身基地杯’迎新年西峰城区全民健步行活动”；2 月 19 日（正月十二）在东湖公园门前举办“西峰城区第九届健身健美操大赛”；2 月 21 日（正月十四）在和谐广场举办“西峰城区春节‘体彩杯’拔河比赛”；7 月 9 日，在庆阳体育场举行“2016 年‘体彩杯’全国弹弓竞技邀请赛暨中国弹弓竞技联盟（庆阳站）海选赛”；9 月，在庆阳体育馆举办“西峰区第三届羽毛球联赛”；10 月，分别在陇东学院、天富亿米禾足球场、庆阳六中举办“西峰区第二届足球联赛暨‘校园杯’青少年足球联赛”；11 月在庆阳三中举办“西峰城区第十七届‘园丁杯’暨第十一届‘希望杯’篮球联赛”；组队参加庆阳市“‘重走长征路，全民健身’庆阳南梁 25000 米接力赛”、庆祝“第八个全民健身日广场舞大赛”“2016 秦直古道中国‘庆阳·合水’乡村马拉松”；组织开展为期一个月的国家体育局推广的新十二套广场舞及西峰区三级社会体育指导员培训活动。为区政协委员、人大代表及区直机关干部职工以及温泉镇 7 个村的农民近 2000 多人体质检测、资料收集、建档等；为区委、区政府、市水保局、教体局、区建委等 40 多个机关单位开展系统单位职工运动会。指导各乡镇（街办）、村组（社区）、机关、企事业单位、学校利用“三八”“五一”等节假日举办各类单项运动会 160 多场次。

“陇东冰雪健身基地杯”迎新年全民健步行

西峰城区第九届健身健美操大赛

【竞技体育】390 人参加“市十三运”成年组、少年组 15 个大项 117 个小项比赛。以 38 枚金牌、13 枚银牌、28 枚铜牌，总成绩 1346 分， 11 人（次）达国家一级、二级运动员标准，8 人（次）破庆阳市记录。获全市 8 县（区）团体总分第一、金牌总数第一、奖牌总数第一、达等级运动员人次第一、破市纪录人次第一的优异成绩。

【基础建设】启动西峰城南体育休闲广场项目；新建 40 处全民健身场地，并于 11 月 8 日在庆阳体育场门前举行“体育器材集中发放仪式”，为 34 个村组、社区及部分学校发放健身路径、篮球架、乒乓球台、羽毛球柱共 400 多件（套）、价值 130 多万元的健身器材。省级高标准全民健身中心工程在温泉公刘广场建成投用。

体育器材集中发放

【体育彩票销售】全年新增设10个体育彩票点，全区体育彩票销售点增至120个。销售体育彩票112,675,337.00元（其中电脑彩票销售102,858,330.00元、即开彩票9,817,000.00元）。超额完成庆阳市下达的体育彩票销售任务。

【扶贫攻坚】完成沟畎、新庄1.5公里道路表油硬化，新修赵咀、李庄水泥路2.5公里道路建设，对新庄至雷坪9.17公里道路行道树栽植绿化；修缮铺设自来水管线1000米；完成北田、沟畎、李庄3个村民小组农电网改造工程，安装变压器3台，架设线路10.6公里。对接联村单位水务局筹集资金5万元。发展香包生产大户15户，带动本村留守妇女100多人居家就业。完成村部绿化、亮化工程，完善内配设施；开展双联行动“大走访、回头看”活动，对赵沟畎村8个村民小组所有农户进行走访排查问题，对排查的问题进行整改落实，并按要求进行了回访；11月20日至21日，与赵沟畎各双联单位在新建成的村文化广场举行“赵沟畎村‘扶贫攻坚联民心、文化体育展风采’运动会”，各村及双联单位组建代表队11支，共300余名干部、农民参加了体育比赛。同时，邀请北地红演艺公司在赵沟畎村进行“送戏下乡”慰问演出。并向赵沟畎村赠送了价值约1万多元的运动服装160套。通过了甘肃省委托的第三方评估验收工作。

区体育管理服务中心班子成员名录

区教体局副局长、体管中心主任、区重点业余体校校长　刘　勇

区重点业余体校副校长　张志阳

区体管中心纪检组长　马　莹(女)

（供稿：周炳全）

档　案

档案管理

【档案管理】制定印发《西峰区档案事业发展“十三五”规划》和《关于加强和改进新形势下全区档案工作的意见》；档案工作继续被区委、区政府列入全区重点目标管理责任书中，有效提高了各立档单位对档案工作的重视；为了保证档案装具的规范统一，积极争取区财政支持，免费向全区立档单位提供文书、会计、照片3类档案装具；3月，通过开展“集中整理归档月活动”，138个立档单位按时完成了年度归档任务；全年共接收组织部、统战部、区委办、编委办、审计局、工会等15家单位到期档案720卷。目前，区档案馆共存放文书档案14406卷26722件，专业档案4513卷8492件，科技档案535卷，特色档案3218个，图书资料4060，破产企业档案16509卷453件。

【馆库建设】8月，对现有库房进行了改造、整合，扩展档案库房3间，投资12万元，安装档案密集架101组，有效缓解了保管条件有限，无法正常接收到期档案的难题；在区委、区政府的重视下，采取档案馆、博物馆、展览馆“三馆合一”的建设模式，西峰区新档案馆楼已落座于区民俗文化产业园内。

【业务培训】举办卫计、教体系统文书档案培训班2期，培训人员84人；财政系统会计专业档案培训班1期，培训人员的52人；土地确权专业档案培训班2期，培训人员68人。并先后组织本单位及立档单位27名业务人员赴兰州参加了省档案局举办的兼职档案教师、继续教育和档案数字化建设培训班，通过这些培训，使全区档案员的业务素质有了明显提高。

【档案宣传】6月6日，与市档案局联合在东湖公园门前，采取悬挂横幅、摆放宣传牌、播放录音、散发传单等形式进行档案法律法规知识识宣传。为了强化宣传效果，区档案局还准备了3000个家庭档案盒及5000盒印有档案宣传标语的餐巾纸，现场免费发放，受到市民一致好评。

【档案行政执法】5月开始，集中利用1月时间，对区卫计局等63个单位进行档案行政执法检

查，对存在问题的单位提出了整改意见，下发《档案执法监督检查通知书》，限期整改，使之务必达到档案管理的“九防”要求。

【机关档案馆(室)晋等升级】9 月，区政协、区公路管理段、肖金中心卫生院 3 家单位的档案室顺利通过了市档案局验收，晋升为档案工作规范化管理“省一级”档案室；南街办事处、东湖社区、庆阳陇上家和房屋经纪公司、清真寺 4 家单位晋升为档案工作规范化管理“省三级”档案室；12 月，西街办档案馆通过省档案局评定验收，晋升为档案工作规范化“省特级”档案馆。肖金镇张庄村民张仁民的家庭档案馆也受到上级档案部门的充分肯定。

【档案保护和利用】全年共接待档案查阅利用者 2000 多人(次)，收集效益事例 85 例，完成档案全文扫描 150152 幅，裱糊、修复破损档案 2000 多卷(件)。与区地志办共同编撰 2016 年《西峰年鉴》。

【效能建设】严格遵守中央“八项规定”，省委

肖金张仁民家庭档案馆

“双十条”以及市、区实施细则和《党政机关厉行节约反对浪费条例》，牢记“两个务必”。修订完善职工考勤、公务接待、财务管理、车辆管理等制度，严肃整顿纪律涣散、有令不行、有禁不止等歪风，严格执行出差、学习、培训区委、区政府审批和区纪委审查备案制度；健全完善各项党务政务公开制度，立足实际，制定实施方案，确定党务政务公开内容，并针对不同内容确定公开形式；组织党员干部认真学习《中国共产党章程》《中国共产党纪律处分条例》《中国共产党廉洁自律准则》和优秀共产党员先进事迹；及时开展机关办公用房和公职人员经商办企业清理和整改工作，严格落实中央、省、市、区委、区纪委有关文件精神，整改后办公用房面积符合政策规定，单位全体党员干部职工无人违规参与经商办企业。

【扶贫攻坚】2 月，档案局开展春节“送温暖”慰问活动，为 20 户“特困”户送去挂历和价值 3000 多元的米油慰问品；针对农村高龄老人和困难群众“就医难，难就医”的实际状况，10 月，邀请庆阳市第二人民医院 7 位专家，在王庄村委会开展了一次义诊活动。全天共接待患者 105 人(次)，为群众节约各类检查费用 6000 余元。

区档案局领导班子成员名录

局　长　高　超(1 月止)

　　　　王原平(1 月任)

副局长　李少峰　李秋易(女，9 月止)

纪检组长　段铁瑛(女，6 月止)

副馆长　杨建娜(女)

(供稿：李少峰)

庆阳市天富亿生态民俗村　（区网络中心提供）

民 政

民政事务

【城乡社会救助】建立以车辆、住房、经营实体、财政供养等信息为主体的数据库，形成跨部门、多层次、信息共享的居民家庭经济状况核对机制。2016 年，核对居民家庭经济信息 3.5 万条，核停低保对象 92 户 308 人。严格执行城乡低保“八集中”（集中申请、集中核对、集中调查、集中评议、集中公示、集中审批、集中发放和集中回访）工作程序和“3+1”（家庭成员户籍状况、家庭收入与支出状况、家庭财产状况三项基础数据与民主测评倒排序综合加权）综合测评办法，落实特困供养对象巡视走访和协议监护制度。接办“一门受理，协同办理”求助案件 293 件，办结 265 件，办结率达到 90%。审批低保对象 8804 户 24992 人，其中贫困村低保对象 659 户 2221 人，纳入特困供养对象 770 户 784 人。救助临时困难群众 4427 户，主动核查救助 504 户，保障贫困疾病患者 1479 人，核准困难、重度残疾人 9856 人，发放保障救助资金 9753.56 万元。

【防灾减灾救灾】制定《关于切实加强和规范自然灾害救助工作的意见》，修订完善区、乡、村三级自然灾害救助应急预案 126 个，组织培训灾害信息员 150 名。创建申报全国综合减灾示范社区 2 处，制作防灾自救宣传展板 20 余面，发放防灾减灾宣传资料 2000 多份。配合收缴农房保险 4322 户 5.18 万元。制定《西峰区民政局救灾物资废旧物品管理制度》，完善救灾物资管理台账和流程。购置储备市、区两级救灾物资 3843 件套，增置救灾物资专用存储架，储备足量的食品、饮水、砂石、木料等应急物资，满足防汛需求。严格执行灾情报告和台账管理制度，年内核查上报风雹、洪涝等自然灾害 4 次、灾情快报 18 期。严格落实统一领导、综合协调、分级负责、及时救助的救灾措施，紧急转移安置 201 人，及时下拨春荒冬令、旱灾生活补助 355 万元。

庆阳市委常委、西峰区委书记章志兼（右二）带领民政等部门实地查看什社乡果农受灾情况

【双拥优抚安置】开展双拥宣传活动，发放宣传资料 1000 多份，悬挂宣传牌 50 余面，举办烈士骨灰安葬纪念活动。为双拥办配备专职工作人员 3 名，建立社会化“拥军工作站”5 处、“军民共建点”2

个。联合各驻峰部队举办科技知识讲座11期，开展消防安全演练15次。建立健全“五位一体”（资助参保、医疗优惠、医保报销、医疗救助、优抚补助）重点优抚对象医疗保障机制，全面落实参战参试人员特惠补助政策，全年共为1918名优抚对象发放抚恤补助资金883.9万元，为536名自主就业退役士兵、残疾军人发放兵役优待补助金、门诊医药费478.54万元，为28户特困优抚对象发放生活补助11.2万元。2016年未发生赴兰进京上访事件。政策安置退伍士兵及转业士官34人，利用数据终端核查重点优抚对象397人，系统录入60周岁以上农村籍退伍军人132名。教育培训自主就业退役士兵96名，依托鑫润农业有限公司等5户“扶创”企业，建立退伍军人培训就业基地，先后开展创业培训20多次，推荐就业83人。

【基层政权建设】制定《西峰区村（居）两委换届选举工作实施方案》，从选举、决策、管理、监督四个方面入手，严把“五个关口”（严把选举委员会产生关、严把选举办法制定关、严把选民登记关、严把候选人产生关、严把选举投票关），依法依规选举社区居委会成员107人。印发《西峰区村民自治试点方案》，修订村民自治章程、村务公开目录和村规民100多份，完善村（居）监委会制度115条。出台《西峰区农村社区建设试点工作实施方案》，建成试点社区15个，初步形成“政府主导、民政指导、村组牵头、社会支持、群众参与”的农村社区建设运行机制。编制《西峰区街道设置暨社区规划》，印发《关于加强全区城市社区治理工作的实施意见》，将30名社区居委会主任、副主任工资纳入财政预算，并代缴养老保险。建立“四位一体”（社区党组织抓党建、社区居委会抓自治、社区事务服务中心抓服务、居民监督委员会抓监督）管理模式。探索建立“1551”（三维数字社会管理服务平台、物业管理五项制度、党员管理五项制度、养老服务“一键通”）管理服务新模式。

【社会事务管理】养老服务体系建设上，投入82万元对董志敬老院进行维修改造，为后官寨敬老院购置取暖设备，新建维修特困分散供养对象住房22户。建成城乡社区老年人日间照料中心16处，组建村级（社区）老年协会32家，设立居家养老服务网点5个，开设为老服务项目30个大类100多项，提供为老服务3000多人次。殡葬制度改革上，落实特殊困难群众基本殡葬服务免费政策，年内提供免费服务8次，免除费用0.9万元。安排专人对已建公墓、安葬区开展执法检查，聘请市土地规划设计院对全区公墓重新勘测定界，规划确定公墓188处786.3亩。婚姻登记管理上，创建全国3A级婚姻登记机关，规范登记程序，加快推进信息化建设，10万多份婚姻资料实现纸质、电子双档管理。年内办理结婚登记3280对，离婚登记900对，补发婚姻证件800对。社会组织登记管理上，建立健全社会组织负责人管理、查处退出等制度，推动建立政社分开、权责明确、依法自治的管理体制。制定社会组织党建规程，开展社会组织监督检查，培育基层社会组织92个，新建社会组织党组织78个，组建率达到45%，党建工作覆盖面达到100%。留守儿童关爱保护上，制定《关于加强农村留守儿童关爱保护工作的实施意见》，成立领导小组，建立联席会议制度，开展摸底排查2次，建档立卡留守儿童928名，建成留守儿童之家2处。为169名孤儿发放生活费132.53万元，资助孤残留守儿童、贫困优秀大学生107人，发放资金18.61万元。全国地名普查工作上，成立西峰区专家咨询委员会，收集整理地名登记资料3840份，采集地理实体图片4200余张，审定各类信息资料1.4万条。编制《西峰区第二次全国地名普查成果转化规划》，录入数据库地名词条3800多条。

【“双联”及精准扶贫】充分发挥民政兜底扶贫作用，1009户5611名一、二类对象保障线与精准脱贫线实现“两线合一”。入户对接增收项目110多项，组织开展果树栽植、规模养殖等培训讲座6场次，建成贫困村老年人互助幸福院15处，救助贫困村困难群众98户，发放救助资金13.3万元。

【"两学一做"学习教育】履行党组织书记抓基层党建及"一岗双责"责任制，签订目标管理责任书，修订主体责任清单，细化分解目标任务，开展约谈工作。落实党组党风廉政主体责任和纪检监察组织"三转"要求，查办纪委交办案件3件，结案率达到100%。开展"三项教育""三会一课"活动，扎实整改民主生活会及群众反馈问题8项21条。开展"一学五抓""三讲三比"等活动，制定规章制度21项，明确工作职责26项，修订业务规范16项，集中开展讲学、评议活动36场次。接访困难群众2000多人次，接处信访案件38件，查办率达到100%。

区民政局领导班子成员名录

局　长　马进霄

纪检组长　李国栋(1月任)

副局长　刘　军　封俊宽　李星位

（供稿：王立君）

老龄工作

2016年，西峰区总人口38.1万人，其中：60岁以上老年人口为4.23万人，占总人口的11.1%；80岁以上老年人口3363人，百岁以上1名；城市老人口1.12万人，农村老年人口3.11万人，空巢老人1.5894万人。

【老龄宣传】在10月"敬老宣传月"开展真情慰问、困难救助、矛盾调处、为老服务、敬老宣传等工作。对西峰区41名生活困难老人进行贫困救助，发放救助金20500元；协调处理老人赡养、财产、再婚等方面矛盾纠纷13起。帮助彭原镇芦渠村一位双腿残疾，生活不能自理且养子不尽赡养责任的老人，打扫卫生，整理内务，给老人买米面油、挂面和馒头，以及内衣内裤、棉衣棉裤和鞋袜被褥，解决老人衣食问题，并积极与民政局、彭原镇敬老院衔接，为老人办理入住敬老院的相关手续。组织全国孝亲敬老模范文存科、老有所为先进个人司林枫，巡回乡村作"孝亲敬老"报告会，老人节期间老山村、文安村、彰水村等17个村委会举办"孝亲敬老"表彰奖励活动。

"重阳节"开展"孝亲敬老"宣讲活动

【老年人保障】制定出台《西峰区进一步提高老年优待工作的意见》《关于下发西峰区老龄委成员单位工作职责的通知》《西峰区开展"敬老文明号"创建活动的实施方案》。定期召开老龄委成员单位会议。落实65岁以上老年人免费乘坐公交车的政策，为老年人办理免费乘坐公交IC卡，65岁以上老年人实行公厕免费。老年群体组织的各类文体活动所用场地费实行减半收取，体育馆、公园、博物馆、图书馆一律免费为老年人开放；市、区医院设立老年优待窗口，持老年优待证的老年人优先救诊、取药、住院，门诊挂号免费，70岁、80岁、90岁以上的老年人住院费报销比例分别提高10%、20%、30%的报销比例。6月，组织65岁以上老年人进行免费体检，建立健康档案。80岁以上老人高龄补贴标准提高至100岁以上每人每月100元，90—99周岁每人每月60元，80—89守岁每人每月25元。

【信访工作】制定《西峰区老龄办信访接待工作制度》，建立老年人来信来访台账，做到件件有记录，事事有答复。协调有关部门解决老年人提出的合理请求和相关问题，做到依法行政、依法办事，使老年人的合法权益不受侵害。对一些老年人案件需要法律救助的，通过庆阳市法律援助中心进行减半或免除诉讼费。2016年接待老年人来信来访23人次，处理涉老矛盾纠纷案件19期，申请法律援助4件，办结率100%，满意度100%。

【看望慰问】春节期间，看望慰问困难高龄老人72户，发放慰问金3.6万元。“老人节”期间，看望慰问特困老人24户，发放慰问金2.45万元。12月，慰问“双联”户及精准扶贫户共11户，发放慰问金5500元。

【新型养老服务体系】制定下发《西峰区进一步加强基层老年协会规范化建设的实施意见》《关于加快城乡社区老年协会建设的通知》《关于加强基层老年协会和日间照料中心协同发展的通知》，建立健全老年协会组织机构、工作阵地、工作台账，争取落实老年协会的运转资金。2016年建成城乡社区老人日间照料中心16处。每个居家养老便民服务中心设文化活动室、图书阅览室、心理咨询室、日间休息室。对长庆北路、康寿路、何坳村、湫沟村等32个老年协会进行依法登记，发给社会团体法人登记证书。把居家养老服务网络平台建设列入政府议事日程，制定项目推进计划，全体干部分3组，深入到6个试点社区开展调查摸底，摸清辖区老年人生活状况、身体状况和所需服务，拟定《2016年西峰区开展居家养老服务网络平台建设方案》，增加610名服务对象。发放居家养老服务手机实行实名制登记，服务费一次性充值到居家养老服务卡上。共建成5个居家养老服务网点，开设为老服务项目30多类100多项，养老护理人员增加到40人，提供为老服务超过3000人次。

【文化生活】在街道社区、乡镇村组、敬老院举办5次老年趣味运动会、3次老年歌舞比赛、1次老年书画展等文化活动。老人节期间，举办老年文化周活动，红太阳、巧儿艺术团等4支老年艺术团深入基层村组，将精彩节目送到家门口；新落成的老干部活动中心揭牌仪式当日，举办老年书画作品展览，参展作品151件，获奖作品35件；温泉乡齐楼村邀请秦剧团在村文化广场上为全村老年人唱大戏；瑞康家园举办“重阳节”老年文体比赛。在文明城市创建和城区环境卫生整治活动中，退休老干部组成环境卫生治理小分队，自觉承担护绿员、保洁员、监督员，带头遵守交通秩序。

【“双联”及精准扶贫】肖金镇老山村贫困户李四军、邵正儒家，因病因灾返贫，家中病人常年看病花费很大，生活困难，争取民政临时救助金1000元、2000元，给予应急帮助。干部职工撰写关于怎样做好群众工作、如何搞好扶贫工作、农村留守老人的生活状况等调研报告6篇。开展政策法规宣传10余期，举办实用技术培训班3期，输出劳务10余人次，平均每户劳务增收8000元；为5户贫困户申报扶贫贷款共计14万元。帮助邵正儒规划设计羊舍、猪舍和草料房，建成标准化猪舍1栋、草料房2间，养猪60头。6户精准扶贫户已全部达到预脱贫收入标准，6户双联户年收入平均增长10%左右。对肖金镇老山村新城组、上庄组94户农户从惠农资金发放、危房改造、农村饮水、发展致富等方面，进行走访、排查、整改，排查出矛盾问题18件，其中消化处理12件。

【“两学一做”学习教育】制定《“两学一做”学习教育活动实施方案》《西峰区老龄办“两学一做”集中学习周活动安排表》，坚持每周二下午由领导班子成员轮流组织开展“两学一做”专题辅导，内容包括党章、准则、条例、习近平系列重要讲话、上级重要会议精神、西峰区领导重要讲话等。全体党员干部在学习的同时认真做好学习笔记，积极撰写心得体会，开办学习专栏12期。将“两学一做”活动与2016年老龄重点工作有机结合，学以致用，切实发挥党员干部的先锋模范作用。

区老龄工作委员会领导班子成员名录

主　任　白兴焕

副主任　任庆兰(女)

（供稿：周　鼎）

人力资源管理与社会保障

人力资源管理

【就业创业】开展就业援助月、“春风行动2016”大型招聘会等活动。创建新的创业孵化基地，开展农村劳动力技能培训和创业培训。完成城镇新增就业16250人，城镇登记失业率为1.97%，就业技能培训2856人，创业培训410人，职业技能鉴定人数3500人，岗位技能提升培训120人，劳务输转6.033万人，创劳务收入12.67亿元，安置2016省民生实事就业项目26人。开展就业创业政策宣传服务活动6场（次），接受咨询5000多人（次），免费发放《中华人民共和国就业促进法》《农民工维权手册》《中华人民共和国劳动合同法》等各类就业宣传资料5万余份，提供就业信息3500多条。利用人力资源市场举办大型人力资源招聘会12次，400多户企业先后参加并提供招聘岗位3724个，入场求职者4500人（次）。委托西峰职专开展餐饮酒店服务、机械设备维修、汽车运用维修、园艺技术等省级劳务品牌培训600人，农民技能培训8900人。对21名工作懒散、不服从管理、经常迟到早退的公益性岗位人员进行谈话、调整或辞退，对已享受公益性岗位补贴满三年的人员进行清理。2016年，新开发公益性岗位208个，对80多名区属就业困难人员进行公益性岗位安置，为104名灵活就业人员发放社会保险补贴。新增区级创业园区2处，落实园区建设补贴12万元，申报市级创业全区2处，省级创业园区1处。

【人事人才】推进公务员分类管理制度改革、公务员职务与职级并行工作，享受政策106人；完善人员聘用、岗位管理和公开招聘制度，岗位等级认定503人；按期完成领军人才期满考核和管理服务工作；按政策完成职工各类工资晋升和年终绩效奖发放；根据《西峰区公务用车制度改革实施方案》和《西峰区公务用车制度改革司勤人员安置实施意见》，解聘55名岗位合同工司勤人员；申报北国春果业公司的“矮砧密植示范果园及产业配套建设项目”和西峰餐饮服务行业打包的“西峰区餐饮住宿管理水平提质项目”，为北国春果业公司推荐外国专家1名。

社会保障

【社会保险】以非公有制经济组织从业人员为重点，组织工商、税务、住建、公安等部门，强化社会保险扩面征缴工作，确保各项社会保障待遇按时足额发放。2016年，西峰区参加城镇职工养老保险7002人，参加城乡居民养老保险166800人，参加失业保险5926人，城镇职工参保人数16409人，城镇居民参保24702人，工伤保险参保18500人，生育保险参保13013人。城镇职工基本养老保险征缴收入4675万元，基金支出6419万元；失业保险征缴收入290万元，基金支出58.2万元；城镇职工基本医疗保险征缴收入6834万元，基金支出4700万，城镇居民基本医疗保险征缴收入523万，工伤保险征缴收入453万元，生育保险征缴收入100万元，基金支出78万元。为2112名企业退休人员按照标准完成养老金的调整，养老金标准由调整前的人均每月2116.92元增加到2281.52元，人均月增加164.6元；为78名“五七工、家属工”完成2016年养老金调整，由调整前人均月养老金941.22元增加到1003.4元，人均月增加62.18元；城乡居民基础养老金标准在每人每月90元的基础上，市级财政再增加10元，使我区城乡居民基本养老保险基础养老金最低标准达到100元；城镇居民医疗保险基金筹资标准由原来每人每年380元提高到420元。累计为2224名企业离退休人员发放养老金5430万元；为符合领取条件的312人完全失地农民养老保险累计发放养老金323万元；为40名符合领取条件的村干部发放养老金4.8万元；为

130 名解除劳动合同失业人员发放失业金 40 万元；发放居民养老金 14320.79 万元。住院费用稽核采取实地稽核、电子邮件稽查、电话稽查、床头核查、网络协查等方式，先后赴西安、北京等地上门协查住院费用。申请异地协查 553 例，市内稽核 538 例，查处虚假违规票据 6 份，涉嫌金额 9 万余元。

【劳动保障监察】开展“农民工工资支付情况专项检查”“非法用工检查”“用工单位遵守劳动合同法情况专项检查”“劳动用工备案”等专项检查共计 12 次，涉及用人单位 1500 余户，涉及劳动者 17000 余人，追缴社会保险 60 万元；查处变相违规收取押金案 4 件，责令退回劳动者押金 6000 元；查处非法使用童工案 3 件，责令用人单位限期改正并将非法使用的童工送交监护人，同时按相关规定给予行政处罚；帮助劳动者追回工资 1650 万元，有效遏制了拖欠农民工工资的行为。全面实行施工企业农民工实名管理制度，指导各行业施工企业建立农民工花名册、考勤记录和工资支付等劳动用工基础台账，积极与农民工签订劳动合同；严格执行在建项目农民工工资保证金的缴纳标准，对其他企业因生产经营困难无力支付农民工工资或企业法人欠薪逃匿的，主动衔接，动用农民工欠薪应急周转金，及时妥善加以解决。2016 年启用农民工保证金支付农民工工资 275 万元。受理劳动争议案件 30 起，结案 27 起。

【“双联”及精准扶贫】从农村劳动技能培训入手，聘请专家教授，深入各乡镇村组现场开展果树工、家禽饲养、蔬菜园艺等农民实用技术培训和鉴定，委托西峰职专开展餐饮酒店服务、机械设备维修、汽车运用、维修园艺技术等项目的 600 人省级劳务品牌培训，并帮扶村部建设资金 3 万元。医保中心联合社保中心邀请延安大学咸阳医院内科、心脑血管、医疗保健等多位专家对“双联”的什社乡塔头村开展义务诊疗活动，义务诊疗 1786 人/次，现场处置病患 300 人/次，接受医疗保健咨询 600 人/次。城乡居民养老保险局为每个帮联户送去春耕必需物资，为帮扶村捐助电脑 1 台，解决环境卫生整治费 5000 元。

11 月 11 日，召开人社系统深入学习区委第四次党代会精神暨“一学五抓”活动动员部署会议

【“两学一做”学习教育】西峰区人社局党委制定下发《关于在人社系统党员中开展“学党章党规、学系列讲话，做合格党员”学习教育实施方案》及《西峰区人社局党委“党员活动日”活动实施方案》，围绕四个研讨专题，认真开展学习党规党章，学习习近平总书记系列重要讲话精神。组织学习 260 余次，编印赠送书籍小册子 100 份，撰写学习心得体会 146 份。开展“两学一做”学习教育和十八届六中全会精神知识测试，学习党章。研读准则、条例等党内法规。与各支部签订党建工作和党风廉政建设工作目标责任书，每人签订党风廉政建设工作个人承诺书。对系统内党员组织关系进行集中梳理，对人事档案中 87 名没有档案的党员，按照党员档案补办程序进行补办。对 2008 年 4 月以来交纳党费情况进行自查，补缴党费 91 人共 15063 元。

区人力资源和社会保障局领导班子成员名录

局　长　白　林

纪检组长　张亚龙

副局长　李本钢　刘宏伟　刘军义

（供稿：朱彦虎）

乡镇(街办)概况

Villages and touns (subdistrict office) summaries

乡镇街办

董志镇

【经济数据】2016年,固定资产投资完成65亿元;招商引资完成31亿元;工业增加值2215万元;农业增加值2.61亿元;人均可支配收入8520元。

【项目建设】2016年全镇共实施重大项目25个,用地协议签订680多亩,流转土地2600多亩,签订搬迁户协议880多户。2个十大重点项目中:庆阳市民俗文化产业园项目完成所有附属物征拆工作,签订用地协议400多亩,大剧院、北城墙、镇朔楼和博览馆施工正常。雨洪集蓄生态保塬老湖改造、环湖管线建成,绿化美化工程进展顺利,配合完成南湖泄洪口附属物征拆,施工正常。2个市列重大项目中:城南绿地项目流转土地2200亩,签订附属物协议235户,移栽乔木5260株,新栽花草600亩。纬1路综合管沟正在铺设,水系建设动工,完成农宅改造23户,建成自行车环道,目前正在签订众裕组搬迁户协议。北师大庆阳附属学校项目建设开工,目前有13个单体工程进展顺利,11个单体即将全部封顶,2个单体已完成主体施工。7个基础设施项目中:冯堡下沟排水工程建成并投入使用;污水处理及再生利用项目附属物及用地协议全部签订,完成清表和围界。石化工业园区A3路目前搬迁户和企业协议均已签订,交付工队施工。A1路搬迁户协议全部签订,北段800米建成投用,中段1.2公里施工正常;利用世行贷款建设经济示范镇项目4条道路建成投入使用,农产品集散中心附属物协议全部签订,正在督促拆迁;西环川公路、庆化大道南延伸段、六年、周庄、董志3个石油管线项目施工正常。11个商业开发及社会事业项目中,新城棚户区改造涉及周岭村老庄、周岭、五里铺、王沟畎、李堡5个组3个片区,目前已完成丈量登记,分3个组正在签订搬迁户协议;庆阳市实验学校搬迁项目正在签订搬迁户协议;“一馆两院”项目基本完成搬迁户协议签订,正在拆迁;空港基地项目完成地面附属物清理及围界工作;黄委会规整地交付用地单位围界;董志幼儿园完成所有附属物清理并围界,交付净地;银西高铁3块、57亩临时用地协议已签订,东庄至五星段交付工队施工,附属物协议正在签订之中;东环路加油站、红星美凯龙、传媒大厦、凤凰大境等4个项目完成后续遗留问题处理。

【产业培育】持续抓好“果、畜、林、游”四大产业。果产业,新组建董志镇果业合作联社,成立果品专业合作社2个,共完成果树新栽6640亩,其中百亩以上示范点5处;补植1200亩。引进龙头企业1户,在寺里田村流转土地1000亩,规划建设现代苹果示范园1处,土地已交付企业,正在围界。完成庄头、罗杭2个村果树幼园管护3600多亩,崔

董志镇养牛专业户

沟村果园提质改造1200亩；成立耀辉养殖农民专业合作社，新建益群规模养牛场，现牛存栏200多头，目前累计出栏400多头，带动发展规模养殖户80多户；沿蒲河流域，围绕南庄、庄头、庄子洼环川沿线、塬边咀哨区域完成苗林产业培育11000多亩，西片万亩苗林产业基地建成；依托风貌和人文景观，采取招商引资的方式，在庄头小河湾和胡同赵发展乡村旅游业。小河湾生态民俗旅游景区项目规划和全景展示沙盘已完成，小河湾主干道路、景区道路已全部拓宽硬化，接待中心正在建设之中；“天下第一塬，丝路花海”项目一期流转土地1000亩，已交付商家完成围界。同时完成顶凌覆膜16000亩。

【环境整治】2016年，调整充实10余名干部到城管环卫办工作，组建成立21个村级保洁队伍，确定21名管理人员和57名保洁员，划分46个区域，落实划片包段责任制。共组织干部群众1.8万人(次)，出动各类机械226台(次)，集中整治70余次，清扫道路89公里，清理水沟杂草、道路两边垃圾173吨，新砌透视围墙300米，砖墙100米，整治农村“十乱”400多起，清除卫生死角、“牛皮癣”2500多处。

【信访维稳】共排查受理各类矛盾纠纷198起，调处成功188起，调处成功率为95%。累计化解各类信访积案64件，其中52件做到案结事了。

【扶贫攻坚】完成精准扶贫大数据管理平台信息更新维护工作，核查清理“四有”人员54户。成立扶贫互助协会17个，21个村资金合作社通过区上达标验收，发放返贫户扶贫贷款75户、375万元，扶贫互助资金301户280万元；完成2016年贫困户退出镇级自验、市区级验收工作，全镇实现全面脱贫目标。完成南庄村土地整理2000亩，建成易地扶贫搬迁安置点2处、86户；新修柏油、水泥路77个组、20条、52公里；实施农电网改造23个组38公里；完成寺里田、冯堡、胡同赵、崔沟、野林5个村农发项目建设任务；改造村级便民服务大厅2个，新建老年人日间照料中心3处，建成农民文化广场2个。同时，狠抓活动载体，凝聚工作合力。

【两违严打】采取网格化管理办法，重点围绕新建项目和新开道路划分责任区，将巡查区块和责任靠实到人，采取全天候、不间断的巡查和监管，深入一线巡违、控违、拆违。对于发现在建“两违”工程，采取多次数、多阻止、多劝说的方式，积极动员自拆，尽力把损失降到最低，对久劝不听、抵抗公事的个别重点户，坚决予以强拆。共组织规模拆除8次，强拆62宗，自拆6宗，累计拆除面积44000多平方米。

依法拆除“两违建筑”

【“两学一做”学习教育】年初，召开“两学一做”安排会，2月对全镇所有党员组织关系进行排查，理顺了党员组织关系，健全完善了党员档案，使每名党员都纳入党组织的有效管理，做到了学习教育全覆盖。制定《董志镇“两学一做”学习教育实施方案》，5 月 5 日召开了董志镇“两学一做”推进会。党委中心组带头开展学习；科级干部积极为所联系的支部党员讲党课；全镇党组织率先启动了周二“党员学习日”活动；利用信息平台及时发送“两学一做”相关信息；各村级党组织充分利用“三会一课”等载体组织开展党员集中学习。全年组织党委中心组集中学习 12 次，举办专题辅导 6 场次，镇村干部集中学习 15 场次，认真开展“董志大讲堂”活动，每名党员干部书写心得体会 4 篇，信息平台编发信息 31 条。并且在机关启动了“党性锤炼日”活动，每周五下午机关干部按照划分的区域，集中开展环境卫生整治活动，为群众营造了优美的人居环境。落实“四个走遍”活动，党委书记、政府镇长已走遍 19 个行政村 227 个村民小组以及所有贫困户，各村党总支(支部)书记走遍了所在村的所有农户。为全镇 1736 名党员全部佩发了党徽，并且为机关干部制作了“我是党员”工作职责牌，为农村党员户发放了“共产党员户”户牌，促使党员牢记职责、做好表率、接受监督。在机关党支部开展了“严守党章党规，规范党员日常言行”专题讨论。组织全镇党员观看了《建党伟业》《杨善洲》《人民英雄—刘志丹》等 10 部红色电影。

董志镇领导班子成员名录

党委书记　祁崇东

政府镇长　黄彦斌

人大主席　薛小军(5 月止)

　　　　　董书堂(6 月任)

党委副书记　刘　丹(5 月止)　栗宁博(6 月任)

纪委书记　栗宁博(5 月止)　宫宝平(6 月任)

政府副镇长　宫宝平(5 月止)　脱永平(6 月任)

　　　　　郑琬丽(女,5 月止)　贺小龙(6 月任)

　　　　　田养忠(6 月任)

武装部长　贺小龙(5 月止)　张　华(6 月任)

(供稿:郝　峰)

温泉镇

【经济数据】规模以下工业增加值完成 870 万元；农业增加值完成 1.76 亿元；固定资产投资完成 44.3 亿元；招商引资完成 34.83 亿元；粮食总产量达到 1.29 万吨；完成土地流转 5440 亩。

【项目建设】共实施 50 万元以上各类项目 64 个，签订用地协议 504.3 亩，累计完成投资 44.3 亿元。东区集中供热站一期项目建成投用，东区污水处理厂、岐伯医学院、秦霸岭东路拓宽项目完成用地征拆，具备施工条件；棚户区改造项目进展顺利。天富亿景区完成民俗古街后续建设，游客接待中心建成封顶，“一街八区”功能不断完善；文鼎苑综合商贸体项目完成论证规划。华为云计算大数据中心项目成功落户。

天富亿景区

【城镇建设】美丽乡村建设，实施齐楼村街区改造、小区续建和广场绿化，完成米堡村街区改造和 80 间农家乐建设。新农村建设，启动实施温泉村新农村建设总体规划，前期手续办理；完成巨塬村易地扶贫搬迁规划选址。环境综合整治，按照市场化运作和划片包段的方式，完成西合公路、米湫公路示范带建设。

【产业培育】苹果产业，全年新栽 2835 亩，提质改造老果园 5000 亩。养殖产业，加强盛牧源生态种养殖基地科技管护，养羊 1200 只，带动规模养殖户 14 户。苗林产业培育，完成栽植 6650 亩。乡村旅游，完成公刘庙、公刘湖、公刘谷总体规划，打通了天富亿—清水沟环山道路6.7公里。新建中药材加工基地1处，种植双垄沟播玉米5000亩。湫沟村鑫泽、盛牧源和刘店村恒丰源等新型经营主体快速成长，农业产业逐步向规模化、效益化、品牌化方向发展。温泉村都市休闲农业体验园，通过套种薰衣草、波斯菊等花卉，扩充了传统矮化密植苹果示范园的品质内涵，迈出苹果产业与旅游产业组团发展的第一步。米堡村福源大樱桃示范园以樱桃采摘为主题，开启乡村旅游休闲农业采摘活动的先河。

【民生项目】开展乡村舞台民间文化社团汇演。建成村级幼儿园2所、老年人日间照料中心2处、集中埋葬点1处、乡村舞台6座、村级标准化司法行政室8处、电子商务示范点6处。齐楼村、米堡村在街区改造、住宅开发等方面迈出实质性步伐。

乡村舞台民间文化社团会演

【扶贫攻坚】全年发放精准扶贫贷款330万元、产业互助资金200万元、产业扶持资金13万元；全镇农民人均可支配收入达到8960元，比2015年增加1117元；114户452人实现了稳定脱贫。黄官寨村、地庄村、何坳村、米堡村率先实现全面小康。

【"两学一做"学习教育】突出"学"这个基础，利用每周二下午"主题党日"活动，开展学习活动，学习党章党规，学习中共十八大及十八届历次中央全会、市区党代会及"两会"和习近平总书记系列讲话精神，让党员干部接受思想洗礼。突出"做"这个关键，开展每周五下午"党性锤炼日"活动，组织机关党员干部走上街头，开展环境卫生大扫除、服务群众等活动，在劳动锻炼中锤炼党性修养，在服务中强化宗旨意识。发挥党员干部先锋模范作用，教育引导党员干部带头深学细改，带头宣传政策，带头访贫问苦，带头学用科技，带头移风易俗。突出"改"这个重点，将"两学一做"学习教育向纵深推进，做到带着问题学，照着问题改，针对党员干部自身问题，通过建立整改台账，逐条逐项进行销号。

温泉镇领导班子成员名录

党委书记　孙守谋（5月止）
　　　　　李维仓（6月任）
党委副书记、镇长　葛宗峰（5月止）
　　　　　　　　　刘朋刚（6月任）
人大主席　巨光银（5月止）
　　　　　薛小军（6月任）
党委副书记　高建伟（6月任）
纪委书记　李兴虎
副镇长　齐仲德　张冠鹏（5月止）
　　　　赵浩东（6月任）　何喜宏（女，6月任）
武装部长　周　瑄（5月止）
　　　　　马清泉（6月任）

（供稿：姚沣城）

彭原镇

【经济数据】2016年，全镇固定资产投资完成48.3亿元；招商引资41.35亿元；规模以下工业增加值2780万元；农业增加值1.89亿元；文化产业增加值0.51亿元；粮食总产量达到2.03万吨；农民人均可支配收入达到8970元。

【项目建设】以"一城（陇东汽车城）一区（北部工业集中区）一路（银西高铁）"建设为重点。启动

西峰制药厂开工仪式

实施重点项目六大类 54 个(其中:亿元以上项目 8 个,500 万元以上项目 41 个), 征用土地 212.22 亩,流转土地 5512 亩;签订附属物协议全迁户 26 户、半迁户 182 户;拆迁结束 154 户,搬迁坟墓 33 穴,完成投资 49.17 亿元。陇东汽车城项目。一期建成投用汽车 4S 店 11 个, 完成项目投资 13 亿元,园区内道路、绿化工程、汽车文化广场已全部建成。二期项目占地 17.07 公顷, 剩余全迁户 7 户,已完成征迁 3 户、半迁户 10 户。三期由村组自主实施,目前签订土地流转协议 140 亩,拆除全迁户 5 户,搬迁坟墓 24 穴。西峰北部工业集中区项目。项目占地总面积 4.82 平方公里,涉及我镇草滩、义门、李家寺 3 个村 14 个村民小组。全年解决项目遗留问题 56 起, 签订土地征收协议 38.42 亩、全迁户协议 3 户,拆迁结束 36 户,搬迁坟墓 28 穴,A1 路、B1 路、C17 路全线贯通,入驻的益翔药业和庆宁粮油基本建成, 西峰制药厂开工奠基,3 块储备地完成围界。失地农民安置全力推进。完成草滩、义门、李家寺 3 个农民安置点 142 户建设任务,水、电、路等配套设施项目同步实施。刘岭失地农民安置小区完成清表围界和招投标手续办理,鄢旗坳安置小区加快前期进度,计划 2017 年初动工建设。银西铁路项目。银西高铁彭原段共完成临时用地征用 20.34 公顷、签订补偿协议 110 份、兑付补偿资金 187.52 万元。庆阳市养老基地项目。项目总投资 8.12 亿元,规划占地面积 34.4 公顷,总建筑面积 25.26 万平方米,一期所涉及的实训中心、综合服务楼全面建成;养老休养区 10 幢公寓楼及 2 幢生活服务中心主体全面建成。城北二路、城北三路、南梁大道建设项目。涉及鄢旗坳村 4 个村民小组,全长 1350 米,已经表油硬化,全线贯通。进北湖道路、分离式立交桥项目、鄢旗坳光伏发电项目、北区污水处理厂用地征迁及管网铺设工程正在进一步磋商对接。新建村组道路。完成“一事一议”财政奖补、通村油路建设,新修村组道路 41 条 73.5 公里。

【乡镇建设】新农村建设、小康重点村建设:完成草滩村区级新农村试点建设工作, 大力发展特色产业,新增养殖大户 75 户,完善基础设施建设,新建居民点一处,安置农民 32 户。围绕“一镇三村”的总体规划,完成下庄、刘岭、鄢旗坳小康重点示范村创建及北湖绿化、亮化工作。“美丽乡村”和“万村整洁示范村”建设:完成彭原村“美丽乡村”建设(该村辖 10 个村民小组,510 户 2096 人,耕地面积 4063 亩)。彭原青藤农业文化产业园借力“西峰乡村旅游特色采摘季”活动,举办中国•庆阳首届青藤农业樱桃文化节。打造城乡环境综合整治新格局。将城乡环境综合整治作为“美丽乡村”建设重要内容,打造“一带两线十五路”(“机场沿线景观带; 青藤—宝塔寺和北湖—循环农业乡村旅游线;每村一条样板路)环境综合整治格局。

【产业开发】畜牧产业。引进甘肃中盛 30 万只湖羊繁育养殖及屠宰深加工项目, 用四个月完成项目招引、开工建设,投资运营,创造项目建设中的“中盛速度”,二期现已流转土地 129 亩,辐射带动全镇新增规模养殖户 139 户, 种植紫花苜蓿 3117 亩。果树产业。新栽苹果树 1850 亩、建成杂果经济林 1067 亩,新建百亩矮化密植示范园 2 处、百亩桃园 1 处,完成幼园补植及管护 2000 亩,郁闭园提质改造 1000 亩,建成储量 100 吨苹果组装式冷藏库 1 个。日光温室及设施蔬菜。新建完成日光温室 52 座, 新栽特色瓜菜 1500 亩, 种植高原夏菜

1.32万亩。陇崒有机蔬菜成功入围中国最佳农产品前十强。家庭农场。创办通瑞、嘉航等家庭农场7处。农民专业合作社组织。新建农民专业合作社27个，入社会员750人，发展壮大示范社4个，依托合作社流转土地5512亩，建成示范基地5处。地膜玉米及小杂粮。积极调配地膜52.38吨，在周寨、杨坳、顾咀、芦子渠、五郎铺、赵沟畎、鄢旗坳、邵家寺、彭原等9个村实施全膜玉米种植1.15万亩，种植小杂粮2000亩。中药材种植。依托五郎铺彤园中药材种植基地，辐射带动全镇群众种植党参、黄芩、黄芪、板蓝根等中药材共1058.9亩，附带种植国槐、西瓜共300亩。苗林产业培育。完成苗林培育4700亩、荒山造林3670亩、退耕还林补植补造1200亩、栽植行道树37公里，在草滩村建成首个庆阳青年林1处。

中盛湖羊繁育养殖基地

【社会事业】加大殡葬制度改革力度，建成将台山陵园等2处集中安葬区。新建村级农民文化广场2处、乡村舞台10处、村级综合文化服务中心1处，建成顾咀村非物质文化遗产传习所1处。实施农电线路改造16个村民小组，改造线路总长15公里，涉及群众484户，受益群众2091人。完成下庄村、顾咀村2处老年人日间照料中心建设。完成易地扶贫搬迁8户33人、危窑危房加固9户；复垦旧庄基140个，新增耕地面积560亩。新建彭原镇电子商务服务站、彭原镇电子商务服务中心各1处，建成村级电子商务示范店11个。新建村级便民服务大厅5处。开展实用技术培训和劳务输转培训22期45场(次)，完成农民工技能培训2000多人(次)、劳务输转培训1800人(次)，输出劳务9100人，创收1.7亿元。建成示范基地5处，完成3个村土地承包经营权确权登记颁证和土地利用总体规划调整及永久基本农田划定编制工作。足额发放各类惠农资金17项1850.94万元。收集整理档案1117份，完成彭原镇荣誉档案的整理归档。启动完成第三次全国农业普查工作，抽调干部166人进村入户摸排，按期完成阶段性工作及PDA信息录入9109户。组织人员完成252户生产单位及法人的调查摸底、汇总录入工作。完成15个村统计室规范化建设任务，及时更新各类统计数据、按期完成各类报表的上报工作。“两费”收缴工作。城乡居民养老保险缴费工作，现已完成参保25244人；新型农村合作医疗基金征缴工作参合人数达35435人，征缴基金5315250元。

【安全生产】开展安全生产大检查和“六打六治”等各类专项行动20余次，发现各类安全隐患132处，现场整改93处，限期整改39处；组建抢险应急分队4支，开展防汛应急抢险演练4次，出动防汛救灾20余次，挽救人民财产损失50余万元。共出动车辆141台次、执法人员453人次，逐村逐户进行地毯式巡查，没收过期食品347袋、饮品49瓶、散装醋81千克、劣质麻辣食品2421袋、药品43瓶；查处食品违法案件7起、药品违法案件1起，全部结案；共上缴罚没款41732.16元。

【扶贫攻坚】推进双联行动和扶贫攻坚深度融合，实施增收产业培育项目45户，兑付补助资金9万元；成立扶贫互助协会13个，发放扶贫互助贷款153万元；争取精准扶贫贷款395万元，并以中盛湖羊繁育基地为平台，试点推广入股分红型、代养让利型、技术帮带型三种扶贫模式，签订了三方带动协议，带动全镇152户576人脱贫致富，促进户均增收4000元以上。

【“两学一做”学习教育】以“两学一做”为主

线，提升党建科学化水平。按照“选优配强”原则，完成乡镇领导班子选举各项工作，提出“12345”发展新思路，选举产生新一届党委、人大、政府、纪委领导班子。创建党建示范点2处(彭原村、周寨村)。

彭原镇领导班子成员名录

党委书记　刘　军

镇　长　赵军显

人大主席　郭宏庆

党委副书记　董书堂(6月止)　张兴成(6月任)

纪委书记　司虎龙(6月止)

　　　　　张冠鹏(6月任)

副镇长　徐冬波　张永念(6月任)

　　　　刘海玲(女，6月任)

武装部长　田有峰

(供稿：赵启明)

后官寨镇

【经济数据】2016年，完成固定资产投资34亿元；招商引资29亿元；工业增加值2900万元；农业增加值1.38亿元；人均可支配收入达到8765元。

【项目建设】全年共实施各类项目97个，其中500万元以上项目40个，重点用地项目26个，全年共交付净地800余亩。银西铁路后官寨段制梁场及4处料场建成投用，市妇女儿童医院、安定西

银西铁路项目启动会

路延伸段、庆化大道中段、工业园区供电线路、西七转油区用地、城市运动公园纬1路等9个项目完成用地征拆；嘉鑫国际建材城二期、公安分局业务技术用房、庆化大道中段等6个项目开工建设；空港基地、民爆公司置换地两个项目交付净地，移动公司项目用地一次性完成收储；北庄、东庄安置小区房屋已分配到户，具备入住条件；柳树坳、郝岭安置小区具备开工条件，城郊失地农民安置保障到位。

【产业培育】以农民专业合作社和项目建设为依托，推进现代农业、乡村旅游和商贸工业同步发

南佐遗址

展。年内流转土地5090亩，新建合作经济组织9个、规模种养基地15处(百亩苹果示范园、林下经济示范点、特色养殖基地各2处；设施蔬菜种植基地、杂果示范园、规模养牛场各1处；百亩连片黄花菜种植基地、脱毒马铃薯扩繁基地各3处)，新栽果树1587亩，种植马铃薯560亩，培育苗林2500余亩，黄花菜760亩，胡萝卜750亩，搭建钢架大棚242座，种植牧草1000亩，发展养殖大户123户，完成顶凌覆膜3000余亩。对南佐遗址仰韶文化进行深度挖掘，完成南佐文化集市二期建设项目，发展香包刺绣等特色民俗文化产业，形成以南佐遗址、木雕馆、文化集市为主的文化旅游小景区；借助美丽乡村建设项目，突出异域赵咀风情民俗景观和花海孔塬的生态景观，精心打造微景观点7处，建办梅花鹿、野兔特色养殖基地各1处，初步形成以仰韶文化、民俗文化、自然景观、特色种养为支撑

的乡村旅游带。嘉鑫国际建材城建成投用，镇电商中心及 3 个村级电商服务点实现正常交易，张小春城乡物流基地进一步扩容，以庆化大道为纽带，以“三材”市场（钢材、木材、建材）为支撑的商贸服务带初步形成。

【社会治理】将 4 条主干道和西镇路、西孔路沿线环境卫生日常保洁外包于专业保洁公司，实行网格划分，结合“党性锤炼日”，组织机关、村组干部进行集中整治 100 余次，挑修 20 公里，修缮水渠 14 公里，涂白行道树 35 公里，清理“三堆”及垃圾堆 700 余处。成立“两违”巡查监管小分队，组织开展大型集中强制拆除行动 8 批次，拆除“两违”工程 23 宗 9858 平方米，带动自拆 2839 平方米。集中化解信访案件 15 起，成功调处各类矛盾纠纷 248 起；加大技防投入，安装 54 处“全球眼”网络监控，紧盯流动人员、刑释解教人员等重点人群，加大教育转化力度，成功转化 106 人，建立禁毒教育基地及禁毒宣传长廊各 1 处；累计开展各类安全生产检查 26 次，排查整改各类安全隐患 215 处，辖区无重大安全事故发生；把水源保护和大气污染防控作为环保工作的重点，完成库区移民搬迁年度任务及水源地恢复工作；严控燃煤进口关，苫盖土堆、砂堆、煤堆 16 处，完成 14 台锅炉改造工作。

【民生改善】以辖区“两纵两横”道路为主轴，打通辖区断头路，修复搓板路，建设联网路，硬化村组道路 36 条 51 公里，绿化道路 34 公里；提质改造农电线路 14 个村民小组，动力电入户率达到 66%；实施易地搬迁 8 户，新打机井 3 眼，压埋供水管线 10.6 公里，新修检查井 47 个，实施土地复垦 900 余亩，各项基础设施全面提升；新建老年人日间照料中心及互助老人幸福院 2 处，文化广场 2 处、村级幼儿园 6 所、乡村舞台 5 处；完成 2 个村级卫生所和镇卫生院提质改造，对全镇 5 所中小学校园及校舍进行提质改造，整体公共服务水平提升明显；农村合作医疗参合率达 100%，养老保险实现应保尽保；参战金、定补金、五保供养金等优抚资金和退耕还林等强农惠农资金按时足额发放，临时救助 1679 人次，发放残疾人轮椅等辅助器械 56 套；多部门联合组织开展种植、养殖、法律、家政服务等技能培训 20 余场次，受训群众达 4200 人次。

【扶贫攻坚】以干部联户密切干群关系，助力群众脱贫致富，发放各类扶贫贷款 605 万元，其中争取扶贫专项贷款 265 万元，发放自有资金贷款 130 万元、互助资金 210 万元，贫困村 20 项指标，贫困户 10 项指标全部实现，100 户贫困户通过省市区及第三方评估组验收，实现稳定脱贫。

【“两学一做”学习教育】把“两学一做”学习教育作为从严管党治党的有力抓手，深化“一学五抓”学习教育，全面落实党委中心组学习及“三会一课”制度，依托微信平台，创新开设“口袋党校”，搭建线上“指尖课堂”和“空中课堂”以及线下“田间课堂”“流动课堂”“固定课堂”“五大课堂”，开展思想理论、纪律规矩、正面典型、反面警示、劳务技能“五项教育”，重点围绕中共十八届六中全会精神、习近平总书记系列重要讲话及中央省市区重要会议精神解读，组织中心组学习 15 次，专题研学 5 次，集中学习 40 余场次，切实提高了班子的政策理论水平和决策能力。

后官寨镇领导班子成员名录

党委书记　燕玮杰
政府镇长　李　勇
人大主席　吴关社（6 月止）
　　　　　左正身（6 月任）
党委副书记　殷经纬（6 月止）　李含宝（6 月任）
纪委书记　高　鹏
政府副镇长　刘建丰　胡为栋　芮相峰（6 月止）
　　　　　　靳　妍（女，6 月任）
武装部长　王宏涛（6 月止）
　　　　　齐　雄（6 月任）

（供稿：罗文刚）

肖金镇

【经济数据】完成固定资产投资 12.08 亿元，农业增加值 1.48 亿元，地方工业增加值 2525 万元，文化产业增加值 0.25 亿元，招商引资 3.5 亿元。农民可支配收入达到 8270 元。

【项目建设】年内实施各类建设项目 63 个，完成宋塔保护文化园一期主体工程。自筹、争取无偿资金 3000 余万元，实施街区道路开拓、硬化，污水、雨水综合排放下沟，城区集中供热，畜禽交易市场等 11 个城镇基础建设项目。环川公路肖金段完成年度建设任务。银西铁路肖金段项目用地征拆有序推进。配合完成热电联产、垃圾焚烧发电等项目前期工作。打通工业园区南北道路。

【产业培育】以富民的理念做强特色经济林果和畜牧产业。林果产业方面：年内建成 5000 亩苗林基地 1 处，全年栽植各类果树 2830 亩。建成大唐、苗林 2 处高标准果树幼园管护示范园，其中：大唐苹果园被陇东学院挂牌确立为教学基地，完成金鑫源果库改扩建，建成大唐果蔬气调库，新增果品贮藏量 1000 吨，全镇苹果产业总产值达到 4800 万元以上。举办脱坳油桃、大棚西瓜采摘和芮岭温室油桃采摘活动。瓜菜产业方面：按照统一“种、管、销”经营模式，种植大棚甜瓜 418 棚、地膜西瓜 306 亩。同时，通过土地流转、龙头带动、基地示范、科技引领的模式，建办示范园 8 处。依托中庆公司推广白瓜子订单种植，建成白瓜子基地 3 处，辐射带动全镇种植白瓜子 1500 亩。养殖产业方面：新建肉牛养殖场 1 处，存栏 160 头。改造米王正旺养鸡场，实现全程自动化操作，存栏量 10 万只，年产蛋 900 吨，孵化鸡苗 240 余万只，产值 880 万元。扩建得旺养羊厂，年存栏量 3000 只、出栏量 8000 只。全镇规模以上养殖企业达到 18 户，年畜禽存栏量 23.25 万头（只）。

【社会事业】年内建成“乡村舞台”9 个，实现 20 个村“乡村舞台”全覆盖。新修水塔 2 座，新打机井 1 眼，全镇安全饮水率达到 100%。新修村组道路 62.82 公里，镇通村、村通村、村通组道路基本实现全硬化。发放救助、优抚等资金 648.83 万元。建成的规范化乡镇安监站被省上确定为示范站，先后 5 次接待省级组织的参观学习。肖金小学建成的留守儿童关爱之家及所做的工作得到各级肯定，国家民政部主要领导亲临指导。肖金村刘兰芳家庭荣获“全国文明家庭”荣誉称号，受到了习总书记等党和国家主要领导人的亲自接见。

刘兰芳（左二）荣获“全国文明家庭”荣誉称号

【城镇建管】争取各类资金 564 万元、筹集盘活各类资金 623 万元、吸引社会资金 3400 万元。新修街道一条，开拓一条。新建集中供热站一处，敷设供热管线 4 公里，建成公共厕所 3 处。开工建设宋塔保护文化园这一地标项目，动员王庄、肖金、李城 3 个村的 5 个村民小组筹资 76 万元，开拓工业园区道路两条 2.8 公里。筹资 59 万元，聘请专业公司对街道的环卫清扫工作实行了购买服务。与区城管局、交警中队、食药监所联合开展城乡一体执法试点工作 38 次。

【环境整治】组织干部上街清扫 40 余次，发动党员群众开展集中整治 70 多次。争取左咀、胡同两个村被列入中央农村环境连片整治项目，完善农村环境卫生配套设施。在城区，增配环卫设施，坚持早清扫、午保洁、晚清运，每天洒水抑尘。将小城镇卫生清扫保洁工作面向专业化公司购买服务。

【文化商贸】围绕“2016·肖金文化商贸交流会”，镇村两级干部群众开展各类文化活动 90 余场

左咀村社火队在城区主要街区进行踩街拜年

(次)。组织镇机关干部、各村群众参加全区社火踩街、健美操比赛、全民阅读文化周、香包民俗文化节等大型活动。组建镇机关干部棋牌队、乒羽队、篮球队等队伍,组织各类比赛活动。

【乡村旅游】推动"美丽乡村＋乡村旅游"融合发展,规划确定"两线四点"的乡村旅游发展思路,筹资93万元,聘请专业规划设计单位完成《肖金镇特色村落与旅游节点详细规划编制》。着力打造"西游"纸坊川区段、左咀村、宋塔保护文化园、"义渠戎国"四个特色旅游节点。在"义渠戎国"非遗传承保护示范基地,完成非遗保护区、香包刺绣、菊园、窑洞民居等主要节点建设。在宋塔文化园,以宋塔保护为核心,着力打造集休闲旅游、文化交流、民俗展销、特色小吃等为一体的旅游景点,现已完成一期主体工程。在左咀村,将扶贫与美丽乡村、旅游开发相结合,深入挖掘"向阳大队"红色历史,着力打造以红色文化为主题的乡村旅游景区,规划的村史馆正在建设中。依托蒲河川区秀美的生态环境,着力打造纸坊"陇上湿地花果之乡"乡村旅游景区,绿化、彩化、美化川道,建成微景观10处。以点带面,形成肖金乡村旅游精品线路。

【扶贫攻坚】年内实现64户243人稳定脱贫,累计实现841户3300人稳定脱贫,贫困发生率降至0.68%,通过各级验收,与西峰区同步实现稳定脱贫。硬化村组道路62.82公里。新建水塔2座、新打机井1眼,新建分散供水工程64处,解决1723人的安全饮水问题。架设10千伏线路0.24公里,0.4千伏线路1.5公里,配变压器2台130千伏安,完成3个村组低电压治理,贫困村实现动力电到组。完成芮岭、纸坊、杨咀等3个村5户易地扶贫搬迁。落实乡村医生补助政策10.98万元。新建电子商务示范店4个,培训电商人员246人,电商从业人员达1200人。年内,劳务输转培训1.1万人,技能培训0.01万人(其中贫困户技能培训0.006万人,培训"陇原巧手"170人),年度劳务总收入达到2.31亿元。新建老年人日间照料中心2个。新建乡村舞台6个。全镇20个行政村均接入电信宽带网络,移动网络实现了全覆盖,为贫困户发放智能手机25部。全镇20个行政村均成立农村产业发展资金专业合作社和扶贫互助协会,政府注入扶贫互助资金390万元。

【两学一做】围绕"1235"党建工作思路,提升基层党建科学化水平。开展"两学一做"学习教育,通过丰富多彩的系列活动,锤炼党员干部的坚强意志和党性修养,提升党员干部的综合素质。开通肖金党建订阅号和肖金党建企业号,以"互联网＋"的模式,探索出流动党员培训管理新模式。创新"党建＋双联""党建＋产业""党建＋致富能人"的模式,形成基层党组织发挥作用,党员干部做表率,农民群众得实惠的良好局面。

肖金镇领导班子成员名录

党委书记　杨　啸

镇　长　冯　榕(女)

人大主席　马海东

党委副书记　李承谕(6月止)　闫小舰(6月任)

　　纪委书记　赵　煜

副镇长　张治海(6月止)　周　瑄(6月任)

　　袁小军(6月止)　王宏涛(6月任)

　　贾　静(女,6月止)　王宝军(6月任)

武装部长　袁　晨(6月止)

　　张岁旺(6月任)

(供稿:刘文静)

什社乡

【经济数据】2016年，完成固定资产投资1.6亿元;招商引资完成3.11亿元;地方工业增加值654万元;农业增加值1.56亿元;农民人均可支配收入达到8600元。

【项目建设】2016年，共实施50万元以上项目33个。在新庄村一次招商引资千万元以上工业企业3户,总体投资近亿元。兰洽会签约郁金香种

庆阳市首届郁金香文化节

植基地项目,总投资1.5亿元,在什丰村落地生根,成功举办庆阳市首届郁金香文化节。什社敬老院项目,开工建设。交警中队完成年内工作任务,征迁土地10.07亩,完成清表、围界工作。在全市率先建成任岭、李岭两个标准化村级组织活动场所。论证储备了陇鑫管业、昱森源二期等一大批项目。

【基础建设】以水、电、路、房、田建设为抓手。新打机井4眼,建水塔4座,压埋供水管线1.2万米,配套农业灌溉设施6000亩;在新兴村武川实施人畜饮水工程,新打小电井25眼,解决340户群众吃水难问题。在永丰、新兴、李岭、任岭、三姓、新庄6个村实施农电网改造52个村民小组,受益群众3892户14926人。争取实施一事一议项目8个,硬化道路16条、43公里。在李岭实施高标准硬化道路8.3公里。文安村易地扶贫搬迁项目主体工程全面封顶,各项配套设施正在建设。贺塬村易地扶贫搬迁项目已建成26户。什丰、新庄2个村采取集中安置与插花安置相结合方式，安置群众192户。在新兴、庆丰、贺塬3个村实施土地复垦项目,平田整地800亩。

【产业培育】完成顶凌覆膜5000亩,任岭村完成千亩荒山造林1处1200亩。年内建成新庄村佰路通特色养殖场、贺塬东盟养羊场、三姓当庄湾养羊场共3处。注册农民专业合作社11个。围绕温什万亩果带,采取"合作社指导、群众自栽、科学管护"方法,新栽植苹果2000亩。在贺塬村建成榛子基地1处200亩，辐射全村栽植面积达到500亩。新庄村招商引资庆阳沃农公司,采取"公司+基地+合作社+农户"模式,注册"陇东贡"小米品牌,建成新庄黄毛谷生产核心示范区1处,种植有机黄毛谷300亩,辐射带动周边群众种植面积达到5000亩。亩均产达到300公斤以上，户均增加收入3000元以上。建成水泥骨架大棚70座,建成钢架大棚280座,种植露地西瓜300亩。发挥喜丰收西甜瓜农民专业合作社作用,统一品牌包装,实现本村自产自销,单体大棚收入2万—3万元。以李岭村建设生态文明小康村为契机,突出两寺(广严寺、海山寺)"三园"(郁金香园、乡村记忆园、昱森源生态园)、"五水"(塔头、任岭、武川、永丰、新庄"五个"水坝),发展多种形式乡村旅游。其中,李岭海山寺开发建设项目,投资200万元,打造形成乡村记忆园、农耕文化体验、休闲观光园。任岭村建成特色农产品一条街,设立销售棚亭25座,设有党建、综治、计生、

特色农产品销售一条街

安全、便民服务等宣传阵地，一条街不仅是推介农产品的经济长廊，还是服务便民的宣传长廊，更是传播什社民俗的文化长廊。举行什社苹果走海南首发仪式，销售什社优质苹果100多吨。

【环境整治】改善农村人居环境，党员干部带头，群众参与，打造西合路、庆贺路、李武路、什永路四个样板路，发动群众参与卫生清扫1.2万人(次)，清理垃圾200吨，修整边沟86公里，涂白行道树5000余株，增设垃圾桶100个。半年内多方筹措资金投资400多万元，在西合公路沿线建成游园5处，特别是文安村实施的小城镇提质改造、主题文化广场及地标性游园建设项目，占地9.78亩，建立西合公路西峰段新地标。

【社会事业】全乡实施为民办实事项目36个。在任岭村建成西峰区第一家村史馆；在任岭村推进残疾人就业项目，为22户残疾人每户投资1.5万元，建成残疾人就业养殖基地22处；建成贺塬、李岭、任岭3个村文化广场3处，塔头村文化广场完成选址和前期手续办理。在永丰村西队建成了集中安葬点1处，集中在两个川区及各村邻崖邻沟路段实施生命保护工程，安装护栏9公里。通过一折通及时、准确发放低保、五保、春荒冬令、零时救助、军人优抚、“两残”资金共计475.8万元。举办首届“迎国庆、歌盛世”农民艺术节暨乡村舞台社团展演活动，搭建文化展演平台。在乡机关开展以活力机关建设为主题的职工趣味运动会、以“一学五抓”为主题的演讲赛、以“同心铸梦，福喜吉祥”为主题的“庆元旦、迎新春”职工联欢会等活动，丰富了机关文化生活。农民歌手齐凤远参加中央电视台星光大道节目，宣传了庆阳苹果、什社小米。中央七台《乡约》栏目中，非物质文化遗产什社唢呐传承人齐雪茹展示了新时代什社女性的风采，让更多的人了解什社、推介什社。按照“小事不出村，大事不出乡”要求，加大信访积案化解力度，息诉罢访率达到80%以上，纠纷调处率达到98%，确保年内无重大上访事件发生。加强全乡60名吸毒人员管理工作。开展法律援助5人(次)，提供法律咨询120人(次)。每月对企业、校园、交通、食品、药品等领域开展一次全面检查，开展重大节假日安全检查6次，与全乡45家工业企业签订安全管理责任书。在各行政村实现交管室、安监室二室合一全覆盖。扩建乡级档案馆。在乡政府大厅及各村便民服务中心推行“阳光政务”和“一站式服务”。

【扶贫攻坚】把扶贫攻坚作为重大政治任务和头号工程来抓，对于未脱贫的116户449人，重点围绕产业培育、金融贷款、技能培训等措施“量体裁衣”、挂牌销号、定点消除贫困。结合双联行动“大走访、回头看”活动，组织开展三轮精准扶贫自查自纠自验，梳理纠改问题223个通过各级脱贫退出验收。全乡注册成立扶贫互助协会11个，吸纳会员564户，缴纳会费2.65万元，发放资金192万元，发放率达到72.69%。全乡累计为贫困户发放精准扶贫专项贷款2760万元。举办果树技能、养殖、家政服务培训30余场(次)，培训懂技术、会管理、善经营的新型农民1500余人。以庆丰村三姓苹之塬、文安村淘示范点为样板，全年新建村级电商淘宝店10个，实现电子商务行政村全覆盖。

【“两学一做”学习教育】建立微信公众号，每天推送党建知识；邀请市、区党校教授开展知识讲座达12场(次)；开展“手抄党章30天”活动；举办“两学一做”学习教育知识竞赛4场(次)，每季度检测学习成效。以纠正乡镇干部走读风和浮夸风为重点出台干部管理“硬十条”；持续开展每周二“主题党日”和每周五“党性锤炼日”活动，从科级干部层面抓起，在机关干部中广泛开展“擦亮机关行动”。加强村级组织活动场所建设。建成任岭、李岭2个村级组织活动场所，分别设有党员学习活动室、便民服务中心、农家书屋、计生服务室、双联扶贫室、人大代表之家等，为基层党组织筑起了坚强“堡垒”。全年纳新预备党员30人，按期转正党员26人。对4个基层党组织和37名优秀共产党员、优秀党务工作者进行表彰奖励。严格执行“三会一课”、“四议两公开”、“三重一大”的等制度，严格执行中央“八项规定”和省委双十条，落实“3783”主体责任体系、“866”衡量标尺、“111”落实督查细则。开展“一学五抓”学习实践活动，重点对区第四次党代会、区八届人大一次会议、区政协八届一次会议，十八届六中全会和区“三会”精神扎实开展学习活动，抓住补欠、谋划、扶贫、民生、作风五项重点，充分发挥党员“先锋引领”作用，推动全乡各项事业不断进步。

什社乡领导班子成员名录

党委书记　李生锦(5 月止)
　　　　　葛宗峰(6 月任)
乡　长　刘超尘(5 月止)
　　　　袁文博(6 月任)
人大主席　王武合
党委副书记　刘政伟(5 月止)　何红金(6 月任)
纪委书记　左秀鸿(女，5 月止)
　　　　　李本福(6 月任)
副乡长　郭立俊(1 月任)
武装部长　李本福(5 月止)
　　　　　孙添博(6 月任)

（供稿：李文斌）

显胜乡

【经济指标】固定资产投资完成 1.7 亿元，招商引资完成 6.5 亿元，地方工业增加值完成 726 万元，农业增加值完成 0.95 亿元，实现农民人均可支配收入 8250 元。

【项目建设】确定重点项目 33 个，完成 19 个，在建 5 个，办理审批手续 9 个。小盘河水库西峰淹没区用地征拆已完成征收土地的面积丈量、附属物赔偿清表工作，共兑付附属物赔偿款 190 万元。国土资源部甘肃东部百万亩土地整治显胜片区项目年度建设任务。完成土地勘查、丈量登记、规划

乡愁记忆馆

设计、项目报批等工作。毛寺村省级“美丽乡村”建设任务。实施乡愁记忆馆建设、“连心桥”景观区建设和毛寺——蒲河生态旅游带建设 3 个项目，全部建成竣工。保护性开发黑老锅冰窟自然景区，完成相关基础设施配套建设工作。建成占地 30 亩的黑老锅生态停车场 1 处，开通黑老锅冰窟旅游便道 3.5 公里，仿古改建 10 户农宅，建成占地 5000 平方米的小游园 1 处，打造毛寺古街 1 处。

【城镇建管】完成东大街道路拓宽取直和柏油罩面，并向南拓宽延伸街区 1 公里，提质改造西侧农宅 15 户，新栽绿化树木 78 棵，扩大小城镇面积 1 平方公里。完成街区太阳能路灯维修 38 盏，新安装太阳能路灯 18 盏。依托“一事一议”财政奖补项目，在蒲河村建成园林式农民文化广场 1 处，在村部、大桥及幼儿园周围安装太阳能路灯 32 盏。在冉李村文化广场提质改造的基础上，建成 600 平方米的村级活动场所，同步建成党员塔、群众门及标准化村级幼儿园。扎实开展环境卫生大整治，在街区和主干道，探索实行环卫公司承包负责制，实现管理与作业分离。同时，严格执行“周督查、月评比、季考核”督查奖惩机制，对排名靠前的村给予奖励，对排名末位的村予以曝光和通报批评。

【产业开发】抢抓“五万亩油松染绿蒲河川”机遇，在铁楼、毛寺、蒲河、冉李 4 个村完成苗林培育 14255 亩，新建千亩造林点 3 处，整理并绿化蒲河沿岸闲置地块 1100 亩，完成蒲河“绿色走廊”建

设。新栽苹果树1580亩，建成显胜村果蔬示范基地专业村，完成果树郁闭园提质改造1100亩，幼龄园提质改造2050亩，新建铁楼满园春果树示范园组装式冷藏果库5座。建成玉玲珑大樱桃、原生态果业等体验式休闲农业观光示范园2处。在毛寺、蒲河两村集中连片搭建钢架大棚、高架大棚606座，棚均实现收入3600元，带动全乡种植露地夏菜3560亩。成立农民专业合作社6家，发展示范性专业合作社3家，建成全区首个乡村电子商务综合服务站，实现网络销售3万多元。在肖显路、显毛路、显蒲路和环川公路两侧，集中连片种植油菜6450亩，为成功举办“中国·庆阳首届油菜花节”奠定了基础。

【旅游开发】以黑老锅景区为核心，着力发展全域旅游。开展“五大行动”：全力申报黑老锅4A级景区；成立全市首家村级旅游开发公司--庆阳毛寺黑老锅旅游开发有限公司；申请注册“黑老锅”商标，引导群众建办黑老锅生态油坊、醋坊、酒坊和蜂聚源养蜂专业合作社，开发了黑老锅牌土蜂蜜、米酒、香醋、菜籽油、土鸡蛋等系列产品；拍摄《相约蒲河川》MV，制作了黑老锅专题宣传片，在各大网站、市区电视台等媒体宣传，提升蒲河川、黑老锅的对外知名度和品牌影响力；成功举办了全市首届冰雪旅游节，以图片、文字、视频等形式将显胜向省内外进行了全方位的宣传。实施“八大项目”：一是建成占地2公顷的黑老锅生态停车场，

毛寺古街

连心桥景观区

一期项目已全部完成。二是修建3000米的黑老锅冰窟自然景区步行便道。完成景区栈道前期规划、施工设计等工作。三是在生态停车场规划建设1100平方米的游客服务中心。现已完成项目的前期规划和施工设计等工作。四是实施毛寺—蒲河生态旅游景观带建设项目，对环川公路段闲置地块进行全面规划，统一布局，建成原生态的风景旅游带。五是完成陇东冰雪健身基地二期建设项目，建成滑雪高级道、教练道各1.5公里，延长中级道450米。同时，建成空中断桥、户外攀岩、野外拉练等户外素质拓展训练基地，实现陇东冰雪健身基地的四季运营。六是实施龙泉古寺开发项目，在毛寺村龙泉寺周围修筑仿古城墙120米、安放木质凉亭一座，同时对古戏楼进行了修葺。七是实施月亮湾香草园建设项目，引进陕西德庆丰实业有限公司，在蒲河川区流转土地500亩栽植薰衣草、玫瑰等香料作物300亩。八是负河休闲山庄建设项目，在蒲河村负河组修建占地6亩的生态鱼塘一座，对周围进行绿化。同时，精心打造“八大景点”：一是建成全区第一个乡愁记忆馆。二是建成毛寺古街。对毛寺村道路两侧的8户农宅和闲置地带统一进行仿古改建，建成占地5000平方米的小游园1处。三是依托油菜花海，建成以“显胜欢迎您、招财进宝、山水画、嫦娥奔月”等为主题的“油菜花大观园”。四是对“连心桥”周边进行绿化、美化和河堤加固，建成上接红桥下接绿水、与连心桥自成一景的景观

区 1 处。五是利用蒲河广场对面的山丘，建成人工瀑布 1 处、亭子 2 座。六是收集农户闲置碌碡 68 个，在蒲河暖泉山段建成“同心桥”1 座，配套建设草亭、廊架各 1 座。七是对蒲河沿岸的闲置地块进行整理绿化，铺设健身路径，栽植绿化苗木，安装凉亭石凳，建成“七棵松”小游园等微景观、微地形 7 处。八是通过在各景点周围和环川路两侧悬挂复古式红灯笼 500 串，将毛寺村和蒲河村的众多景点连点成线，形成了环川乡村旅游景观带。

【民生实事】落实为民办实事 15 件。硬化铁楼、冉李、夏刘、岳岭、显胜等村组道路 19.5 公里。完成环川公路沿线闲置撂荒地微地形整理并进行了集中绿化，栽植雪松 10 棵，油松 6180 株。建成毛寺村马洼组农民文化广场 2 处，并对广场进行了硬化、绿化、亮化、美化工作。在蒲河村北坪、蒲河组新建小康农宅 15 户。投资 120 万元，对连心桥周边进行硬化、绿化和美化，建成小游园一处。在冉李、唐苟、铁楼、蒲河等村实施农电网改造工程，解决 483 户群众的安全用电问题。显胜村建成 120 平方米的老年人日间照料中心 1 处。建成村级金融网点 8 处，实现便民服务全覆盖。建成了全区首个乡村电子商务综合服务站，同步成立了八月红果蔬专业合作社联合党支部，形成了农业产业组织抱团发展的新态势。新建 66 平方米的档案馆 1 处，配备专职档案管理人员 1 名，建立电子档案信息库，完成档案整理归档工作，实现档案管理信息化。贯彻“放管服”改革工作，实现区乡村三级政务服务网络 100%全覆盖。完成新农合基金征缴参合率 99.8%。及时足额发放各类社会救助资金，全年共发放农村低保、五保、大病救助、孤儿生活补助等民政资金 384.66 万元。全面开展全国第三次农业普查工作，完成阶段性工作、建成村级规范化统计室 8 个。

【扶贫攻坚】对脱贫难度最大的 86 户 293 名贫困户，按照“缺什么、补什么”的原则，结合户内意愿，实施贫困户危窑危房加固 5 户，易地扶贫搬迁 5 户，互联网入户 7 户，新建卫生厕所 20 座。全乡 60 户 219 名预脱贫对象实现稳定脱贫，顺利通过省市区贫困退出验收。

【“两学一做”学习教育】“两学一做”学习教育开展以来，做到规定动作不走样，自选动作有创新。推进“四个走遍”行动，将走遍对象延伸至科级干部。坚持开展“党员学习日”活动。在每周二下午坚持开展“主题党日”学习活动，组织全体党员集中学习党章党规相关理论，进一步强化党员担当意识，加强党性修养，坚定理想信念，践行根本宗旨，争做合格党员。认真开展党员组织关系排查活动。按照党章和党内有关规定和区委要求，对党员组织关系进行了认真排查。开展党员干部“戴党徽、亮身份、树形象”活动。结合工作实际，在全乡党员干部中开展部分站所负责人公开选任考试和以干部作风大整顿、干部能力大提升、招商引资大推介、环境卫生大整治为具体内容的“四大行动”，唤醒和激发了全乡党员干部争做合格党员的争先意识。

显胜乡领导班子成员名录

党委书记　杨文波(5 月止)
　　　　　夏　成(6 月任)
乡　长　贺永龙
人大主席　杨　琛(5 月止)
　　　　　刘政伟(6 月任)
党委副书记　郭庆宁(5 月止)
　　　　　　司虎龙(6 月任)
纪委书记　张彦龙(1 月止)
　　　　　徐　波(6 月任)
副乡长　殷生杰　李兴鹏(6 月任)
　　　　武芳芳(女,6 月任)
武装部长　徐　波(5 月止)
　　　　　景　峰(6 月任)

(供稿:齐羿博)

西街街道办事处

【经济指标】2016年，固定资产投资47.5亿元；招商引资28.3亿元；农民人均纯收入12186元，净增1516元。

【项目建设】2016年，实施重点项目18个。一、棚户区改造项目取得突破性进展；南盘旋片区建设项目：东方丽景城市综合体，主体已建成，正在做外立面玻璃幕墙及主体二次结构工程；中元世贸城市综合体项目，主体已建成，设立销售大厅并营业；气象局片区改造项目，签订征拆协议65户、拆迁63户，对剩余拆迁户的遗留问题基本处理完毕，收购储备中心已和相关村组签订《集体土地征收协议》，并完成清表围界土地；炮台巷片区改造项目，办理工程可行性评估报告和立项批复，融资资料提交银行待批；家乐福片区改造项目，已完成9宗国有土地的丈量登记，并与庆阳市佳豪房地产公司已签订征拆补偿协议，拆除地面附属物2500平方米。二、基础设施建设项目顺利实施。北京大道开通项目，完成康寿路至老城庙巷段的污、雨水管道及综合管沟铺设，正在进行路面整平；庆化大道中段拓宽项目，已签订协议134户，拆迁134户，拆除各类房屋305间，移栽行道树木1470棵，弱电杆线243个，主车道全面硬化并全线贯通；永乐大道、古象路开通项目，建成通车。三、村组自办项目持续推进。老城失地农民安置小区、北城失地农民安置小区均完成项目用地清表围界，正在办理图纸会审；陇东市场等3个市场提质改造也在实施之中。四、民生项目成效显著。北区地热供热站项目，已与村、组、户签订了转包协议，完成地面附属物清表围界工作，正式开工建设；火巷沟沟头治理项目，已签订协议36份，补偿款兑付到位500万元，搬迁坟墓22穴，总体拆迁量完成80%。民族村"1+9"项目，已完成墙面粉刷、地坪处理及水电暖、门窗等安装工作。

【城市管理】以市场、巷道、小区环境卫生整治为重点，划分24个责任片区，在重点区域悬挂横幅30多条，刷写固定墙体标语18条，制作小广告集中宣传栏26处，开展专题宣讲12场(次)，发放宣传单4200多份，签订"三包六禁"责任书1800多份。着力整改乱摆摊点、店外堆放、占道经营等问题。拆除市场内占道搭建违章建筑30余处，清理小广告1000余处，清理卫生死角242处，清理店外店500多户，营造了干净、整洁、畅通、文明和谐的市场环境。对辖区内13个市场进行了集中整治，在市场管理人员和村组干部的密切配合下，着力整改乱摆摊点、店外堆放、占道经营等问题。拆除市场内占道搭建的违章建筑30余处，清理小广告600余处，清理卫生死角42处，清理店外店500多户，营造了干净、整洁、畅通、文明和谐的市场环境。2016年，共有"两违"工程33宗，拆除28宗，强拆17宗，自拆11宗，拆除面积5197平方米。

街办员工清理道路积雪

【社会维稳】成立禁毒重点整治领导小组，2016年辖区共发现管控吸毒人员103人，其中：社区戒毒2人，社区康复20人，戒断三年以上40人；强戒23人、羁押5人、服刑6人。分别开展了法制宣传月、综治宣传月、禁毒宣传月活动，举办禁毒文艺会演4场(次)；普法文艺演出7场(次)；干部学法培训和三校法制讲座30余场(次)；开展防震和消防紧急避险演练10余次；发放禁毒、普法等宣传资料11200多份；制作板报、专栏12面，出动宣传车辆80余次;悬挂横幅90多条;编印《法制宣传》20期,并通过西峰电视台、庆阳印象网、西峰网等上稿宣传23次。全年共排查辖区矛盾纠纷77起,成功化解74起,2起正在调处,1起转交相关职能部门;接办信访案件19起,成功调处13起,1起转交相关部门,1起退回。

【社会事业】 通过省文明办验收,命名为省级文明单位。档案馆通过省、市、区三级验收,升级为省特级档案馆。2016年共落实计生工作四项手术85例;新增市级奖励扶助10人,市级转入国家级奖励扶助6人;一次性发放养老储蓄21户、发放养老保险18户;分别建成秦霸岭村、东门村、寨子村"陇家福幸福寓所"3处。通过惠农专户发放惠农补贴资金913249元,其中:粮食直补103352元;农村低保213566元;大病救助96750元;城乡医疗救助21510元;孤儿生活补助费55000元等通过"一折统"进行兑付。开展大型文化活动4场(次),挑选30名干部职工组成西街办秧歌队,参加"庆元旦·展风采"系列庆祝活动;联合区委宣传部、文广局、南街办、北街办在东门村文化广场举办"送文化下基层"专场文艺演出活动1场(次)。培育香包生产大户3户,开发新产品2种,举办产业培训班6期,520人(次)。对辖区在建项目和部分重点企业进行8次监督检查,确保辖区无重大污染事故发生;开展集中宣传活动10场(次)。

街办员工秧歌社火表演

【"双联"行动】 "双联"行动开展以来,编发工作简报54期;制作固定宣传图版10块;悬挂横幅20条;刷写墙体固定标语10多条;发放各类手册388本;宣传画册262份;双联《学习读本》280本;先后召开座谈会6次;劳动技能培训1次;法律法规培训班6场(次),劳务输转培训班1次,发放民情连心卡131个。

【"两学一做"学习教育】 在6个村党支部(总支)设立党建指导员和党建联络员,指导"两学一做"学习教育开展。落实"三会一课"、"两个党日"学习教育制度,组织中心组集中学习12场(次);党工委书记讲党课6场(次)、联村领导到村级党支部(总支)讲党课8场(次)、党员领导干部到所在党支部讲党课4场(次)、结合区办"七讲进农家"活动组织先进模范到各党支部(总支)讲党课2场(次);以党支部(总支)为单位围绕专题开展讨论4场(次);邀请区党校教师、讲师团成员开展"两学一做"培训3场(次)、组织文秘知识、安全生产等专题培训5场(次);发放各类学习教育资料18本;上报党建信息20余篇。党工委书记李永太、街办主任刘丹落实"四个走遍",分别走访辖区6个行政村共42户贫困户,编写工作日志和台账;结合自身实际,提出以"两个重温、三个反思"(重温入党誓词、重温入党申请,反思入党动机、反思现实表现、反思奋斗目标)作为学习教育活动载体,要求党员干部进行一次入党回头望;撰写一篇个人心得体会;开展一次"入党为什么,入党干什么"专题讨论。

西街街道办事处领导班子成员名录

示范区管委会主任、开发区党委书记、党工委书记
　　李永太
党工委副书记、主任　王原平(2月止)
　　刘　丹(6月任)
党工委副书记　董学文(6月止)
　　袁小军(6月任)
人大办主任　马永学(6月任)

纪工委书记　张兴华(6月止)

　　　　　　刘丽萍(6月任)

副主任　张广铭　董芳辉(6月止)　赵宏东(6月任)

武装部部长　赵宏东(6月止)

　　　　　　袁　晨(6月任)

（供稿：李佳宇）

北街街道办事处

【经济指标】2016年开工建设500万元以上项目26个，完成固定资产投资13.2亿元。招引省外资金投入辖区在建项目7个，到位资金13.47亿元。规模以下企业23户，完成工业增加值3625万元。50万元以上建设项目24个，已完成项目建设13.9亿元。

【项目建设】2016年共承担棚户区改造项目9个，涉拆980户，完成签订协议881户。其中：配合实施市级棚改项目2个：三中公房片区和地毯厂片区，涉拆户264户，完成协议签订223户。配合商家改造项目4个：百货大楼片区、敦福苑片区、天富大厦片区、市建筑公司片区，协助商家做好用地征收工作，涉拆287户全部征拆安置到位，项目开工建设。承担政府主导实施项目3个：汽修厂片区、三中片区、安定东路北侧片区，涉拆户429户，完成协议签订371户。其中：房管十号楼区块涉拆户52户，4月底完成补偿安置工作，交付项目

庆阳市委书记贠建民调研棚户区改造工作

建设用地2.9亩；汽修厂片区涉拆288户，完成协议签订270户，搬迁268户，兑付补偿资金8300多万元，拆除建筑面积约15500多平方米；安定东路北侧片区涉拆户43户，完成协议签订23户；三中片区涉拆户46户，完成协议签订26户。

【基层建设】按照“一厅三室两中心”的标准，

新建成的东大街社区

建成新型标准化社区，其中：办公服务场所500平方米以上3个、1000平方米以上4个。完成社区“两委”换届选举，配齐社区班子，选举社区书记7名、副书记14名；居委会主任7名、副主任10名，社区工作人员均达到20名以上。

【环境治理】与辖区单位、商业门店签订“三包六禁”责任书，组织干部职工对辖区背街小巷、北部商城等重点区域开展卫生“脏乱差”集中整治40多场次，清扫拉运垃圾34吨，清理广告牌40余面，铲除小广告8000余处。协调新建环保公厕1个，垃圾中转站1座，更换垃圾箱60多个。推行社区物业管理“三位一体”机制，指导4个小区成立业主委员会。协调解决了锦绣城、运司家属院等5个小区供暖问题。对北部商城进行整体提质维修改造，硬化道路、安装电子门禁管理系统、刷新墙体、划分停车位等。制定《北部商城长效管理工作方案》，成立综合管理办公室，招聘门禁系统管理员、卫生保洁员、保安7名，负责车辆管理、卫生保洁、安全巡逻等。落实大气污染防治网格化管理模式，实行重

点区域24小时巡查,对辖区燃煤锅炉、火炉取暖、建筑垃圾、固体废物焚烧等进行全面摸排,通过燃煤锅炉拆除、防尘网覆盖、不间断洒水等措施,确保辖区环境质量明显提升。对居民反映的自挖污水井排污、小餐馆油烟污染等环保信访件及时成立工作组,进行调查处理。

【民生建设】开展“文明楼院”“文明家庭”“最美孝心少年”评选活动,表彰奖励优秀模范。开展志愿者服务活动,组织开展“与爱相约、与梦同行”“让爱走进大山门”公益助学、健康义诊、救助慰问等大型志愿服务活动6场次,群体性主题志愿者服务活动47场次,个体志愿服务215场次,受助居民13000余人。建立“关心下一代成长基金”,动员各界捐助基金5.8万元,救助困难儿童481人。

开展平安创建活动,办理群众诉求114件,调处矛盾纠纷268起。开展大型普法宣传活动13场次,建成普法长廊8处。在重大节庆日对辖区企事

志愿者捐资助学现场

业单位开展安全生产大检查和学校及周边环境整治工作15次,开展烟花爆竹排查整治8次,发放限期整改通知书24份。

【文化建设】新建街办综合文化站和7个社区标准化农家书屋,配备活动设施器材,并投入使用,为辖区居民提供文化娱乐场所。成立了北街书画协会,组织开展了以“朱子家训”为主题的书画交流活动。举办了以“弘扬核心价值观、同心共筑中国梦”为主题的首届社区文化节,举办社区文化成果展、群众舞蹈大赛、呼啦圈友谊赛、居民模特秀、经典诵读、居民厨艺大赛等17项具有地方特色、时代特征的大型系列群众文化活动,参与人数近万人。

【创新服务】东湖社区在数字化管理、物业服务、党员管理、居家养老服务等方面积极探索创新,创建了“1551”(一套三维数字管理系统、五项物业三位一体管理制度、党员五管制度、一套居家养老服务系统)社区管理服务新模式,实现了便民服务“零距离、零盲区、零延误”,此工作模式在全市推广;康寿路社区建立了“三条途径掌民情、六个步骤办民事、五种方式满民需”精准化服务体系,简化办事程序,提高办事效率。全年,接待来信来访28件,办理维权案件6起,化解矛盾纠纷40余件,办理政务居务300余件;北大街成立了庆阳市心怡咨询调解服务中心,由30多名爱心人士组成的专业团队免费为辖区群众开展矛盾纠纷调解、心理辅导、法律咨询、法律援助等服务。实现维权服务由政府向民间组织的重大转变。全年,接待群众300多人次,开展矛盾纠纷调处25场(次);东大街社区借助互联网技术,以移动互联网和社区硬件功能服务室为平台,整合辖区服务资源,构建六大服务模块,服务事项线上线下对接,推行“掌中”服务,打通了社区服务的“双向道”。全年,发布党员交流信息60多条、居民发帖80余条、社区信息浏览3000多人次、帮办民生实事13件;建立“社区+”服务机制。建立健全社区十大类服务体系,创建“e家”帮家政服务中心、居家养老服务中心,建立社区微官网,在居家养老、家政服务、公益维权等方面取得成效,实现服务“零距离、全覆盖”,居民群众幸福指数不断攀升。

【双联行动】“双联”行动“大走访、回头看”活动,走访居民8452户,解决存在问题163个。申报廉租住房915户、2726人;办理城乡居民社会养老保险3691人;发放救助资金29万元,救助贫困户384户、969人;发放优抚资金167万元。以香包刺

绣、花卉种植等为重点，举办技能培训班6期，参训人员达1200多人次，培育文化产业经营户7户，研发新产品7种，提供就业信息132条，实现再就业112人。发挥留守儿童之家作用，举办暑期留守儿童培训班，邀请陇东学院学生为辖区留守儿童开展文化课辅导、心理疏导等。组织对辖区869名空巢老人摸底建档，发放连心卡，建立走访帮扶机制，为残疾人配送生活用品、医疗保健、临时救助等帮扶，逐步实现老有所医、老有所养。

【"两学一做"学习教育】 开展"两学一做"学习教育，探索建立"1354"(1个方案、3个明确、5个坚持、4项活动)学习教育机制，落实"三会一课"制度，召开组织生活会和民主生活会。开展党员干部教育培训，领导干部到社区讲党课17次、开展专题讨论24次、帮办实事62件、走访老党员89人，人均撰写心得体会2篇、记学习笔记2万余字。完成党员组织关系排查、党代会代表和党员违法违纪未给予处理排查清理、党费收缴工作专项检查等"七项重点任务"，妥善处理失联党员5人，补交党费18500元。构建街道党工委、社区党总支、小区党支部和楼栋党小组的四级党组织网络，形成以社区党总支为基础，辖区单位和各类社会组织共同参与的区域化党建模式，在纯居民小区实现"数字化管理"，在商贸聚集社区实现"社企共建"，在单位集中社区实现"大党工委制"。

北街街道办事处领导班子成员名录

党工委书记　郭光瑞

主　任　徐君位

人大工委主任　王盛林(5月任)

党工委副书记　王盛林(5月止)　贾　静(女，5月任)

纪工委书记　刘社军

副主任　顾维海　李兴明

武装部部长　胡晓刚

(供稿：强蛟龙)

南街街道办事处

【经济指标】 2016年，实施常规建设项目20个(其中，亿元以上项目5个；千万元以上项目11个；前期项目4个)，完成投资16.9亿元；依托"一会一行"和第22届兰洽会，引进项目9个，完成招商引资任务15.8亿元；实施固定资产投资项目32个(其中：亿元以上项目3个；5000万以下项目23个)，完成投资任务15.37亿元，规模以下工业增加值完成2680万元，文化产业增加值完成5877万元。

【棚改项目】 2016年，共实施棚改项目8个，其中牵头实施的4个项目中，四中南侧片区涉及居民235户，签订223户、拆除209户，兑付补偿资金1.7亿元；团结小学片区涉及单位1个、居民38户，全面完成征迁任务并交付净地，具备开工条件；区委片区紫峰大厦项目涉及单位2个、居民98户，已完成全部征迁任务并交付净地，5月已开工建设，在2017年8月底可完成主体工程；安定东路南侧片区入户丈量登记、评估报告全部完成，签订协

庆阳市委常委、西峰区委书记章志兼带领四大班子督查四中南侧片区棚改项目工作

议2户，剩余14户2017年春节前可全部征迁到位。其他配合实施的原市委、庆阳一中、庆阳七中、炮台巷4个片区均按计划顺利推进。

【辖区管理】 融合"城市管理突破年"、"城区环境综合整治"和"大气污染防治综合治理"三大载体，保持"两违"整治高压态势，审核申报危旧房屋改造9户，摸排"两违"建筑28宗，已强拆16宗，自

拆9宗，剩下3宗正在动员；落实“三位一体”物业管理，创建规范化物业管理小区3个；组织控烟、爱卫、除四害、健康教育宣传活动8次，创建无烟单位8个，筛选上报省级卫生单位2个、省级卫生社区1个、市级卫生社区1个、市级卫生单位2个；常态开展环境卫生集中整治，累计保洁居民楼院600多次，清扫卫生死角、露天垃圾6400多处，清除牛皮癣、非法小广告1.48万余处，打扫背街小巷2530多条，拆除更新宣传牌850余面，清运暴露垃圾50多吨；加大重点区域大气污染综合治理，对辖区13个建筑工地、6个煤场、126个燃煤锅炉（具）、4处裸露地进行管理，开展督促检查12次，整改跟进7家。

【文化建设】组织开展了喜迎新春系列、“舞动西峰”、庆祝中国共产党成立95周年、庆祝中华人民共和国成立67周年文艺会演、“逐梦中国·喜迎国庆”六十七年书画联展等3个系列活动等大型系列文艺活动53场次。建成8个社区各具特色文化活动室和文化娱乐室及南苑路社区文化广场，规范开放运行街道综合文化站，累计接待居民群众1.8万人（次），切实形成了以街道综合文化站为引领，社区文化活动室为基础，N个文化团社为辐射“1+8+N”全民文化健身新格局，街道综合文化站被市文广局评为“市综合文化一级站”。面向辖区1827名文化产业企业负责人、创业人、参与人开展香包、刺绣生产者培训班10期，组织38个香包产业大户研发新产品10种，扶持凌云公司、岐黄公司、锦绚香包刺绣有限公司建立营销网店，先后赴北京、上海、阿联酋、迪拜、塔吉克斯坦展销8次，各生产大户年生产香包35.2万件，实现产值351.4万元。

南街办社区社火排练现场

【便民服务】强化对9个志愿者服务站和1个社会化志愿者服务队进行规范管理，灵活采取“街道集中安排、社区自主组织、个体自愿参与”原则，组织开展“邻里守望·情暖陇东”为主题大型志愿者服务活动26次；建成规范化“街道—社区”两级政务服务体系，窗口累计受理计生、社保、残疾人等业务1876件，上报深化改革信息44期。

【双联行动】审核上报低收入住房困难家庭租赁补贴790余户，发放补贴资金183万余元；办理居民社会养老保险4032人，全额发放60岁以上人员待遇1112人，为市级168人、区级65人符合条件的灵活就业人员申报社会养老金补贴，扶持432名大龄困难就业人员实现就业；实施临时救助、特困户救助345人、发放资金20.58万元；发挥残疾人救助站作用，全年救助残疾人99人。

【“两学一做”学习教育】创新应用学、讲、看、谈、做、比“六步工作法”纵深推进“两学一做”学习教育，建成集历史沿革、党的建设、发展战略等为一体的“最美南街党建馆”，开通“南街街道网络党支部”微信公众号，探索实施“2356”党建工作法。

南街街道办事处领导班子成员名录

党工委书记　米埕德(5月止)
　　　　　　刘超尘(6月任)
人大工委主任　米埕德(5月止)
　　　　　　　张红林(6月任)
办事处主任　李文渊(5月止)
　　　　　　杜翠峰(女，6月任)
党工委副书记　付粉萍(女，5月止)
　　　　　　　郑琬丽(女，6月任)

纪工委书记　梁志宁
办事处副主任　李　迪　李国鸿
武装部部长　曹和平

（供稿：赵立渊）

村组社区选介

董志镇周庄村

董志镇周庄村共有16个村民小组，1010户4014人；党总支下辖农村党支部3个，社区党支部2个，党员68名。近年来，不断强化基础设施建设和主导产业升级，着力实施小康社会和美丽乡村建设，提高农村社区化服务水平。

村党总支严格履行基层党建和党风廉政目标管理责任制，梳理出村“两委”和班子成员45项权力清单，制定防控措施45条，加强监督制约，规范权力运行，扩大“四议两公开”“一事一议”和党务村务居务公开，做到了村里的事村民商量办，社区的事居民参与办，增强了透明度，减少了“摩擦力”，拉近了干群心。

全村积极服务城南石化工业园区建设，完成庆化300万吨、600万吨升级改造、瑞南天然气等项目征拆10多个，征用土地2500多亩。围绕美丽乡村建设，破解失地农民安置难题，按照“统一统筹用地、统一规划、统一设计、统一标准、分户建设”的原则，规划集中安置小区2处，安置拆迁农户375户、1500多人，小区内水电路等基础设施配齐到位。同时，围绕石化产业，转型发展以加工运输业和餐饮、娱乐、停车、住宿等为主的二、三产业，达到退一接二连三，三产融合发展的目的，已解决1000余人就业。

失地农民周庄安置小区

以两个大型失地农民安置点为基础，打破村组界限，建立新型农村社区，成立社区党支部和居委会，设立物业管理机构，配备专职管理人员和环卫保洁人员，建成社区便民服务大厅、红白理事大厅、文化广场、标准化卫生所以及幼儿园、五保家园、图书室、便民服务超市等，安装视频监控和小区广播系统，推行精细化、网格化管理和一站式便民服务，在专人专管同时，让小区村民直接参与社区事务管理，不断强化“自我管理、自我服务”意识，方便和丰富了全村居民的生产生活，提高了管理质量，缩小了城乡差别。

温泉镇齐楼村

齐楼村地处西合公路沿线，距城区约10公里，全村辖9个村民小组，732户、3153人，总土地面积9763亩，其中耕地面积7673亩（包括3518亩果园），为2016年省级美丽乡村建设示范村。

近年来，齐楼村以改善人居环境、彰显农村生态魅力、增加村民收入为目标，全力推进省级美丽乡村示范村建设。基础设施建设，以沿街商业门店为重点，新建商业门店21间，运用“拆、变、整、修、饰”等美化改造措施，对185间商业门店实施“穿衣戴帽”改造，统一古典色调、统一生态风格、统一招牌大小，规范、提升了齐楼美丽乡村风格水平。同步推进小康住宅建设、道路路面改造、小区绿化、灯光照明、农村饮水等基础设施配套工程，新建小康住宅38户，硬化道路10公里；安装太阳能路灯26盏；新修水塔2座，新打机井2眼。公共服务配套，改建老年人日间照料中心和标准化村级卫生室各1处，共13间，新建文化长廊

居民点住宅楼

120 米。环境综合整治，购置垃圾仓 60 个，成立 5 人的专业保洁队一支，全天候进行卫生保洁；埋设排污管道 1.2 公里，新建化粪池 1 座，改建垃圾填埋场 2 处；栽植秋桐 4000 株。产业开发培育，按照“三化”模式，重点对万亩标准化矮化密植苹果示范带和百亩以上示范园进行规范化管理，带动全镇苹果产业规模化、标准化发展。

彭原镇彭原村

彭原村位于西峰北郊 4 公里处，全村辖 10 个村民小组，510 户 2096 人，耕地面积 4063 亩。彭原村历史悠久、文化璀璨、人文厚重。境内有汉代古城墙、汉古墓群、唐代佛教寺院（宝塔寺）等历史文化资源。2016 年，彭原村加快乡村建设，先后建成了中盛 3 万只湖羊繁育基地、青藤农业樱桃栽植基地、奇异花卉苗木培育基地等示范基地。逐步探索出城郊设施农业和文化旅游统筹发展的新路子。

青藤农业樱桃节开幕式

突出农业 + 健康、农业 + 文化、农业 + 旅游发展模式，以整区域自然生态环境为依托，完成美丽乡村建设规划编制，以宝塔寺为中心，分为 6 个功能片区，形成较为完善的美丽乡村建设规划体系。整合项目资金，按照“功能完善、设施齐全”的思路，硬化村组道路 2.5 公里，在雷庄组新建居民安置小区一处，在任咀组新建集中安葬区一处；新建村级文化广场一处，完善配套设施，安装景观灯 20 盏，太阳能路灯 30 盏。融入文化旅游元素，做好汉代古城墙、汉古墓群、宝塔寺等文化资源开发保护。建成彭原当庄复古生态园，收集陈列各类生产生活用具 200 件，保护窑洞文化遗址 6 处。完成青藤现代农业文化产业园年度建设任务，种植南瓜 300 亩，举办“青藤南瓜节”，推进“生态农业 + 文化旅游”融合发展。在引导群众发展文化旅游产业同时，全力推进养殖、果品两大产业基地化生产、产业化经营。流转土地 162 亩，完成中盛湖羊繁育基地二期征拆、建设任务。栽植杂果 200 亩，建成标准化采摘示范园 2 处。凸显“彭原手工面”特色，新建“农家乐”5 处。

后官寨镇孔塬村

后官寨镇孔塬村位于后官寨镇西北部，地处蒲河上游。全村共有 6 个村民小组（岘子、南庄、北庄、南塬、杨塬、菜山），202 户 757 人，耕地面积 2223 亩。孔塬村山川秀美，林密水净，空气清新，旅游资源得天独厚，是生态旅游、休闲度假、健体养身的理想之地。

2016 年，按照“全方位整合，一体化建设”的总思路，孔塬村着眼建设服务型党组织目标，以水、电、路、房、田等基础设施建设为重点，进一步整合整村推进、道路交通、农发增量等项目资源，推进基础设施建设“全覆盖”。全村共修建居民集中安置点 6 处，搬迁安置群众 172 户 712 人；修建通村

孔塬村百年古柳

油路 11.2 公里，硬化率达到 100%，实现柏油道路“户户通”；自来水入户、农电网改造现均已达 100%，实现“水、电、路、房”四个全覆盖。

孔塬村将党小组划分与产业链服务体系建设有机结合，由党员骨干牵头承担具体服务内容，引导入社社员积极参与，通过信息化服务的途径带动促进家庭产业规模、集约、特色发展。通过招商引资和集体建办的形式，村组积极整合各方项目资源，先后建办玫瑰种植示范基地、黄花菜栽种示范园各 1 处，辐射带动周边群众栽种树苗 137 亩，提供闲散劳力务工 600 余人次。其中，北庄组依托地域优势，筹资建办组级集体产业“卧龙山公墓”一处，开发墓区 30 亩 600 余穴。通过合作社及集体公墓群产业带动，全村群众平均年收益增加 2000 余元。

按照示范带动思路，村“两委”积极牵头建办标准化养殖小区，带领群众发展养殖业。通过平整废弃宅基及果园，建成庆阳鑫庆、兴旺养羊场，并配套办公区、消毒室、更衣室、腌草池、晾晒场等设施，为村组发展“标准化、规模化、现代化、生态化”养殖业起到引领作用。

肖金镇左咀村

肖金镇左咀村位于肖金镇西南 5.6 公里处，辖 8 个村民小组，393 户，1721 人，地处塬边咀梢，人口居住分散，耕地面积少，主要经济收入以种养殖和外出务工为主，收入方式单一，是全区十五个精准扶贫村之一。

左咀村自筹资金建成占地 1800 平方米、建筑面积 800 平方米的村级综合服务中心一处，改善了办公条件。招引北京国电远鹏集团，借助精准扶贫贴息贷款为贫困户争取分布式光伏发电项目，目前完成 4 户，该项目在闲置的荒地或屋顶即可实施，无污染、不需要投入劳动力，对于家庭劳力欠缺的贫困家庭是一个很好的扶贫项目。着力抓好农村环境卫生整治，对村部门前道路进行整治，建成含中国梦、红色历史及安全教育、生态文明示范小康、乡规民约等宣传内容的文化墙 500 米。对老庄组居民点进行提质改造，硬化路肩 3000 平方，安装护栏 2800 米，涂白墙体 6000 平方米，修建小花园 120 多个。创新 12 户联保管理机制，制定互帮互助管理制度和评比制度，定期进行评比，通过一系列有力措施，彻底改善了人居环境，使村容村貌焕然一新。举办春节千人社火文艺联欢晚会、第二届群众文化周等文化活动，规模和档次在全区位居前列，群众文化活动空前活跃。

左咀村便民综合服务中心

什社乡新庄村

什社乡新庄村位于什社乡东南 3 公里处，全村共辖 9 个村民小组，604 户 2345 人，耕地面积 4566

新庄黄毛谷

亩。近年来，村两委不断壮大村级集体经济，成为什社乡产业优势明显、服务功能完善、村容村貌整洁、村级集体经济繁荣的先进村之一。

在苹果产业上，扩大苹果栽植面积，提高现代化技术投入。2015年由果树种植农民专业合作社牵头，农户以土地入股，按照"五统一，三分户"栽植模式，新栽矮化密植果树1104亩（其中核心区栽植771亩，辐射带动零星农户栽植333亩），实现了果树栽植从大户流转建园向群众自发栽植连片的转变，解决了大户流转所需大面积整块土地和全乡无大面积连片土地的矛盾，探索了全乡果树栽植的新模式。2016年，村两委不断加强幼园管护力度，并通过积极衔接果业部门，计划2017年完成千亩果树基地网架示范园建设，建成集防雹、滴灌、水肥于一体的标准化园区。

在小米产业上，金粒康农民种植专业合作社不断发展壮大，在新庄海坳设立试验田，以有机黄毛谷、绿色谷子种植为切入，带领群众逐年扩大种植面积。通过引进庆阳沃农农业科技发展有限公司，建成300亩有机黄毛谷生产核心示范区1处，占领什社贡米的黄金区。以示范区为中心辐射带动周边5个村1000余户群众种植5000亩，形成了"公司＋基地＋合作社＋农户"新模式。对什社小米全部实行"订单农业"，统一为"陇东贡米"品牌，达到"四个统一"（统一规格、统一质量、统一包装、统一销售）。建立扩繁试验基地，优选传统黄毛谷品种，引进晋谷21号，提高谷子产品和品质，增加群众收入。

在项目建设上，成功招引庆阳鸿鑫面粉厂、沃农小米加工场、陌路通鸽子养殖基地3个工业企业落户，进一步加快了农业产业化和现代化进程，其中：什社小米加工厂将成为全市小米加工能力最大的企业，树立起"陇东贡米"品牌，真正形成了"企业＋基地＋合作社＋农户"的生产经营模式。鸿鑫面粉厂建成全市首家日生产150吨生产线，是全市最大的自主经营面粉厂。鸽子养殖基地有力地推动了全村特色养殖产业的发展步伐。通过全村上下的共同努力，已形成了工农互促的良好局面。

显胜乡蒲河村

蒲河村深居西峰区显胜乡西南端蒲河川内。全村共8个村民小组329户1433人，耕地面积4664亩，村内有蒲河贯穿全境。

近年来蒲河村逐步探索出了川区瓜菜、乡村旅游和精准扶贫深度融合的脱贫致富路子。在蒲河村北坪、蒲河组新建小康农宅15户。整理并绿化蒲河沿岸闲置地块，完成蒲河"绿色走廊"建设。衔接协调区供电公司，实施农电网改造工程，解决了群众的安全用电问题。同时，通过景观小品的打造，将蒲河大桥、文化广场、蒲河瀑布、同心桥等景区与众多自然景点相连接，围绕绿水蒲河形成"一

蒲河风貌

步一景、移步易景"的乡村旅游景观带。利用蒲河村部对面的山丘，建成人工瀑布1处、亭子1座，并在村部一侧建成二层生态型木质观景楼1幢。按照"返璞归真，回归自然"的理念，对蒲河沿岸的闲置地块进行整理绿化，铺设健身路径、栽植绿化苗木、安装凉亭石凳，建成微景观7处。配合中国·庆阳首届油菜花节整体规划，在沿河区域打造"嫦娥奔月"油菜花种植景观区和在暖泉山建设"嫦娥奔月"观景台。同时，积极招引陕西德庆丰实业有限公司，在蒲河村流转土地500亩栽植薰衣草、玫瑰等香料作物300亩，打造月亮湾香草园一处。通过不断建设，逐步将蒲河村打造成为村美户富的旅游休闲观光村。

西街街道办事处老城村

老城村位于西峰城区东北角，是西峰城区的北大门，省道312线贯穿全村。辖4个村民小组(老城、中街、北城、北门)，441户、1780人，有党员70名(女党员11名)。全村现有耕地400.5亩，村内拥有一所幼儿园、一个医疗站，属城郊型经济。老城村依托城郊优势，调整产业结构，先后投资资金开通了解放东路、九龙路、北环路等境内道路。建办九龙商场、九龙家具城、九龙家饰广场、九龙新天地、天禾饭店、天禾瓜果蔬菜批发市场等一批

老城村活动中心

企业。2016年，全村共有各类企业220个，从业人员1500人，村民年均收入5650余元。

2016年，老城村完成了现代化办公设备和配套设施的齐全。依托村部举办各类培训，帮助村民掌握科学知识，有力助推村民脱贫致富。使村部真正成为群众亲民爱民的服务窗口；群众脱贫致富的培训基地；群众民主参政的活动中心；群众文化生活的阵地。

北街街道办事处康寿路社区

康寿路社区办公楼

康寿路社区共辖32个楼群院落、17个企事业单位，有居民1269户3867人；党总支下设3个党支部，有党员116人。社区党总支坚持以"强化基层党建，构建和谐社区"为目标，抓住阵地建设、党员教育、创新机制、优化服务"四项重点"，推动社区服务精细化、多元化。

按照"社区基层组织建设年"活动要求，投资419万元，建成1100平方米三层社区活动场所1处。抓班子建设。为社区配置专职工作人员19人，明确职责、细化任务。开展"两学一做"学习教育，组织党员学习党的十八届六中全会等新精神，开展党员领导讲党课6场(次)、组织专题学习50场(次)，慰问贫困党员15人(次)，整治环境卫生20余次，助困帮扶45户。成立了3小区业主委员会，制定完善物业管理制度16项，设立业务投诉箱2

个，解决物业管理问题 16 个。创建“365”精准为民服务机制，研究出“三条途径掌民情，六个步骤办民事，五种方式满民需”为内容的精准化服务体系，办理居民服务事项 400 余件。开展在职党员到社区报到活动，设置服务岗位 20 个，承诺认领服务岗位 244 人(次)，组建“义工型”、“帮扶型”、“咨询型”、“应急型”等志愿服务团队 6 支、业余文化团队 4 个，组织知识讲座和技能培训 16 场(次)，开展各类活动 80 场(次)，服务居民 3000 余人(次)。结合“大走访、回头看”活动，摸排登记困难户 411 户，梳理困难救助问题 110 条、紧迫难点问题 24 条，已解决相关问题 68 件。

社区党总支换届选举现场

南街街道办事处南苑路社区

南苑路社区位于西峰区南苑路 34 号，辖区人口 5095 户，15073 人，驻区机关企事业单位 47 个。2016 年，南苑路社区坚持以民为本，为民服务的宗旨，健全服务体系，成功创建“1163”(“1”即建立一个网格化管理体系，“1”即打造一个服务型党组织，“6”即“爱在社区”“美在社区”“乐在社区”“学在社区”“和在社区”“康在社区”，“3”即落实“三项制度”保障)服务模式，辖区经济社会事业全面协调发展，成绩可观。9 月，依法选举产生社区新一届“两委”班子。

年内，社区组织辖区居民参与大型思想宣传活动 6 场(次)，在社区文化长廊、干休所小游园、怡园新村健身广场等人群密集的地方制作更新宣传牌 17 面，悬挂横幅 8 条，利用社区 LED 显示屏，播放廉政文化建设、精神文明、文明城市创建等方面工作，取得良好成效。全年共办理廉租房补贴 172 户，摸排出辖区困难人群共计 1269 人，其中残疾老人 31 人、低保老人 9 人、空巢老人 248 人、孤寡老人 4 人，辖区困境儿童 7 人，年内对 41 名困难群众、8 名特困人员进行了救助。在社保工作方面，社区为 973 位居民办理了养老保险，登记养老保险缴费 569 人。在文化活动和经济发展方面，2016 年社区共组织开展文化系列演出活动 6 次，辖区企业对外展销 1 次，研发新产品 2 种，新建文化产业基地 1 个，开展文化剪纸培训 1 期(202 人)，完成产业增加值 2010.66 万元，组织香包户培训 2 期，生产香包 9.35 万件、产值 96.1 万元。在残疾人帮扶工作方面，春节期间慰问 2 名残疾人，救助 13 名残疾人，为 35 名残疾人办理了重度护理补贴，为 35 名残疾人申请了特困补贴，为 7 名肢体残疾人发放了机动车燃油补贴，为精神残疾患者耿红梅申报发放了 5000 元的零就业补贴，为肢体残疾人王丽娜申报了阳光家园计划残疾人居家托养服务，帮助 2 名精神残疾人解决了医药问题，在世界助残日，申请区残联为白芸赠送轮椅车 1 辆、为耿红梅送去慰问金 500 元。在禁毒工作方面，社区为 16 名涉毒人员办理了低保，8 名涉毒人员家庭享受到了廉租房补贴。全年内社区共接受禁毒工作督导 4 次，组织禁毒知识培训 2 期，组织开展禁毒宣传教育 12 期，其中制作宣传展板 16 块、横幅 4 条，共发放禁毒宣传资料 8000 余份，接待群众咨询 60 多人次。在安全生产方面，社区组织食品药品、安全生产大排查 12 次，消防安全排查机关单位 38 个、沿街门店 54 个、楼群院落 69 栋，社区服刑人员 12 人，邪教人员 7 名，刑释解教 34 人，其中解除 9 人、死亡 1 人、羁押 3 人，调节矛盾纠纷 22 起，组织宣传活动 5 期，共发放宣传资料 1700 余份。

岳飞《满江红》碑林 （区网络中心提供）

重大项目

庆阳民俗文化产业园项目

该项目总投资 20 亿元，2014 年开工建设，计划 2020 年竣工。主要建设内容及规模为：规划建设“民俗文化核心区、岐黄文化体验区、周祖文化体验区、民俗文化接待区、民俗产业配套区、游乐场区”六大功能区，全力打造国家级民俗文化产业园、国家 AAAAA 级风景旅游区和西部最大的文化产业及影视基地。截至 2015 年底，累计完成投资 1.2 亿元，2016 年计划投资 2.19 亿元， 截至 5 月底预计完成投资 0.26 亿元， 主要形象进度为：镇朔楼、北城墙主体工程基本完工，东北角楼完成了 3 层建设，西北角楼完成了地基处理；民俗博览馆项目完成了地基处理；北门及北城墙照明、绿化工程正在进行环评手续的办理； 中心广场项目正在进行施工图审查； 园区道路项目正在进行招标前的准备工作。

庆阳市大剧院项目

该项目是政府投资项目，总投资 2.1 亿元，资金来源为财政拨款。2015 年开工建设，计划 2016 年竣工，总用地 2.93 公顷，净用地 2.69 公顷，为新建局部地下一层、地上二层的框架 - 剪力墙结构乙级中型剧院一座。建筑面积 16005.16 平方米（地上 12864.23 平方米， 地下 3140.93 平方米），建筑高度 23.97 米。设置座位 1000 个，配套 252 座的皮影展演剧场 1 个， 多功能厅 1 个，120 人影厅 4 个。

庆阳瑞华天然气综合利用及深加工项目

该项目占地 14.2 公顷，总投资 8.7 亿元，资金来源为企业自筹。主要引进美国 GE 公司专有技术——混合制冷工艺，日处理天然气 90 万立方米，年产 LNG20 万吨，并在 8 个县区分别配套建设 5 万标准立方 LNG 车用加气站。项目于 2014 年 10 月开工建设，已完成投资 6.2 亿元。年可实现销售收入 17.3 亿元，上缴税金 1.1 亿元，利润 3.2 亿元，提供就业岗位 170 个。2016 年， 项目已完成办公区、厂房及宿舍楼主体工程建设。

鑫兰石化庆阳永欣干气芳构化项目

占地 4 公顷，总投资 5.2 亿元，资金来源为企业自筹。主要建设年处理 9 万吨干气芳构化和 3 万吨树脂加氢两套装置，生产轻芳烃 2 万吨，重芳烃 1000 吨，精制石脑油 6 万吨，主要用作制取塑料、橡胶、涂料、油漆、去污剂、胶黏剂和化工溶剂等， 实现石油化工生产中废弃物的资源化和再利用，有效减少庆化公司炼化产生的废气污染。项目于2014年8月开工建设，已完成投资3.3亿元，2016年8月份投产，投产后年可实现销售收入10亿元，上缴税金1亿元，实现利润1.6亿元，提供就业岗位230个。

庆阳市电子商务创业孵化园建设项目

该项目是市政府投资，建设面积为4771平方米，总投资0.15亿元，资金来源为财政拨款。2015年10月开工建设，2016年2月竣工并投入运营。庆阳市电子商务创业孵化园作为全市电商产业聚集、创业孵化基地，按照高起点规划，高标准建设，高层次配套，全方位服务的原则，建成网销产品展示、电商运营服务、电商企业孵化、电子商务培训、仓储物流服务、金融信贷服务等6个中心；制定优惠政策，连续3年免收入驻企业房租，现已吸纳46户电商企业，10个创客入驻，解决就业1000多人。

尚都国际食品城项目

尚都国际食品城，是由庆阳豪威实业有限公司投资的招商引资项目，总投资4.8亿元，资金来源为企业自筹。2015年开工建设，计划2018年竣工。主要建设内容及规模为：项目占地35900平方米（约53.78亩），总建筑面积106549.44平方米，其中地上建筑面积78154.17平方米，地下建筑面积28395.27平方米。拟建集食品贸易、冷鲜储藏、美食市场、精品果蔬、食品检疫、商务接待、休闲广场为一体的大型综合食品商城，全力打造陇东食品商业航母。

实施项目表

西峰区 2016 年实施项目表

表 1

序号	项目名称	隶属关系	项目建设内容	建设起止年限	总投资	投资来源		2016 年建设情况	责任单位及所辖乡镇
						国省投	自筹		
	合　计	104			1262214	10767	1251447	—	—
	一、新建	77			642256	3709	638547	—	—
	(一)能源	1			22050		22050	—	—
1	3 万吨 / 年氢化石油树脂建设项目	区	完成年产 3 万吨氢化石油树脂装置安装	2016	22050	—	22050	全面建成	董志镇工业园区管委会
	(二)交通	3			10689	1023	9666		
1	西峰区村组沥青(水泥)路建设项目	区	新建村组沥青(水泥)路 28 条 125 公里	2016	8000	—	8000	全面建成	交通局 各乡镇
2	西峰区农村公路养护工程	区	对全区县道、乡道、村道进行全面养护	2016	1500	—	1500	全面建成	交通局
3	西峰区安全生命防护工程	区	完善全区 20 条 113.7 公里村道安全防护设施	2016	1189	1023	166	全面建成	交通局
	(三)农林水利	11			119156		119156		
1	董志镇万亩果带建设项目	区	在寺里田、胡同赵、陈户、八年、六年、田畔、吴庄、廖坳等村完成果树栽植 6600 亩	2016	1056	—	1056	全面建成	董志镇
2	温泉镇绿化造林、环境综合整治项目	区	栽植行道树 18 公里(其中湫沟村完成 6 公里,品种为油松;齐楼村完成 5 公里,品种为秋桐;米堡村完成 3 公里,品种为秋桐;巨塬村完成 4 公里,品种为油松)。在湫沟村东坡组建成 1300 亩造林点 1 处,主栽品种为油松。在清水沟流域栽植油松 2300 亩	2016	3800	—	3800	全面建成	温泉镇

续表 1

序号	项目名称	隶属关系	项目建设内容	建设起止年限	总投资	投资来源		2016 年建设情况	责任单位及所辖乡镇
						国省投	自筹		
3	彭原镇中盛农牧发展有限公司牛羊屠宰及深加工项目	区	占地 14.67 公顷,计划建设屠宰、冷链生产线、样子胚胎繁育移植中心、防疫中心、饲料加工厂及湖羊研发中心	2016-2017	75000	——	75000	全面建成	彭原镇
4	肖金镇农业产业化建设项目	镇	果业:新栽果树 2000 亩,建办百亩以上标准示范园 6 处,打造幼园管护示范园 2 处,改造老果园 500 亩,百亩果园提质改造 3 处; 牧业: 新建千头养牛场 1 处, 完成正旺养鸡场及得旺合作社改扩建项目;苗林:新建千亩苗林示范点 2 处,补植、管护千亩苗林示范点 1 处;蔬菜瓜果:在纸坊村新建设施瓜菜大棚 500 座 400 亩,在脱坳村流转土地 260 亩,搭建钢架大棚 200 座,新建早春西瓜示范基地 1 处,在三不同村新建百亩加工型辣椒基地 1 处,在南李、杨咀分别新建 500 亩、1000 亩白瓜籽基地各 1 处	2016	18000	——	18000	全面建成	肖金镇
5	肖金大唐合作社百亩苹果园基础设施建设项目	镇	规划占地 20 公顷,新建高标准苹果示范园 1 处、建设办公区 1 处、气调库 1 处,配套建设大门、围墙、供水、供电等附属工程,总建筑面积 15000 平方米	2016	4850	——	4850	全面建成	肖金镇
6	肖金镇亭园农业示范园建设项目	镇	规划占地 20 公顷, 新建高标准日光温室 80 座,配套完成供水、供电、办公用房等附属工程,总建筑面积 16000 平方米	2016	4800	——	4800	全面建成	肖金镇
7	肖金镇庆丰源农场配套设施建设项目	镇	规划占地 33.33 公顷,新建高标准农场 1 处,配套完成围栏、供水、供电、办公用房等配套设施,总建筑面积 17800 平方米	2016	4500	——	4500	全面建成	肖金镇
8	肖金镇农村居民点建设项目	镇	在芮岭、上刘、大户王等 3 个村新建农村居民点 3 处,共 375 套 7500 平方米	2016	1500	——	1500	全面建成	肖金镇

续表 1

序号	项目名称	隶属关系	项目建设内容	建设起止年限	总投资	投资来源		2016 年建设情况	责任单位及所辖乡镇
						国省投	自筹		
9	肖金镇芮岭村土地整理复垦项目	区	建设规模 146.63 公顷。整理面积 140.71 公顷，新增耕地面积 17.04 公顷；新建田间道路 4.3 公里	2016	1550	——	1550	全面建成	国土分局 肖金镇
10	庆阳鸿福源种养殖农民专业合作社建设项目	区	在三姓村当庄组新建规模养殖场 1 处	2016	1300	——	1300	全面建成	什社乡
11	庆阳百事通特色养殖场建设项目	区	在什社乡新庄村老庄组新建特色鸽子养殖场 1 处	2016	2800	——	2800	全面建成	什社乡
(四)工业		14			112242	112242			
1	庆阳维力工程有限公司办公生活基地建设项目	区	占地 2200 平方米，新建两层砖混结构综合办公宿舍楼一幢，总建筑面积 1500 平方米，建成库房一座，员工办公生活基地 1 处	2016	5200	——	5200	全面建成	彭原镇
2	庆阳市馘馨春肉类食品有限公司清真牛羊肉定点屠宰无菌生产线及 3000 吨冷库建设项目	区	占地 2 公顷，建筑面积 13000 平方米，建设冷库及自动化生产线一套，并配套建设办公及生活服务区	2016	6580	——	6580	全面建成	彭原镇
3	庆阳益翔药业有限公司中药饮片生产线扩能搬迁项目	区	占地 1.45 公顷，建设中药饮片生产厂房及配套生产设施	2016	4980	——	4980	全面建成	彭原镇
4	西峰区庆宁粮油储备有限公司粮油加工及仓房设施项目	区	占地 3.34 公顷，建设小麦加工生产线 2 条、食用油分装生产线 1 条及储粮设施	2016	4059	——	4059	全面建成	彭原镇
5	西峰天赐医药中药饮片加工基地项目	区	项目占地 3.33 公顷，计划建设厂房车间、库房及办公生活等相关设施	2016	3750	——	3750	全面建成	彭原镇

续表 1

序号	项目名称	隶属关系	项目建设内容	建设起止年限	总投资	投资来源		2016 年建设情况	责任单位及所辖乡镇
						国省投	自筹		
6	华美湖羊饲料加工处理及湖羊育肥厂项目	区	占地 20 公顷，建设饲料加工处理生产线及湖羊育肥厂等办公区	2016	5600	——	5600	全面建成	彭原镇
7	庆阳鑫圆通达木业有限公司木材深加工生产基地项目	区	新建一层钢架结构生产车间四座，建筑面积 28560 平方米，建设两层钢架结构库房 1 座，建筑面积 18566 平方米，建设三层员工宿舍及办公综合楼 1 座，建筑面积 7120 平方米	2016	19650	——	19650	全面建成	温泉镇
8	庆阳弘升建筑装饰有限公司玻璃深加工生产基地项目	区	新建一层钢架结构生产车间四座，建筑面积 30560 平方米，建设两层钢架结构库房 1 座，建筑面积 20566 平方米，建设四层员工宿舍及办公综合楼 1 座，建筑面积 6890 平方米，购置玻璃深加工设备两套，并配套配电室、水电暖管网、绿化、环保和停车场等公共基础设施	2016	28983	——	28983	全面建成	温泉镇
9	肖金镇鑫辉伟业钢化玻璃加工厂建设项目	镇	在肖金镇东大街新建钢化玻璃加工成 1 处，总建筑面积 1 万平方米	2016	8790	——	8790	全面建成	肖金镇
10	肖金镇旭明玻璃钢建材厂建设项目	镇	规划占地 1.27 公顷，新建钢结构厂房 10 幢 12773 平方米，新上全自动环保玻璃钢制品缠绕设备 12 套	2016	4920	——	4920	全面建成	肖金镇
11	肖金镇志达水泥制品厂建设项目	镇	规划占地 1.47 公顷，对租用厂房进行维修装潢，购买悬辊机 2 台，搅拌机 2 台，安装提升机 1 台	2016	4980	——	4980	全面建成	肖金镇
12	肖金镇东鑫矿产开发有限公司扩建项目	镇	对原厂房进行维修改造，购置砂石粉碎机 5 台、运输机 3 台、装载机 3 台	2016	4900	——	4900	全面建成	肖金镇
13	肖金镇建筑安装工程公司预制厂建设项目	镇	完成原有厂房维修改造、办公楼装潢装饰，购置大型混泥土搅拌机 2 台、拉丝机 2 台	2016	4850	——	4850	全面建成	肖金镇
14	庆阳创源商贸有限公司渗水砖厂建设项目	区	规划占地 1.33 公顷，建筑面积 800 平方米，生产锅炉房以及附属用房、制药间、脱硫回水池、渣场、综合服务等 800 平方米	2016	5000	——	5000	全面建成	后官寨镇

续表 1

序号	项目名称	隶属关系	项目建设内容	建设起止年限	总投资	投资来源		2016 年建设情况	责任单位及所辖乡镇
						国省投	自筹		
	（五）城市基础设施建设	19			166475	409	166066		
1	庆阳市新城区湖库水系连通工程	区	建设雨洪径流控制工程、已建湖体与天湖水面联通工程、天湖改造工程、零星续建工程	2016	3525	——	3525	全面建成	水务局 董志镇
2	温泉镇米堡村丹凤朝阳商住楼建设项目	镇	该项目占地 3 公顷，拟建 12 层框架结构综合商务楼 6 幢，商用面积 21226 平方米，住宅面积 50659 平方米，总建筑面积 71885 平方米，并配套建设水电、绿化、道路及停车场等其他公共基础设施	2016	20350	——	20350	全面建成	温泉镇
3	温泉镇地庄村南队鸿泰商住楼项目	区	项目规划占地 42.73 公顷，拟新建 15 层框架结构综合商住楼 6 幢，商用面积 38689 平方米，住宅面积 58336 平方米，总建筑面积 97025 平方米，并配套建设水电、绿化、道路及停车场等其他公共基础设施	2016	28960	——	28960	全面建成	温泉镇
4	温泉镇地庄村北队景御综合商住楼项目	区	项目规划占地 2.63 公顷，拟新建 16 层框架结构综合商住楼 6 幢，商用面积 28639 平方米，住宅面积 58559 平方米，总建筑面积 87198 平方米，并配套建设水电、绿化、道路及停车场等其他公共基础设施	2016	25987	——	25987	全面建成	温泉镇
5	甘肃宏仁药业有限公司业务楼建设项目	区	占地 0.4 公顷，新建三层业务楼 1 幢，库房 1 间，总面积 5100 平方米	2016	4960	——	4960	全面建成	后官寨镇
6	肖金镇金鑫源果品展销、培训综合服务楼建设项目	镇	新建果品展销、培训综合服务楼 1 处，建筑面积 8260 平方米	2016	2500	——	2500	全面建成	肖金镇
7	什社乡文安村易地扶贫搬迁项目	区	新建占地 1 公顷居民安置点 1 处，计划安置村民 50 户以上，配套绿化硬化亮化设施	2016	1400	——	1400	全面建成	什社乡
8	什社乡 2015 年异地搬迁工程	区	在全乡建成集中安置区 1 处，相对集中插花安置区 7 处	2016	3546	409	3137	全面建成	什社乡
9	华雲名苑建设项目	区	项目占地 1.47 公顷亩，新建 2 幢 24 层商住楼，1 幢 6 层商贸楼	2016	32000	——	32000	全面建成	西街办

续表 1

序号	项目名称	隶属关系	项目建设内容	建设起止年限	总投资	投资来源		2016 年建设情况	责任单位及所辖乡镇
						国省投	自筹		
10	庆阳市金都房地产开发有限公司商住楼附属设施工程（二期）	区	道路（地坪）硬化、绿化、配套设施及附属工程建设	2016	1500	——	1500	全面建成	南街办
11	西峰城区市政公用设施维修维护项目	区	城区 12 条道路进行维修、硬化、绿化补植、管沟照明、路灯电缆维修等	2016	4235	——	4235	全面建成	南街办
12	西峰城区综合管沟改建工程	区	对城区 8 条综合管沟进行更换、维修改建	2016	2800	——	2800	全面建成	南街办
13	西峰城区南区街巷治理项目	区	对城区南区 8 条街巷进行硬化、绿化，照明、路灯电缆进行维修	2016	4400	——	4400	全面建成	南街办
14	西峰区城区环卫基础设施建设项目	区	城区 12 条道路环卫设施进行维修、更换、刷新	2016	3642	——	3642	全面建成	南街办
15	西峰区汽车北站－九龙商场段巷道治理项目	区	占地 12000 平方米，新修水泥路 2560 米，宽 5 米；铺设地下管网 2560 米	2016	4745	——	4745	全面建成	北街办
16	北部商城巷道综合治理项目	区	治理巷道 1350 米，铺设地下管网 980 米	2016	4925	——	4925	全面建成	北街办
17	西峰城区南苑、东仓、广场路热源厂脱硫除尘改造项目	区	西峰城区南苑、东仓、广场路热源厂脱硫除尘改造更换八台机器	2016	2000	——	2000	全面建成	热力公司
18	庆阳市西峰城区热源厂一级管网改造工程	区	改造扩建北地西路等 11 条一级供热管网	2016	14000	——	14000	全面建成	热力公司
19	西峰城区主次干道维修项目	区	1. 对安定东路、育才东路、西大街等城区主次干道破损、龟裂、车辙、沉降、塌陷、坑洞等维修恢复；2. 城区道路应急抢险工程。（坑补 26000 平方米，罩面 93000 平方米）	2016	1000	——	1000	全面建成	市政局

续表 1

序号	项目名称	隶属关系	项目建设内容	建设起止年限	总投资	投资来源		2016 年建设情况	责任单位及所辖乡镇
						国省投	自筹		
	(六)社会事业	15			68873	2277	66596		
1	西峰职专综合实训楼建设项目	区	新建一幢双面五层综合实训楼，总面积 6775 平方米	2016	1544	1100	444	全面建成	教体局 董志镇
2	西峰区周岭小学改扩建项目	区	新建五层单面框架结构教学楼一幢，建筑面积 5161.45 平方米;校园西侧新建四层单面框架结构综合楼一幢，建筑面积 1625.71 平方米;校园主出入口处新建一层砖混结构门房一幢，建筑面积 21.03 平方米，并配套实施电动大门一座，总建筑面积 6808.19 平方米	2016	1773	1177	596	全面建成	教体局 董志镇
3	温泉镇广鑫文化娱乐中心建设项目	区	在当庄组新建占地 26000 平方米的游乐戏雪场一处，建设面积 15613.10 平方米；儿童水上乐园一处，建设面积 4181.40 平方米;管理区一处，建设面积 1132 平方米。并配套建设道路、停车场和绿化亮化等公共基础设施	2016	9200	——	9200	全面建成	温泉镇
4	肖金村东门组农民文体广场建设项目	镇	在肖金村东门组新建农民文体广场 1 处，总建筑面积 2000 平方米	2016	2500	——	2500	全面建成	肖金镇
5	肖金镇老洞仙山景区开发建设项目	镇	占地 3108000 平方米，建成谷底山泉、水坝 1 处，对一台道观、二台佛事进行维修改造，同时完成山门、进山道路硬化、下山路平整、墙面贴砖等工程	2016	9700	——	9700	全面建成	肖金镇
6	西峰区肖金中学周转宿舍建设项目	区	新建教师周转宿舍 100 套、建筑面积 2.46 万平方米，配套建设锅楼房、办公区及购置床、衣柜、书桌椅、必备灶具等生活用具	2016	7380	——	7380	全面建成	教体局 肖金镇
7	什社乡李岭村村级公共服务中心及 9 公里水泥路建设项目	区	新建李岭村村级公共服务中心，新修水泥路 9 公里	2016	1800	——	1800	全面建成	什社乡
8	南街街道办事处专署巷等 8 个社区维修改造工程	区	对 8 个社区的门头及基础设施进行改建，改建面积 2060 平方米	2016	1760	——	1760	全面建成	南街办

续表 1

序号	项目名称	隶属关系	项目建设内容	建设起止年限	总投资	投资来源		2016 年建设情况	责任单位及所辖乡镇
						国省投	自筹		
9	西峰区南街街道综合文化站建设项目	区	总建筑面积 1080 平方米，站内设有七室一厅	2016	4400	——	4400	全面建成	南街办
10	西峰城区游园广场提质改造工程	区	对 5 个城区游园的走廊、地坪、花卉草坪进行提质改造	2016	3800	——	3800	全面建成	南街办
11	西峰区新建小学校园扩建项目二期工程项目	区	新建 5 层框架综合楼一幢，建设面积 4567.25 平方米，同时配套实施给排水、电气、暖通	2016	6651	——	6651	全面建成	教体局 北街办
12	西峰区北街办办公楼维修项目	区	室内刷白，楼顶、电路、管道等维修	2016	4420	——	4420	全面建成	北街办
13	西峰区北街实验学校建设项目	区	综合教学办公楼一幢，建筑面积 2530 平方米，艺术教学楼一幢，建筑面积 1970 平方米	2016	4895	——	4895	全面建成	北街办
14	北街社区服务中心改建项目	区	5 个社区在原有基础上改扩建，总建筑面积 12862.52 平方米，并配套消防、安防等附属工程	2016	4850	——	4850	全面完成	北街办
15	东大街社区及康寿路社区服务中心建设项目	区	新建东大街及康寿路社区办公活动场所，总建筑面积 8184.34 平方米，并配套消防、安防等附属工程	2016	4200	——	4200	全面完成	北街办
	（七）商贸流通	14			142771		142771		
1	肖金镇肖金村商业门店建设项目	镇	对肖金村村部对面原有商业门店进行拆除，并新建二层商业门店 4 栋 2.1 万平方米	2016	4830	——	4830	全面建成	肖金镇
2	庆阳市机动车考试训练场商业服务中心建设项目	镇	围绕庆阳市机动车考试训练场，沿庆镇路两侧新建商业服务中心 1 处，总建筑面积 2.2 万平方米	2016	4550	——	4550	全面建成	肖金镇

续表 1

序号	项目名称	隶属关系	项目建设内容	建设起止年限	总投资	投资来源		2016 年建设情况	责任单位及所辖乡镇
						国省投	自筹		
3	西峰区"粮安工程"肖金镇危仓老库改造项目	区	拆除肖金危仓老库,新建 5 幢仓库,建成 2 层局部 3 层框架结构办公楼 1 幢,配套完成大门、厕所、硬化等附属工程,总建筑面积 1.5 万平方米	2016	4750	——	4750	全面建成	肖金镇
4	肖金新百惠购物广场建设项目	镇	新建 3 层钢架结构购物广场 1 处，建筑面积 1200 平方米	2016	2500	——	2500	全面建成	肖金镇
5	肖金镇活禽活畜交易市场建设项目	镇	流转土地 16666.67 平方米，新建活禽活畜交易市场一处。具体内容为:市场管理房 8 间,配套建设临时圈舍、装卸平台、道路、公厕、围墙、大门等附属设施,总建筑面积 2500 平方米	2016	4150	——	4150	全面建成	肖金镇
6	肖金镇果品展销中心建设项目	镇	在 202 线西侧新建三层果品展销中心 1 处,总建筑面积 18000 平方米	2016	4980	——	4980	全面建成	肖金镇
7	庆阳市富康果品储藏保鲜建设项目	镇	完成原有办公楼的装修、新建冷藏库 1 处,安装 5 幢冷藏库内置物架,新购液氨制冷设备 3 台、全自动空调制冷设备 5 台,新增建筑面积 14700 平方米	2016	4950	——	4950	全面建成	肖金镇
8	后官寨王岭聚德宴酒店建设项目	区	占地 14000 平方米，建筑西苑厅 1 处，总面积 14200 平方米	2016	5000	——	5000	全面建成	后官寨镇
9	后官寨镇银泰影视基地建设项目	区	占地 20000 平方米,建筑户内摄影基地 1 处,面积 20200 平方米	2016	10600	——	10600	全面建成	后官寨镇
10	后官寨镇万嘉国贸楼建设项目	区	占地面积 171466.66 平方米，建筑商贸楼 1 幢,规划总建筑面积 16 万平方米	2016	54000	——	54000	全面建成	后官寨镇
11	东港市场一期建设项目	区	项目占地 24176 平方米，主要建设 11 层商贸综合楼,建筑面积 54000 平方米,砖混结构 2 层,建筑面积 4000 平方米	2016	22000	——	22000	全面建成	西街办
12	万和酒店建设项目	区	建三层框架结构的商贸楼，总建筑面积 8326 平方米	2016	4320	——	4320	全面建成	南街办

续表 1

序号	项目名称	隶属关系	项目建设内容	建设起止年限	总投资	投资来源		2016 年建设情况	责任单位及所辖乡镇
						国省投	自筹		
13	凯悦商贸楼建设项目	区	该项目占地 6000 平方米，新建六层商贸楼一幢，建筑面积 12800 平方米，并配套建设绿化、地面硬化、照明、给排水等附属工程	2016	11231	——	11231	全面建成	北街办
14	西峰区朋悦商务宾馆建设项目	区	新建框架结构 6 层，14050 平方米	2016	4910	——	4910	全面建成	北街办
	二、续建	27			619958	7058	612900		
	（一）交通	2			8310		8310		
1	西峰工业集中区 B1、C17 道路工程	西峰区	全长 4.5 公里，按城市Ⅱ级主干道标准建设，地下管网、路基、路面、照明等附属工程	2013—2016	5110	——	5110	全面建成	交通局
2	西长凤高速公路肖金养护工区	省	征地 16666.67 平方米，新建框架结构综合楼和应急物资储备房各 1 栋，门式结构养护机械库房 1 栋，砖混结构食堂、库房各 1 栋，总建筑面积 7807 平方米	2015—2016	3200	——	3200	全面建成	省公路局 肖金镇
	（二）农林水利	3			11070	2540	8530		
1	温泉镇米堡美丽乡村建设项目	区	总占地 15866.67 平方米，拟建二层门面房 84 间 7525 平方米，农家乐 20 户 3200 平方米	2015—2016	7000	——	7000	全面建成	温泉镇
2	西峰区宜林荒山苗林结合培育项目	区	在全区利用宜林荒山培育林木种苗产业 5 万亩	2015—2016	3000	1500	1500	全面建成	林业局
3	西峰区 2015 年肖金镇及董志镇高标准农田建设项目	区	建设高标准农田面积 0.69 万亩	2015—2016	1070	1040	30	全面建成	农发办 董志镇 肖金镇
	（三）城市基础设施建设	18			551568	4398	547170		
1	庆阳市新城南区雨洪集蓄保塬生态项目	市	人工湖总库容 88.06 万立方米，水域面积 400 亩，平均水深 3.4 米，护岸线长 4.05 千米，年复蓄水量 173.6 万立方米。桥梁工程由两座车行桥与三座慢行桥梁组成，车行桥全长 823.28 米，宽 18 米；非机动车桥全长 827.6 米，宽 10 米；人行桥全长 285.56 米，宽 10 米，桥梁总建筑面积 25951 平方米，完成景观带建设	2013—2016	42305	——	42305	全面建成	董志镇 住建局 水务局

续表 1

序号	项目名称	隶属关系	项目建设内容	建设起止年限	总投资	投资来源		2016 年建设情况	责任单位及所辖乡镇
						国省投	自筹		
2	庆阳万隆宏业大厦建设项目	区	占地 6666.67 平方米，新建 38 层商住楼 1 幢，总建筑面积 68162 平方米，包括地下建筑面积 18000 平方米	2015—2016	82000	——	82000	全面建成	董志镇
3	庆阳市利源大厦建设项目	区	总占地 19333.33 平方米，新建 21 层 2 幢写字楼，建筑面积 11900 平方米	2014—2016	78000	——	78000	全面建成	董志镇
4	庆阳供电公司综合基地建设项目	区	一期新建办公楼 1.64 万平方米；二期新建生产技术大楼 8000 平方米；三期新建生产生活服务中心 6 万平方米	2014—2016	52000	——	52000	全面建成	董志镇
5	西峰区董志镇利用世行贷款建设农村经济综合开发示范镇项目	区	1. 新建、改造市政道路三条，总道路长 1.8 公里；2. 新建农产品贸易集散中心 1 处；3. 主导产业技术培训	2014—2016	38700	——	38700	全面建成	董志镇
6	温泉镇黄官寨西队组居民安置小区二期工程	区	新建 18 层框架结构住宅楼 1 幢，15 层框架结构综合楼 2 幢，2 层理事大厅 1 幢，总建筑面积 5.47 万平方米	2015—2016	14000	——	14000	全面建成	温泉镇
7	西峰区东区供热站建设项目	区	新建东区供热站 1 处，新建锅炉房 1 座，安装 100 吨锅炉 3 台、脱硫池、麻石除尘塔、输煤廊、煤场、烟囱、锅炉本体及辅助设备安装	2015—2016	29372	——	29372	全面建成	温泉镇 热力公司
8	西峰工业集中区义门安置小区建设项目	区	占地 69333.33 平方米，建 2 层砖混结构安置住房 128 幢，总建筑面积 18000 平方米	2015—2016	23600	——	23600	全面建成	彭原镇
9	西峰工业集中区草滩安置小区建设项目	区	新建占地 86666.67 平方米 2 层砖混结构安置住房 160 幢，总建筑面积 22000 平方米	2015—2016	21800	——	21800	全面建成	彭原镇
10	肖金镇保障性住房一期工程附属工程	镇	完成一期工程中下剩的硬化、绿化、亮化、大门及附属用房的内外粉工程	2014—2016	12000	——	12000	全面建成	肖金镇
11	后官寨镇华荣墅景建设项目	区	占地面积 36568 平方米，建筑高档住宅小区 1 处，面积 15765 平方米	2015—2016	10300	——	10300	全面建成	后官寨镇

续表 1

序号	项目名称	隶属关系	项目建设内容	建设起止年限	总投资	投资来源		2016 年建设情况	责任单位及所辖乡镇
						国省投	自筹		
12	西峰区庆化大道中段道路工程	区	南起兰州路，北至古象路，长 3614 米，宽 60 米，建设内容：道路工程、给排水工程、电力照明工程等其它附属工程	2014—2016	21128	——	21128	全段已通车	西街办 住建局 世行办
14	庆阳市金都房地产开发有限公司商住楼建设项目	区	建一幢地上 4 层，地下一层商住楼，总建筑面积 8693.4 平方米	2015—2016	5365	——	5365	全面建成	南街办
15	天辰公寓建设项目	区	25 层框架结构住宅楼一幢，总建筑面积 38000 平方米	2015—2016	52000	——	52000	全面建成	南街办
16	庆阳市简园住宅小区建设项目	市	17 层框架结构住宅楼一幢，总建筑面积 38000 平方米	2015—2016	48000	——	48000	全面建成	南街办
17	西峰区古象路东段道路工程	区	西起北大街，东至北京大道，1253 米，宽 40 米，建设内容：道路工程、给排水工程、电力照明工程等其它附属工程	2015—2016	2100	——	2100	全面建成	住建局 世行办
18	庆阳市青少年校外综合实践基地	区	该项目位于东湖公园东侧，建设总建筑面积 16806 平方米的综合实践基地	2014—2016	12398	4398	8000	全面建成	北街办
	（四）社会事业	4			49010	120	48890		
1	西峰区陈户卫生院业务用房及附属设施建设项目	区	新建业务用房及锅楼房、垃圾处理等附属设施，总建筑面积 800 平方米	2015—2016	2160	120	2040	全面建成	董志镇
2	天富亿生态民俗村二期工程	区	新建特色农产品深加工及展销区、农耕文化原生态博览区、农业科技展示大厅、景观长廊、入口大门工程、锅炉房及供电供暖系统，总建筑面积 141000 平方米	2015—2016	34000	——	34000	全面建成	温泉镇
3	庆阳超微骨科医院建设项目	区	占地 14266.67 平方米，总建筑面积 20000 平方米专业骨科医院一座	2015—2016	9850	——	9850	全面建成	后官寨镇
4	世纪之星幼儿园建设项目	区	占地 18560 平方米，建筑幼儿园 1 处，面积 10500 平方米	2015—2016	3000	——	3000	全面建成	后官寨镇

庆阳市西峰区二〇一六年国民经济和社会发展统计公报

庆阳市西峰区统计局
2017 年 4 月 18 日

2016 年，面对经济下行压力和艰巨繁重的任务，全区各级认真贯彻党的十八大和十八届三中、四中、五中、六中全会精神，深入学习习近平总书记系列重要讲话精神，牢固树立并积极践行新发展观念，以提高发展质量和效益为中心，以推进供给侧改革为主线，全区经济呈现总体平稳，稳中有进，进中向好的运行态势，民生保障巩固提升，社会事业加快发展，生态环境继续改善，整区脱贫全面完成，经济文化强区建设成效显著，实现了“十三五”良好开局。

一、综　合

经济发展：全年实现地区生产总值 171.9 亿元，按不变价格计算，比上年增长 9.0%。其中：第一产业实现增加值 10.8 亿元，增长 7.7%；第二产业实现增加值 74.0 亿元，同比增长 9.6%。第三产业实现增加值 87.1 亿元，增长 7.2%。在生产总值中，全部工业实现增加值 57.5 亿元，同比增长 17.2%，建筑业实现增加值 17.7 亿元，同比增长 4.1%；三次产业结构比例由上年的 6.6:41.6:51.8 调整为 6.3:43.0:50.7。其中第一产业比重下降 0.3 个百分点；第二产业比重上升 1.4 个百分点；第三产业比重下降 1.1 个百分点。按常住人口计算，现价人均生产总值达到 46222 元，按 12 月底汇率 6.4936 折合 6698.8 美元。

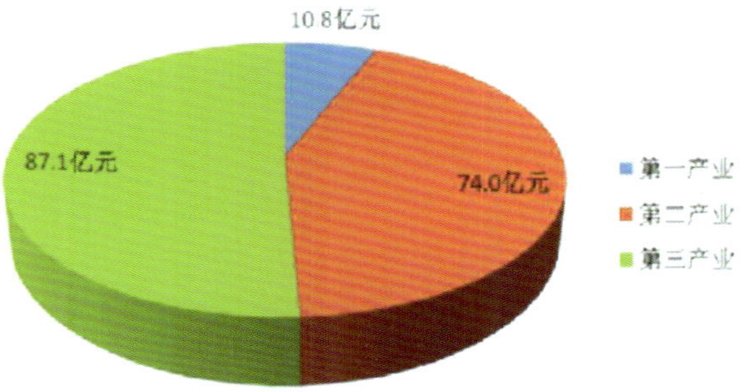

图 1　2016 年生产总值结构

就业：全年城镇新增就业人数 15978 人。年末城镇登记失业率 1.92%。全年完成劳务输转 6.033 万人，其中有组织输转 2.6 万人，实现劳务收入 12.67 亿元。

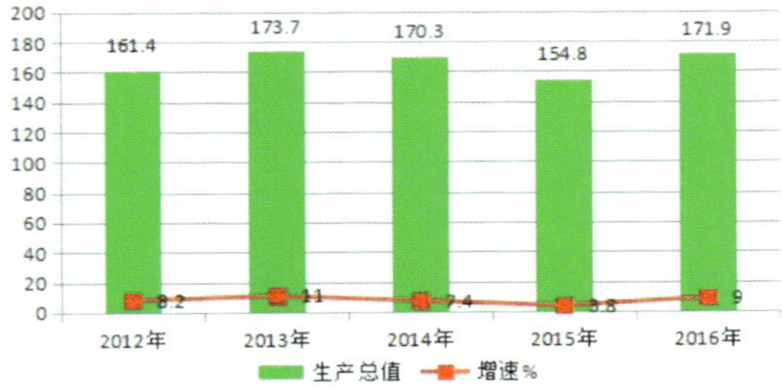

图 2　2016 年生产总值完成情况

二、农业和农村经济

种植业：全年农作物播种面积84.57万亩，比上年增长0.5%。其中：粮食播种面积为48.45万亩，比上年下降0.6%；经济作物播种 面积为32.0万亩，比上年增长2.1%；青饲料播种面积为4.12万亩，比上年增长0.8%。粮、经、饲比例由去年的58.4∶36.5∶5.0调整为57.9∶37.3∶4.8。全年粮食总产量完成 12.56万吨， 比上年下降1.9%。其中： 夏粮总产6.08万吨， 比上年增产0.04万吨，增长0.6%；秋粮总产6.48万吨，比上年减产0.29万吨，下降3.2%。在秋粮中玉米产量3.11万吨，比上年下降7.2%。油料产量完成1.62万吨，比上年增长0.62%；蔬菜产量16.59万吨，比上年增长3.8%；瓜类产量2.8万吨，比上年增长2.9%。

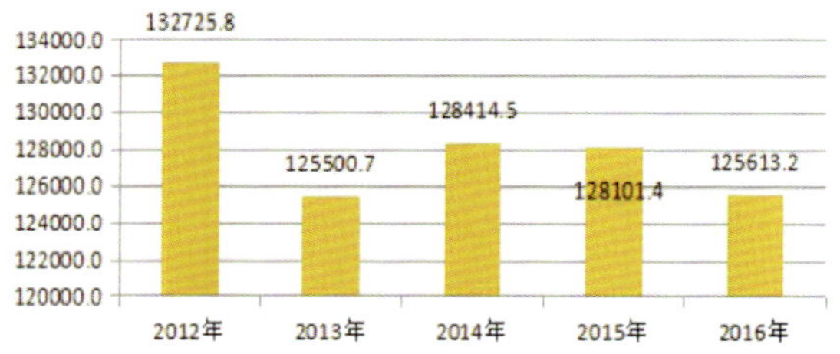

图3 2016年粮食总产量完成情况

林果业：全年共完成造林面积5.67万亩，累计达到59.28万亩，森林覆盖率达到39.67%，较上年提高3.8个百分点。当年出售树苗1526万株，比上年下降12.5%。果园面积累计达到23.84万亩，果品总产量13.33万吨，比上年增长11.3%，其中苹果产量12.69万吨，比上年增长11.8%。

畜牧业：年末大牲畜存栏1.85万头，比上年下降9.8%。其中：牛存栏1.77万头，比上年下降2.1%，出栏0.8万头，比上年增长13.4%；猪存栏6万头，比上年增长1.4%，出栏5.97万头，比上年增长2.1%；羊存栏11.69万只，比上年增长0.7%，出栏4.5万只，比上年增长1.1%。肉类总产量达到6369.45吨，比上年增长0.7%。奶类产量1119.64吨， 比上年下降3.2%。禽蛋产量603吨，比上年下降4.2%。

渔业：水产品产量142.71吨，比上年下降8.2%。

2016年主要农产品产量情况

表2 单位：吨

产品名称	产量	比上年±%
粮食	125613.2	-1.9
#夏粮	60792.36	0.6
油料	16220.47	0.7
#油菜籽	11371.63	2.1
药材	2694	-2.6
水果	133260	11.2
#苹果	126921.12	11.9
肉类	6369.45	-0.7
#牛肉	938.16	9.5
羊肉	717.15	1.1
猪肉	4478.7	-3.2
牛奶	724	-5.7
绵羊毛	138.9	0.7
水产品	142.71	-7.9
鲜蛋产量	629	-0.3

全年完成农林牧渔业总产值22.5亿元，比上年增长3.4%。其中：农业产值13.53亿元，比上年增长3%；林业产值0.2亿元，比上年增长17.6%；牧业产值1.6亿元， 比上年增长6.7%； 渔业产值124.16万元，同比下降8.8%；农林牧渔服务业产值7.19亿元，比上年增长3.3%。实现农林牧渔业增加值12.7亿元，比上年增长6.7%。其中：农业增加值9.64亿元，比上年增长5.6%；林业增加值0.07亿元，比上年增长0.9%；牧业增加值1.11亿元，比上年增长2.5%；渔业增加值116.86万元，比上年下降9.2%； 农林牧渔服务业增加值1.87亿元，比上年增长1.1%。

年末耕地面积57.87万亩，比上年下降0.4%，有效灌溉面积达到20.93万亩，比上年增长0.4%，保证灌溉面积达到16.61万亩，比上年下降0.2%。农业机械总动力增长到33.06万千瓦， 比上年增长5.9%。劳动力资源总数16.32万人，其中：乡村劳动力达到 13.5 万人，比上年减少 0.44 万人。

新农村建设：2016 年，全面启动实施了 6 个省、市、区级美丽乡村示范村及 10 个环境整洁村建设任务，完成改善农村人居环境总投资 6622 万元，占总计划的 102%。其中，6 个美丽乡村示范村完成总投资 5762 万元，占项目计划的 103%，10 个环境整洁村完成总投资 860 万元，占项目计划的 102%。累计完成公路沿线杂草清理 323.5 公里，垃圾清运 6780 吨，树畦树行整修 235.7 公里，垃圾坑点治理 678 处，配备垃圾箱 600 多个，清理门前"三堆"4635 处，农宅涂白美化 562 户，新栽行道树 8400 多株，行道树涂白 38.5 公里，门头改造 180 多间，建成人工水景及小游园 8 处，居民点门前新建小菜园（花园）329 处，完成庆西路沿线两侧草坪种植 12.7 万平方米，整治蒲河川区河道 6.5 公里，整理美化连心桥河岸 1000 平方米，整治旅游景点 10 多处，完成面山绿化 2100 亩。建成集中供水工程 23 处，分散工程 89 处，解决了 1857 户 7559 人的饮水不安全问题。架设 10KV 线路 4.01 公里，架设 0.4KV 线路 27.31 公里，配备变压器 18 台 1800 千伏安。实施 7 条 65.3 公里的农村道路建设。建成 3 个苹果基地乡镇、25 个苹果重点村、55 个果品专业合作社，102 处百亩以上流转土地果品专业合作社和经营大户；建成肖金设施基地、三川、董志南庙等设施蔬菜生产示范点 9 个，建成显胜三泉刘等露地瓜菜示范点 5 个；启动新建千头（只）养殖小区（场）8 处，发展规模养殖户 550 户，全区生猪、肉牛、肉羊、家禽饲养量分别达到 20.6、2.45、22.8、52.5 万头（只）。全年涉及各项强农惠农政策和资金 49 项，2016 年应补助资金 35701.8 万元，实际兑付资金 31630.37 万元，兑付率 88.6%。其中通过"一折统"兑付 25 项兑付资金 20592.8 万元。实现脱贫 819 户 3244 人，贫困发生率下降到 0.06%。

三、工业、建筑业

工业：规模以上工业完成总产值 192.5 亿元，比上年增长 18.4%，实现增加值 57.5 亿元，比上年增长 17.2%（可比价）。在规模以上工业中，省以下地方工业实现增加值 10.9 亿元，比上年增长 4.1%。在规模以上工业增加值中，国有工业实现 50.2 亿元，比上年增长 30.0%；?股份制工业实现 5.2 亿元，比上年增长 7.1%。按行业分：轻工业实现增加值 1.4 亿元，比上年增长 11.0%；?重工业实现增加值 56.1 亿元，比上年增长 22.1%。规模以下工业完成总产值 3.28 亿元，比上年增长 2.11%，实现增加值 1.23 亿元，比上年增长 1.91%。

图 4　2016 年工业增加值完成情况

规模以上工业完成销售总产值 191.6 亿元，比上年增长 19.6%，产品销售率为 99.5%。其中省以下地方工业完成销售总产值 23.7 亿元，比上年下降 14.1%，产品销售率为 96.3%。实现营业收入 185.0 亿元，比上年增长 10.2%。

全年原油加工量 343.36 万吨，同比增长 33.6%，生产汽油 136.87 万吨，同比增长 37.1%，煤油 14.1 万吨，同比增长 51.7%，柴油 142.65 万吨，同比增长 30.7%，燃料油 7161 吨，同比增长 146.9%，液化石油气 17.08 万吨，同比增长 34.3%，服装 22.7 万件，同比增长 1.8%，化学药品原药 231 吨，同比下降 5.3%，自来水 1091 万立方米，同比下降 0.6%，商品混凝土 53.13 万立方米，同比下降 6.6%，涂料 7735 吨，同比增长 23%。

2016 年西峰辖区内主要工业产品生产量

表 3

产品名称	计量单位	生产量合计
原油加工量	吨	3433551.0
汽油	吨	1368692.0
煤油	吨	141063.0
柴油	吨	1426533.0
燃料油	吨	7161.0
液化石油气	吨	170759.0
服装	万件	22.7
化学药品原药	吨	231.0
自来水生产量	万立方米	1091.0
商品混凝土	立方米	531253.0
涂料	吨	7735
中成药	吨	0

建筑业：全年 50 户资质以内企业完成建筑业总产值 44.95 亿元，比上年下降 2.3%；实现增加值 17.7 亿元，比上年增长 4.1%。资质以内建筑企业实现营业利润 3.79 亿元，比上年下降 0.78%；利润总额达到 2.14 亿元，比上年增长 7.9%；房屋建筑施工面积 289.54 万平方米，比上年下降 20.1%；房屋竣工面积 88.95 万平方米，比上年减少 9.9%。

四、固定资产投资与房地产开发

固定资产投资：全年固定资产投资累计完成 294.16 亿元，同比增长 10.4%。其中亿元以上项目 50 个，完成投资 92.05 亿元，比上年增长 10.13%。按构成分：建筑安装工程完成投资 270 亿元，同比上涨 10.9%；设备工器具购置完成投资 7 亿元，同比上涨 7.3%；其他费用完成投资 17 亿元，同比上涨 4.9%。按三次产业分：第一产业完成投资 3.33 元，同比上涨 6.4%，占投资总额 0.1%；第二产业完成投资 115.43 亿元，同比上涨 10.2%，占投资总额 39.23%；第三产业完成投资 175.41 亿元，同比上涨 10.6%，占投资总额 48.93%。

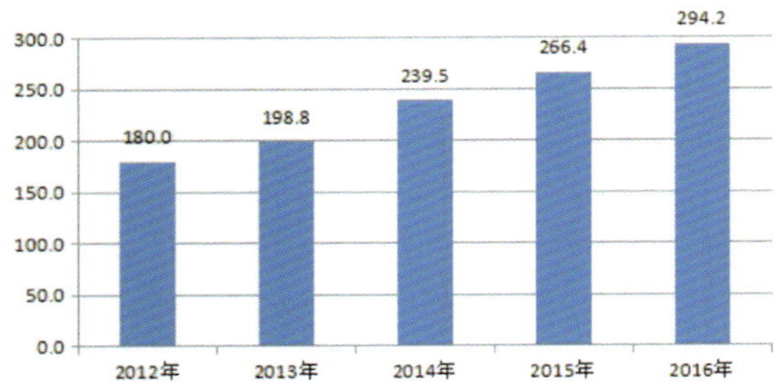

图 5　2016 年固定资产投资完成情况

房地产开发：全年 72 户房地产企业共计完成房地产开发投资 32 亿元，同比增长 0.5%；其中商品住宅投资 24.5 亿元，同比增长 5.2%；办公楼投资 2803 万元，同比下降 61.4%；商业营业用房投资 59090 万元，同比增长 34.9%。商品房施工面积共计 316 万平方米，同比下降 11.3%，其中商品房住宅施工面积 200 万平方米，同比下降 14.9%；商业营业用房施工面积 70.9 万平方米，同比增长 0.1%。全年全区商品房新开工面积 10.11 万平方米，占全部施工面积的 3.2%，同比下降 83%。商品房销售面积 14.7 万平方米，同比下降 59.9%，其中住宅销售面积 12.17 万平方米，同比下降 65.7%；商业营业用房销售面积 2.52 万平方米，同比增长 140%。全年销售额 7.1 亿元，同比下降 58.1%，其中住宅销售额 5.1 亿元，同比下降 64.5%；商业营业用房销售额 2 亿元，同比下降 20%。

五、交通、邮电通讯业

交通：年末辖区拥有营运载客汽车 1686 辆，载货汽车 11680 辆。客运量达到 3527 万人(次)，旅客周转量达到 259676 万人公里。货运量达到 2297.61 万吨，货物周转量达到 382359.3 万吨公里。

邮电通讯：辖区邮政局(所)15 个，电信局(所)15 个。邮政业务总量完成 3678.73 万元，比上年下降 8.0%，邮政业务总收入 3784.99 万元，比上年增长 22.5%。农村投递线路 89 单程公里，邮路总长度 490 单程公里。电信业务总量完成 58862.99 万元(2010 年不变价)，比上年增长 60.4%，电信业务总收入 17566.11 万元，比上年增长 7.2%。电缆长度为 7081.35 皮长公里，比上年增长 180.1%。年末移动电话用户达到 22.1 万户，固定电话用户 7.1 万户，电话普及率为 76.8 部 / 百人。国际互联网用户为 85784 户。

六、贸　易

商贸：全年完成社会消费品零售总额 69.1 亿元，比上年增长 8.9%。分地域看：城市完成 58.07 亿元，增长 8.5%；农村完成 11.05 亿元，增长10.9%。分行业看：批发业完成 17.5 亿元，增长 13.4%；零售业完成 43.9 亿元，增长 6.7%；住宿业完成 0.4 亿元，增长 5%；餐饮业完成 7.3 亿元，增长 12.7%。全年进出口额 15145 万元，比上年增长 67.0%。

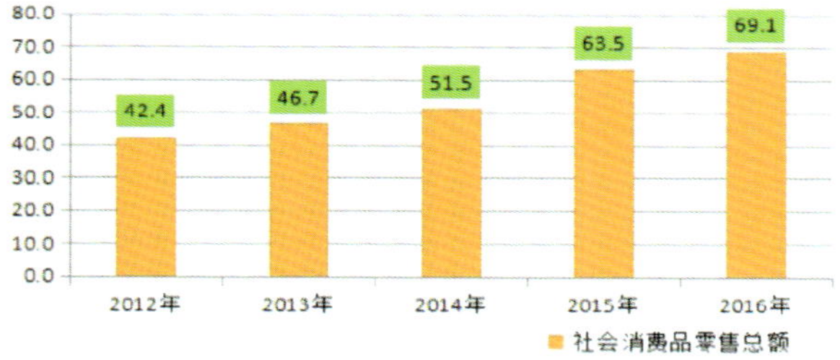

图 6　2016 年社会消费品零售总额完成情况

七、财政、金融和保险

财政：全年大口径财政收入完成 12.3 亿元，同比下降 5.3%，其中：一般预算收入完成 6.0 亿元，同比下降 21.9%。各项税收收入总计完成 76.7 亿元（含庆化厂上缴税金 62.2 亿元），同比增长 29.4%。其中：国税收入 70.6 亿元，同比增长 40.6%；地税收入 6.1 亿元，同比下降 32.7%。财政支出累计完成 23.8 亿元，同比下降 9.0%。

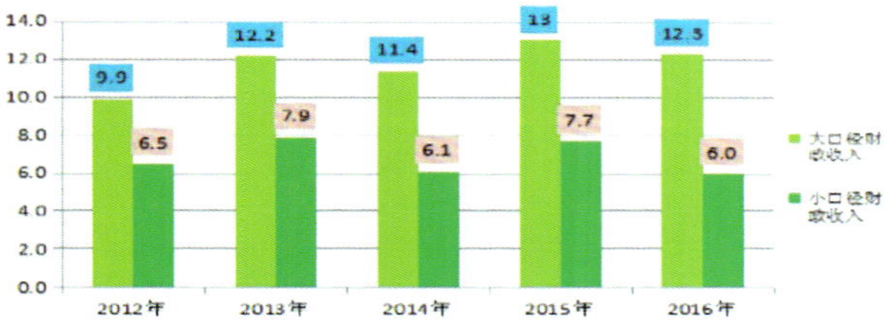

图 7　2016 年财政收入完成情况

金融：全区金融机构人民币各项存款余额 314.7 亿元，同比增长 3.4%；其中：单位存款 59.76 亿元，下降 20.9%；个人储蓄存款余额 212.53 亿元，增长 18%。各项贷款余额 315.2 亿元，同比增长 9.9%。其中短期贷款 75.26 亿元，下降 7.1%；中长期贷款 239.85 亿元，增长 16.6%。

保险：全年保费收入 22626.7 万元，比上年增长 17.9%。其中：财产保险保费收入 6878.5 万元，下降 14.9%；人寿保险保费收入 15748.2 万元，增长 41.8%。支付各类赔款及给付 6724.2 万元，比上年下降 30.8%。其中财险支付 2712.3 万元；寿险支付 4011.9 万元。

八、科技和教育

科技：全区共有各级各类学（协）会 34 个，其中专业技术学（协）会 10 个，农村专业合作组织 24 个，当年完成专利申请 472 件，授权发明专利 188 件，累计授权有效发明专利 40 件。

教育：辖区内共有各类学校 224 所。其中大专院校 2 所，中等职业学校 9 所，中学 24 所（其中：独立初中 10 所，完全中学 5 所，高级中学 5 所，一贯制中学 4 所），普通小学 101 所，特殊教育学校 1 所，幼儿园 89 所。各类学校共有教职工 8419 人，其中专任教师 7792 人。在校学生 97910 人。九年义务教育巩固率 97.59%，学前三年毛入园率 95.68%。

九、文化、卫生、体育和旅游

文化：辖区现有专业剧团 2 个，文化（艺术）馆 2 个，图书馆 2 个，博物馆 2 个，画院 1 个，文化站 8 个，农村文化室 100 个，农家书屋 104 个，露天剧场 35 个。全年实现文化产业增加值 4.0 亿元，同比增长 19.0%，文化产业法人单位 383 个，新增 35 个。全年完成了 37 个行政村“乡村舞台”建设、15 个社区综合文化服务中心建设，完成 80 个全省行政村（社区）“数字农家书屋”试点建设，实施了全区农村有线广播电视网络全覆盖文化惠民工程，新铺设光缆线路177公里，附挂光缆线路147公里，覆盖全区7个乡镇，完成有线广播电视入户5878户。全年举办各类香包等民俗文化产业培训班126期，培训作者10000人(次)。组织民间艺术大师创作刺绣、剪纸、泥塑等民俗文化产品130件，外出参加展览和参加艺术大赛20余场次，获奖35项。培育扩建后官寨镇南佐村(左焕茸)、新建董志镇北门村“文化集市”固定经营点和生产加工基地各1处，并在国内和白俄罗斯设立了营销窗口；成功承办了“第十四届中国•庆阳香包民俗文化节”。共组织各乡镇、街办布设香包、刺绣、剪纸、皮影类展棚615个，参展公司142个、参展农户271个，共销售香包、刺绣、剪纸、皮影类民俗文化产品186.7万件，销售额达到1011.6万元。全年生产香包550万件、实现产值8500万元，销售500万件，收入7000万元。

卫生：辖区拥有卫生机构330个，其中医院13个、社区卫生服务中心(站)18个、卫生院8个、村卫生室113个、门诊部、诊所(卫生所、医务室)160个、疾病预防控制中心2个、妇幼保健院(所、站)2个、采供血机构1个、卫生监督所(中心)1个，计划生育服务机构16个。实有医疗病床3606张。卫生技术人员4220人，其中：执业(助理)医师1485人，注册护士1292人，药师(士)201人，技师(士)180人，其他人员320人。全年实施陈户卫生院综合业务楼、温泉卫生院住院楼、后官寨卫生院改扩建及附属设施项目、董志卫生院附属设施项目等卫生基础设施项目7项。全区100所标准化村卫生室已全部建成并投入使用。全年参合农民人均筹资总额达到530元，参合236965人，参合率99.71%。农村五保户、低保户等困难和弱势群体参合率保持在100%，共计补偿36.14万人次10672.57万元，当年资金使用率83.4%。全面落实了33中门诊慢特病报销政策，重大疫病报销比例达到70%以上。对全区749名因病住院的贫困人口提高5%，补偿资金17.05万元，贫困人口住院实际补偿比为64.34%，大病保险赔付起付线降至3000元共赔付44人次2.85万元。全区城乡居民健康档案建档率达99%，高血压、糖尿病、重性精神疾病患者健康管理率均达到98%以上。乙、丙类传染病报告发病率340.92/10万。免疫规划疫苗全程合格接种率达98%。全年共结婚登记6398人，婚检6293人，婚检率98.48%，孕前优生健康检查完成率87.5%。孕产妇和儿童管理率分别达到96.3%和93.8%。

体育：辖区共有体育场地数451个，举办县级以上运动会11次，参加县级以上运动会运动员人数53190人。年末等级运动员27人，等级教练员21人，等级裁判员432人。体育事业经费支出1053.8万元。

旅游：辖区共有国家级重点文物保护单位3处，旅游景点16处，涉外定点星级接待单位4个，旅行社(分公司)25个。全区累计接待游客296万人次，旅游综合收入达到14.2亿元。编制完成《庆阳北石窟寺遗址生态公园修建性详细规划》、《显胜乡蒲河川美丽乡村旅游开发规划》、《温泉镇华夏公刘第一庙景区总体规划》、《彭池塬古城旅游景区开发总体规划》和《小河湾景区开发规划》。打通了毛寺至北石窟寺环川公路，启动实施了陇东滑雪场二期工程建设和夏季漂流码头建设，均已建成并投入使用。

十、环境和安全生产

环境保护：城市环境质量7项指标全部在市上下达的控制指标之内。PM10(可吸入颗粒物)年均浓度72(微克/标立方米)，PM2.5(可吸入颗粒物)年均浓度36(微克/标立方米)，二氧化氮年均浓度22(微克/标立方米)，二氧化硫年均浓度38(微克/标立方米)，集中式饮用水源地水质达标率100.0%，地面水水质达标率100.0%，交通干线噪声平均值≤57.1分贝，PM2.5年均浓度7(微克/标立方米)，空气优良天数321天。

安全生产：全区共发生各类生产安全事故 249 起，死亡 13 人，受伤 121 人，直接经济损失 42.23 万元。其中：道路交通事故 86 起，死亡 10 人，受伤 121 人，直接经济损失 10.05 万元；火灾事故 161 起，无人员伤亡，直接经济损失 32.18 万元；工矿商贸事故 2 起，死亡 3 人。

十一、人口、人民生活和社会保障

人口：年末全区总人口为 38.83 万人，比上年末增加 0.66 万人。按性别分：男 19.78 万人，女 19.04 万人；按户籍分：非农业人口 14.87 万人，农业人口 23.96 万人。全年出生人口 7179 人，出生率 18.65‰；死亡人口 1867 人，死亡率 4.7‰，自然增长率 14‰。常住人口为 37.19 万人，比上年末减少 1.13 万人，其中城镇人口 21.28 万人，农村人口 15.91 万人，城镇化率达到 57.22%。

人民生活：辖区全部单位在岗职工年工资总额达到 438979 万元，比上年增长 6.89 %，年人均工资额 69780 元，比上年增长 7.96 %。其中区属职工工资总额为 82665 万元，比上年增长 16.95%，年人均职工工资额 68110 元，比上年增长 15.6 %。城镇居民人均可支配收入 25897.93 元，比上年增加 2050.73 元，增长 8.6%，人均消费性支出 14921.29 元，比上年增加 799.73 元，增长 5.7%。城镇居民家庭恩格尔系数为 31.6%。农村居民人均可支配收入 8461.4 元，比上年增加 583.2 元，增长 7.4%，人均生活消费支出 6599.42 元，比上年增加 296.86 元，增长 4.7%。农村居民家庭恩格尔系数为 36.7%，比上年下降 1.2 个百分点。

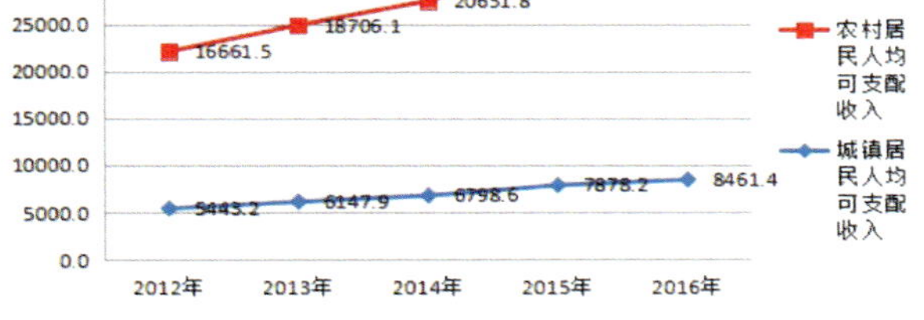

图 8　2016 年两项收入完成情况

社会保障：辖区参加基本养老保险的职工人数为 19557 人，其中离退休人员 17064 人；参加失业保险 40053 人；参加工伤保险 75252 人；参加职工基本医疗保险 49515 人。城市低保参保人数达到 4892 户、12137 人，发放保障金 5179 万元，比上年增加 499 万元，城市低保月人均补差 338 元。农村低保参保人数达到 3912 户、12758 人，发放保障金 2432 万元，比上年增加 104 万元，农村低保月人均补差 159 元。

注：《公报》中财政数据来自区财政局；外贸数据来自区商务局；邮政业务总量数据来自市邮政局；电信业务总量、固定电话、移动电话拥有量、互联网用户数据来自市电信公司；金融数据来自人行庆阳中心支行；教育数据来自区教育局；文化、有线电视用户、电视人口覆盖率、广播人口覆盖率、旅游数据来自区文广局；教育、体育数据来自区教体局；卫生、新农合数据来自区卫计局；城镇新增就业、登记失业率、社会保障数据来自区人力资源和社会保障局；环境监测数据来自区环保局；安全生产数据来自区安监局；总人口、自增率来自区公安局；物价、城镇居民人均可支配收入、农村居民人均可支配收入来自庆阳调查队；其他数据均来自区统计局。

周祖广场　　(区网络中心提供)

年度人物

新任县处级以上党政领导干部简介

（按姓氏笔画排序）

王新宁　正宁县人。生于1965年2月。研究生学历。1989年12月参加工作,1987年7月加入中国共产党,2016年11月任西峰区政协党组成员、副主席,文广(旅游)局党委书记、局长。

刘建莉　女,庆城县人。生于1966年10月。大学学历。1986年7月参加工作,1992年1月加入中国共产党。2009年11月,任西峰区人民政府副区长。2011年9月,任中共西峰区委常委。2011年10月,任中共西峰区委常委、统战部部长。2016年11月,任中共西峰区委常委、纪委书记。

张鹏瑞　宁县人。生于1966年8月。甘肃省委党校行政管理专业,本科学历。1987年7月参加工作。1995年9月加入中国共产党。2010年11月,任中共西峰区委常委、宣传部长。2016年9月任中共西峰区委常委、政法委书记。

张晓龙　正宁县人。生于1976年12月。大学,甘肃省委党校行政管理专业。1995年8月,参加工作。1996年12月,加入中国共产党。2011年9月,任庆城县委常委、统战部长2013年9月,任庆城县委常委、统战部长、县总工会主席。2016年9月,任西峰区委常委候选人、宣传部长。2016年11月,任中共西峰区委常委、宣传部长。

张　瀚　环县人。生于1976年3月。甘肃农业大学本科。1998年8月,参加工作。2003年6月加入中国共产党。2016年9月,选为西峰区委常委候选人、统战部部长。2016年10月,任西峰区委常委、统战部长。

廖　芳　女,合水县人。生于1974年4月。大学,中央广播电视法学专业。1994年8月参加工作。无党派。2008年8月,任庆阳市环县人民政府副县长。2011年11月,任庆阳市环县人民政府副县长、环县工商业联合会主席。2016年10月任庆阳市西峰区人大常委会副主任。

晋升高级职称专业技术人员

2016年晋升高级职称专业技术人员

(按姓氏笔画排序)

表4

序号	姓名	性别	民族	出生年月	籍贯	工作单位	专业技术职务
1	牛成嘉	男	汉	1977年10月	甘肃西峰	肖金中学	高级教师
2	毛康宁	男	汉	1980年8月	甘肃西峰	庆阳第二中学	高级教师
3	付晓庆	女	汉	1965年10月	甘肃西峰	区疾控中心	副主任护师
4	刘荣瑞	男	汉	1968年2月	甘肃宁县	黄官寨实验学校	高级教师
5	刘鸿涛	男	汉	1962年10月	甘肃西峰	左咀小学	高级教师
6	朱丽霞	女	汉	1969年11月	甘肃西峰	团结小学	高级教师
7	孙红燕	女	汉	1963年7月	甘肃西峰	董志小学	高级教师
8	邵维恩	男	汉	1970年8月	甘肃西峰	彭原初中	高级教师
9	张海龙	男	汉	1972年6月	甘肃西峰	彭原初中	高级教师
10	张振刚	男	汉	1977年04月	甘肃西峰	西峰区人民医院	普外副主任医师
11	张永宁	男	汉	1973年12月	甘肃西峰	庆阳第二中学	高级教师
12	李兴涛	男	汉	1972年8月	甘肃西峰	什社中学	高级教师
13	岳立信	男	汉	1970年12月	甘肃西峰	新建小学	高级教师
14	杨雅丽	女	汉	1965年8月	甘肃西峰	团结小学	高级教师
15	杨淑惠	女	汉	1966年3月	甘肃西峰	团结小学	高级教师
16	赵淑茸	女	汉	1963年2月	甘肃西峰	团结小学	高级教师
17	赵宗儒	男	汉	1970年5月	甘肃正宁	庆阳第三中学	高级教师
18	郭维胜	男	汉	1972年7月	甘肃陇西	温泉初中	高级教师
19	贾效元	男	汉	1965年5月	甘肃西峰	后官寨卫生院	中医内科副主任医师
20	廉金明	男	汉	1976年10月	甘肃西峰	西峰区人民医院	普外副主任医师

受表彰的先进人物

西峰区2016年个人获奖统计(地厅级以上)

表5

序号	姓名	单位	奖项名称	颁奖部门	获奖时间
1	秦望龙	宣传部	《厚德蒙学》(秦望龙编著)获庆阳市第八届李梦阳文艺奖丛书著作类三等奖。	中共庆阳市委 庆阳市人民政府	2016年2月
2	郭崇勇	宣传部	歌曲《一生平安》(郭崇勇词曲)获全国安全生产优秀文艺作品征集评选,歌曲类优秀作品第二名	国家安监总局 中华全国总工会	2016年9月
3	郭崇勇	宣传部	歌曲《回家过年》获甘肃省百姓春晚优秀歌曲奖	甘肃电视台	2016年2月
4	郭崇勇	宣传部	歌曲《中国梦》(郭崇勇词、李需民曲)获庆阳市第八届李梦阳文艺奖音乐作品类一等奖	中共庆阳市委 庆阳市人民政府	2016年2月
5	郭崇勇	宣传部	歌词《茉莉花开》获"歌唱江苏·传播精彩"原创歌词征集优秀奖	江苏省文化厅	2016年12月
6	齐云博	老干局	调研报告《改进和创新离退休干部服务管理工作的研究和思考》被评为"全省2015年老干部工作调研成果二等奖"	甘肃省委老干部局	2016年3月
7	蔡薇	老干局	调研报告《加强和改进离退休干部服务管理问题研究》被评为"全省2015年老干部工作调研成果三等奖"	甘肃省委老干部局	2016年1月
8	苏瑞华	文联	美术《高秋图》获甘肃省文化厅、省美协主办的"精准扶贫书画展"三等奖	甘肃省文化厅 甘肃省美协	2016年8月
9	万月红	党校	《论构建社会主义核心价值观的必要性》一文在甘肃省党校系统"贯彻落实五大发展理念"论文评选中获三等奖	甘肃省党校	2016年7月
10	缪文静	党校	全省党校系统优秀教师	甘肃省党校	2016年7月
11	任彦萍	档案馆	《智慧档案馆研究的意义和价值分析》获2016年甘肃省档案学术论文征文三等奖	甘肃省档案学会	2016年12月
12	郭军民	发改局	获全省联村联户、为民富民行动先进个人"标兵奖"	中共甘肃省委 甘肃省人民政府	2016年5月
13	郝有莉	残联	第一届全省残疾人辅助器具服务技能大赛三等奖	甘肃省残联	2016年8月

续表 5

序号	姓　名	单　位	奖项名称	颁奖部门	获奖时间
14	何建峰	畜牧局	获"全国百佳基层兽医、全省最美基层兽医"称号	甘肃省畜牧兽医局	2016 年 12 月
15	李浩廷	林业局	2016 年度苗林结合培育工作先进个人	庆阳市人民政府	2016 年 11 月
16	郭　莹	农业行政综合大队	获"全省农业行政综合执法信息宣传先进个人"	甘肃省农业行政综合执法局	2016 年 12 月
17	张文峰	公安局	获全省公安机关免费办理农用三轮车摩托车牌证工作成绩突出个人	甘肃省公安厅	2016 年 2 月
18	刘　宁	公安局	个人二等功	甘肃省公安厅	2016 年 3 月
19	贺兴礼	公安局	提名全省喜爱的人民警察	甘肃省公安厅	2016 年 12 月
20	李红星	检察院	全国检察机关检务保障工作先进个人	最高人民检察院	2016 年 3 月
21	赵　芳	检察院	全省检察机关未检工作先进个人	甘肃省人民检察院	2016 年 5 月
22	梁文瑞	法　院	全省法院办案标兵	甘肃省高级人民法院	2016 年 11 月
23	刘　军	彭原镇	2015 年度全省双拥工作先进个人	甘肃省委、省政府	2016 年 4 月
24	刘　军	彭原镇	2016 年度苗林结合培育工作先进个人	中共庆阳市委 庆阳市人民政府	2016 年 3 月
25	刘　军	彭原镇	2015 年度全市支持关心武装好书记	中共庆阳市委 庆阳市人民政府	2016 年 3 月
26	赵军显	彭原镇	2015 年　全市精准扶贫先进个人	中共庆阳市委 庆阳市人民政府	2016 年 8 月
27	刘兰芳		全国文明家庭	中央文明委	2016 年 12 月
28	胡文婷	庆阳农村商业银行	全省农村信用社优秀共产党员	甘肃省农村信用社联合社	2016 年 6 月
29	刘　莉	电力公司	《写给儿子的一封信》获全国第四届"书香三八"读书活动征文入围奖。	中国妇女报社	2016 年 11 月

先进单位

单位获奖统计

西峰区 2016 年单位获奖统计(地厅级以上)

表 6

序号	获奖单位	奖项	颁奖部门	获奖时间
1	纪　委	2015 年度全省联村联户为民富民行动组织奖	甘肃省委 甘肃省政府	2016 年 5 月
2	宣传部	2016 年度《党的建设》发行工作先进单位	甘肃省委党的建设杂志社	2016 年 10 月
3		宣传思想精神文明建设工作获得全市考核第一名	中共庆阳市委 庆阳市人民政府	2016 年 9 月
4		西峰区宣传思想精神文明建设工作获得全市考核第一名	中共庆阳市委 庆阳市人民政府	2016 年 9 月
5	政协办	“委员助推双联行动”先进政协组织	甘肃省政协	2016 年 4 月
6	妇　联	获 2016 年度《现代妇女》杂志宣传推广先进奖	甘肃省妇联	2016 年 12 月
7	民政局	西峰区殡葬管理所获“全国殡葬工作先进集体”	民政部	2016 年 12 月
8	城管局	中国法治政府奖	中国法治政府奖组委会 中国政法大学法治政府研究院	2016 年 12 月
9	检察院	第六届“全国先进基层检察院”	最高人民检察院	2016 年 5 月
10		全省检察机关科技强检示范院	甘肃省人民检察院	2016 年 3 月
11		2013—2015 年度全省先进检察院	甘肃省人民检察院	2016 年 3 月
12		第二届全省检察机关惩治和预防职务犯罪年度报告三等奖	甘肃省人民检察院预防处	2016 年 10 月
13	科　协	“基层科普行动计划”奖补单位	中国科协 财政部	2016 年 6 月
14	红十字会	甘肃省红十字会系统先进集体	甘肃省人社厅 甘肃省红十字会	2016 年 4 月
15	环卫局	甘肃省卫生单位	甘肃省爱国卫生运动委员会	2016 年 1 月
16	食药监局	表彰敦煌文博会食品安全保障先进集体	甘肃省食安委办	2016 年 10 月

续表 6

序号	获奖单位	奖　项	颁奖部门	获奖时间
17	卫计局	西峰区人民医院获“节约型公共机构示范单位”	甘肃省委省政府	2016 年 1 月
18	卫计局	西峰区人民医院获“2016 年甘肃省卫生行业临床检验医学专业岗位团体三等奖”	甘肃省卫计委	2016 年 8 月
19	卫计局	西峰区人民医院获“全省基层亿元腹腔镜技能大赛团体优秀奖”	甘肃省卫计委	2016 年 1 月
20	卫计局	肖金中心卫生院获国家卫计委 2014-2015 年度群众最满意的乡镇卫生院”	国家卫计委	2016 年
21	交警大队	表彰全省公安机关“严查严惩严重道路交通行为专项整治”成绩突出集体和个人	甘肃省公安厅	2016 年 6 月
22	爱卫办	甘肃省卫生单位	甘肃省爱卫办	2016 年 1 月
23	教体局	全国义务教育发展基本均衡县	国务院教育督导委员会	2016 年 1 月
24	教体局	全国第五届中小学生艺术展演活动优秀组织奖	全国第五届中小学生艺术展演活动组织委员会	2016 年 4 月
25	公安局	全省公安机关打击“盗抢骗”犯罪专项行动成绩突出集体三等功庆阳市公安局西峰分局刑事侦查大队	甘肃省公安厅	2016 年 6 月
26	公安局	全省维护稳定先进集体	甘肃省人社厅 甘肃省维护稳定领导小组	2016 年 12 月
27	公安局	2016 年度进度工作先进单位	甘肃省禁毒委员会	2016 年 12 月
28	公安局	2016 年全国青少年禁毒知识竞赛	国家禁毒委员会办公室教育部 共青团中央	2016 年 11 月
29	文广局	西峰区文化市场综合执法大队“全省文化管理工作先进集体”	甘肃省文化厅	2016 年 3 月
30	质监局	产品质量安全工作获得全市综合目标管理考核第一名	中共庆阳市委 庆阳市人民政府	2016 年 9 月
31	人社局	西峰区劳动监察中队获“全国优质服务窗口先进单位”	人社部	2016 年 12 月
32	人社局	人力资源和社会保障工作获得全市综合目标管理考核第一名	中共庆阳市委 庆阳市人民政府	2016 年 9 月
33	农机局	全省农牧系统农资打假工作先进单位	甘肃省农牧厅	2016 年 8 月

续表 6

序号	获奖单位	奖　项	颁奖部门	获奖时间
34	农牧局	瓜菜办获“农牧渔业丰收奖二等奖”	甘肃省农牧厅	2016 年 6 月
35	农牧局	全省农牧系统“六五”普法工作先进单位	甘肃省农牧厅	2016 年 8 月
36	显胜乡	2015 年度民兵基层建设先进单位	中共庆阳市委 庆阳市人民政府 庆阳军分区	2016 年 2 月
37	显胜乡	先进基层党组织	中共庆阳市委	2016 年 6 月
38	后官寨镇	2015 年度精准扶贫精准脱贫优秀乡镇党政领导班子	中共庆阳市委 庆阳市人民政府	2016 年 6 月
39	后官寨镇	沟畎村获得先进基层党组织	中共庆阳市委	2016 年 6 月
40	后官寨镇	后官寨村获甘肃省卫生村	甘肃省爱卫办	2016 年 11 月
41	肖金镇	2015 年庆阳市精准扶贫精准脱贫优秀乡镇党政领导班子	中共庆阳市委 庆阳市人民政府	2016 年 7 月
42	北街办	甘肃省社会治安综合治理先进集体	甘肃省人力资源和社会保障厅 甘肃省社会治安综合治理委员会	2016 年 3 月
43	北街办	北街志愿者服务站获“全省志愿助残阳光团队”	共青团甘肃省委 甘肃省残联	2016 年 7 月
44	北街办	解放路社区获“甘肃省卫生社区”	甘肃省爱国卫生运动委员会	2016 年 1 月
45	北街办	东湖社区获“全省和谐社区建设示范社区”	甘肃省民政厅	2016 年 7 月
46	北街办	东湖社区获“全市拥军优属爱民工作先进单位”	中共庆阳市委 庆阳市人民政府 庆阳市军分区	2016 年 4 月

续表 6

序号	获奖单位	奖 项	颁奖部门	获奖时间
47	南街办	南街办东平路社区获"甘肃省卫生社区"	甘肃省爱国卫生运动委员会	2016 年 1 月
48		南街办育才路社区获"先进社区人防工作站"	甘肃省人民防空办公室	2016 年 1 月
49		南街办南苑路社区获"先进基层党组织"	中共庆阳市委	2016 年 6 月
50		南街办武装部获"2015 年度民兵基层建设先进单位"	中共庆阳市委 庆阳市人民政府 庆阳军分区	2016 年 2 月
51	庆阳农村商业银行总行机关党支部	全省农村信用社先进基层党组织	甘肃省农村信用社联合社	2016 年 6 月
52	国网庆阳市西峰区供电公司	2014—2015 年度人力资源一体化管理工作先进集体	国网甘肃省电力公司	2016 年 2 月
53	国网庆阳市西峰区供电公司	2014—2015 年度品牌建设工作先进集体	国网甘肃省电力公司	2016 年 2 月
54	国网庆阳市西峰区供电公司彭原供电所	企业文化建设示范点	国网甘肃省电力公司	2016 年 3 月
55	国网庆阳市西峰区供电公司	西峰区温泉镇刘店村居民小区配电台区工程命名为"国家电网公司 2016 年配电网百佳工程"	国家电网公司	2016 年 11 月
56	国网庆阳市西峰区供电公司彭原供电所	2016 年度国网甘肃省电力公司四星级乡镇供电所	国网甘肃省电力公司	2016 年 12 月

新闻特载

西峰：一纸"军令状"带来山村巨变

一场冬雪过后，西峰区显胜乡毛寺村银装素裹。往年，这个天气，村民们早已过着"老婆孩子热炕头"的生活，但是映入笔者眼帘的却是一片热火朝天的景象：陇东冰雪健身基地的工人们忙着收拾装饰一新的服务大厅；村民们忙着准备向游客出售的土鸡蛋、豆子、黄酒等农家土特产；村干部忙着搞协调服务……村子里这些翻天覆地的变化，都源于2015年7月28日村党支部书记毛颖敏从西峰整区脱贫誓师大会上带回来的一纸"军令状"。

西峰区是省级"插花型"贫困县区。"插花"不仅意味着贫困，还意味着贫困户居住分散，他们大多居住在塬边咀梢，自然条件差。作为西峰区最偏远、贫困的村落，毛寺村就属于这些"插花型"中的一角，受自然地貌约束，这里的农民一辈子面朝黄土背朝天，缺水、短电、交通不便成了村民致富路上的"绊脚石"。

为了实现2015年整区脱贫的目标，在誓师大会上，西峰区15个联村县级领导、16个行业部门、7个乡镇、15个贫困村，一起向区委、区政府立下了整区脱贫"军令状"。毛颖敏代表的毛寺村就是这15个贫困村中的一个。

在这纸"军令状"上，道路、饮水、住房、产业等关乎农民"衣食住用行"的16项内容都成了必须完成的硬任务。

"实施22户危房改造、修建集中式管道饮水工程、完成黑老锅景区步道、养羊养牛、修建钢架大棚……一看到这么多工作，要在当年底完成，真是发愁！"毛颖敏说。

令毛颖敏没想到的是，与"军令状"一起配套的，还有为15个贫困村各确定的一名包抓县级领导，整合帮联单位、乡镇书记（乡镇长）、非公企业等8支攻坚力量的驻村工作队、85名大学生村官、100名农业技术人员、210名双联干部……

他一下子有了底气。"军令如山"。在"军令状"的威严态势下，西峰区从上至下万名干部，纷纷走村串户，活跃在田间地头，帮助贫困村做规划、联系项目、找路子……

签下了"军令状"，落实不到位等于是纸上谈兵。西峰区随即还出台了一系列"刚性"的制度对帮扶责任人进行督促落实，坚持一周一督查、半月一汇报、一月一通报，及时查缺补漏，全程跟踪问效，以目标倒逼责任，以时间倒逼进度。对在省市考核验收中拖了全区后腿的，实行"两个硬淘汰"，即7个乡镇党委书记中淘汰最后一名，17个职能部门一把手中淘汰最后一名。

一系列的约束机制，使得如今西峰区最偏远的山村，有干部驻守；最贫困的群众，有干部帮扶；最头疼的问题，有干部解决。昔日贫困的山村有了人气，有了生气，也有了蓬勃的朝气。

“因为区里实行的是倒排序法，毛寺村是西峰区15个贫困村中贫困程度最深、帮扶难度最大的‘硬骨头’，所以扶贫任务理所当然地落在了区委书记的身上。”西峰区扶贫办主任李本文说。

毛颖敏说，庆阳市委常委、西峰区委书记章志兼包抓毛寺村以后，经常深入农户家中，和村民们坐在炕头算收入、问想法、谈未来，专门邀请省内外专家前来毛寺村实地勘察，寻找发展门路，走出“旅游+扶贫”的新路子。

“一业兴带动百业兴”，在旅游业发展的同时，毛寺村还根据“军令状”任务，加大了设施瓜菜、规模养殖、品牌劳务、生态苗林四大产业开发力度。在外地打了5年工后辞职回家的村民毛继峰告诉记者：“看着村上现在新建了钢架大棚、鱼塘、羊圈，还给我们发放了5万元贷款，成立了农民专业合作社，我现在觉得回家创业这条路走对了。”

走上了水泥路，亮起了太阳能路灯，搬进了干净整洁的居民点，住上了新楼房。“现在我们村被帮扶干部打扮成了要啥有啥的暖窝窝。以前我们农民的日子就是地里家里两头跑，农闲时就去外面搞副业挣钱，现在不仅能在家门口挣钱，还能到广场锻炼身体，你说我们现在的日子美不美！”村主任毛锦社说。

“军令状”折射出的山村巨变不仅仅反映在毛寺村，也体现在其他14个贫困村子里。目前，西峰区贫困群众人均可支配收入达到7796元，100个行政村实现了农村产业发展资金合作社全覆盖，向2889户贫困户发放了精准扶贫专项贷款1亿元……各村的“军令状”任务已经全部完成，正在进行逐项考核，预计2015年3291户1.31万人将告别贫困，实现整区脱贫。

（载于2016年1月21日《甘肃日报》，通讯员：巩晓静 张烨）

西峰区探索加强清真食品市场监管的新模式

近年来，西峰区把加强清真食品管理作为构建和谐社会的重点，以维护少数民族合法权益，维护民族团结和社会稳定，规范行业行为为主线，严格按照《甘肃省清真食品管理条例》依法对清真食品生产经营实施规范管理，维护了回族等有清真饮食习惯少数民族的合法权益，推动了清真食品行业的健康有序发展。

一是加强宣传，为清真食品管理工作营造良好氛围。

坚持把《甘肃省清真食品管理条例》的宣传工作作为清真食品管理工作重中之重来抓。“六五”普法以来，利用日常检查、年检、清真食品登记发证、重大节日检查和开展“民族团结进步宣传月”活动的有利时机，在少数民族聚居的乡镇、清真食品企业、学校、单位和街道悬挂宣传横幅20余条，累计印发宣传资料5000余份。通过广泛宣传，进一步增强了清真食品经营单位依法经营的意识，假冒清真食品的现象得到有效遏制。

二是建立台账，促进清真食品管理的信息化建设。

按照建设法治政府的要求，让权力在阳光下运行，依据《行政许可法》和《甘肃省清真食品管理条例》等相关法律法规，公开办事程序，及时在西峰网上公布了清真食品标志牌使用的办理程序，接受社会各界监督，有效推进政务公开工作。执法人员定期不定期深入清真食品生产经营单位、场所，对悬挂“清真”、“穆斯林”、“回民”等标记的餐饮门店采取“查、看、问、听”的方式进行拉网式排查，了解各门店从业人员情况、肉食来源、加工操作规程以及经营情况，指导督促办理相关证件，及时掌握第一手资料，健全完善清真食品企业（个体工商户）登记册、清真企业（个体工商户）检查记录册等表册台账，做到了清真食品市场情况清，底子明，为依法管理奠定良好基础。

三是加大力度，加强清真食品生产经营监督管理。

一是完善自我监督。要求取得清真食品标志许可证和标志牌的企业和个体工商户，将标志牌悬挂店铺醒目位置，严格按照《条例》的规定，对有违法伊斯兰教义的商品进行下架处理，接受消费者监督。二是健全市场准入机制。严把清真食品生产经营准入关，在企业取得工商、食药局颁发的经营许可证、餐饮许可证之后，方可办理清真食品许可证；对不具备《条例》和市政府《关于进一步加强清真食品管理工作的意见》规定的，一律不予办理许可手续。三是实行跟踪管理。采取平时抽查、定期督查、全面检查的方式，对辖区各清真食品生产企业、个体工商户进行检查。检查中对经营单位的牌证做到“四对”，既“对人、对证、对牌、对号”，做到“牌证齐全、证人相符”。对转让、倒卖、出借清真食品许可证和标志牌的行为进行及时查处回收。目前，西峰区已依法办理清真食品经营许可证的清真食品企业和个体工商户 58 家，其中，从事生产加工的企业 2 家，餐饮企业 1 家，个体工商户 55 家。

（载于中共甘肃省委统战部主办刊物《凝聚》2016 年第 5 期，通讯员：田勇鹏）

新理念激发新活力

——庆阳西峰区发展现代农业纪实

一片片现代化果园生机勃勃，一座座标准化大棚错落有致，一排排规模化养殖小区干净整洁，一个个农业企业机器轰鸣……盛夏时节，走进西峰区的田间地头，处处感受到的是现代农业带给人的喜悦。

抱团发展：有规模才有效益

7 月初，记者走进西峰区温泉镇齐楼村的和润果业合作社，首先映入眼帘的是果园的“护身衣”防雹网和整齐的水泥柱，LED 显示器上显示着园内实时温度、环境湿度、土壤湿度等。

和润果业合作社仅仅是西峰东部温什万亩果带上的一缩影。在现代农业发展中，西峰区跳出传统思维和经营模式，用现代工业理念来发展现代农业，从种养殖历史、区位优势等因素考虑，因势利导，形成了东果、南菜、北畜、西游的大产业发展新格局，在每个区块内又形成“合作社＋农户”“合作社＋基地＋农户”“合作社＋公司＋农户”等模式，同时，农业部门还结合技术服务到户，农资配送到户，资金帮扶到户，产品收购到户等原则助推各个经济合作组织发展。

在蒲河川沿线，肖金镇纸坊村的甜瓜迎来大批游客采摘，显胜乡毛寺村的陇东滑雪场二期火爆登场，董志镇小河湾组的北石窟寺、“千年丝绸古道”游人如织……康壮养殖合作社的负责人李克博告诉记者：“政府不断加大扶持力度，现在有了合作社我们就能共担风险，而且还统一培训社员，有统一的技术规程、业务指导，能统一购买农资、销售产品。”目前，西峰区共组建成立“合作社＋农户”“合作社＋基地＋农户”“合作社＋公司＋农户”等农民专业合作经济组织 900 个，会员总数达 8129 人，带动农户 17258 户。

示范引领：有“龙头”才有发展

在庆阳中庆农产品有限公司，现代化的流水作业大大提高了生产效率。产品陈列室里，南瓜子、葵花籽、小杂粮等农产品远销美国、加拿大、俄罗斯、德国、澳大利亚等 27 个国家和地区。“企业＋基地＋农户”的模式也让西峰区的种植户尝到了龙头企业带来的好处。

“我们合作社和中庆公司合作种了 140 亩南瓜，公司免费提供南瓜子、肥料和地膜。去年南瓜的市场价是 1 公斤 13 元，而中庆的收购价是 18.5 元，我们这些合作社和农户哪有不种的道理！”庆丰源农场负责人杨洁说。

龙头企业带动是西峰区发展现代农业的又一有效方法。为了引来“金凤凰”，西峰区不仅加强基础设施建设，还配套了一系列优惠政策、重点项目、财政资金，为基础相对薄弱的农业“强筋壮骨”，国电远鹏、中盛集团等知名企业相继落户。全区共建成农业产业化龙头企业65个，农产品加工业年实现产值8.7亿元，农产品加工转化率达到56%，年吸纳农村剩余劳动力1.5万人。

陇东冰雪健身基地的落户，成功地将毛寺村推向公众视野，吸纳该村43人就业；华泰果业公司积极引领广大种植户创建标准化苹果示范基地，年生产绿色苹果(A级)达5000吨；北地红调味食品公司积极扶持农户种植辣椒等蔬菜，由公司供籽种、供肥料，每年和农户签订定单3500亩以上，带动农民亩均收入1800元以上……

多元融合:有改革才有动力

记者在肖金蔬菜大棚看到，红彤彤的圣女果挂满枝头，玛瑙般的葡萄鲜嫩欲滴，老板罗胜利介绍:“开园以来，每天都有几十人前来采摘，一天就能收入一千多元。”后官寨镇孔塬村梅花鹿养殖场女主人孔喜珍也告诉记者:“目前，鲜鹿茸每斤可卖到1500元—2000元，干鹿茸每斤可卖到6000多元。按每斤鹿茸1500元的市场价来算，扣除饲养成本，平均每头公鹿每年光销售鹿茸就能收入七八千元。”

为了解决农业规模小、效益低和土地碎片化的问题，西峰区创新抱团取暖抵风险、握指成拳强实力的发展理念，积极推行东部优质苹果和特色高效农业发展组团、北部现代生态高效种植养殖业发展组团、城郊休闲观光和高效农业发展组团、近郊现代物流服务业发展组团、蒲河流域生态旅游和绿色高效农业发展组团。通过“五个组团”，多元化发展已经成为西峰农业发展的一个新趋势。蓬勃发展的生态农业、观光农业、休闲农业、“互联网+”、订单农业等多元化现代农业产业，更是有效促进了农业产业增效，拓宽了农民增收渠道。

如今，后官寨镇的玫瑰园、薰衣草园引得游人如织，显胜、肖金、彭原樱桃采摘等观光农业如火如荼，什社武川、肖金纸坊甜瓜品牌市场走俏，温泉天富亿生态民俗村人气剧增，农业产业走出了融合发展的转型升级新路子，农民人均可支配收入完成3878元。

(载于2016年7月19日《甘肃日报》，通讯员：张烨)

引得“源头”活水来

——庆阳西峰区推进招商引资工作纪实

中盛30万只湖羊繁育基地及屠宰深加工全产业链项目正式落户，投资8.7亿元的瑞华天然气综合利用及深加工项目正在加紧施工，青藤国际生态农业文化产业园首届樱桃文化节成功举办……吸纳资金、招引项目、引进新理念，庆阳市西峰区“借梯登山”，引来“活水”济发展取得实效。

由“分散”到“精准”，汇聚合力求突破

历时3个月，足迹遍布陕西、江西、广东等数十省，对接知名企业百余家，一批产业前景好、带动强的重大项目有望落地——这是今年西峰区在中国光彩事业庆阳行暨民企陇上行活动中所取得的丰硕成果。

这些大项目的达成绝非偶然。今年以来，西峰区坚持把招商引资作为推动地方产业升级和实现跨越赶超的重要引擎，以“一会一行”活动为契机，整合全区招商引资力量，优化升级投资环境，打造环境一流的招商引资大平台。

把招商引资作为“一把手工程”，明确“一盘棋”招商思路，优化全区招商资源，区主要领导带队，多部门联动，组成8个对外招商队，保持“一张名片展示”“一把尺子推动”，统筹推进招商引资工作。在项目招引中，为提高项目引进的成功率，西峰区认真研究投资方向和扶持重点，有针对性地论证储备项目37个，建立起了“一会一行”项目专库，精准对接，有的放矢。

据介绍，西峰区先后在西安、南昌、昆明等14个城市成功举办专题项目推介会暨签约活动，邀请参会企业1000余家，与50余户光彩事业理事企业和20余户非理事企业上门对接洽谈，邀请20余户知名企业来西峰考察，签约合同项目24个，签约总额242.95亿元，协议项目27个，签约总额362.6亿元。

变“求量”为“求质”，拓展思路蓄潜力

走出去，向市场要活力；请进来，为发展蓄潜力。

走进西峰工业园区，瑞华天然气综合利用及深加工项目正在加紧为投产做准备。这个项目建成后，可实现日处理天然气90万立方米，增加税收2亿元，能够进一步补齐西峰缺乏大型地方工业的“短板”。

像这样含金量十足的大项目落地，是西峰区招商思路变化的成果体现。

近年来，西峰区不断在招商引资中求新求变，坚定不移地转方式、调结构、促转型，做好“加减乘除”文章，着力推动产业优化升级，由“政策招商”向“产业招商”转变，变求“增量”为重“质变”，不断提升招商引资的“含金量”，增强内生发展动力和长期发展后劲，努力实现从“一业独大”向“多业并举”的华丽转身。

西峰区坚持招强引名，有针对性、创造性地开展招商活动，突出本地优势，策划包装了农业产业化、文化旅游、资源开发等多个招商平台，主动出击，上门招商，先后与洪大集团、静安集团、太平洋建设集团等数十家知名企业进行实地考察和衔接洽谈。

成功招引的国电远鹏光电循环农业示范园、小河湾生态民俗村旅游度假区一一落地，即将开工建设；中盛牧业肉羊繁育基地及屠宰深加工全产业链项目开工建设，成为中盛“全产业链、全价值链、全循环链”发展模式进军肉羊领域的西峰“升级版”；红星美凯龙、人人乐、中影国际影城相继落户万辉国际广场，发展活力持续激发。

从“引见”到“包办”，服务升级促落地

近日，记者在显胜乡毛寺村陇东冰雪健身基地见到了负责人李本荣，谈起当初选择这里投资的原因，他感慨地说：“为了项目顺利落地，西峰区做了很多工作，短时间就解决了基地的水电路问题，还专门开辟绿色通道，加快项目审批，这让我下定决心为改变毛寺村面貌出一份力。”像这样的例子在西峰区的招商引资中并不少见。

为了确保项目引起来、留得住、能见效，西峰区积极改变过去“见面，不签约；签约，不落地；落地，不开花”的被动局面，实行招商项目跟踪服务制，按照在谈项目抓签约、签约项目抓落地、落地项目抓建设的要求，实行“三个一”工作机制，从项目储备到项目入驻、投产达效，实行跟踪服务，不仅发挥“红娘”的“牵红线”作用，更在手续跑办、土地征迁、配套完善等方面开设“绿色通道”，“全程包办”项目落地事宜。

与此同时，西峰区还按照招商引资考核办法，对每个项目按照“审核资料、实地查看、严格核实、入库统计”的程序，坚持定期不定期抽查，使服务不“缺位”，让招引项目顺利落地，成为实实在在的发展动力源。

（载于2016年8月31日《甘肃日报》，通讯员：李晓峰）

补遗：

西峰区人大常委会主任接待日制度初见成效 每月15日为主任接待日

（通讯员罗建平）今年初，甘肃省庆阳市西峰区人大常委会制定出台了《西峰区人大常委会主任接待日制度》。制度规定，每月15日为主任接待日，由区人大常委会主任或副主任接待辖区人大代表和人民群众，听取人大代表和人民群众对区人大常委会所作决议决定落实情况、“一府两院”开展工作情况、人大代表建议办理情况及群众关心关注的热点问题的意见建议。该活动开展以来，已初见成效。

“我区学校作息时间与职工作息时间不一致，导致家长无法正常接送孩子，常常托放在小饭桌或托管中心，但目前这些临时托管机构管理不规范，存在安全隐患，建议政府加强监管。”这是西峰区人大常委会主任接待日活动中，西峰区北街康寿路社区社保员、人大代表卢敏反映的问题。

接到西峰区人大常委会的转办文件后，西峰区政府对此问题高度重视。在充分调研的基础上，及时制定出台了《西峰区学生小饭桌管理办法》，明确学生小饭桌及托管中心由区教体、工商、卫生、公安、安监等 7 个部门共同进行日常监管。同时，相关部门与托管机构签订了《食品安全责任书》，先后开展校园食堂、小饭桌、托管机构及校园周边食品安全专项整治，消除了食品安全等方面的隐患问题，保证了学生身心健康和食品安全。

这是西峰区人大常委会实行主任接待日制度以来解决的许多问题中的一个。据了解，该制度实施以来，已先后开展主任接待日 4 次，接待人大代表和人民群众 11 批次，受理反映的问题 18 件，责成区人大相关工委和“一府两院”及其组成部门解决落实问题 14 件，正在办理的 4 件。通过主任接待日制度的实施，推动了人大代表和人民群众反映问题的尽快解决，有效监督“一府两院”依法开展工作，促进了全区经济社会转型跨越发展。

(载于 2015 年 5 月 22 日《人民之声报》第 31 期一版，被甘肃省人大常委会办公厅评为全省第二十六届“宣传人民代表大会制度好新闻”三等奖，通讯员：罗建平)

西峰：完善五项制度 保障代表依法履职

今年以来，甘肃省庆阳市西峰区人大常委会通过进一步完善五项制度，规范代表日常管理，为人大代表依法履职提供了制度支持和机制保障，推动了区人大常委会各项工作的顺利开展。

完善代表管理办法，规范人大代表日常管理。西峰区人大常委会修改完善了人大代表管理办法，对区人大代表在区人代会召开和闭会期间的工作事项进行了明确，对权利、义务进行了界定，对人大代表不能依法履职情形提出了处理意见，对代表辞职、罢免、停止执行代表职务和终止代表资格等工作流程进行了规范。建立了代表履职登记和激励机制，支持人大代表积极反映社情民意，提出有质量、有见解的议案、建议、批评和意见。

完善代表约见“一府两院”及其部门负责人有关制度，支持人大代表依法履职。西峰区人大常委会修改完善了《西峰区人大代表约见“一府两院”及其部门负责人暂行办法》，规定人大代表可根据宪法、法律、法规和上级人大及其常委会的决议决定的贯彻执行情况，区人大及其常委会的决议决定的贯彻执行情况，全区经济建设、社会发展和社会稳定中的重大事项等七类事项，依法约见“一府两院”及其部门负责人。规定被约见者要在约定的时间、地点与代表见面，认真听取代表意见，如实回答代表提出的问题，在约见活动结束一个月内，将办理情况书面答复提出约见的人大代表。代表如果对答复意见不满意，且区人大常委会主任会议认为理由正当的，由区人大常委会主任会议责令相关部门重新办理，促使“一府两院”及其工作部门进一步重视人大代表工作，支持人大代表依法履职。

完善人大代表联系选民制度，认真接待受理群众来信来访。西峰区人大常委会规定每位人大代表至少要同 10 名以上选民保持经常性联系，每年集中联系选民的次数不少于 4 次，对选民提出的意见、建议要及时向区人大常委会和乡镇人大反映，努力当好群众的“代言人”。截至目前，区人大常委会及乡镇人大共接待、受理人民群众的来信来访10件，批转相关部门办理落实7件，正在督促落实3件。

完善人大常委会组成人员联系人大代表制度，加强与人大代表的联系沟通。实行了区人大常委会主任接待人大代表日制度，修改完善了区人大常委会组成人员联系人大代表制度，规定区人大常委会召开会议时，可邀请一定数量的人大代表列席。要求区人大常委会每名组成人员至少联系1个代表小组，驻会委员每人至少联系5名人大代表，非驻会委员每人至少联系3名人大代表，通过电话、书信、召开座谈会、约见、走访、接待等形式，加强与人大代表的联系。在今年开展的工作视察、安全生产法执法检查和专题调研等活动中，先后邀请区人大代表11人参加，增强了人大代表行使职权的积极性和主动性。

完善人大代表建议意见办理办法，提高"一府两院"的办理效率。今年以来，西峰区人大常委会强化工作措施，严格工作责任，加大对人大代表建议意见办理工作。3月份，区人大常委会同区政府签订了代表建议交办责任书，就区七届人大四次会议代表提出的45件建议和30件意见向区政府进行了集中交办，并确定区住建、城管、卫计、人社、民政等37个部门作为具体承办单位和协办单位。各承办单位创新方法，做到重要问题"重点办"、疑难问题"借力办"、综合性问题"合力办"、长期问题"彻底办"、特殊问题"特别办"。在办理前，主动找代表沟通，了解代表的具体要求；办理中，随时与代表保持联系，通报办理过程和进度；办理后，邀请代表实地察看，征询意见，及时反馈落实情况，确保建议办理更加符合实际、符合代表意图和愿望，让群众满意。

（载于2015年6月5日《人民之声报》第35期二版，被甘肃省人大常委会办公厅评为全省第二十六届"宣传人民代表大会制度好新闻"三等奖，通讯员：罗建平）

调研报告

全区农村贫困人口低保工作调研报告

中国人民政治协商会议西峰区委员会

为了全面掌握我区农村贫困人口低保工作情况，找准影响低保工作的突出问题，按照区政协工作要点安排，区政协组成调研组，深入区低保服务大厅、董志镇公务大厅及野林、冯堡村，对区、乡（镇）、村三级组织低保工作运行情况进行调研，现将调研情况报告如下：

一、现状与成效

（一）机构健全，保障成效显著。区委、区政府高度重视农村贫困人口的基本生活保障问题，区、乡（镇）、村三级低保工作机构健全，领导责任明确。区社会救助管理局设立了低保服务大厅和农村低保窗口。乡镇政务大厅均设有低保窗口（由一名副职领导负责）。村组成立了由支部书记、主任任正副组长，村民小组组长、群众代表为成员的低保工作领导小组。三级低保工作组织保证了农村低保办理工作的顺利运行。目前，区社会管理救助局承担着全区3923户农村贫困人口的保障工作。其中，一类低保对象1678人，占12%，月标准285元；二类低保对象3920人，占31%，月标准249元；三类低保对象6292人，占49%，月标准84元；四类低保对象966人，占8%，月标准58元。年总发放保障金2328万元。

（二）制度完善，运行规范有序。全区农村低保工作自2003年开始试点以来，各级主管部门及工作人员在实践中不断摸索总结，到2006年基本形成了"民主推选、村组审核、三级定案、三榜公示"的工作模式。在此基础上，制定出台了《西峰区农村低保乡镇集中办理实施方案》《西峰区农村居民家庭收支核查工作实施方案》《西峰区社会救助家庭经济状况核对办法》《西峰区城乡低保评议听证办法》《西峰区城乡低保年度审查制度》等一系列完善的制度，使农村低保工作有章可循，有规可依，运作规范顺畅。

(三)程序严谨，选贫施保精准。全区农村低保工作的运行从申请提名到低保资金转入农民“一折通”账户，要经过村组民主评议、调查核对，乡级逐户核查审定、公示，区级抽查审核与公示、民政局按困难程度分类后再公示等环节，做到了运行程序规范，工作环节严谨，确保了选贫施保的准确性。

(四)档案齐备，服务方便快捷。区社会救助管理局电子、文本两套档案齐备，实行制式化管理，动态化运作。特别是低保户实名制电子档案核查查询方便，一目了然，各项管理制度、宣传牌、宣传册、服务指南等应有尽有。各乡镇政务大厅配有2—3人专职负责农村低保办理工作，随时受理咨询，群众感到办理顺畅便捷。村级低保工作领导小组的评议工作受到群众好评。通过三级低保工作人员的辛勤工作，使全区农村贫困人口低保工作运行规范、有序。

二、困难和问题

(一)宣传教育与公开公示不到位。一些村只在村部宣传栏对低保户名单进行公示，没有遍及自然村，更谈不到户户明确，人人皆知。个别户因家庭突发特殊困难，未及时申请，村组干部不了解情况也未提名，出现个别户应保未保的问题。有的贫困户享受低保几年后，通过国家扶持，个人努力已经明显脱贫却不愿退出，对低保产生依赖情绪，认为自己是群众和组织认可的低保户，采取消极的人生态度，依赖于吃低保、得过且过混日子。

(二)遴选漏洞与公平公正不相符。个别村低保户在乡级核查中出现不符合低保条件的情况；有的自然村在群众选贫评议会上出现大家族争票偏私优己现象；个别乡镇用低保安抚常年上访的“缠访户”等。

(三)指标偏少与贫困户多不适应。我区现有农业人口26.64万人，有低保对象1.28万人，约占5%左右，低保面过小。低保户评选只能采取倒排序，贫中选贫完成下达指标任务，一些贫困户被排序在名额之外，出现了应保未保问题。

(四)门槛限制与惠民政策不配套。法律援助、教育救助、医疗救助、危房改造等惠民政策都以低保为“门槛”，有了低保户身份，才能有资格申请上述救助项目。大部分农村群众生活水平都十分接近，加之低保指标有限，有的农户在某一方面确有困难但未能参保，为此一些贫困户上访缠访，影响农村和谐稳定。

三、意见和建议

(一)着力加强政策的宣传教育工作。一是加强宣传，提高群众对低保工作的知晓率。采取召开群众大会、张贴年度低保申报通知、宣传低保申请条件等有效形式，使低保申请、评议、上报等程序公开透明。二是加强教育，提高群众对低保政策的认知度。教育群众充分认识国家兜底和勤劳致富的关系，要树立依靠自己的聪明才智和勤劳双手奋斗创业自行脱贫的意识，摒弃等、靠、要的思想，更不能采取不公正手段争名额，甚至出现上访的不良现象。三是加强培训，提高乡村干部的服务水平。在低保申报工作中公正办事，充分听取群众意见、不徇私情，做到权为民所用，利为民所谋，工作程序合法，选户准确，将特贫为先、应保尽保落到实处。

(二)着力解决低保名额偏少的问题。一是在不减少国家、省、市补助资金的前提下，争取加大区级投入和社会力量捐助资金，建立“爱心帮扶基金”平台，充分利用这部分资金，适度突破下达名额，实行区级增保，扩大低保面。二是依托国家精准扶贫政策，对常年患病、智障、丧失劳动能力及短期无法脱贫的特殊困难户，要实行各种扶贫救助办法多管齐下，采取“两扶三保”(扶教育、扶产业、保生活、保医疗、保住房)的“兜底”保障措施，使其实现脱贫。三是根据各乡镇、村组贫困度不均衡的实际情况，合理调整低保户名额，注重扶贫政策的整体平衡性，尽力做到“特困重保、普困有保、脱贫退保”，让最需要的人享受到低保。

（三）着力强化低保对象核查确认工作。村级低保领导小组要严格按照个人申请，村、组核查登记（人口、财产、房屋、耕地、粮食作物、劳力、经济收入等），群众评议推选决定的原则和程序，做到记录详细、档案完备，实事求是，不弄虚作假。乡镇低保工作人员要扎实做好核查比对工作，做到不漏户不漏人，认真走访周边群众及邻居，力求情况准确，如实上报。为区级相关部门的审定和准确分类做好基础工作，使这项扶弱助残的“民心工程”公平、公正、公开。

（四）着力化解工作中存在的矛盾和问题。一是三级低保主管组织要与医疗保障、危房改造等救助部门加强协调沟通，将低保户的主要困难作为主攻方向，重点施策施保，提升施保效率，快速消除救而不起、常保不退的问题。二是要适度降低医疗救助、危房改造等资助项目的低保门槛，对确有困难，但未享受低保的，酌情施救，灵活处理，尽力解决低保工作中带来的矛盾和问题，维护农村的和谐稳定。三是研究制定优惠政策，努力为农村低保家庭子女升学、就业创造条件，既要让他们具备丰富的文化知识，又要掌握娴熟的职业技能。

（五）着力健全监督机制确保工作规范运行。要建立区、乡、村三级低保工作监督工作机制。在广泛接受群众监督的同时，吸纳村组有威望的群众、当地的人大代表、政协委员参与低保选贫听证会，充分发表意见，在低保工作中进一步理清思路、强化责任，采取力度更大、针对性更强、作用更直接、效果更可持续的措施。公布监督电话，有效监督农村低保工作规范运行，使党的惠民政策得到公平、公正的体现，努力做到贫困者应保尽保，使有限的资金发挥最大的作用。

西峰区农业产业化发展状况调研报告

中国人民政治协商会议西峰区委员会

按照政协常委会工作安排，区政协组成调研组，深入区内4个乡镇、5个农业产业生产基地，对全区农业产业化发展情况进行了调研。现将调研情况报告如下：

一、发展现状

近年来，我区紧紧围绕农业增效、农民增收、农村发展的总体目标，始终把壮大支柱产业、培育龙头企业、强化中介服务、创建特色品牌、延伸产业链条作为推动农业产业化发展的重中之重，坚持整村、整乡镇、整区域推进，不断加大政策引导、技术指导、资金扶持力度，形成了以东区果树、南区设施蔬菜、北区设施养殖、西区观光农业为主的四大农业产业，农业产业化经营实现了由“传统型”向“现代型”、由“分散型”向“集约型”转变，呈现出了大规模、高效益、多层次的良好发展态势。

（一）四大产业初具规模。苹果产业：坚持整村、整乡镇、整区域推进，强力主攻这一领军产业。截至目前，全区共建成3个苹果基地乡镇、25个苹果重点村、55个果品专业合作社，102处百亩以上流转土地果品专业合作社和经营大户，规模流转土地果园面积2.31万亩，建成存量3000吨以上果库12处，农户果窖539处，组装式苹果冷藏库104座，总储藏量5.66万吨。果园面积达到23.9万亩，其中苹果20万亩，年生产苹果11.3万吨，实现产值6.06亿元，农民人均苹果产业纯收入达1768元。瓜菜产业：通过统一规划引导和示范点建设带动，至目前已建成肖金设施基地、什社武川、肖金纸坊、显胜蒲河、董志新庄、后官寨王岭、彭原下庄和鄢旗坳、温泉天富亿等设施蔬菜基地9个；

建成肖金三不同、肖金漳水、肖金双桐、显胜三泉刘、什社永丰、董志罗杭和南庙、彭原邵寺等露地瓜菜基地8个。全区初步形成了辣椒、黄花菜、西甜瓜3个具有地方特色的优势产品，有力地推动了我区瓜菜产业由传统农业向现代农业、绿色农业的转变。全区设施蔬菜面积达到2.73万亩，年种植各类瓜菜16.52万亩。草畜产业：全区累积留存以紫花苜蓿为主的多年生牧草13.5万亩，其中千亩示范点3处，百亩示范点10处。发展畜牧龙头企业6个，组建畜牧养殖专业合作社80个，建成规模养殖小区（场）58个，其中万头以上养猪小区（场）9个，3000头以上养猪小区（场）15个；200只以上养羊场14个；年饲养百头以上养牛企业3个；万只养鸡小区（场）3个，5000只以上养鸡小区（场）6个；发展各类规模养殖户3268户。年畜牧业总产值2.6亿元。观光农业：天富亿生态民俗村、显胜黑老锅、北石窟寺等乡村旅游示范点蓬勃发展。“农业+”乡村旅游全面兴起，彭原、什社、显胜等特色文化产业园农产品观光、采摘基地，树立了一批美丽乡村旅游新样板，成为我区农业产业化发展的一支新生力量。

（二）龙头企业发展步伐加快。全区共建成农业产业化龙头企业65个，其中省级龙头企业7个，市级龙头企业20个；农产品加工业年实现产值4.4亿元，农产品加工转化率达到56%；年吸纳农村剩余劳动力1.5万人。

（三）经济合作组织彰显活力。围绕果品、瓜菜、草畜旅游四大支柱产业发展，结合“四到户”服务（技术服务到户，农资配送到户，资金帮扶到户，产品收购到户）和“五统一”经营模式（统一社员培训，统一技术规程，统一业务指导，统一农资购买，统一产品销售），全区共组建成立“合作社＋农户”“合作社＋基地＋农户”“合作社＋公司＋农户”等多种形式的农民专业合作经济组织900个，会员总数达8129人，带动农户17258户。区级以上示范合作经济组织76个（国家级示范社4个，省级示范社12个，市级示范社27个，区级示范社33个）。年提供种养加销信息579条，销售农产品4260万公斤，发展订单农业5万亩以上。2015年，接待区内外游客225.8万人次，实现收入4.9亿元。

（四）市场服务功能不断提升。整合各种资源，扩大流通渠道，全区共建成各类农贸市场30余处，年交易各类农产品15万吨，交易额达1.9亿元。形成了“以综合市场、专业市场、农村集贸市场为框架，以商场、超市、便利店为柜栏，覆盖全区的市场网络”，为龙头企业农产品的销售搭建了广阔的平台。

（五）农业科技创新富有成效。在三品认证上，坚持贯标生产，监管并举，全区共建成中庆、北地红等绿色农产品加工企业16个，肖金设施蔬菜基地等绿色无公害标准化示范点9个；完成“无公害、绿色、有机农产品和农产品地理标志”认证14个，绿色食品认证1个；认定农作物24万亩、畜禽11万头，认证产品6.8万吨，全面提升了农产品市场竞争力。在品牌创建上，积极引导，大力培育，全区共注册“陇清”SOD蜜苹果、“北地红”清油火锅底料、“陇翠”有机蔬菜、“丰禾日粒”小米等农产品品牌14个。10多次组织市级以上龙头企业参加国内各类农产品展销会，进一步提升了品牌效应和企业知名度。在技术推广上，先后引进农业新技术、新品种156个，实施区列科技项目20个。

（六）农业机械化水平不断提高。全区农机总动力达到31万千瓦，农机数量达到2万台套；全区农机从业人员已达到6397人，农机服务组织和农机户达到4836个，占全区农户总数的31%；全区现有乡级农机服务组织8个，村级农机服务组织42个，农机大户465户。

二、存在问题

一是对农业产业化经营的认识不足。目前，我区农民整体素质相对较低，市场经济意识淡薄，缺乏前瞻性，只顾眼前利益，农业产业规模化、标准化基地建设与农户分散经营间的矛盾日益突出。主要表现在农户分散经营与现代农业规模化、标准化和集约化生产的矛盾、农民的恋土情结与土地规模经营的矛盾、按福利原则平均分包土地与按效益原则由市场机制配置土地的矛盾、小农生产意识与日趋激烈的市场竞争的矛盾等，影响了新技术、新方法、新手段的应用和推广，制约了全区农业结构调整和农业产业化经营的发展。

二是农业产业结构调整滞后。我区农业产业结构调整还基本处于低层次运作上，全区除果品生产发展较快外，养殖、种植、旅游等其他产业发展相对缓慢，个别产业甚至严重萎缩，全区整个农业产业结构单一，缺乏多样性，农业经济抵御和应对风险能力较差。

三是龙头企业带动能力弱。我区龙头企业规模小、档次低，品牌和质量意识不强，知名度高的少，企业所属行业分布不平衡，在肉食品和禽蛋加工领域还非常缺乏。从龙头企业对主导产业的带动面上来看，对农业产业化经营的作用仅停留在浅层次的原始交易阶段，还没有形成以龙头企业带动而形成的产业聚集群，带动农户和基地的作用还不明显，抵御市场风险的能力较弱。同时，中小龙头企业融资困难的问题也较为突出，不利于我区农业产业化经营的全面发展。

四是农民专业合作社发育滞后。我区农民专业合作社整体处于“小、弱、低”的状况，缺乏资源整合优化组合。多数以家庭为单位，种植面积小，养殖数量少，生产管理手段落后，劳动效率底下，生产要素严重缺乏，扩大再生产基础薄弱，资金缺乏保障，种养殖业地域分散，种类分散，无法形成规模化、集约化。在农产品的精加工、深加工及提高农产品附加值等方面的合作服务较少，不能与现代农业快速发展合拍，利益和运行机制不规范，抗风险能力低，难以发挥应有的作用。

五是利益联结机制尚不健全。我区龙头企业、农村经济合作组织与生产基地和农民的关系非常松散，基本上属于“买卖交易”，虽然存在一定的连带关系，但依然是各自运作，利益自享，风险自担。产销脱节问题还没有根本解决，在卖方市场条件下一旦市场风吹草动，企业与农户将会双双受损，在一定程度上限制了农业产业结构调整和产业化经营。

六是农民科技培训力量不足。大部分技术力量集中在区级，乡镇技术员比较少，技术人员的工作基本上都是围绕乡镇中心工作开展，且从事专业工作的时间也很有限，从而出现专干不专的现象，农民接受培训的机会也相应较少。缺乏培训设备，农民科技培训仍然以举办培训班、田间地头授课为主要形式，一些先进的教学方式和设备还没有普及，特别是村级没有固定的技术培训场所，大范围开展声像教育困难很大，使科技培训跟不上农村经济发展的需要。同时，业务部门聘请的部分专家由于时间匆忙，准备不充分，讲课千篇一律，和当地实际联系不密切、指导性不强，使农民操作起来很困难，在一定程度上造成无序培训，浪费了培训资源。

三、建议和对策

一是提高发展农业产业化的认识。要认真学习和深刻领会国家对农业产业化供给侧结构改革精神，正确研判区内外产业结构形势，指导全区坚定正确的农业产业化发展方向不动摇。全区上下要提高思想认识，解放思想观念，加大工作力度，坚持政府主导，行政推动，抓住既定产业不放松，形成一任接着一任干，一抓到底的工作机制，要用抓项目建设的办法和力度来抓农业产业化工作。各乡镇要坚定主导产业发展方向，扩大产业基地规模。各级各部门要全力做好各项优惠政策的落实工作，不折不扣的将各项补贴按有关优惠条款落实到位，用足用好各类项目资金，充分发挥财政对农业产业化扶持的强大推动作用。及时修缮基地内道路、灌溉等基础设施建设，同时协调金融部门加大产业支持力度，放宽贷款门槛，及时为农户办理产业贷款。

二是加快主导产业基地建设。继续坚持把主导产业发展作为加快农业结构调整、推动农民持续增收的战略性举措，着眼“规模化发展、标准化生产、市场化经营”的目标，转变理念，科学布局，多措并举，进一步做大、做强、做精“苹果、瓜菜、草畜，文化旅游”四大支柱产业，以“公司+基地+农户”等方式，积极建办龙头企业，不断壮大基地，逐步引导农民加大农业产业结构调整力度。同时要积极探索农村土地流转的新途径，加快流转步伐，促进城市资本进入农村，建设生态美丽新农村，发展乡村旅游，实现规模经营，提高农业产业化水平。

三是加强农业龙头企业建设。要重点培育一批规模大、带动力强、产业附加值高的龙头企业群体，增强市场开拓和辐射带动能力。一是要立足优势资源和地方特色，积极发展种植、畜种繁殖等科技型龙头企业，鼓励工商企业兴办农业企业，与发展农村二、三产业和民营经济、外向型经济结合。二是要进一步加大对农业产业化重点龙头企业的扶持力度。调整优化农业投入结构，整合农业投入资源，集中更多的财政、金融和社会资金用于农业产业化龙头企业建设。三是加强对农业龙头企业的监测、管理和指导，加强对农业龙头企业家队伍的建设和人才培养。采取培训考察、专题讲座、举办论坛等多种有效形式，提高农业龙头企业家队伍整体素质。

四是加强专业合作经济组织建设。要大力发展农村专业合作经济组织，鼓励支持农户围绕主导产业发展，创建农村经济合作组织，扩大服务范围，参与到农业产业化的各个环节。要积极引导企业与合作经济组织联合，开展订单生产，结成紧密的利益共同体，鼓励农民合作组织和经纪人队伍参与市场开拓，畅通农产品流通渠道，充分利用“互联网+”、物联网、农村电商平台等载体，通过“五个组团”，多条腿走路，不断拓宽增收渠道，促进产业发展。积极探索农业保险机制，提高农业抵御自然灾害的能力。

五是加强利益联结机制建设。大力发展订单农业，引导企业与农户签订产销合同，促进农户与企业从一般的买卖关系变成利益共同体，使农民不仅获得生产环节的利益，而且还分享加工和销售环节的利润，逐步建立企业与农户、中介组织与农户的“利益共享，风险共担，优势互补，相互促进”的良性机制，建立健全农业产业化发展的利益联接机制、风险防范化解机制和行为约束机制，规范农业产业化运行秩序。尝试建立农业经济发展基金，防御农产品价格波动对农业产业造成巨大损失。

六是加强农业产业化技能培训。农业产业化的重要使命之一是培育新型农民，而新型农民的培育的有事关农业产业化的成败。要进一步提升我区农业产业化水平，就要让光大农民尽可能转化为有技术、会管理、懂市场、讲诚信的新型农民，尤其要重点加强对龙头企业、合作社、基层组织负责人的教育培训。要强化技术培训，吸引农业院校的优秀毕业生到农业企业、合作社、基层组织任职，提升业务素质。依托“阳光工程”，各部门要整合培训资源，编写实用教材，积极培训农民“土专家”，开展针对性培训。要高度重视观念培训，围绕四大产业开发，组织基层组织、合作社、企业负责人赴发达地区参观学习，取经富脑。要采取各种有效措施，切实增强农民的市场意识、合作意识、诚信意识，造就新型农民，为加快实现农业产业化发展步伐提供强有力的人才支撑。

全区失地农民安置保障工作视察报告

中国人民政治协商会议西峰区委员会

一、基本情况

近年来，随着我区经济社会的快速发展，市区提质扩容步伐日益加快，工业园区、农业基地和城市基础设施建设持续推进，一大批涉及市、区经济社会发展大局的重大项目相继落地建设，全区建设用地规模逐年加大，规划区内失地农民数量增加。截至 2016 年 4 月，为了满足市、区重点项目建设需要，城市建设共征用土地 24250 亩，涉及董志镇、后官寨镇、彭原镇、温泉镇及西街办的 20 个行政村 135 个村民小组，产生失地农户 6590 户 27346 人。截至目前，全面建成失地农民安置项目 37 个，总投资 24.73 亿元，总建筑面积 114.66 万平方米，其中：住宅面积 99.02 万平方米，商业 10.93 万平方米，公用面积 4.71 万平方米。建成住房 5841 套，安置农户 4797 户，占失地农民总数的 73%，其中：董志镇建成失地农民保障住房项目 14 个、住房 1609 套，总投资 4.53 亿元。后官寨镇建成失地农民保障住房项目 4 个、住房 677 套，总投资 3 亿元。彭原镇建成失地农民保障住房项目 1 个、住房 36 套，总投资 0.13 亿元。温泉镇建成失地农民保障住房项目 15 个、住房 3032 套，总投资 8.67 亿元。西街办建成失地农民保障住房项目 3 个、住房 487 套，总投资 8.41 亿元。

二、做法及成效

（一）依规健全机制，确保安置有据。2010 年以来，在严格执行市政府批转实施的《庆阳市城市规划区失地农民安置办法》《庆阳市西峰区失地农民安置住房建设实施意见》等文件的基础上，我区又结合区情，先后研究制定出台了《关于加快征地拆迁中农民安置用房建设工作的实施意见》《西峰区城市居民保障性住房及失地农民安置小区建设实施方案》，对失地农民安置的途径、措施、办法以及安置房建设模式、建设资金筹集、供地方式等进一步作了明确，确定住房保障采取人均居住用房不高于 30 平方米，保障用房不高于 30 平方米，商业用房不高于 10 平方米的标准进行建设。确保了失地农民安置工作有规可依、有章可循、规范操作。

（二）适应发展需求，确保补偿有度。目前，失地农民的补偿主要是土地补偿费、安置补偿费、地面附属物和青苗补偿费四种。在补偿工作中，坚持创新思路、因地制宜。一是适时修订和调整征地补偿标准。针对物价上涨、建筑成本增加、建筑物类的补偿标准不符合实际等情况，市土地收购储备中心及时修订了《庆阳市规划区内地面附属物补偿标准》《庆阳市征地统一年值标准和征地区片综合地价补偿标准》，严格执行补偿标准，及时足额支付补偿费用，切实保障群众利益。二是积极探索征地拆迁补偿新模式。针对近年来在拆迁附属物补偿中存在的被征户抵触情绪大、拆迁矛盾突出等问题，通过探索借鉴，实行地面附属物补偿费用包干制，把构筑物、附属物补偿清理的登记和分类计算变为按征收土地面积进行综合定额补偿，由村组对附属物自主补偿，并负责清理地面附属物。2010 年至今，共计支出各类补偿费 27.3839 亿元。经市政府核查组检查，我区失地农民补偿费兑现和管理使用规范，补偿及时到位。

（三）探索安置模式，确保工作有序。一是村组自建模式。对一个组或多个组的失地群众集中安置，安置用地采用土地流转方式解决，征拆户根据自身条件，按照村组统一规划、统一要求，建设一层、二层或高层的安置住房。如温泉镇黄官寨村对坡组失地农民安置小区、彭原镇草滩村失地农民安置小区均为村组自建。二是商家代建模式（“331”高层安置模式。政府为失地农民每人无偿建设 30 平方米的安置房、30 平方米的保障房和 10 平方米的商业门面房）。借助项目实施，在出让建设土地时，委托开发商（或项目实施单位）给相关村组无偿代建安置住房，以解决失地群众安置问题。这类安置方式群众收益大。如后官寨镇后官寨村北庄组失地农民安置小区、董志镇周岭村周岭组由凤凰大境商住小区为该组代建的失地农民安置房均属商家代建。三是插花零星安置模式。对于没有形成安置小区，而且只有部分或个别失地的自然组和农户，采取在本组或该户承包地内划拨规定面积（0.3 亩）就地安置，政府负责地面附属物清理，条件允许的进行基础设施跟进，确保了随拆迁随安置。董志镇周庄村、周岭村存在这种模式。四是临时过渡安置模式。在项目时限要求比较紧的情况下，由于长久安置滞后，每个拆迁户限定120平方米过渡面积，地面附属物由政府负责清理，同时，配套水、电、路等设施，由拆迁户自行建设，用来临时安置。如董志镇北门村马庄、赵庄临时过渡安置点就属于这种模式。通过这四种建设模式，确保了失地农民安置工作有序进行。

（四）多方协调联动，确保保障有力。一是强化培训促就业。区就业服务局坚持以“市场引导培训、培训促进就业”的方针，积极聘请专家教授，开办创业、电焊、电脑、刺绣、烹饪、果树栽培、家禽饲养、蔬菜园艺等培训班，并以其他部门培训机构和社会力量为辅助，多形式、多层次、多渠道提高失地农民的各项技能，不断拓宽就业门路，带动失地农民就近就业，自主创业。区政务中心办证窗口把失地农民《就业创业证》办理纳入办证范围，对符合办证条件的失地农民无偿办证，确保了失地农民享受相关就业创业扶持政策。二是落实政策促保障。依据《甘肃省人民政府关于印发〈甘肃省被征地农民养老保险办法〉的通知》，重新修订完善了《西峰区被征地农民养老保险实施细则》，在实际工作中，严格按照省、市、区有关政策规定开展工作，切实保障被征地农民的切身利益。同时，组织人力，通过广泛宣传动员，积极组织失地农民缴纳医疗保险。目前，全区失地农民养老保险、医疗保险缴纳率均为100%，做到了应保尽保。三是多措就业促增收。鼓励就地转移实现就业。把劳务输转作为实现农民增收的重要手段，在组织开展向外输出方面，综合运用市场和政府两种手段，充分发挥基层劳务工作机构和驻外劳务工作机构的作用，开展有组织输转；在就地转移就业方面，积极搭建公共就业服务平台，依托资源和产业优势，向资源开发企业、民营企业和城市二、三线产业转移就业。以园区带动就业。利用我区现已建成的5个创业园区〔（电子商务创业园区、民俗文化产业园区（文化产业一条街）、天富亿生态民俗创业园区、设施蔬菜建设基地、生态农业创业园区）〕带动失地农民就业。纳入公益性岗位管理实现就业。按照公益性岗位管理规定，让失地农民享受和其他失业创业人员一样的待遇，对特别困难的人员及时安置在公益性岗位帮助他们实现就业。村组自主解决就业。如后官寨等镇在城市环境卫生综合整治中，聘用失地农民为保洁员；在各个住宅小区的物业管理中，优先聘用失地农民为小区物业管理人员；鼓励有能力、有技术的失地农民自行组建工程队，积极帮助衔接基建施工。同时，部分村组每年年底都向群众“分红”，少的每人几百元，多的每人数万元，极大地增加了农民收入。

三、困难及问题

（一）监管职能缺失。目前，全区失地农民安置工作缺乏一个从征地、拆迁、安置到工程质量、进度监管及安置房分配的监管机构，即将建成的代建房没有接收和管理部门，在建的安置房没有专门监督管理机构，尤其是商家代建的安置房，受资金、政策、市场等因素制约，导致工程进度不能按既定时限要求完成。如西街办秦霸岭村秦霸岭组在2010年就签订了协议，由政府整组储备土地，商家代建安置房，过渡期为两年。但至今已过5年多，安置房还未建成，该组目前尚有50多户群众居住在过渡房，居住条件差，造成群众多次上访。区上虽然成立了西峰区失地农民安置工作领导小组，组建了办公室，但由于没有明确职能，导致作用发挥有限。

（二）手续办理繁杂。失地农民安置小区项目从可研、立项、规划、用地、环评、初设、“一书两证”等手续的办理到落地建设，正常情况下需一年左右的时间，程序繁杂，办理周期长，影响安置进度。如后官寨镇后官寨村南庄组失地农民安置小区，因划拨土地手续难以办理，加之各级土地政策的调整变化，致使该小区土地至今未能审批。西街办火巷村失地农民安置小区，相关手续从2013年开始办理至今，还有规划上的一个手续没有办好，期间由于房地产市场的整体低迷，原来的商家已退出，致使该项目搁浅。

（三）项目进度缓慢。一是由于村级集体经济薄弱，未形成资本积累，而农民一次性交付住房建设资金困难大，建设项目融资困难，导致安置房进展缓慢。二是受经济下行压力加大及西峰房地产库存饱和影响，资金短缺成为失地农民项目建设中的最大瓶颈制约，计划代建的失地农民保障住房项目普遍存在找不到商家问题，已签订代建协议的项目出现中途搁置，形成半拉子工程。如西街办秦霸岭二组安置小区，由金江名都商住小区为160多户群众代建，2010年签订协议两年建成交付使用，因房地产市场不景气、资金缺乏等原因，目前仅建成主体工程，未交付使用。有些区位不占优势的村组根本无商可招，如工作起步比较晚的温泉镇地庄村西坳组、南俭组，八里庙村八里庙组，彭原镇的刘岭村等失地农民安置小区建设项目，均存在这种问题。

（四）基础设施滞后。部分安置小区路、网、暖、气等配套基础设施不完善，美化、亮化设施基本没有。如后官寨镇后官寨村北庄组失地农民安置小区，主体工程现已建成，预计9月底可入住，但供暖问题无法解决，村组群众十分着急。彭原镇草滩村失地农民安置小区道路没有硬化，群众“雨天一身泥、晴天一身土”，影响生产生活。

（五）就业比较困难。大部分失地农民由于文化程度偏低、年龄结构偏大，掌握新技术难度较大，缺乏经营门路和创业技能，就业竞争力不强，导致就业困难。多数失地农民即使找到工作也是技术含量较低的临时性、不稳定岗位，薪酬比较低。由于对薪酬不满意，工作积极性差，不服从单位制度管理，导致失地又失业。

四、对策及建议

（一）强化监管职能，加大监管力度。明确区失地农民安置工作领导小组办公室的职能，由其具体负责失地农民安置工作的组织领导、协调监管。一要强化审批监管。对区上即将实施的项目要超前谋划，科学制定征地拆迁的整体方案和分步实施计划，做到统筹安排，分步实施。要严格评审乡镇制定的失地农民安置住房建设项目实施方案，确保各村组、各区域失地农民一次性安置到位，坚决杜绝村组重复建设、变相建设等违规行为。同时力求实行“先安置、后拆迁”，把安置工作做在拆迁之前，逐步实现拆迁安置“零过渡”目标。二要强化补偿监管。要加强对失地农民的征地补偿费的兑现及管理的监管，确保补偿合理、及时到位、管理规范。三要强化工程监管。开发企业在取得安置住房项目用地后，要督促其严格按照项目方案相关条款实施。项目开工后，跟踪监管安置住房工程的质量和进度，对商家代建的安置房，要督促优先开工建设、按期建成投用，使所有失地农民安置住房项目全部建成群众满意的民心工程。四要强化分配监管。工程竣工交付后，要督促乡镇、村组严格落实分配方案，并进行张榜公布，接受群众监督，确保群众满意。对已建成的或即将建设的临时过渡安置点，可探索由村组出资建设，产权归村组所有，群众临时过渡，待安置房建成后入住安置房，再安置另一批临时过渡户。

（二）加强统筹协调，简化审批程序。一要加强衔接沟通。建议由区政府出面衔接，专门成立市、区相关职能部门共同参与的管理机构，负责失地农民安置的相关手续办理工作。二要简化办事程序。在符合相关法律法规和政策的前提下，对失地农民安置房建设的审批、建设、配套、验收等环节开通“绿色通道”，对相关审批项目实行专人负责、集中办理、并联审批、随报随批，简化手续办理程序、缩短审批周期，切实提高办事效率。三要坚持急事急办。对在建设过程中的土地变性、规划调整等方面出现的困难和问题，各相关职能部门各司其职、各负其责、紧密配合、随到随批，积极给予协调和支持，确保安置房建设工作有序推进。

(三)增加资金投入，建好基础设施。一要规划先行，有序推进。加强与交通、供暖、供水、供气、排污、公交、通讯等基础设施主管部门的衔接，努力使工程建设与基础设施建设同步规划、同步设计、同步建设、同步验收、同步交付使用，确保资源共享。同时要进一步规划完善居家养老、购物消费、医疗卫生、教育文化、体育休闲等配套设施建设，确保城市基本公共资源服务均等化。二要创新机制，加大投入。首先要发挥政府资金的主导作用。政府部门应实行财政政策倾斜，安排专项经费，加大对失地农民安置小区的基础设施建设。其次要发挥村组作用。因政府财政能力有限，而村组还有一部分公共积累，建议政府出台一个规范性文件，按照政府投、村组筹、群众集的办法，推进失地农民安置小区的基础设施建设。再次，对商家承诺的基础设施建设项目，要督促其按要求保质保量完成。

(四)积极促进就业，强化社会保障。一要积极开展培训。根据市场需求和失地农民的年龄、文化层次、求职意愿等，采取“菜单式”和“订单式”培训方式，制定培训方案、确定培训内容，分层次开展培训，重点侧重于理论知识、职业技能及创业技能等方面培训，切实提高培训针对性及劳动就业率，促进失地农民向不同领域转移就业。二要多措助推就业。要加大转移就业力度。按照“劳动者自主择业、市场调节就业、政府促进就业”的原则，采取就地转移与劳务输出结合，把有意向外出务工的人员输送到有用工需求的发达地区就业；要充分开发工业园区就业潜力，为转移劳动力提供诸如运输、环卫、保安、巡防员等公益性就业岗位。扶持农民自主创业。要强化失地农民的自身“造血”功能，扶持农民发展家庭经营、进行个体运输、餐饮服务业的开发，新建村办企业、开办便民超市、承包小区物业管理，实现创业就业。对自主创业人员，政府在贷款、税收、场地等方面提供优惠政策；金融部门应适当放宽信贷条件，降低贷款门槛，鼓励和扶持失地农民自主创业；失地农民申请个体工商经营，各部门要简化手续，并在一定年限内享受城镇下岗职工的税费待遇。继续开展就业援助。对个别就业困难的失地农民，依靠公益性岗位安排帮助他们实现就业。三要加大保障力度。要积极动员失地农民参加合作医疗及养老保险，确保失地农民病有所医、老有所养。要积极探索失地农民安置保障新模式，将失地农民纳入城市服务和社会保障体系，使失地农民与城镇居民享受同等的养老、医疗、就业、救助等社会保障待遇。

西峰区电子商务工作情况视察的报告

中国人民政治协商会议西峰区委员会

一、发展现状

西峰区电子商务相比周边发达城市起步较晚，但发展速度较快。2016 年，全区注册登记电子商务企业 262 户。其中，开展电子商务业务的企业 60 户，正在孵化企业 46 户，创业人员 10 个；搭建行业电商平台 30 多个，拥有独立门户网站的企业 4 户，直接网络销售产品企业 21 户，利用微信平台推广产品企业 20 户，进入全国电子商务信息分析管理系统的企业 5 户，依托第三方平台从事电子商务业务的企业 12 户，在阿里巴巴从事批发业务的店铺 120 多家，在淘宝网上设零售店铺 100 多家，入驻淘宝网“特色中国—甘肃馆”10 家，入馆产品 1000 多种，大多涉及五谷杂粮、干果、蔬菜、香包、苹果等庆阳特色产品，线上线下年销售额突破 6 亿元。

二、主要做法

(一)加强组织领导，靠实工作责任。区委、区政府高度重视电子商务工作，始终把电子商务工作作为全区的重点工作来抓。成立了由区长任组长，分管副区长任副组长，商务、发改、团委、妇联等 28 个区直部门负责人为成员的电子商务工作领导小组，及时将26项任务分解落实到22个责任单位，明确了时限要求，并纳入全年目标管理。在具体的工作中，领导小组及时召开推进会议，研究解决实际问题，力保工作有力有序推进。

(二)健全制度机制，保障健康发展。坚持把做好电子商务顶层设计作为电商科学有序发展的前提和基础，制定出台了《西峰区关于加快发展电子商务的实施意见》和《西峰区电子商务奖励扶持办法》等制度，确定了全区发展电子商务的指导思想、目标任务、工作重点和保障措施，明确了相关单位职责和工作责任。同时，建立电子商务工作目标责任制，把电子商务纳入各乡镇和有关部门年终考核范围内，细化量化考核内容，健全评价标准，突出督促检查，强化结果运用，为推进电子商务发展提供了有力的制度机制保障。

(三)加强舆论宣传，营造发展氛围。坚持把优化电子商务发展环境作为推动电商经济跨越发展的主要着力点，广泛普及电子商务知识，提高全社会对电子商务推进全区经济发展重要作用的认识，鼓励有关部门和乡镇利用多种形式开展电子商务学习和培训工作，在全区范围内掀起了学习电子商务知识的热潮。温泉镇利用远程教育组织村级电子商务服务网点业主在村委会集体学习，带头在微博、微信、庆阳圈子、百度贴吧上推销西峰苹果、中药材等名优产品。区工信局、文广局、扶贫办等有关部门结合行业工作特点，以区内企业、专业合作社为重点，充分利用网站、手机短信、简报等形式，深入机关和企业宣传电子商务相关政策，为全区电子商务发展营造了良好的舆论氛围。

(四)强化培训指导，提高运营成功率。加大电子商务发展主体的培训和扶持力度，有效整合商务、扶贫、妇联、团委、残联等部门培训资源，按照“走出去、请进来”的方式，开展各类培训26批次，培训从事电商工作的区、乡、村三级干部、大学生村官、返乡创业青年、致富带头人、电商企业、专业合作社社员等4600人次，培训班举办及时，针对性强，既有专业理论的讲解，又有实践技能的操作，富有实效性，使学员们开阔了视野，拓宽了思路，增长了见识，进一步增强了创业的信心和决心，为全区电子商务发展奠定了人才和技术保障。

(五)挖掘优势资源，创建示范引领。坚持把打造优势网销商品作为推动电子商务快速发展的重要环节，充分发挥行业优势，在调研摸底和广泛动员电子商务发展主体的基础上，积极挖掘和包装了一批网销主推商品，并已逐步在全区内建成电子商务服务点70个，乡镇服务站7处，确定五谷杂粮、干果、蔬菜、香包、苹果、瓜子、剪纸、中药材等为主推产品，并对香包、剪纸、苹果等名优产品进行精包装，形成了适宜网销的特色商品。同时，把网销商品质量作为做大做强电子商务的基础性工作来抓，加强质量监督监管，强化注册认证，争取做到三无产品不上架，切实提高网销产品的知名度和影响力。

(六)创造便捷物流，降低电商成本。坚持把物流快递企业正规化建设作为加快电子商务发展的保障性工作来抓，积极鼓励和扶持企业或能人大户加盟国内大型物流快递公司，加强政府引导，强化行业监管和自律，不断推动物流快递企业正规化建设。目前，我区已有邮政EMS、申通、中通、圆通、韵达、顺丰等快递企业18家，业务量突破100万件，比上年同期增长了10%。乡镇新增物流配送代办点30多个，逐步解决农村物流快递配送难、配送慢的问题。今年前三季度，全区村级电商交易量已达到500多万元，带动贫困群众人均增收1000元左右，部分农民增收2500元以上。仅今年“双十一”中庆、陇东粮仓等五家企业网上销售额达115.5万元，占庆阳市网络销售总额的48.13%。

(七)夯实平台建设，引领电商发展。坚持把解决“电商无典型、发展无标杆”问题作为推进电子商务快速发展的着力点，市区两级政府高起点规划，高标准建设，高层次配套，租赁西峰嘉鑫国际建材城4771平方米场地，建成西峰区电子商务服务中心(庆阳市电子商务创业孵化园)一处,实现六大功能,即网销产品展示中心、电子商务运营服务中心、电商企业孵化中心、电子商务培训中心、仓储物流服务中心、金融信贷服务中心。先后引进京东、苏宁、中国网库等电商企业46户,提供6大类、20多种产品及服务,带动企业和商户800多家。成功引导庆阳陇东粮仓生态农业发展有限公司、庆阳恒丰源苹果专业合作社、庆阳中庆农产品有限公司等辖区知名企业成功申报“甘肃省电子商务示范企业”,有力地推动了全区电子商务快速发展。

(八)整合行业资源,助推电商精准扶贫。结合全省开展的“1+17”精准扶贫工作,按照电商扶贫试点相关要求,以全区15个重点贫困村为主攻点,积极推广“一乡一站”和“一村一店”模式,逐步把贫困村电子商务示范店打造成为集农特产品销售、线上采购、便民事务办理等为一体的综合性服务平台。建立起“政府搭建产业平台、提供保障服务,企业投资兴建产业、带动农民增收”的产业电商扶贫开发新机制,以“合作社+示范企业”带动的模式,在驻村生产企业建立电子商务示范店,通过扶贫龙头企业与农户直接签订种养和收购合同,组织农产品进入市场,实现了分散经营的农户与大市场的对接,有效解决了农民的卖难问题。目前,15个重点贫困村电子商务服务点全部上线运营,并积极争取省上配备的电子商务设施设备,基本上实现了贫困村全覆盖。

三、存在的问题

(一)我区电子商务发展仍处在起步阶段。与省内外电子商务发达地区相比,我区电子商务发展还存在着应用范围不广、水平不高、主体不强、配套支撑体系不完善等诸多问题,可能在较长时间内赶不上电子商务发达地区。首先是全区发展电子商务的意识不够浓,大多数企业、合作社习惯采用传统的销售方式销售产品,对新型电子商务认识、重视程度不够,极大地影响了电子商务的持续快速发展。其次是电子商务应用企业仍然偏低,难以形成有效的市场竞争力和适合产业发展的上下游产业链,一定程度上成为我区电子商务产业的发展瓶颈。另外,我区电子商务应用覆盖面和渗透率不高,无论是开展电子商务的企业数、行业性公共服务平台的数量还是客户分布数量均较少。

(二)电子商务企业网络开发与应用有待提升。我区企业信息化应用与信息化产业程度不高,传统产业居多,迫切需要通过一种新的营销手段提升产业档次、加快产业转型升级。而电子商务作为一个有效载体,却由于电子商务龙头企业缺乏,企业的规模化程度普遍偏低,电子商务网络贸易规模偏小,对传统企业的服务功能不强,加之现代物流业对传统企业的支撑程度偏弱,对流通渠道的延伸以及流通效率的提升促进力度也十分有限。

(三)电子商务“三流”比重失调。信息流、物流、资金流构成电子商务企业发展三个重要因素。由于受交通条件制约,我区物流配送和信息化普及还处在初期发展阶段,物流与信息化基础工作相对滞后,现代化水平和信息化水平不高,特别是物流成本高、网络覆盖率低,影响了电子商务的快速发展。缺少专门的电商发展融资协调机构,资金流缺乏,致使电子商务企业生存能力不强,作用于传统企业的功能不全。我区每年用于孵化园京东、苏宁两户企业的房屋租赁费、乡级服务站、村级电子商务服务点补助建设资金、维护和升级费用约需230多万元,随着区级电商服务体系的不断完善,每年需要大量的扶持资金。

(四)电子商务企业自身素质有待提高。一是专业人才缺乏。大多数企业、合作社缺乏电子商务应用方面的专业人才,区上也缺乏指导全区电子商务整体运营发展的政府专业机构,商务局作为领导小组办公室,承担日常政府工作繁杂,人员紧缺,致使电子商务应用效率不高、发展层次较低。二是品牌效应不显。缺少发展电子商务的龙头企业和效益明显的示范网店,对全区发展电子商务示范带动效应不够明显，加之我区特色产品比较零散，收集包装难度大，适合网销的特色产品比较少，缺乏注册认证的特色网销商品。庆阳苹果、什社小米等特色产品虽然反响不错，但大都没有在市场上取得一席之地。三是管理不规范。现有的各类商场没有进行优势互补，智慧互动，导致新旧市场抢客严重，搞价格战，没有形成良性竞争机制，造成经营市场内部矛盾，导致各类上访不断。

四、意见建议

从现代服务业发展总体要求来看，信息产业对传统流通业的改造升级以及对传统制造业的带动作用、先导作用日益凸显。因此，更好地发挥现代服务业尤其是电子商务的示范、先导作用，刻不容缓。

(一)高度重视，建立电子商务工作运行机制。电子商务工作涉及经济、宣传、监管等许多职能部门，集聚多方力量齐抓共管是当务之急。政府要为电子商务工作职能落实做好组织保障，一要成立电子商务专门领导机构，并由分管区长任组长，商务局牵头，各有关部门密切配合、协调，建立常规工作联系制度。二要鼓励、支持电子商务促进会等组织成立，经常开展电子商务分析、研究、探讨，建立和完善政府部门与企业之间互动机制，搭建政府部门间、行业组织间、企业间的全方位协调沟通平台。三要加强电子商务领域跨区域、跨行业合作，为电子商务发展的科学决策提供咨询和服务。四要全力运营好西峰区电子商务服务中心、完成西峰区电子商务体系建设，积极扩大当地网销产品库规。

(二)加大扶持力度，完善配套体系建设。一是每年安排一定数额电子商务引导专项资金，扶持电子商务重点行业、重点企业的发展。二是成立资金协调机构，积极引导社会力量参与电子商务资金筹集，由商务局牵头筹建西峰区电子商务发展基金会，规范电商企业融资行为。三是要进一步完善物流配送体系，特别是要完善面向农村的综合物流信息服务平台，积极引导物流企业向各乡镇建设物流代理点，协调物流企业与各乡镇站点配合，代收发快递。大力发展与电子交易、网上购物、在线支付协同发展。四是依托十大专业市场、肖金物流园等市场建设项目，积极推进实体店与电商线上线下良性互动，带动区内更多企业开展电子商务。

(三)加强人才培养，提供智力支持。培育本地化电子商务人才是一项长期性的任务，政府与电子商务企业都应共同承担这个职能，实施好电子商务人才发展战略。一是加强对电子商务专业人才以及应用企业电子商务工作人员的培训，尤其是专业实用性人才的培养，重点对返乡青年、待业青年、留守年轻妇女等进行培养。二是加快农村电子商务服务站点建设，借助站点培训功能对农村开展实用性电商人才培养，做到边发展、边培训，并加强电子商务人才引进工作。三是由商务主管部门会同企业一起有计划地组织电子商务人才培训工作，组织外出参观、学习、考察等活动。四是通过电子商务有关载体或工程建设的带动作用，做好广泛宣传与发动工作，普及电子商务知识，让更多的企业和消费者知晓电子商务，参与电子商务，积极帮助贫困村农民扩大农产品网销规模，实现致富增收。

(四)做好大扶小、小扶弱工程。一是择优重点支持部分农业合作社、土特产品企业等一批龙头企业做大做强，同时孵化更多的电子商务小企业。二是注重西峰自身特产品牌建设。要打造好、宣传好、保护好自己的品牌。三是注重地域产品宣传，提高市场认知度，要通过电子商务品牌建设形象来影响和带动更多的企业与消费者共同宫造电子商务氛围。

(五)加强市场监管，促进电子商务健康、有序发展。认真做好电子商务市场监管，随时了解和掌握电子商务领域不断出现的新情况、新问题，要依据有关法律、法规要求做好电子商务市场管理，及时沟通上下之间的信息往来，及时预防和处理好可能发生的电子商务纠纷事件，做好电子商务市场秩序规范工作，严厉打击扰乱电子商务市场经济秩序的行为，努力营造诚信经营、放心消费、方便快捷的商业环境。

（六）积极建设智慧型城市。在以小十字为半径一公里内老城区建设智慧商圈、智慧社区，盘活当地经济，促进当地传统企业向电商企业转型。

当前民族团结进步宣传教育工作存在的问题及对策建议

西峰区委统战部　王晓莉

西峰区地处甘肃省东部，坐落在董志塬腹地，属于典型的少数民族散杂居地区。全区共辖5个乡2个镇3个街道办事处，100个行政村，总面积996.3平方公里，总人口38万人。现有回、满、藏、苗等少数民族11个，共611户，1859人，占全区总人口的0.49%，其中回族人口相对较多，有375户、1646人，占少数民族人口的88%，主要聚居在西街办联合村和后官寨镇赵咀村，其他少数民族人口散居于各乡镇和西峰城区。近年来，西峰区党政一班人牢固树立“三个离不开”的思想，将民族团结进步宣传教育作为精神文明建设的一项重要工作来抓，积极推进民族团结进步宣传教育活动，促进了民族团结进步事业蓬勃发展。但是，不可否认，不管是从全国各地大环境来看，还是从西峰区这个小环境来看，民族团结进步宣传教育工作仍处于探索阶段，有不少问题需要我们不断加以研究和解决。

一、当前民族团结进步宣传教育存在的问题及原因分析

（一）思想认识有待统一。由于思想认识不到位，一些党政组织负责人或多或少存在民族团结进步宣传教育工作是“软任务、软指标”的思想，认为民族团结进步宣传教育是做“虚功”，不比办个企业、上个项目，能立竿见影创效益，而开展民族团结进步宣传教育很难产生看得见、摸得着的实效，因此未能真正引起重视，对开展宣传教育欠主动，如果没有统战部门和民族宗教局的安排，几乎不会主动去参与民族团结进步宣传教育活动。加之，大多数群众对民族团结进步宣传教育的概念比较模糊，一谈到“民族团结”就认为是民族乡村和少数民族群众的事，跟汉族群众没多大关系，我区仅有2个少数民族村，其他98个村只有少量的少数民族群众或者无少数民族群众，在这些村组中，有相当一部分干部认为开不开展民族团结进步宣传教育工作都无关紧要，因而参与和推动民族团结进步宣传教育的热情不高，效力也大打折扣。

（二）体制机制有待完善。在组织层面上，民族团结进步宣传教育的领导体制和工作机制还不够健全。一是缺乏有力的领导体制。目前民族团结进步宣传教育大多处于“被动”“自发”阶段，一些党委、政府还没有真正将民族团结进步宣传教育纳入工作议事日程，各地开展与否、层次高低、力度大小基本取决于党委、政府以及统战和民族宗教部门领导的认识和重视程度，组织化程度偏低。二是缺乏有序的工作机制。由于缺乏必要的约束机制，一些职能部门往往是被动应付，没有统战部门和民族宗教部门的督促，就很少主动去抓各自承担的民族团结进步宣传教育工作。很多情况下处于统战和民族宗教部门“单打鼓、独划船”的尴尬状态。三是缺乏有效的保障机制。民族团结进步宣传教育是一项系统工程，牵一发而动全身，光靠统战和民族宗教部门一家成不了气候，需要人力、物力特别是财力的保障。但由于上面没有明确要求，民族团结进步宣传教育经费大多没有列入地方财政预算支出，投入严重不足，影响了民族团结进步宣传教育的有序推进。

（三）方式方法有待改进。在工作层面上，民族团结进步宣传教育的方式方法还需要进一步改进

和提高。一是教育对象不够广泛。习惯于在少数民族村或面向少数民族群众开展民族团结进步宣传教育，而对在汉族群众中开展民族团结进步宣传教育相当欠缺。二是内容形式不够丰富。总体上存在着内容雷同、形式单一的状况，不能满足不同层次、不同场合、不同群体的需要，缺乏生动活泼和群众喜闻乐见的素材与活动形式，尤其是群众易学、易记、易传、富有渗透力的民族团结进步宣传教育歌曲、民谣、格言、广告、对联、标语、顺口溜等创作显得乏力，因而教育的针对性和实效性不够强。三是宣传氛围不够浓厚。在宣传舆论上，无论是城镇的街道、广场，还是书店、图书馆、阅览室、音像制品店等文化氛围很浓的地方，民族团结进步宣传教育的字眼很少，民族团结进步宣传教育的书籍、报刊、影碟偏少，特别是优秀的民族团结进步宣传教育作品和节目更少。加强民族团结进步宣传教育的主旋律唱得还不够响，吸引力和渗透力有待于提高。

二、深入推进民族团结进步宣传教育的对策思考

加强民族团结进步宣传教育贵在探索、重在实践，必须按照面向基层、面向各民族群众的要求，把握重点，大胆创新，注重实效，确保民族团结进步宣传教育持续推进。

（一）增强民族团结进步宣传教育的规划性。民族团结进步宣传教育是一项经常性的工作，重在平时、重在交心、重在行动、重在基层。多年来，西峰区把5月份作为民族团结进步宣传月，每年制定实施方案，集中开展宣传活动，取得了一定的实效，但是仍存在“雨过地皮湿、风过草抬头”的现象，缺乏连续性和持久性。2016年，按照省、市民族团结进步创建活动规划纲要，西峰区制定了2015—2020年五年创建规划，明确了民族团结进步示范点创建活动的总体目标和主要任务，把创建目标锁定到具体机关、乡镇、村组、学校，精准发力、分步实施、立体推进。规划实施后，基层各级对民族团结进步宣传教育的重视程度明显增强，宣传教育的范围、深度、广度、方式、内容、成效等等都有了明显的改观。实践证明，要多层次、全方位、深入持久搞好民族团结进步宣传教育工作，必须制定长远规划和阶段性计划，并持之以恒抓好落实，才能见效。

（二）增强民族团结进步宣传教育的自觉性。开展民族团结进步宣传教育，对不断巩固和发展平等团结互助和谐的社会主义民族关系，激励各族人民在党的领导下共同团结奋斗、共同繁荣发展，实现经济社会跨越式发展具有十分重要的意义。要加强民族团结进步宣传教育，首要的任务，就是必须澄清三种模糊认识，及时消除“无用论”“与己无关论”“形式主义论”等糊涂观念。一是要消除“无用论”观念。我国是一个多民族国家，不管在民族自治地区，还是在我区这样的少数民族散杂居地区，民族团结问题解决不好，都会影响到社会的和谐稳定。因此，必须把民族团结进步宣传教育作为促进各民族交往交流交融、构筑各民族共有精神家园、提高依法管理民族事务能力的一项基础性工作，持续加强，才能不断巩固共同团结奋斗、共同繁荣发展的中华民族多元一体格局。二是要消除“与己无关论”观念。开展民族团结进步宣传教育活动，必须牢固树立“三个离不开”思想，宣传教育的对象是全体公民，既包括各少数民族，也包括汉族。每一位公民都不是孤立存在的，在生活中，势必会同其他民族的同胞打交道，因此，民族团结教育没有局外人，全体公民都要自觉接受民族团结教育，牢固树立民族团结意识。三是要消除“形式主义”观念。开展民族团结进步宣传教育活动，必须依托一定的形式、一定的载体才能实现，因此，在宣传活动中一定要突出主题、贴近实际、注重实效，切忌图形式、走过场，做劳民伤财的表面文章。

（三）增强民族团结进步宣传教育的针对性。加强民族团结进步宣传教育，既要突出民族自治

地方和民族乡、村等重点区域，又要注重教育的广泛性，充分调动包括汉族在内的各民族群众的积极性，促进各族群众在共同生产生活和工作学习中加深了解、增进感情，推动建立各民族相互嵌入式的社会结构和社区环境，努力形成相互往来、邻里守望的友好关系。要坚持以人为本，因材施教。在机关，要将民族团结进步宣传教育同集体学习和业务培训结合起来，同单位举办的各类成就展、知识竞赛、文艺表演、主题宣传活动结合起来，加强党的民族政策理论和民族知识宣传教育。在学校，要将民族团结宣传教育贯穿于教书育人全过程，充分利用校园网站、校报校刊、微博、微信、广播、电视、电子频道等校内媒体，通过开展征文、演讲、文艺演出、主题班会等多种活动，引导师生树立正确的祖国观、历史观、民族观、宗教观，强化中华民族大家庭"一家亲"意识。在农村，要以脱贫攻坚、改善民生为主题，认真落实党的民族政策和法律法规，引导少数民族群众依法表达合理利益诉求，妥善处理涉及民族因素、宗教因素的各类矛盾问题，多为少数民族群众办实事、解难题、做好事。在社区，要积极为居民开辟有利于各民族文化相互展示交流的平台和载体，通过组织多种形式、多个层面传统文化活动和交流、座谈、联谊、慰问等主题活动，努力营造各族群众共居、共学、共事、共乐的社会环境。

（四）增强民族团结进步宣传教育的多样性。加强民族团结进步宣传教育必须积极拓展教育形式，创新教育载体，让宣传教育活动有声、有色、有形、有情，贴近实际、贴近生活、贴近群众，不断增强民族团结进步宣传教育的吸引力、渗透力和影响力。一是通过文化活动来吸引。充分运用干部群众乐于参与、易于接受的形式，开展丰富多彩的文化活动。如将民族团结进步宣传教育寓于竞赛活动之中，组织开展以征文、演唱、戏曲、美术、书法、摄影、演讲、灯谜、知识竞答等活动，不断提高广大干部群众参与民族团结进步的热情。二是通过文艺创作来渗透。要发挥文化创作单位和民间文化团体的优势，收集一批民族团结进步宣传教育警句、格言，制作一批民族团结进步宣传教育公益广告，创作一批民族团结进步宣传教育歌曲、书画、对联、相声、小品、戏曲、电影、影碟等，以满足人们日益增长的文化需要，让人们在唱歌、读书、看影视、欣赏"文化大餐"的同时，在潜移默化中接受教育，增进民族团结意识。三是通过拓展阵地来影响。一方面要充分利用板报、广播、电视、报刊、电影、广告等阵地，增强民族团结进步宣传教育的声势，营造良好的舆论氛围。另一方面，要依靠各种现代科技手段，大力打造民族团结进步宣传教育新平台。通过手机发送短信，用电脑制作动漫，用网站开设论坛，在公共场所设立民族团结宣传亭、宣传长廊等多种载体，形成全方位、立体式的民族团结进步宣传教育格局。

（五）增强民族团结进步宣传教育的实效性。民族团结进步工作要取得实效，必须把少数民族群众最关心、最直接、最现实的民生问题作为根本点和落脚点，落实各项优惠政策，充分保障少数民族群众的合法权益。一是要全力保障少数民族群众合法权益。加大力度解决少数民族群众在宗教信仰、风俗习惯、传统节日等方面的合法诉求，重点贯彻落实少数民族群众在教育、就业、公共保障体系、医疗卫生等方面的相关政策。加强少数民族流动人口服务管理，帮助少数民族流动人口解决劳动就业、医疗保障、子女就学、法律援助等方面的实际困难。二是要加强清真食品安全管理。要把清真食品监管当做尊重和保护少数民族的饮食习惯、维护民族团结、构建和谐社会的大事来抓，建立由民宗、工商、商务、卫生、质监、食药监局等各相关职能部门协调联动的工作机制，健全清真食品生产销售网点信息库，加强对窗口行业、服务领域、执法单位执行民族政策、法律法规情况的监督检查，加强清真食品市场监管，保障生产者、消费者合法权益，维护清真食品市场经营秩序。三是要依法妥善处置涉及民族因素的矛盾问题。认真贯彻习近平总书记“用法律来保障民族团结”的新要求，加大民族法治宣传教育工作力度，广泛深入开展党的民族理论政策和国家民族法律法规的宣传教育，帮助各族群众牢固树立法制意识，自觉遵守国家法律和有关规定，懂得法律面前人人平等、谁都没有超越法律的特权。建立健全社会矛盾纠纷排查调处机制、预警机制和司法救助体系，依法处理民族领域各类矛盾纠纷，推动形成办事依法、遇事找法、化解矛盾靠法的良好法治环境，维护民族团结和社会稳定。

西峰区非公企业融资难问题亟须研究破解

中共西峰区委统战部部长　张　瀚

受全球金融危机及国内供给侧结构改革等多重因素影响，目前，西峰区非公企业融资难、融资成本高等问题日益凸显，整体发展势头趋缓。西峰作为全市经济社会发展排头兵，如何帮助民营企业有效降低融资成本、破解融资难题，是考验政府智慧，实现非公经济健康发展的一个重大课题。

一、融资难基本现状

西峰区非公企业融资难问题突出表现在三个方面：

（一）融资渠道单一。截至2015年12月底，全区私营企业4431户，个体工商户19316户。从事科技含量比较高的生产加工型企业仅有25户，其余企业均进行粗加工及初级产品生产，能打出品牌、占领一方市场的企业仅37户。由于企业自身发展规模限制，缺少上市、债券等融资渠道，企业发展所需要的资金60%左右依靠内部积累，40%左右靠外部融资，其中10%来自亲友借贷，30%来自银行贷款和集体借款。

（二）贷款门槛高。经过多年的发展，西峰区非公有制经济发展主要集中在农副产品加工、建材、医药、食品饮料、机械制造、服务和商贸流通、餐饮住宿等服务行业。从行业发展来看，非公企业主要集中在第三产业，因其资信等级偏低、缺乏抵押资产、融资成本高等原因，难以得到银行资金支持。

（三）融资信用担保支撑乏力。由于经济下行、压力持续加大，受房地产萎缩、企业资金链断裂等问题影响，致使我区现有的20多家担保、小贷公司均不同程度陷入经营困局，目前约有30%的担保贷款和小额贷款不能按期归还，一些担保机构、小贷公司卷入银行与企业资金供求的矛盾之中，产生信用危机，为众多民营企业和非公经济组织提供融资信用担保的积极性和能力都明显减弱。

二、主要原因

据调查了解，导致全区非公企业融资难的主要原因有：

（一）企业自身发展不足。一是财务制度不规范。小微民营企业普遍存在财务制度不健全、信息披露意识差、财务管理水平低等问题，资信程度普遍不高，致使银行难以控制信贷风险，不敢轻易提供信贷支持。二是缺少抵押担保。小微企业因受制于资金、设备等因素，无论是固定资产还是流动资产存量都相对较少，银行等金融机构青睐的土地使用权、门面房更是缺乏，无法迎合银行的贷款偏好。三是企业发展盲目跟风。部分企业集中在传统产业上，技术设备落后，产品质量较差，竞争力不强，低水平重复建设问题较为突出。其中很多企业的产品或从事的产业属于国家产业政策明令淘汰或禁止发展的对象，导致融资困难。

（二）金融机构积极性不高。一是银行信贷投入量不足。在“清理不良资产、化解金融风险”大环境下，出于对信贷资金的安全考虑，迫使银行收缩信贷规模，尤其是减少了对非公企业的信贷规模。二是银行信贷政策不合理。在贷款权限上，部分县级分行不具备贷款权限；在贷款期限管理上，没有根据企业资金的流动周期合理确定期限，银行放贷与非公企业求贷意向错位。三是缺少专业服务的金融机构。大型国有银行和股份制银行对小微企业的融资支持,更多的是出于政策性的因素,而银行自身相对缺乏服务小微企业的内在动力。

(三)发展环境不够宽松。部分政府职能部门对非公企业重视不够,对非公企业的作用和重要性认识普遍较为模糊,对非公企业仍然存有歧视,导致地方企业不能与招商引资项目享有同等待遇;对非公企业的发展缺乏一套完善、系统、持续的政策扶持体系,在组织落实"扶强扶大"政策、开展直接融资、政策性资金投放上偏重于照顾国有大型企业,经常忽略众多非公企业的迫切需要。同时,多头管理现象依然严重,非公企业缺乏公平竞争的经营环境,负担较重。

三、对策建议

(一)优化服务体系,在营造发展环境上完善机制。一是建立政策落实机制。严格落实非公企业准入规定,对税费减免、土地使用等优惠政策落实情况进行全程督查,真正清除影响非公经济发展的"玻璃门、旋转门、弹簧门"现象出现。二是健全中介服务机制。大力发展社会中介服务,支持发展创业辅导、筹资融资、市场开拓、技术支持、人才培训等各类社会中介服务机构,真正做到"你发展,我帮忙"。三是探索企业信用机制。充分发挥工商联、商会组织的行业自律作用,探索建立非公企业信用评级发布制度以及失信惩戒机制,努力营造依法经营、诚实守信的良好环境。

(二)盘活存量资金,在破解融资难题上创新模式。一是向上级争资。积极争取中央、省、市中小企业发展专项扶持资金,依据资金困难程度,对小微企业进行分类定档,有针对性地倾斜扶持,加快资金周转速度,助力非公企业走出困境。二是向民间借资。聘请金融、法律顾问或专业团队,组织、引导、支持有条件的民营企业上市融资、发行债券。同时,积极鼓励民间资本组建信用担保和贷款担保机构,让各类资本进入我区非公经济领域。三是向外界引资。筛选包装一批符合国家产业政策、科技含量高、发展潜力大的项目,积极参加广交会、兰洽会、庆阳民俗文化节等各种区内外贸易洽谈推介会,广泛开展招商活动,吸引更多的成功人士来峰投资兴业。

(三)搭建银企平台,在改善融资环境上携手发展。一是搭建沟通平台。进一步完善"银企对接"制度,定期召开银企座谈会,引导金融机构加大对有市场、有效益、有信用民营企业的信贷支持力度,提高对非公企业的贷款比重。二是创新金融产品。引导各金融机构,积极创新服务体系,拓展服务领域,加快小微企业专营机构或网点建设,大力发展村镇银行、小额贷款公司和资金互助组织,为非公有制经济发展多渠道提供高效便捷服务。三是健全担保体系。大力鼓励民间资本投入信用担保机构,积极发展商业性担保机构和互助性担保机构,切实解决非公有制经济担保不足、信用不够、融资困难等问题。

(四)扶持企业发展,在提升竞争实力上苦练内功。一是推进体制创新。不断完善公司治理结构,推动企业建立现代产权制度,规范公司运营,加速机制创新和要素集聚。二是优化产业结构。围绕国家产业政策,引导企业进入石油化工、酒类酿造、现代医药、民俗文化等特色经济和优势产业,真正做到人无我有、人有我特、人特我精。三是鼓励做大做强。支持中小企业与国内外大企业、大集团合作,促进中小企业通过收购、兼并、参股等形式,加速发展。支持有条件的非公企业上市融资,优化资本结构。

民族村综合扶贫问题及对策研究

西峰区后官寨镇

后官寨镇共辖13个行政村,现有少数民族245人,其中回族243人,藏族1人,侗族1人。少数民族主要分布于赵咀、司官寨、沟畎3个行政村。

赵咀村作为全区15个重点贫困村中唯一的少数民族聚居村，该村下辖7个村民小组，401户1838人，其中少数民族23户107人。近年来，该村在市老龄办、区委统战部及后官寨镇政府的倾力帮扶下，紧抓“精准扶贫”和少数民族乡村“1+9”项目发展契机，整合各方资源力量，切实实现了水、电、路、房四个“全覆盖”及贫困村“八有”标准，村组贫困面貌得到全面改善，村民收入水平大幅提升。但是，在经济社会发展过程中也凸显出了诸多问题，主要体现在：

一、民族经济发展瓶颈突出，地区发展后劲不足。1.农民整体文化素质较低，不能适应产业化发展的要求。全镇80%以上具有一定文化基础和劳动技能的青壮年劳动力都在外务工，留守在家中的几乎全部是老人和儿童。部分留守人员思想观念陈旧，习惯传统农业，对效益农业接受程度低，外来项目实施难度大，培育新的经济增长点较为困难，影响整村农业结构调整步伐。2.产业“低、小、散”的问题没有得到根本性改变。后官寨镇主导产业以农副产品为主，除了小麦种植外，主要有苹果、玉米、菜籽等经济作物。近几年来，农作物种植规模有了较大幅度的提高，但是要实现市场化、规模化种植还有较大差距。目前全镇人均耕地仅有2.13亩，农民生产经营零碎、分散，不易形成规模化，这对产业开发、科技推广等都带来很大困难，而且也会因为“低、小、散”而提高生产成本。同时管理较为粗放，组织化程度偏低，导致农户生产效率低下，直接影响村民收入。3.服务于农业生产生活的基础设施建设未能完全适应经济社会发展形势的需要，各种公益事业发展缓慢。

二、农村基层组织建设薄弱，整体发展能力偏低。1.村级经济合作组织、人民调解、治安保卫等群众团体绝大多数形同虚设，或是有机构无人员，或是人员由村支部和村委会干部兼任。2.基层党务工作者思想观念陈旧，知识结构不够全面，面对新形势新任务缺乏紧迫感、危机感，谋划和落实能力较弱，推动发展的新思路新办法较为缺乏。部分农村党员干部思想观念滞后，党员整体素质偏低，制约了农村党建工作的发展。3.受农村传统、地域环境影响，一些村干部思想保守，开拓创新精神不强，工作方法陈旧，发展能力较低，在带领群众发展经济、增加收入方面思路不清、路子不明、办法不多、步子不快，与新形势、新任务的要求很不相适应，直接影响农村工作的开展。4.村级集体经济薄弱，经济发展问题突出，直接限制了本村其他基础设施建设、公益事业的发展；与此同时，因为活动经费无法保障，党员活动得不到有效保证，直接影响了农村经济的快速发展和基层组织建设；村组少数民族后备干部缺乏，后备干部队伍建设松散，选人用人难度较大，出现了村干部难培养、难选拔的局面。

三、文化设施建设发展滞后，文化发展无力保障。随着社会发展、内外因素的变化，在发展经济的同时，民族民俗文化的保护和建设正逐步被淡化边缘化，民族民俗文化正面临着遗失的危机，挖掘和保护少数民族非物质文化遗产工作任务十分艰巨。由于对民族文化事业经费投入不足，导致少数民族文化活动开展不能持续化、常态化。同时在政策落实、人才培养等方面缺乏机制保障。

四、人才队伍建设缺乏规划，培养力度亟待加强。培养少数民族干部作为民族工作的重要任务，后官寨镇现有回族干部1名，老师2名，无党派领导干部1名，党代表1名，比例相对其他民族乡镇有较大差距。对少数民族干部的选拔、培养和锻炼缺乏健全的机制，对年轻民族干部培养缺少系统性教育和培训，缺少互动交流、挂职锻炼的平台，这在一定程度上影响了民族干部工作方式、方法的创新。

为保障少数民族合法权益，维护发展平等、团结、互助的社会主义民族关系，结合全镇经济、社会发展形势及需求，要进一步推进经济社会的发展，就必须从以下方面着重加强：

一、加大扶贫开发力度，推进民族乡经济发展。扶贫开发是促进民族地区经济发展，保持社会稳定的全局性战略。在加大对少数群众的资金、技术帮扶的同时，更应该在提高群众思想意识和科学文化素质上下功夫，彻底摈弃不利于改革开放的思维方式。帮联单位应加大对民族地区的财政转移支付力度，对民族村给予重点扶持和帮助，加大投入夯实基础设施建设，极力改善农村交通、教育、农田水利等基础设施建设，切实改善少数民族群众生活生产条件，为发展农村经济奠定坚实基础。继续加大异地脱贫力度，引导少数民族村向中心村和中心城镇集聚，推进城镇化建设，并在资金、建房用地、物资帮扶等方面予以帮助。同时，也要加强市场信息调研，把市场需求产品反馈给群众，因地制宜，发展地方特色产品，引导少数群众增收致富。

二、依托民族资源优势，大力发展民族特色产业。要充分利用好自身民族资源优势，大力发展生态旅游、观光农业和民族风情游，同时要大力培植生态经济、发展绿色产业，加强生态保护，保持原有的天蓝、水清、山绿，环境优美的村容村貌，使之集生产、生活和生态于一体，极力打造集民族风情、自然风光、农业观赏、休闲为一体的精品旅游，让更多人前来旅游观光，以此形成产业，推动旅游富民。

三、进一步解放思想，助推民族村经济社会发展。民族乡镇大多地处偏僻边远山区，思想不够解放，难以适应时代发展要求，这是制约少数民族地区经济发展的最大障碍。要想摆脱贫困，实现脱贫致富奔小康，改变落后的思想观念至关重要。因此在加大对少数民族群众的资金、技术帮扶的同时，更应该在提高群众的思想意识和科学文化素质上下功夫，改变面对落后心安理得，面对差距怨天尤人，面对竞争不思进取，面对困难畏惧退却的精神状态，进一步激活群众要求致富的强烈愿望，把群众的"被动致富"观念向"主动致富"观念转变。

四、加强农村基层组织建设，充分发挥战斗堡垒作用。其一要选好配强村组班子，拓宽选人用人渠道。要充分利用"一村一名大学生村官"计划，把有文化、懂技术、工作热情高的大学毕业生充实到村组班子中，优化班子结构，提高工作质量。其二要进一步提高农村基层干部素质和能力。围绕建设社会主义新农村的要求，进一步改变培训方式，加大教育培训工作力度，提高培训的针对性和实效性，切实提高乡村基层干部科学发展、致富群众的本领，使他们在新农村建设中体现先进性。其三要全面提高农村党员素质，切实发挥农村广大党员的先锋模范作用。在抓好政治理论素质的同时，创新发挥作用载体。按照因人制宜、发挥专长的原则，继续推行党员承诺制度，为每名党员设岗定责。其四要发展壮大村级集体经济，切实增强农村基层组织的服务能力。充分发挥农村土地资源广阔的优势，整合多方资源，积极引进项目和资金，盘活现有资产，实现集体资产的保值增收。同时，要按照资源优势和区位优势，科学合理确立适合本村发展、有广阔市场前景的优势项目，通过示范引导，联村发展，不断做强做大，促进农民稳步增收。

五、加强机构和制度建设，持续推进非物质文化遗产保护工作。随着经济社会的发展，传统文化受到急剧冲击，民族文化也在发展的浪潮中迷失方向，加强保护少数民族文化已经迫在眉睫。首先，要有计划有步骤地对少数民族文化进行收集、总结和研究，特别是要不断搜寻和保护偏远少数民族地区文化遗产，要在政策保护、资金保障上要落实到位。其次，要组织开展多种形式的少数民族文化艺术活动，发扬和继承少数民族文艺、民族音乐、纺纱织布、编织工艺等文化荟萃，积极通过各种媒介宣传少数民族民俗风采，向区、市、省不断扩大延伸。最后，要不断拓宽文化事业发展载体，推进文化产业化。以节日文化、广场文化、文化下乡、爱国主义教育、民族文艺评比等活动为载体，使民族文化事业发展实现多途径、多形式。

六、强化培训吸收，加强少数民族干部队伍建设。民族乡镇农村基层组织力量薄弱、党员干部年龄偏大、文化水平偏低、后继乏人的现状还普遍存在，因此，要在民族村中把年轻、责任心强、思想追求进步的部分人群作为重点培养对象，吸纳进党的队伍中，为基层党组织输送新鲜血液，为村级班子建设培养后备力量。只有采取切实有效的措施加强少数民族干部队伍建设，才能充分调动群众积极性，带领群众脱贫致富。

西峰区探索形成“5341”工作模式 举全区之力打赢精准扶贫精准脱贫攻坚战

中共西峰区委办公室干部　武志强

西峰区地处甘肃省东部，是庆阳市党政机关所在地，属于省级“插花型”贫困片带扶持范围。2013 年、2014 年累计减贫 1.74 万人，贫困面下降了 6.77 个百分点。至 2015 年初，全区下剩贫困人口 3533 户、13928 人，贫困发生率为 5.39%。

今年以来，西峰区深入贯彻落实中央和省、市各级对精准扶贫的工作部署，按照省委“六个精准”新要求，立足打造陇东重要门户城市和全市经济社会发展排头兵的定位，结合区情实际，确定了“5341”(在全市率先实现通组硬化道路、农村安全饮水、通村动力电、村级卫生室、村级幼儿园五个全覆盖；农民人均纯收入、贫困人口人均纯收入、一二类救助对象保障标准三项指标高于全市平均水平；扶贫项目资金、专项扶贫贷款、劳动技能培训、特色产业培育四个精准到户；年内脱贫 575 户、2300 人以上，贫困发生率控制在 4.5%以内，在全市率先实现整区脱贫这一目标)工作思路，因地制宜，精准发力，在困境中求突破，在创新中求发展，举全区之力、集各方之智，以必胜信心坚决打赢精准扶贫精准脱贫攻坚战，为 2018 年率先全面建成小康社会奠定坚实基础。

一、出征誓师抓部署，靠实精准扶贫责任。坚持把扶贫攻坚作为最大任务来抓，以出征誓师的方式，进一步统一思想认识，逐级靠实责任，促使各级各部门和广大干部群众把精准扶贫工作放在心中、拿在手上、扛在肩上。一是成立机构定责。区委常委会、常委扩大会多次专题研究部署精准扶贫工作，广泛讨论，凝聚共识，成立了由区委书记任组长、区委副书记任副组长的整区脱贫集中攻坚领导小组，下设了办公室、项目落实组、督查推进组、绩效考评组、宣传报道组五个工作班子，逐乡镇逐村组建集中攻坚工作组，确定具体职责，确保事有专管之人、人有专管之责，统筹推进工作落实。二是紧扣指标分责。对照县区 19 项、村级 17 项、贫困户 12 项减贫指标要求，因村制宜，为 15 个联村县级领导、16 个行业部门、7 个乡镇、15 个贫困村分别量身制定了“军令状”，专题召开整区脱贫誓师大会，逐村逐户细化分解任务，层层传导压力，做到了安排部署、责任主体、工作重点、时限要求“四明确”。三是全员联动履责。对全区 15 个精准扶贫村按照贫困程度进行倒排序，四大班子县级领导带头包抓帮联，牵头抓总，定期主持召开现场办公会，及时解决存在的困难和问题，协调推进任务落实。帮联单位、区直部门、双联单位、乡镇书记(乡镇长)、驻村工作队、非公企业、村干部等 8 支攻坚力量，全面落实“一村一业一单位、一户一策一干部”的点对点、人对人帮扶措施，实现了所有贫困村、户都有帮扶单位和责任人。

二、建档立卡抓基础，识别精准扶贫对象。按照“对象”精准和减贫人口实名制管理要求，从今年 2 月份开始组织乡镇村干部和各驻村工作队，对去年建档立卡情况进行了“回头看”，采取典型特征法、因素比较法、熟人社会法、收入测算法四种方法，通过“三对面、三签字、两评议、两公示、一公告”的程序逐户识别，最终认定贫困人口 3533 户 1.39 万名。区、乡、村三级联动，围绕易地搬迁、惠农政策、危房改造、饮水安全等 10 项内容，集中深入所包抓联系的村组和贫困户开展对接联系，调查摸底，严把信息采集审核关，做到了"人有卡、户有册、村有簿、乡镇有电子档、区有数据库"。同时，在贫困村"九有"（有扶贫规划、有脱贫计划、有扶贫工作台账、有省市区领导联系、有驻村扶贫工作队帮扶、有龙头企业或合作社带动、有科技人员指导、有金融网点覆盖、有精准扶贫"作战图"）资料的基础上建立"三簿"（贫困人口登记簿、返贫人口登记簿、脱贫人口登记簿）、"一册"（扶贫工作手册）、"一墙表"（贫困村登记表），在贫困户"六有"（有帮扶计划、有脱贫措施、有增收项目、有扶持资金、有帮扶联系干部、有帮扶基础台账）资料的基础上为每户建立一张"明白卡"，及时更新台账图表，实现了精准扶贫对象的动态管理和全程监测，为实现整区脱贫、全面小康提供了可靠依据。

三、紧抠需求抓项目，明确精准扶贫重点。基础设施欠账多、公共服务配套水平低，一直是制约西峰扶贫开发的瓶颈。我们坚持把改善基础设施、提升公共服务水平作为扶贫攻坚行动的关键，组织19个职能部门对全区项目安排进行统筹谋划调度，紧扣贫困村和建卡贫困户需求，制定了"1+20"精准扶贫实施意见和工作方案，列出任务清单，定领导、定部门、定人员、定工期，重点实施好七大工程：一是农村安全饮水工程。投资288万元，建设集中式管道引水工程9处，集雨水窖55眼、小电井65眼，彻底解决13个行政村、44个自然村594户2785人的饮水不安全问题，在2016年前饮水安全达标率达到100%，自来水入户率达到98%，让所有贫困户喝上干净水、安全水、放心水。二是电网升级覆盖工程。紧盯塬边咀稍、沟壑梁峁区配变标准低、施工难度大的短板，科学设计线路配输方案，提高建设标准，投资560万元，新建10千伏线路4.69公里，新建0.4千伏线路34.55公里，到2016年上半年彻底解决15个贫困村的动力电覆盖问题，全面保障贫困村群众生产生活用电需求。三是道路通畅工程。纵深推进以交通为牵引的农村基础设施大会战，以"三路一危"（断头路、瓶颈路、年久失修路、危桥）改造为重点，加快乡村公路建设，提高公路等级和通车标准。目前，全区实施通村公路31条171公里，成为全省首个完成农村公路建设任务的县区，实现了乡有等级站、村有停靠点、村村通客车。四是易地扶贫搬迁工程。统筹保障性安居工程、农村人居环境改善、新型城镇化试点等项目，采取易地搬迁、整村推进，整体搬迁、插花安置，就近搬迁、改善条件等方式，把危改指标优先调剂给精准扶贫危改户，用足用好用活各级补助资金，搬迁贫困农户1122户、贫困人口4776人，完成危房改造1423户，确保贫困群众"搬得出、稳得住、能致富"。五是高标准基本农田改造工程。针对塬边咀稍土地搁荒撂荒、农田水利设施滞后等问题，在严守耕地红线的前提下，按照田、水、路、林综合治理和高标准建设、高标准管理、高标准利用的原则，在全区15个贫困村全面加快拆旧区复垦项目、土地整理复垦项目及土地整治项目，同步配套供水主干工程，扩大水浇地面积，建设高标准基本农田20925亩，持续提高粮食保产增产能力。六是公共服务提升工程。以满足贫困群众基本需求为目标，加大贫困村社会事业投入力度，大力实施村级幼儿园、卫生所、综合文化站、农家书屋、农民培训中心、老年人日间照料中心等惠民工程，健全农村公共服务保障网络，增强发展后劲。年底实现标准化卫生室、村级幼儿园全覆盖，2017年底其余公共服务配套设施在全市均可率先实现全覆盖。七是基本社会保障工程。不折不扣地落实好新型农民合作医疗、退耕还林、养老保险等惠农政策，对农村低保一二类救助对象，区级财政兜底提标扩面，切实保障特殊困难群体的温饱、医疗、养老等基本权益，确保社会保障无遗漏、收入水平不掉队，社会救助保障标准高于全市平均水平。

四、着眼增收抓产业，找准精准扶贫路子。牢固树立产业富民理念，按照东果、南菜、北畜的农业产业布局，把发展壮大特色产业、劳务产业，提升产业效益作为扶贫攻坚的关键举措，统筹结合，精准施策，促进产业发展、农业增效和农民增收互促多赢。一是因地制宜，发展特色产业。一方面，在广泛调研、尊重民意的基础上，探索出在川区实行2座钢架大棚+1个外出劳务；在塬区实行2亩苹果+1个外出劳务；在塬边咀梢区实行10只羊+2亩全膜双垄沟播玉米的产业扶贫模式，为不同立地条件的贫困户找到了发家致富的门路，全力防止返贫，确保稳定脱贫。另一方面，在资源禀赋较好，适合发展旅游产业的贫困村，加大招商引资力度，加快旅游业与美丽乡村建设深度融合，提升景区档次品位，增加贫困村产业性收入，壮大集体经济，增强村级党组织的带富能力。二是按需点菜，壮大劳务产业。以贫困家庭"两后生"、外出务工贫困户劳动力和留守妇女为重点，开展"菜单式"、"互动式"实用技术培训，推动扶贫由"输血式"向"造血式"转变。目前，贫困户工资性收入占到总收入的$\frac{1}{3}$以上。对外出五年以上的人员，逐一摸底排查，精准施策，确保农民人均纯收入高于全市水平、贫困群众人均纯收入高于全市平均水平。三是深化改革，提升产业效益。大力推进农村经营体制创新，培育新型农业经营主体，构建新型农业经营体系和社会化服务体系。以土地承包经营权确权试点工作为抓手，引导土地向能人大户、龙头企业流转，发展规模化、高效化、市场化经营，贫困户通过现金、土地等方式入股分红，初步走出了合作社牵动、能人大户带动、电子商务促动的现代化新路子。

五、破解难题抓融资，强化精准扶贫支撑。目前，农村金融服务短缺、金融资本不足仍然是制约农业产业规模化、影响扶贫开发进程的突出问题。我们按照"三个高于"的目标，逐户算清收入账和增收账，创新投融资渠道，为精准扶贫、精准脱贫提供了有力的金融支撑。在融资模式上，创新了精准扶贫贷款体系程式化、对象社员化、投放多样化、监管精细化理念，在区、乡、村分别成立农村产业发展资金合作社联社、分社、合作社，实行社员大会、理事会、监事会管理制度，群众以每股不低于500元的标准加入村级合作社，确保了群众对资金使用管理的参与权、知情权和监督权。在资金保障上，充分发挥财政资金四两拨千斤的作用，为贫困村农村产业发展资金合作社列支专项补助资金20万元，其他村每村列支10万元，为15个重点贫困村和20个稳定脱贫村每村撬动贷款200万元，其他村每村100万元。落实兰州银行贴息贷款1亿元，首批1800万元已开始发放，重点面向农户提供最高5万元的产业发展小额贷款，形成了多股资金乡村统筹、共同见效的金融扶贫格局。在风险防控上，遵循借款用途、资金效益和资金安全"三跟踪三问效"原则，全面推广3户农户联保、所在村公职人员和双联干部担保以及农户土地承包经营权证、宅基地使用权证等反担保机制，把政府和银行的风险降到最低。对没有偿还能力，没有致富门路，贷款资金使用没有安全保障的贫困户，由乡镇村组和驻村工作队帮助确定投资项目，使有限资金发挥最大作用；对没有劳动能力的贫困户，结合个体特长，开展有针对性的技能培训，引导其树立市场意识，加入家庭农场、农民专业合作社，与龙头企业签订帮扶入股协议，共同经营、共同受益，人均增加年收入5000元以上；对没有致富门路，有劳动能力的贫困户，依托特色产业示范基地实现就近务工，持续提高收入水平。

六、严格考评抓奖惩，激发精准扶贫活力。坚持把督查考核、激励约束的重心向扶贫攻坚倾斜，在扶贫一线锻炼干部能力、检验干部作风，在全区上下形成了工作以扶贫攻坚为要务、干部以扶贫攻坚为重任的良好态势。一是严格标准。建立了双联干部驻村工作、年度述职、减贫摘帽、逢提必下、成效评估、年度考核等6项制度，制定出台了《西峰区扶贫攻坚工作业绩考评办法》和《西峰区整区脱贫责任落实督查考核办法》，提出了具体可行、操作性强的整区脱贫18条督查考核标准，使精准扶贫督查考评有章可循、有据可依。二是严格督查。发挥“工作落实年”督查组、干部作风整顿纠察组、扶贫办、纪委四支督查力量，围绕精准扶贫各项指标任务落实、扶贫工作重点、军令状签署内容、工作人员到岗、资料完善等情况，采取随机抽查、明察暗访、现场推进等方式，进行周督查、旬考核、月评估，逐项精准考核评价扶贫工作成效。三是严格问责。把考核结果与班子配备、工作评议和干部使用直接挂钩，坚持在扶贫攻坚的主战场评价干部、发现干部、选用干部，对提前完成任务的联村单位进行表彰、联户干部优先选拔使用；对工作推进不力的联村单位主要负责人随时进行约谈问责；对没有按期完成脱贫目标的联村单位主要负责人进行诫勉谈话；对抓扶贫不力、完不成任务的单位领导班子适时进行调整。

（载于《甘肃工作交流》2016第13期专版刊发）

西峰区农村电子商务发展情况的调研报告

西峰区商务局

西峰区农村电子商务的发展起步晚，群众对电子商务认识也是从2015年市区推动庆阳村淘电子商务示范店开始。逐步从被动的接受到主动的关注，从尝试阶段向快速发展阶段过渡，但是仍处于电子商务初级水平。具体调研报告如下：

一、西峰区农村电子商务现状

截至2016年7底，在工商部门注册登记包含电子商务的业务企业200多户，通过逐一走访调查开展与农产品电子商务有关业务的企业100多户，进入庆阳村淘村级示范店的53户，主要销售庆阳特产及当地的农特产品。解决就业人员2000多人，直接从事电商交易人员1200多人，增加年人均纯收入80多元，逐渐从分散生产+分散销售模式转变成专业化生产+集中电商销售模式。

二、配套产业发展情况

随着电子商务的快速发展，相关产业也得到了突飞猛进的发展，尤其是物流快递业发展迅速，西峰区现有大小物流、快递33户，从业人员460多人。西峰区邮政EMS、申通快递、中通快递、圆通快递、韵达快递、顺丰快递六户快递企业业务量为90.2万件，比上年同期增长20%；投递量为536.2万件，比上年同期增长10%；收入约为670多万元。大多数物流网点正逐渐向乡镇、村组辐射。

三、西峰区农村电子商务存在的主要问题

1.专业电商人员缺乏。注册网店及网店简单维护都比较容易，但是要真正做好一个网店，不是一件容易的事，不仅需要专业的文案、美工、客服等，而且还要熟知电商平台各种运营知识，才能算一个合格的专业电商人员。现大多数农村电商人员年龄偏大，文化程度不高，只是简单地从事接单发货，不能有效维护网店，导致有差评影响到网店信誉，致使网店被平台强行关闭。

2.缺乏网销产品包装意识。由于我区农村生产仍处于原始产品生产模式，简单地生产，分散的销售。农民没有深刻地认识到网销的好处，把好的产品卖不上好的价格，很多都是天然的、有机的、无污染的产品，还有很多都是带有地理特征的唯一的特有产品，但是没有让全国人认识到这种产品的唯一性，任停留在口碑营销模式。没有网销产品的包装意识。

3.货物供应市场还不成熟。电子商务的实现要经过商情查询到网上购物和实现交易等阶段。我区现有的供货市场主要集中在土特产，很多尚属于小型店面，配给力量不强，货源的质量保证上，由于存在许多不规范的行为，假冒商品、伪劣产品、售后服务不能兑现等现象，使顾客对网上的消费心有疑虑，所以即使拥有上网条件的顾客，也愿意传统的选货方式。

4.有关电子商务法律法规、鼓励政策等需要完善。从全区范围来看，我区还没有一套鼓励发展农

村电子商务的奖励办法，现在只是一部分企业打着电子商务创业园等旗号，盲目圈地、盲目争取项目，没有真正地了解自己的优势，发挥自己的优势。

5.缺乏资金扶持。电子商务的发展离不开资本的运作，更离不开资金的支持，但是不能调动社会力量，一味地等靠政府扶持资金毕竟只是杯水车薪，不能从长远的解决电商的发展的资金需求，资金始终是电商发展需要突破的瓶颈。

四、解决目前电子商务问题的对策建议

1.加速农村企业信息化的进程。针对我区的实际情况，加强农村企业信息化需要做好以下几个方面工作。一是建立和完善以财务管理为核心的管理系统，循序渐进地推进农村电子商务的发展。二是农村企业信息化发展到一定阶段后建立电子商业社区。电子商业社区通过互联网，在同业、上下游企业间开展贸易和业务协同，以信息的实时交互实现信息共享，减少中间环节、消除信息障碍。三是在农村企业内部信息资源整合的基础上，在企业间实现信息采集、交流和共享的基础上，以信息流向资金流、物流递进，以信息平台向交易平台升级，积极稳妥地开展电子商务。

2.政府积极参与，促进电子商务良性发展。农村电子商务的发展需要政府和企业的积极参与和推动。政府的参与有助于引进技术、扩大企业规模和提高企业偿还债务的能力。在发展电子商务方面应加强政府部门对发展电子商务的宏观规划，并为电子商务的发展提供良好的法律法规环境。对于积极开展电子商务的试点的单位，区政府应在资金、税收、宣传等方面给予大力的支持，从宏观角度加强行业管理，制定相应的政策措施，积极帮助企业解决困难，保证我区电子商务实现良性发展。构造良好的法制环境，在交易安全，电子支付等方面，联合有关部门建立相应保障机制，成立相应保证机构。加强计算机的安全技术，有关部门应组织一支精干的安全技术研究队伍，集中力量尽快解决电子商务的安全技术问题，包括密码技术、防火墙技术、认证技术、留痕技术等，并能够随着计算机和电子商务技术的发展而不断改进这些技术。通过各种安全控制分中心的协调作用，将电子商务交易风险降低到最小限度。

3.加强市场体系的培育，搭建农村电子商务平台。一是在卖方市场方面，当前我区应该加速物流中心如肖金物流园等的建设，提高物流、配送功能。二是通过各种方式努力培养买方市场的形成与发展，为电子商务的发展夯实基础。三是在市场需求方面，建好公共电子商品导购平台，保障人们发送到网络上的交易信息准确、迅速地在供应商、流通商、管理部门、银行、交通运输等部门等部门之间传送。各企业的商品信息库建设是平台的基础，企业没有与平台标准一致的商品信息库，电子商务就失去了生存的基础。建议商务系统会同相关部门建设西峰区电子商务网站，通过这种综合性商务门户网站带动我市电子商务的发展。

4. 加强人才培养。电子商务活动的每一个领域、每一个过程都离不开人才。在我区现在的电子商务活动中，不仅需要高新技术人员，而且需要大量的掌握现代信息技术和现代商贸理论与实务的复合型人才。因此政府应充分利用各种途径和手段培养、引进并合理使用好一批素质较高、层次合理、专业配套的网络、计算机及经营管理等方面的专业人才，以加快电子商务建设步伐。希望政府选派商务局监管部门人员到专业院校跟班学习，从而培养高素质的复合型监管人才，以适应电子商务服务的需要。

5.创新资金扶持模式。筹建西峰区电子商务发展基金，动员社会力量参加电商资金筹集，长远解决电商发展资金需求。

西峰区单位变化情况汇总表

表 7

<table>
<tr><th>序号</th><th>增加单位名称</th><th>增加个数</th><th>减少单位名称</th><th>减少个数</th></tr>
<tr><td>1</td><td>庆阳市西峰区后官寨镇公路管理所</td><td rowspan="10">10</td><td rowspan="5">庆阳市西峰区顾咀初级中学</td><td rowspan="10">2</td></tr>
<tr><td>2</td><td>庆阳市西峰区彭原镇公路管理所</td></tr>
<tr><td>3</td><td>庆阳市西峰区董志镇公路管理所</td></tr>
<tr><td>4</td><td>庆阳市西峰区肖金镇公路管理所</td></tr>
<tr><td>5</td><td>庆阳市西峰区温泉镇公路管理所</td></tr>
<tr><td>6</td><td>庆阳市西峰区显胜乡公路管理所</td><td rowspan="5">庆阳市西峰区肖金苗圃</td></tr>
<tr><td>7</td><td>庆阳市西峰区什社乡公路管理所</td></tr>
<tr><td>8</td><td>庆阳市西峰区“三农”资金审计中心</td></tr>
<tr><td>9</td><td>庆阳天富亿旅游景区管理办</td></tr>
<tr><td>10</td><td>庆阳市西峰区机关事务管理局</td></tr>
</table>